四川省社会科学规划重大项目
四川省社会科学高水平研究团队　成果
四川省农村发展研究中心

四川农业产业转型升级战略研究

陈文宽　何　格　冉瑞平
李冬梅　张社梅　杨　春　等著

科学出版社
北京

内 容 简 介

  本书包括综合报告、专题报告和调研报告三个部分，全面系统地研究了四川农业转型升级中的重大战略问题。本书立足于四川农业产业发展面临的现实背景，着眼于四川农业产业的结构转型、功能转型、手段转型和组织转型四个维度，基于中国农业发展先后经历饥饿农业、温饱农业、安全农业阶段的新判断，科学吸收并利用多学科研究成果，构建了四川农业产业转型升级的战略构架、战略布局、战略路径和战略保障，并提出了促进四川农业产业转型升级的重要政策建议，以及高度契合国家"长江经济带"发展战略的湖滨经济理论，对宏微观决策部门都有重要参考价值。

  本书可供农业行政部门、大专院校师生、科研单位及农业企业和广大农业工作者参考使用。

图书在版编目(CIP)数据

四川农业产业转型升级战略研究/陈文宽等著.—北京:科学出版社, 2016.3
ISBN 978-7-03-047890-0

Ⅰ.①四…　Ⅱ.①陈…　Ⅲ.①农业产业-产业发展-研究-四川省　Ⅳ.①F327.71

中国版本图书馆 CIP 数据核字 (2016) 第 058395 号

责任编辑：杨　岭　李小锐 / 责任校对：韩雨舟
封面设计：墨创文化 / 责任印制：余少力

科 学 出 版 社 出版

北京东黄城根北街16号
邮政编码：100717
http://www.sciencep.com

四川煤田地质制图印刷厂印刷
科学出版社发行　各地新华书店经销

2016年3月第 一 版　　开本：787×1092 1/16
2016年3月第一次印刷　　印张：20.5
字数：473 千字
定价：**128.00 元**

项目组人员名单

项目组组长：陈文宽

成　　　员：何　格　冉瑞平　李冬梅　张社梅　杨　春　李后建
　　　　　　陈冬冬　魏　来　杨启智　唐　宏　戴小文　孙根紧
　　　　　　周格粉　符　刚　董洪清　汪　腾　罗璐曦　陈宇阳
　　　　　　董进智　王　程　肖红林　何　治　向　剑　林世全
　　　　　　向贵渝　肖　平　陈　俊　胡良万　贾锡平　柳跃才
　　　　　　熊　毅　贾文韬　汪红琼　王一米　肖宇丹　刘胜林

综合报告各章执笔人员名单

第一章　陈文宽　李后建　戴小文
第二章　何　格　折宏毅
第三章　冉瑞平　李后建　何盈盈
第四章　何　格　李后建
第五章　李冬梅　刘胜林　兰　静
第六章　冉瑞平　李后建　张　瑞
第七章　张社梅　唐　宏
第八章　杨　春　葛　翔　幸　琴
第九章　陈文宽　陈　磊　席一欣

专题组人员名单

专题一　四川农业产业结构优化研究

组　长　李后建

成　员　曹　醒　吴果秋

执　笔　李后建　曹　醒

专题二　发达国家农业产业转型升级的经验及启示

组　长　陈冬冬

成　员　彭肖肖

执　笔　陈冬冬　彭肖肖

专题三　四川农业机械化发展研究

组　长　陈冬冬

成　员　彭肖肖　罗璐曦

执　笔　陈冬冬　彭肖肖

专题四　四川智慧农业发展研究

组　长　魏　来

成　员　田丽霞　蒋治琪　何晓朦

执　笔　魏　来　田丽霞　蒋治琪

专题五　四川休闲农业发展研究

组　长　杨启智

成　员　孙根紧　周格粉

执　笔　孙根紧　周格粉

专题六　四川湖滨经济发展研究

组　长　陈文宽

成　员　陈宇阳　罗璐曦　幸　琴　李　璐

执　笔　陈文宽　陈宇阳　幸　琴

专题七　四川高原特色农业发展研究

组　长　张社梅　汪　腾

成　员　陈　磊　席一欣　陈　燕　王亚萍　张　柳

执　笔　张社梅　汪　腾　陈　磊　席一欣
专题八　四川农业转型升级的农地制度创新研究
组　长　何　格
成　员　张绍阳　杨　春
执　笔　何　格　张绍阳

调研组人员名单

调研一　四川粮油类家庭农场发展调研报告
组　长　陈文宽
成　员　陈冬冬　贺　钰　李豪梅　彭肖肖
执　笔　陈冬冬　贺　钰　李豪梅
调研二　成都市都市农业发展调研报告
组　长　李冬梅
成　员　刘胜林　兰　静　齐贝贝
执　笔　李冬梅　刘胜林　兰　静
调研三　南充市现代农业发展调研报告
组　长　何　格
成　员　罗璐曦　邹　颖
执　笔　何　格　邹　颖
调研四　资阳市粮食产销调研报告
组　长　陈文宽
成　员　贾文韬　罗璐曦　陈　磊
执　笔　贾文韬　罗璐曦
调研五　宜宾市农产品质量安全保障体系建设调研报告
组　长　陈文宽
成　员　林世全　肖　平　张永明　唐　宏　杨　春　伍　慧
　　　　黄忱忱　葛　翔
执　笔　唐　宏　伍　慧　黄忱忱
调研六　安县种养结合模式调研报告

组　　长　陈文宽
成　　员　喻世凤　杨　春　陈　磊
执　　笔　喻世凤　陈　磊
调研七　苍溪县土地整理对猕猴桃产业发展影响调研报告
组　　长　杨　春
成　　员　黄忱忱　幸　琴　葛　翔　伍　慧
执　　笔　黄忱忱　幸　琴

审稿组人员名单

陈文宽　何　格　冉瑞平　李冬梅　张社梅　杨　春

参加人员名单

方　明　赵国勋　饶冬果　靳地胜　李　渊　叶建平　林柏浪

刘　松　刘祥熙　牛莆文　田双清　祝慧芳　王　煜　戴馨仪

任　然　陶　亮　孙　志　曹竞文　林　静

序

　　《四川农业产业转型升级战略研究》是四川农业大学陈文宽教授带领的研究团队完成的四川省社会科学规划重大项目的成果。该书由综合报告、八个专题报告和七个调研报告汇集而成，展示了他们两年来从四川实际出发，在对四川省十二个市（州）进行多方调研的基础上，通过去粗取精、去伪存真，运用多学科的理论，全面系统地分析了四川农业产业转型升级的现状、特征及发展趋势，与发达国家农业产业转型升级的经验作了比较研究，为四川农业产业转型升级勾勒出绚丽的前景。

　　该书内容丰富、思路新颖、亮点颇多，可喜可贺。特别是他们从推进农业产业结构转型升级、功能转型升级、经营手段转型升级、经营组织转型升级四个维度进行的系统研究，为研究农业产业转型升级提供了一种新范式。他们提出的四川农业产业转型升级的战略布局、战略路径、战略保障等构想和大力发展集约节约型绿色农业、大力发展农业新型经营主体、壮大村级集体经济实力、优化农业产业结构空间布局、优化农业系统功能、大力发展智慧农业、建立完善的科技创新体系、加强食物安全的源头管理等政策建议，都将对四川省农业产业转型升级，乃至长江流域经济带生态建设带来积极影响。

　　陈文宽教授长期献智于"三农"工作，多次参与四川省一号文件的起草、修改过程的研讨。他所带领的团队也是四川省"三农"问题研究领域涌现的新群体，带给我们不少新视角、新观点、新主张。我作为一个长期从事农作物育种工作的教师，虽对宏观经济素少涉及，读了他们即将出版的这本书也颇受启迪，收益良多。特向相关领导、业界朋友推荐，以期为四川省农业产业转型升级共同奋斗！

中国工程院院士　荣廷昭

2015 年 12 月

前　言

　　我出生在川北革命老区的一个小山村，在农村什么活都干过，放过牛、放过猪，当过生产队的记分员；喝稀饭长大，冬天由于白天时间短，常常晚上连稀饭也没得吃，对吃不饱、穿不暖的日子刻骨铭心。因此，1979年我的高考第一志愿填报并成功考入了农业大学，通过长期的学习积累，最终成为一名农民出身的大学教授。20世纪90年代以来，中国告别物质短缺时代，农业发展从饥饿农业阶段跨越温饱农业阶段，步入安全农业阶段，人们生活告别了川北流传千年"男人想赶场、女人想坐月、娃娃想过年"的时代。伟大的中国共产党领导中国经济深度融入世界经济，中国特色社会主义市场经济正引领世界经济向未来奔去，这对于一个"吃过糠、扛过枪（红缨枪）、渡过江（注：1976年纪念毛泽东畅游长江10周年时选拔横渡嘉陵江）"的人来说这30年来的发展真是扬眉吐气。世界经济在转型，中国城市经济要去"库存"，我国农业经济也要去"库存"，我国农产品多了不行，少了更不行。2015年受国际低粮价与国内库存积压双重作用，我国粮食主产区玉米、小麦价格再度出现"粮贱伤农"现象，实际上在2014年调研四川粮油种植类家庭农场时已经普遍存在卖粮难问题，其实近三年国家粮食最低收储价是"有价无市"，2015年国家玉米临储价格下调约10%，稻谷、小麦价格暂时未下调，因为后两者是口粮。从农产品生产与价格情况看，2008~2013年稻谷、小麦最低收购价提高幅度分别为92%、57%，而玉米2008~2014年种植面积增加24%、产量增加30%，玉米产量在2012年首次超过水稻，成为我国第一大粮食品种，这与我国自2008年开始执行的玉米临储价格政策紧密相关。从消费结构看，我国居民消费了全球50.1%的猪肉，蛋类消费高出世界平均水平近一倍，而奶类消费只相当于美国、欧盟的25%。信息技术革命为农业发展提供了强大的科技支撑，互联互通技术在广大农村的应用为农产品营销带来便捷，国家城乡一体化发展战略的实施为农业发展营造了良好的政策环境。四川农业产业必须进行"蝉蜕"式转型升级，否则四川这个西部农业大省就不能"化蛹为蝶"，成为西部经济发展的"领头雁"。四川作为农业人口大省，农业产业转型升级战略必须顺应国家经济发展新常态，把握农业发展新趋势，确立农业发展新战略，转变农业发展新方式，这对于推进新型工业化、城市化、信息化和农业现代化协同发展，推进四川"三大战略"和"两大跨越"具有十分重要的政策参考作用。

　　农业产业转型升级问题一直是国内外学者研究的重点，众多学者在理论和方法上进行了多角度、多方面的研究，为本项目提供了坚实的理论基础和丰富的实践经验。但也存在局限和不足，主要表现在：一是专项研究多，涉及经济、社会、技术、资源环境及宏观管理的多学科、多专业、多部门的综合研究较少。二是对特定领域某一内容进行研究的文献较多，全方位系统地从结构、功能、手段和组织等角度进行研究的文献还没有看到，特别是对四川省农业产业转型升级战略性宏观研究相对不足。三是对农业产业转型中各种要素带来的正、负面影响分析不够，对农业产业转型升级与"长江经济带""一带一路"等国家战略部署结合的研究不够且滞后，把农业要素优化配置、国家重大战略与农业产业转型升级三者结合起来加以研究的文献也不多见。因此，本研究运用比较优势理论、农业可持续发展理论、产业组织理论、制度变迁理论、新结构经济学理论，以及坚持"创新、协调、绿色、开放、共享"五大发展理念，探讨经济发展新常态下四川农业产业转型升级的战略问题，无疑具有重要的理论价值。

本成果具有以下显著特点：一是高起点。早在 2012 年应敬爱的荣廷昭院士邀请，参加由他主持的中国工程院重点咨询项目《发展饲用作物调整种植业结构，促进西南农区草食畜牧业发展战略研究》，本人负责综合报告第六章"西南农区发展饲用作物，调整种植业结构的效价评估"，专题报告五"四川省丘陵区种草养肉山羊产业发展战略研究"，专题报告九"我国西南农区发展饲用作物，调整种植业结构综合效价评估"，调研报告二"四川省简阳市种草养羊调研报告"等研究工作。2012 年成功申报四川省科技厅重点软科学课题《发展新型饲用作物调整四川丘陵山区种植业结构的战略研究》并于 2013 年年底完成该项研究。在此研究基础上于 2014 年申报四川省社会科学规划重大项目，在四川省社科联组织项目申报答辩过程中，四川大学杜肯堂教授、四川省社科院郭晓鸣研究员、西南财经大学马骁教授给予了很好的指导性意见，进一步理清了研究的思路和重点，坚定了结构、功能、手段、组织转型升级理论研究框架。经过几个月的准备，在 2014 年 10 月 30 日由四川省社科联组织的开题报告会上，中共四川省委农村工作委员会副主任杨新元博士指示加上四川农业产业布局研究内容。二是基础工作扎实。课题组先后赴四川 12 个市（州）进行问卷调查、访谈、座谈，取得了大量真实可靠的第一手数据资料，为全面深刻了解四川农业产业转型升级的现状和科学合理预判四川农业产业转型升级的趋势奠定了坚实的基础。三是体系完整、相互印证、相得益彰。综合报告从战略层面提出了结构转型升级、功能转型升级、手段转型升级和组织转型升级的构架、布局、路径和保障；专题报告围绕分析理论框架，对四川农业产业发展中的重大典型问题进行了专题研究，对综合报告起到了支撑作用；而调研报告选取典型区域、典型案例的成功经验，对综合报告和专题报告中的观点和结论予以印证和补充。成果紧密结合四川实际，紧跟国内外学术前沿，追踪最新研究动态，针对当前四川农业发展所处的阶段、社会经济以及自然地理和区域条件，提出了具有前瞻性、针对性和可操作性的政策建议。

本书共分为三编，第一编为综合报告；第二编为专题报告；第三编为调研报告。

综合报告共九章。第一章绪论，分别阐述了研究背景、意义、国内外研究动态及发展趋势、研究目标、思路、内容、方法和主要创新点；第二章四川农业产业转型升级的理论基础，分别就比较优势理论、农业可持续发展理论、产业组织理论、制度变迁理论和新结构经济学理论进行了阐述；第三章四川农业转型升级的环境分析，主要分析了国内外农业发展环境和四川农业产业转型升级现状及特征；第四章四川农业产业转型升级趋势判断及困境，分别就四川农业转型升级结构趋势、功能趋势、手段趋势、产业模式趋势进行了分析，阐述了四川农业转型升级面临资源短缺、劳动力人口老化、规模经营小、产业结构趋同、产业链短、机械化程度低、技术创新不足、农产品质量堪忧八大困境；第五章四川农业产业转型升级的战略构架，构建了战略思路、战略目标和战略重点；

第六章四川农业产业转型升级的战略布局，分别阐述了布局现状、问题、布局思路、主要农作物比较优势分析，提出四川农业产业区域布局的五大区；第七章四川农业产业转型升级的战略路径，从完善土地流转制度、优先发展道路与信息、强化饲草产业建设、挖掘湖滨经济潜力四方面分析了战略路径；第八章四川农业产业升级转型的战略保障，分别从财政金融、土地、科技、人才、组织五方面进行了阐述；第九章政策建议，针对困境分别提出了大力发展资源集约节约型绿色农业、大力发展农业新型经营主体、壮大村级集体经济实力、优化农业产业结构空间布局、优化农业系统功能、大力发展智慧农业、建立完善科技创新体系、加强食物安全源头管理八大建议。

专题报告共八个。围绕结构转型、功能转型、手段转型和组织转型四大基本架构，针对四川农业结构优化、先进经验、机械化、智慧农业、休闲农业、湖滨经济、高原特色农业、农地制度创新等重大问题进行了专题研究，形成了四川农业产业结构优化、发达国家农业产业转型升级的经验及启示、四川农业机械化发展、四川智慧农业发展、四川休闲农业发展、四川湖滨经济发展、四川高原特色农业发展、四川农业转型升级的农地制度创新研究八个专题报告。

调研报告共七个。根据项目研究结构、功能、手段、组织转型理论框架和研究目标，形成了四川粮油类家庭农场发展调研报告、成都市都市农业发展调研报告、南充市现代农业发展调研报告、资阳市粮食产销调研报告、宜宾市农产品质量安全保障体系建设调研报告、安县种养结合模式调研报告、苍溪县土地整理对猕猴桃产业发展的影响调研报告。

综上所述，本成果有四个方面的创新：一是构建了农业产业转型升级研究新理论框架。在早期研究和大量文献研究的基础上构建了四川农业产业结构转型升级、功能转型升级、手段转型升级、组织转型升级战略研究新理论分析框架。二是作出了农业发展三个阶段新判断。传统理论基于生产工具变革将农业发展阶段分为原始农业、传统农业和现代农业三个阶段，而这种判断没有体现出农业功能的演变，也不能反映出不同发展阶段人们对农业的不同诉求。本成果基于中国特色社会主义市场经济理论，从供给与需求两个方面做出了农业发展三阶段的新判断，即饥饿农业、温饱农业和安全农业。饥饿农业阶段，人们以满足温饱需求为核心，农业生产只能满足自给和半自给，基本特征是"民以食为天""以粮为纲"，限制了除粮食生产以外的其他种植业的发展，农民不能获得更多的经济收入，采取措施有坡改梯、烧荒种粮、增加复种指数等手段；温饱农业阶段，人们以相对富裕为农业发展目标，农业生产除了满足自给外，还能带来额外的收入，基本特征是"吃穿不愁""小富即安"，出现农业增产不增收、农业劳动力大量转移、土地摞荒等现象；安全农业阶段，以高品质生活、优质食品、优美生态环境、农业繁荣等为发展目标，需要适度规模经营，发挥农业多功能作用，基本特征是"数量安全""质量安全""结构安全""生态环境安全"，追求"业兴、民富、人和、村美"的现代美丽乡村，使农村成为农民的美好家园、城市居民休闲度假的理想乐园。三是提出了食物安全的种养业源头管理的新理念。本成果主要观点为居民健康与种养业结构密切相关，认为四川传统的"粮-猪"二元结构既影响了粮食数量安全，又影响人们身体素质，特别是增大了居民患心血管疾病的安全隐患。为此，一方面应从粮食作物改种饲用作物试点工程入手，促进草食畜牧业发展；另一方面针对"高肥""高调""高药"对生态环境造成严重的面源污染，从农业投入品入手，对农业生产过程控肥、控调、控药，实现从源头上保障食物安全。四是提出了高度契合国家"长江经济带"发展战略的湖滨经济理论。本成果对湖滨经济概念做出了科学界定，湖滨经济理论的提出，为四川境内大量的沿江、沿河、湖滨地区经济发展提供了新的发展思路；同时，将原有的以第一、第二产业为主的结构体系重心向第三产业转移，解决湖滨地区第一、第二产业的区域、结构在量上出现的产能过剩、水体污染等生态环境问题，凸显一个相互作用的湖滨资源优化的综合经济特征，使湖滨经济体系达到结构动态平衡，促进人类社会经济、生态环境协调、健康发展。

最后，我要非常感谢众多专家学者前期的研究成果，凡引用绝大多数都有注解或在后面列出了参考文献，由于研究团队队伍庞大，难免有疏漏没有标注，在此一并表示感谢！当然最应该感谢的是四川省社科联的英明领导，在"十三五"即将来临之际，安排部署四川省社会科学规划重大项目战略研究任务。感谢中共四川农业大学党委副书记庄天慧教授对项目自始至终给予的关心、支持、指导。在研究过程中，得到了中共四川省委农村工作委员会、四川省发展和改革委员会、四川省农业厅、四川省社会科学院、四川省农业科学院等单位领导、专家的大力支持和指导；在调研过程中，得到乐山市农牧业局、宜宾市农委、宜宾市农业局、宜宾市畜牧局、宜宾市林业局、南充市农牧局、广元市农业局、广元市国土资源局、广元市水务局、广元市林业局，以及沐川县农业局、兴文县农业局、泸县国土资源局、苍溪县农业局、安县农业局、苍溪县农业园区办、蓬溪县农业园区办等单位领导，家庭农场主、专业大户、龙头企业家、专业合作社负责人等的支持，在此表示衷心感谢！

当然，我要再次感谢敬爱的荣廷昭院士，是他带领我早先进入农业产业转型升级研究，并亲自为本书作序。

陈文宽

2015 年 12 月于成都

目　录

第一编　综合报告

第一章　绪论 ………………………………………………………… 3

第二章　四川农业产业转型升级的理论基础 …………………… 14

第三章　四川农业产业转型升级的环境及现状分析 ……………… 21

第四章　四川农业产业转型升级趋势判断及面临的困境 ………… 34

第五章　四川农业产业转型升级的战略构架 …………………… 49

第六章　四川农业产业转型升级的战略布局 …………………… 57

第七章　四川农业产业转型升级的战略路径 …………………… 76

第八章　四川农业产业转型升级的战略保障 …………………… 82

第九章　政策建议 ………………………………………………… 89

第二编　专题报告

专题一　四川农业产业结构优化研究 …………………………… 101

专题二　发达国家农业产业转型升级的经验及启示 …………… 143

专题三　四川农业机械化发展研究 ……………………………… 160

专题四　四川智慧农业发展研究 ………………………………… 168

专题五　四川休闲农业发展研究 ………………………………… 184

专题六　四川湖滨经济发展研究 ………………………………… 193

专题七　四川高原特色农业发展研究 …………………………… 205

专题八　四川农业转型升级的农地制度创新研究 ……………… 221

第三编　调研报告

调研一　四川粮油类家庭农场发展调研报告 …………………………… 241

调研二　成都市都市农业发展调研报告 ……………………………… 249

调研三　南充市现代农业发展调研报告 ……………………………… 259

调研四　资阳市粮食产销调研报告 …………………………………… 269

调研五　宜宾市农产品质量安全保障体系建设调研报告 …………… 281

调研六　安县农牧结合模式调研报告 ………………………………… 289

调研七　苍溪县土地整理对猕猴桃产业发展影响调研报告 ………… 297

主要参考文献 ……………………………………………………… 304

第一编

综合报告

第一章 绪 论

自 1978 年改革开放以来，我国农业发展从饥饿阶段跨越温饱农业阶段，从而进入安全农业阶段。随着经济全球化，四川农业经济必须顺应我国经济深度融入世界经济的趋势。2015 年受国际低粮价与国内库存积压双重作用，我国粮食主产区的玉米、小麦价格再度出现"粮贱伤农"现象，有媒体报道称部分地区玉米市场陷入严重的恐慌气氛中。据统计，2008~2013 年稻谷、小麦最低收购价提高幅度分别为 92%、57%，出现粮食价格"天花板"问题。自 2012 年以来，玉米产量首超水稻，开始成为我国粮食作物主导品种。虽然玉米产量从 2008~2014 年增加了 30%，但种植面积也增加了 24%。从消费结构来看，我国居民消费了全球 50.1% 的猪肉，蛋类消费高出世界平均水平近一倍，奶类消费只相当于美国、欧盟的 25%，畜禽养殖业主要以猪、鸡等耗粮型畜禽为主。四川是我国西部地区玉米、水稻、小麦等粮食生产大省，也是全国生猪出栏大省。结构、功能、手段和组织转型升级是四川农业产业面临国际国内市场需求变化、资源环境约束加剧、饲料粮长期短缺、农村劳动力老龄化严重等重大现实问题做出的战略选择。在我国经济下行压力加大和认真落实中央"四个全面"的战略布局背景下，研究四川农业产业转型升级具有重大的理论价值和战略意义。

一、研究背景

近年来，四川农业取得了可喜成绩，2013 年农业总产值是 2003 年的 3.15 倍，其中，种植业增加了 3.6 倍，林业增加了 3 倍，牧业增加了 2.72 倍，渔业增加了 3.33 倍。同时，四川是全国生猪出栏大省，也是全国粮食作物和经济作物的重要产地。面临国际国内市场需求变化，四川农业产业的转型升级显得刻不容缓。

从国际背景看，随着经济全球化的深度融入、关税标准的下调，大宗农产品的进口对国内农产品市场价格产生了强烈冲击。同时 WTO 贸易规则也给中国农业发展带来了一系列挑战。一方面，中国承诺的关税配额使大米、玉米等大宗农产品到岸价格低廉，国内农产品将面临更加激烈的国际、国内市场竞争；另一方面，WTO 成员方必须废除国家内部的自由贸易保护政策，对贸易有较大扭曲作用的"黄箱补贴"不得超过产值的 8.5%，而中国历来习惯于以农业投资补贴来刺激农民生产积极性，以达到稳定粮食产量、增产增收的目的。目前，中国"黄箱补贴"已经面临"微量允许"上限的实质性约束。尽管 WTO 取缔了成员国的一些关税壁垒，但随着出口增长势头的强劲，中国也面临着许多国家设置的非关税贸易壁垒，如反倾销、技术贸易等壁垒。这将使中国农产品出口面临巨大挑战并将对其产生重大影响，其主要表现为三个方面：一是国际农产品市场竞争压力的加剧使得中国农产品出口市场进一步压缩。二是中国农产品的出口成本会逐渐增加，为使农产品达到进口国标准，一方面生产厂商势必会增加对农产品技术、环保等生产投资；另一方面，在出口过程中，出口商不得不履行有关环境、技术的检验和认证等冗杂程序，耗费较多的时间和金钱成本。三是受国内外农产品价差的驱动，国内企业进口动力强劲，大量质优价廉的国际农产品占据国内市场。因此，在国内粮食连年增产、库存不断增加的情况下，进口激增使得国内粮食生产陷入了更加尴尬的境地。为此，面对巨大的国际市场竞争压力，四川农业产业迫切需要调整生产结构、转变经营模式，以创新为动力实现农业产业的转型升级。

从国内背景看，当前中国正步入经济发展的新常态，然而在中国经济转型升级的关键时期，继续夯实农业在国民经济发展中的基础地位，保持农民收入持续增加，消除贫困便成为当前推动农业发展必须解决的关键性问题。由于国内农产品生产成本不断攀升的"地板效应"和国际农产品低价竞争的"天花板效应"形成的双重挤压，严重制约了中国农业的可持续发展。当前中国农业已进入生产高成本时代，农业生产成本在快速地上升，特别是生产性服务费用的支出，年均增幅达到 8%～9%，极大地推动了农产品价格的上涨。2006～2013 年，中国主要粮食作物稻谷、小麦、玉米、棉花、大豆生产成本年均增长分别为：11%、11.6%、11.6%、13.1%、12%，农业生产的直接成本占总成本的八成以上，特别是租金和劳动力成本的上升，更加缩小了农民的利润空间。2013 年四大粮食作物亩均产值 1039 元，同比增长 0.2%；亩均费用是 357 元，同比增长 4%；亩均收益仅 682 元钱，与 2011 年相比下降 2.4%。在国际市场竞争方面，2012 年国内出口农产品均价 676 美元/t，同比上涨约 1%，进口均价 342 美元/t，同比下降 8.7%。2014 年中国主要农产品国内外差价进一步扩大：中泰米价差平均 818 元/t，玉米国内外价差平均 646 元/t，小麦国内外价差平均 434 元/t。而在 2008～2014 年间，我国小麦和玉米价格上涨超过 60%，籼稻价格上涨超过 90%，而粳稻价格上涨更是超过 100%。由此可见，面对国际农产品市场价格的打压和国内农业生产成本的提升，中国农业产业的利润空间已经越来越小，如何突破这一瓶颈是中国农业未来发展需要着重思考的问题。更重要的是，国内农业资源紧缺、开发过度和污染加重进一步压缩了国内农业的发展空间。当前，中国水土流失面积已扩大到 356 万 km^2，每年流失的土壤达 50 亿 t，对我国农业生产造成巨大损失。此外，农药和化肥的过度使用也给生态环境带来了严重的负荷。因此，在资源和环境双重硬约束的条件下迫切需要农业产业转型升级，以实现农业的可持续发展。

从四川背景看，首先，四川省对外出口主要为劳动密集型农产品，生产技术水平较低，低价格是对外出口的一大优势。但近年来，受绿色贸易壁垒和技术贸易壁垒的阻碍，四川省竞争力指数、显示性比较优势逐年下降，分别低于 0.5 和 0.8。茶叶是四川的特色产业，且种植面积较广、产量较大。但由于受到绿色壁垒的限制，茶叶出口十分困难，仅欧盟对茶叶的检验项目就从 6 项增加到 62 项，四川省茶叶出口量低于总产量的 6%。此外，生猪、生丝以及酒类的出口也出现了不同程度的下降。需求是生产的动力，广阔的国际市场蕴藏无限的机遇。对于四川省而言，实现农业产业的转型升级是突破贸易壁垒、打开国际市场和应对国际市场竞争压力的重要途径之一。其次，四川农业产业生产成本不断攀升，严重影响了农业的生产发展。其中，人工成本占比大、增长快，2015 年相较于 2014 年增长了 18.2%；接下来是土地成本，虽然仅占总成本的 26%，但却比 2014 年增加了 3.8%。农业生产成本的上升严重影响了农民种粮的积极性，也使得中国粮食安全问题逐渐凸显。最后，四川省人均耕地面积从 1996 年的 1.21 亩降低到 2009 年的 1.12 亩，低于全国人均 1.52 亩耕地面积的水平；四川的水资源利用率也处在较低水平，仅能达到 11%，实际灌溉效益只达到设计能力的 70%，有效灌溉面积仅占全省耕地面积的 41.2%。此外，近年来四川省农药、化肥施用的递增速度很快，全省年平均用药量 8300t(含量为 100%)，化肥使用达 117.8 万 t，但利用率仅为 30%。更重要的是，四川省还存在农产品重金属含量超标、畜禽粪便污染等严重的农业污染问题。由此可见，转变四川农业产业生产方式，推动四川农业产业的转型升级已经成为一项迫在眉睫的战略任务。

二、研究意义

本成果以农业结构、功能、手段、组织转型为切入点，系统全面地分析了四川农业产业现状、特征和困境，同时深入研究了四川农业产业转型升级的战略构架、战略布局、战略路径和战略保障，并在此基础上提出了推动四川农业产业转型升级的重要政策建议。这对于统筹四川城乡发展、实现"四化"互动和全面建成小康社会具有重大意义。

就理论意义而言，本课题基于中国经济步入新常态的背景下，系统地研究了四川省农业产业的转型升级，在现有研究基础上，创新性地提出了农业发展的三个阶段：饥饿农业、温饱农业和安全农业，这对于重新评判现阶段农业发展进程具有重要的理论意义。同时本课题还提出了农业产业结构调整的两大原则，即：对于畜牧业而言，由传统耗粮型向节粮型拓展；对于种植业而言，由二元结构向多元结构发展。这进一步丰富了产业经济学理论和新结构经济学理论。更重要的是，本课题还根据四川的比较优势，提出了湖滨经济理论。湖滨经济理论的提出有利于激活农业沉淀资源，对拓展和丰富产业结构以及区域结构理论、构建和谐城乡关系理论皆具有至关重要的意义。

就实践意义而言，四川农业面临生产成本"地板效应"和粮食价格"天花板效应"的双重挤压，加之粮食安全、农民增收等问题在新形势下更加凸显。在此背景下，本课题从结构转型、功能转型、手段转型和组织转型等四个着力点，为四川农业产业转型升级提供了完整的战略框架、战略布局、战略路径、战略保障和重要的政策建议，这对于改善四川农业产业结构，推动四川农业产业升级，增加四川农民收入，降低四川农村贫困水平和实现全面建成小康社会具有十分重要的实践意义。

三、国内外研究动态及发展趋势

(一)国外研究动态及发展趋势

农业发展模式的演变取决于不同时期的生产力(Ciutacu et al.，2015)。农业发展至今，已经由传统农业向现代农业和安全农业转变。安全农业的核心价值在于消费安全(Wallace and Wallace，1990)。广义上的安全农业应包括粮食安全、农业产业安全和食品安全(Moon,2015)。由于 20 世纪 90 年代的重金属污染、动物药物滥用、基因改造食品、疯牛病以及食品贸易危机等，安全农业受到各国政府的普遍关注(Boutrif,2014)。当前，各国和国际机构提出了不同的食品安全或品质检验标准。主要包括，世界粮农组织 2003 年提出的优质农业规范；世界卫生组织 1998 年提出的降低新鲜水果与蔬菜微生物危害的企业指南；欧洲零售商协会的优质农业规范；美国食品药品监督管理局、农业部与商业部在 1998 年提出的优质农业规范；加拿大农业部的食品安全推动计划；澳大利亚和新西兰的食品安全与品质标准。上述规范或标准均以良好农业规范（Good Agricultural Practices，GAP)的四大理念为依据，涵盖可追溯性、食品安全、环境保护和劳工福利四大块。要符合欧盟 GAP 的检验标准，农场的经营操作必须在商业化农业生产体系下，有效整合不同的农场管理系统，包括整合病虫害管理、整合作物管理与整合营养管理等三大系统(Menon,2005)。因此，农民必须遵循优质农业操作规范，如①食品安全的可追溯性：主要采用 HACCP 体系的原则与技术，进行食品安全的风险管理，维持消费者对食品品质与安全的信心。②环境保护：降低作物保护用药的使用量，改善资源的使用效率，保护自然资源与野生生物，将环境的负面冲击降到最低程度。③农场的社会责任：提高农场劳动力的健康、职业安全与福利。

当然，为了农业经营的可持续，国外对农地使用的转型和升级也非常明显(Hughes et al.,2011)。鉴于农地具有不可再生性、区位性与不可移动性的资源特性，在 WTO 自由贸易的压力下，以小农经济、家庭农场为主的国家，其农地资源便成为价格竞争机制的牺牲品(Mireku et al.,2015)。然而，随着农业产业转型升级需求的日益迫切，农地使用也由单一功能转化为多功能，即已有粮食生产的单纯经济性功能升级为提升生活品质与维持自然生态的社会－环境功能(Wilson,2009)。在可持续经营理念的指导下，农地资源逐渐发挥出更多的功能性，包括生产、生活、休闲等(Moon,2011)。基于此，欧盟国家自 1997 年提出了农业多功能性的概念之后，便强调农业生产与环境资源间的联合产出功能，包括塑造乡村景观与开放空间舒适性、降低自然风险危害、恢复地下水资源、增加生物多样性以及减少温室气体排放等。对此，欧盟国家采取了一系列措施，如在 2007～2013 年发布了乡村发展新方案，提出了三大施政主体：农业－食品经济、乡村环境和乡村经济与人口发展；其目的在于改善乡村发展环境，提升乡村生活品质。

（二）国内研究动态及发展趋势

近年来，国内学者从产业结构、农业功能、发展手段、新型农业组织形式培育等多方面对农业转型升级进行了大量的研究，这为我们开展四川农业产业转型升级研究奠定了坚实基础。

1. 农业产业结构转型方面

当前，我国已进入以工促农、以城带乡的发展阶段，进入加快改造农业、走中国特色农业现代化道路的关键时刻，新时期的农业结构战略性调整显得愈加重要。目前国内关于农业产业结构转型的研究大致可以分为三类：一是研究农业产业结构转型的内涵，二是研究农业产业结构的演化阶段，三是从动力机制上分析农业产业结构。

农业结构调整应从产业、区域和社会三方面入手，农业发展的战略转型重点在城市，城市农业引领大农业现代产业体系发展是农业实现现代化的关键(林建永等，2010)。农业结构既包含广义上的农村产业结构、生产结构、技术机构、市场结构、制度结构和农业区域结构，也包括农业部门结构和农业产业空间布局结构，并将我国的农业产业发展划分为改革开放前和改革开放后两个阶段(侯丽薇，2005)。新中国的农业产业经历了三个阶段：1978～1996年的"国家为解决温饱问题持续对粮食等大规模投入阶段"；1997～2007年的"坚持以市场为导向，对产业结构进行战略性调整阶段"；2008～2020年的"总量紧平衡、结构性短缺阶段"；由于农业综合生产成本快速上涨、农产品供求结构性矛盾日益突出、对外依赖程度加深，保障国家粮食安全和重要农产品有效供给面临着严峻挑战(朱晓峰，2013)。因此，我国农业必须适应新形势的需要，重新审视政府与市场的边界，加快新一轮的农业结构调整，基于新优势制定新的发展战略(高强和孔祥智，2014)。优化升级农业产业结构是我国农业结构战略性调整中最关键的问题，也是进行农业结构调整的根本目的所在(陈锴，2011)，是改变传统农业落后生产方式，提高农民收入，统筹城乡经济发展，全面落实科学发展观的必然选择(林冬生，2014)。在转型升级动力机制研究方面，研究认为科技创新(宋德军，2013)、禀赋要素整合、产业链专业化分工、创新能力、市场需求、政府培育(董子铭和刘天军，2014)是促进农业结构转型的重要动力来源。

2. 农业功能转型升级方面的研究

关于农业多种功能的具体内容，不同学者有不同的理解，但概括起来，主要包括三大方面：一是以提供农产品、保障国家粮食安全为核心的经济功能；二是以保障农村人口生存与就业为核心的社会功能；三是以保护农村环境，维护生物多样性，以及提供休闲旅游为核心的生态功能(龚松柏，2015)。过去的农业生产主要以保证粮食供给功能为主，随着时代的变化，农业功能的重心也发生了变化，更突出了粮食产量安全，价格安全，质量安全，以及生态安全(李俏等，2015)。

农业发展大坏境的变化，使农业发展向第三产业逐渐延伸，新的功能不断出现(郑文堂等，2015)。与单纯的农业物质产品生产相比，创意农业更加具有活力，它是第一产业(种植业)、第二产业(简单的农产品加工业和手工业)和第三产业(休闲旅游业)的融合，同时具有农业产业和文化创意产业的属性(郑文堂等，2015)。与传统农业产业以农产品生产为价值导向不同，创意农业主要是以满足顾客的心理需求(乡土情怀、怀旧情结、体验休憩、好奇心理等)为导向的，通过满足消费者的心理需求、情感需求、休憩需求，以实现产业价值提升(郑文堂等，2015)。

功能农业是人们在并不只满足于"吃的东西得安全"的背景下应运而生的，它不悖于"原生态"，而是在原生态基础上的进一步提升，能够满足消费者的更高需求(萧野，2015)。只有更好的产品、更好的服务、更大程度上满足消费者的需求，才是从根本上提高农业价值的核心。通过让农业与工商服务业相结合来拓展农业发展的潜力，促使传统农业在功能上发生根本性蜕变；通过大力发展农家乐型、农业娱乐型、乡村度假型等多种类型的乡村休闲观光农业，促进农村第三产业的发展，有效带动本地区的农业经济转型；顺应自然再生产和经济再生产紧密结合的要求，巧妙地将生态农业与特色农业结合起来，走生态农业特色发展道路(马洪亮，2010)；着力提高农业生产的开放度，延伸农业生产的产业链，变生产型的"小农业"为农工贸一体化生产经营的"大农业"（张树俊，2011），提升发展传统农业，增加农业综合效益，转变农业经济增长方式；通过优化农业生产布局，调整种养结构，加快形成特色农业、生态农业、观光农业、高效农业，促进农业向区域化、集约化、规模化、品牌化、高效化方向发展（姚建新，2013）。

3. 农业生产手段转型方面

从目前农业生产手段上看，我国在经过改革开放三十年的高投入后，已经取得了长足进步，但是与农业高度发达的国家相比，仍存在着不小的差距。因此，加强我国农业生产手段问题的研究、寻找解决我国农业生产长期稳定发展的方法，已成为我国农业发展迫在眉睫的任务。目前我国学术界对农业生产手段的研究成果，主要集中在机械化、信息化、智能化三个方面。

从传统农业向现代农业的转型，关键是农业机械化生产。农业机械装备改善了现代农业的生产条件，提高了生产力水平，实现了现代科学农机农艺发展要求，为农业生产的规模化、集约化、专业化和商品化提供了保障（甘露等，2011）。尽管我国农业机械化总体上已进入中级发展阶段，但是由于受农业地形的阻隔效应、农民收入水平引起的收入效应以及作物类型的不同带来的结构效应（周晶等，2013）的影响，我国农业机械化水平仍然呈现出显著的区域不平衡性。农业信息化是农业领域充分利用信息技术方法和最新成果的农业生产手段（李灯华和梁丹辉，2015）。我国农业信息化发展正处于农业信息化基础设施不断加快、农业信息资源开发与利用能力不断提升、农业信息服务模式不断多样化的阶段。农业信息化正朝着农业信息资源深度融合，信息服务内容更加实用，农业科技人才队伍不断壮大的方向发展（张辉等，2014）。国际上有关农业信息服务技术的研究主要集中在农业遥感技术、农业专用软件系统、农村综合服务平台和农业移动服务信息终端等方面。而农业软件业普遍缺乏现代软件工程开发和市场拓展能力，产业服务对象科技文化素质偏低，农村信息服务队伍缺乏仍是制约农业信息化发展的主要因素（陈威和郭书普，2013）。信息载体由传统媒体转向现代媒体、信息内容需求从单一转向多元、信息人才培养从专一型到多学科复合型并持续加大信息农业的投入是未来农业信息化的趋势所在（阮怀军等，2014）。

农业智能化是在农业机械化生产技术基础上，借助信息技术开展的高效率农业生产手段。现代农业智能化集中表现为将信息、新材料、生物、自动化技术和可持续发展技术等综合于一体用于农业生产领域（姚亮和马俊贵，2015）。智慧农业全程实行自动化控制、智能化管理，不仅实现了农产品的安全可追溯，还促进了农产品网上交易平台的成熟与整个行业的快速健康发展（陈忱，2013）。在具体的建设措施方面，可以通过转变农业发展理念、重视农村发展目标设计、加强农业生产质量控制、重视农业人才队伍建设等方面发展智慧农业（阮青和邓文钱，2013）。

4. 农业生产组织转型升级方面

农业的组织转型是农业产业结构转型升级的重要组成部分，尽管目前农户仍为农业生产经营的主要群体，但是在资源禀赋日趋严峻、市场竞争日益激烈的农业经营条件下，小农经营已越来越难以满足市场的需求，所以组织转型迫在眉睫。目前国内学术界，多从生产经营主体的类型上进行分析研究，通过着重培育以专业大户、家庭农场、合作社、农业企业为主的新型经营主体来带动农户农业经营，实现生产组织的转型升级。

家庭农场由于雇工少，其生产效率优于农业企业和合作社（孙新华，2013），符合农业生产的基础规律，应大力发展。这不仅可以解决城镇化发展产生的农业生产问题，而且可以对工商业资本进入农业的趋势进行矫正（陈明鹤，2013）。与之相左，有学者认为合作社不仅是农业经营的主体，同时也是社会化服务的提供者，更是联结小农户与大市场、连接各个农业经营主体的纽带。在未来的发展中，合作社的地位将会更加重要。所以政府应该在农资采购、农产品销售和农业生产性服务环节适宜采用合作经营，重点扶持农民合作社（孟丽等，2015）。而专业大户面对耕地稀缺的现实，应在努力提高土地利用率的同时，把重点放在非耕地经营上，大力发展资金、技术、劳动密集型的畜禽、水产养殖业和水果、蔬菜等园艺业，走出一条节地、增资、增劳的路子。既符合专业化的发展方向，又符合农业结构升级转型的内在要求（纪永茂和陈永贵，2007）。

在农业企业等工商资本经营农业的问题上，考虑到工商资本的逐利性，学术界基本上持谨慎态度，但同时又不否认工商资本对农业的发展以及产业转型的强大推动力。工商企业有较强的示范带动作用、培育质量意识，并注重先进品种和技术的引进，可以提高产业发展竞争力所以政府在严格监管的同时应该给予积极引导（张红宇等，2014）。

5. 农业安全与农业产业升级转型

确保农业安全是农业产业转型升级的底线，同时也是重要目的。目前国内关于农业安全的研究主要集中在农业安全的理论基础研究、农业安全的影响因素研究、农业安全的对策研究。

从国际市场来看，粮食等农产品价格将会在不断波动中上升，国际市场价格将显著影响国内市场的稳定；从粮食生产来看，耕地减少，资源环境压力增大，劳动力成本上升，农业技术进步速度减缓；从需求方面看，随着收入水平提高，人均肉类消费的提高对饲料粮的需求将大幅度增加。因此，只有不断通过国家农业科技创新，完善与更新农业基础设施以及国际农产品市场贸易来综合保障我国的粮食安全（黄季焜等，2012）。

在过去20年由于生态环境建设中的退耕，工矿、能源、交通、水利建设和城市占用、农业结构调整以及自然灾害损毁等，我国耕地面积以年均20万 hm^2 以上的速度递减（顾益康，2010）。农作物播种面积和单位面积产量制约着粮食有效供给，而耕地的数量和质量又最终成为约束播种面积和单位面积产量的先决条件。因此，农业安全的本质约束是耕地，粮食安全的核心是耕地安全。维护耕地质量，推进农地开发，确保耕地安全，是从资源层面保障粮食安全的实现（聂英，2015）。此外，在农业用水安全方面，造成农业用水紧缺的原因有很多，其重要的一个原因是农业水利设施严重老化，建设滞后，管理效率低下，水资源"跑、冒、滴、漏"现象十分严重（顾益康，2010）。因此，要建立水资源"农转非"补偿机制和推广应用农业节水技术，分别从经济和技术手段两个方面确保我国的农业用水安全（仇相玮和胡继连，2014）。

国际上对农业安全认识的演化是逐步深入的，由最初直接对粮食安全的关注，渐渐过渡到对由粮食安全所衍生出的种种政治、经济、社会问题的关注，继而发展到对农业系统的总体认识。这种规律体现了当前世界范围内农业领域暴露出的普遍危机。从整体方面认识农业安全已经成为当前国际研究的焦点。同时，要促进农业可持续发展，就必须把构建农业生态安全作为前提，农业生态安全是农业可持续发展战略的必要条件，当今社会的焦点之一就是怎样去解决资源环境问题，实现农业可持续发展利用（郭思娇，2013）。最终，农业产业的转型升级将通过农业产业结构调整、农业生产手段与农业经营组织创新等形式，在保持农业原始功能的基础上，不断挖掘农业在现代产业链中的新价值，促使农业向高效率、产品安全、资源节约、环境友好的现代农业发展靠拢。

（三）文献评述

现有研究分别从不同的角度对农业产业的转型升级进行了大量研究。但从国外学者研究的成果来看，大部分的研究更多的是强调农业转型升级过程中的施政理念和政策措施。如何充分考虑四川省情以及国内外经济发展程度和制度体制的差异，借鉴国外既有研究成果，还需进一步深入研究。而国内的研究则从某一侧面提出了农业转型升级的策略和措施，更重要的是这些策略和措施大部分不具可操作性，这也使现有研究提出的部分政策建议缺乏实践意义。为此，本研究将站在战略的高度为四川农业产业转型升级提供系统的战略框架、战略布局、战略路径和战略保障。为推动四川农业产业的转型升级提供切实可行的战略措施。

四、研究目标、思路和内容

1. 研究目标

首先，通过剖析四川农业产业转型升级过程中的困境，解析四川农业产业未来的发展趋势，为有效把握四川农业产业发展中的关键因素提供科学决策依据；其次，通过系统的分析和论述四川农业产业转型升级的战略框架、战略布局、战略路径和战略保障，为推动四川农业产业转型升级建立起科学的战略理念；再次，通过着力分析四川农业产业的结构转型、功能转型、手段转型和组织转型来理清四川农业产业未来的发展思路；最后，本课题的研究结论和重大政策建议为四川有关部门推动四川农业产业转型升级提供政策参考的科学依据。

2. 研究思路

本研究首先全面剖析了四川农业产业转型升级面临的困境、未来的发展趋势，并以比较优势理论、农业可持续发展理论、产业组织理论、制度变迁理论、新结构经济学理论等为基础，系统地研究了四川农业产业转型升级的战略框架、战略布局、战略路径和战略保障，从而形成了本研究的综合报告。其次，本研究针对四川农业产业发展中面临的各种制约因素，形成了特色鲜明的专题报告，包括四川农业产业转型升级的结构优化研究，发达国家农业产业转型升级的经验及启示，四川农业机械化发展研究，四川智慧农业发展研究，四川休闲农业发展研究，四川湖滨经济发展研究，四川高原特色农业发展研究和四川农业转型升级的农地制度创新研究。最后，本研究根据四川农业产业转型升级的典型和样板，选取了乐山、宜宾、南充、广元、泸县、资阳、绵阳等地作为典型调查地点，形成了一系列的调研报告。

在理论支撑的基础上，通过梳理农业升级转型的历史脉络与发展趋势，对四川农业升级转型发展进行规范性分析。综合起来，本课题的研究思路如下：①通过对相关理论的梳理对四川农业升级转型发展提供了坚实的理论基础；②通过对四川农业升级转型发展的国内外宏观环境、四川农业产业升级转型的现状、特征以及未来趋势和面临的困境进行分析，为从战略层面提出升级转型构想提供依据；③根据现状与困境对四川省农业产业升级转型进行顶层设计，提出升级转型的思路、目标与重点领域；④从产业布局视角切入，对农业产业升级转型产业布局领域的现状、问题和趋势进行分析，解决四川农业产业升级转型的战略布局问题；⑤从产业升级转型路径选择切入，对四川农业升级转型的资源要素保障、转型方向和升级转型动力进行研究，解决四川农业产业升级转型的路径选择问题；⑥从保障措施切入，详细论述包括财政、土地、科技、人才、组织领导等各类保障四川农业产业升级转型的政策措施，探明各类保障措施对四川农业产业升级转型的重要支撑作用；⑦根据从不同切入点研究所获得的有关四川农业产业升级转型的研究结论，提出四川农业产业升级转型的具体政策建议。

3. 研究内容

本研究的主要内容包括八个方面：①四川农业产业转型升级的理论框架。通过对比较优势理论、可持续发展农业理论、产业组织理论、制度变迁理论、新结构经济学理论等理论的梳理，为四川农业产业升级转型寻找理论依据。通过剖析结构转型、功能转型、组织转型和手段转型在农业产业升级转型中的地位和作用，奠定农业转型升级的研究理论框架。②四川农业产业转型升级现状及环境分析。通过从 WTO 相关贸易规则、国际贸易壁垒、农产品面临的国际价格现状与趋势，分析四川农业产业升级转型的国际环境，通过对四川农业的生产成本、社会化与市场化水平、经营主体、资源环境等的研究，分析了四川农业产业升级转型的国内环境。在分析转型升级的国内外环境基础上，对四川农业产业升级转型的现状、特征进行详细分析，为提出升级转型的战略提供现实支撑。③四川农业产业转型升级趋势判断及面临的困境。通过结构转型、功能转型、手段转型、模式转型四个方面的判断，分析四川农业产业转型升级的趋势。在此基础上，理清四川农业产业转型升级所面临的八个方面的困境。④四川农业产业转型升级的战略框架。根据四川农业产业面临的国内外环境、发展现状、特征、困境与趋势，提出四川农业产业升级转型的战略思路、目标与重点领域。⑤四川农业产业转型升级的产业战略布局。根据前文所提出的战略框架，进一步就产业布局方面对四川产业升级转型面临的产业空间布局调整进行了详细阐述与分析。⑥四川农业产业转型升级战略路径。分别从农村资源市场化、三次产业互动发展、农业信息化发展三个方面对四川农业产业转型升级的战略路径进行了探讨。⑦四川农业产业转型升级的战略保障措施。从金融、财税、土地、科技、人才、领导组织等方面，详细论述了四川农业产业升级转型的保障机制。⑧政策层面对四川农业产业转型升级的建议。最后，从土地制度变革、种养结构变革、明确经营主体权利、加强科技手段与人才的储备、完善农业保险政策、利用优势资源发展湖滨经济、多功能农业发展等方面提出了一系列有针对性的政策建议。

五、研究方法

(1)辩证唯物主义法。本研究的研究思路、研究框架和研究工作的开展始终贯穿着辩证唯物主义的观点，即：分析四川农业产业转型升级过程中面临的困境，未来的发展趋势，透过四川农业产业转型升级过程中的各种现象，总结出一套适合四川农业产业发展的规律，创新性地提出了四川农业产业转型升级的战略框架、战略布局、战略路径和战略保障。

(2)典型调查法。本研究首先对四川省各地农业产业转型的基础、潜力等进行了评估，从而确定出四川农业产业发展过程中的典型地区，并将这些地区作为典型调查的对象，为此，课题组先后赴乐山、宜宾、南充、广元、泸州、资阳、绵阳、阿坝等典型地区进行实地调查，了解当地农业产业转型升级的现状、问题及影响因素，并对普通农户、家庭农场主、专业大户、合作社、龙头企业以及村集体和当地政府进行调研。此外，课题组采取"边研究、边应用、边推广"的推进方式，为四川农业产业升级转型献计献策。

(3)访谈法。在调研的过程中，课题组为了深入了解四川农业产业转型升级过程中面临的困境以及相应的应对策略，采取了访谈法的方式挖掘有关农业产业转型升级的深层次信息。具体而言，课题组邀请四川典型地区的农业部门负责人以及处在农业生产第一线的典型农民作为访谈对象，根据课题组拟定的提纲，让农业部门负责人阐述当地农业发展的现状，未来的发展规划以及农业产业转型升级的发展思路。让处在农业生产第一线的农民畅谈农业生产过程中的各类问题，包括农业生产规模、生产规划、新技术和新品种的应用、农产品加工和销售等。通过访谈法，课题组积累了大量的一手资料，为本课题调研报告工作的完成奠定了基础。

(4)问卷调查法。为了解农业产业转型升级的一些存在性事实和行为性事实，本研究采用问卷调查的方法收集资料。在问卷调查的过程中，本研究采取的是立意取样的调查方法，调查的对象是新型农业经营主体，主要了解他们的农业生产组织方式、农产品加工模式和销售模式等。为四川农业产业转型过程中的组织转型夯实资料基础。

(5)定量分析方法。本研究采用层次分析和模糊综合评价法，对四川的资源禀赋、产业结构、文化要素、经营手段等作用机理进行综合评价，为提出四川农业经济升级转型的战略构想，准确把握四川农业产业转型升级趋势及提出适合四川农业产业升级转型发展的路径打下基础；采用偏离-份额分析法分析了四川农业产业的优势与劣势，为四川农业产业结构的调整提供了理论依据。

六、主要创新

1. 构建了农业产业转型升级研究新的理论框架

农业产业转型升级既有研究主要是专项研究多，涉及经济、社会、技术、资源环境及宏观管理的多学科、多专业、多部门的综合研究较少；对特定领域某一内容进行研究的文献较多，全方位系统地从结构、功能、手段和组织等角度进行研究的文献还没有看到。因此，本成果在国内外学者相关研究的基础上，构建了结构转型、功能转型、手段转型、组织转型升级研究的理论框架。

2. 提出了农业发展阶段的新判断

本课题提出了判断农业发展阶段的新标准，即饥饿农业、温饱农业和安全农业，按照这三个标准将农业发展划分为三个阶段，弥补了传统理论上原始农业、传统农业和现代农业不能体现出农业功能演变以及不同发展阶段人们对农业不同诉求的遗憾。在饥饿农业阶段，人们以满足温饱需求为核心，农业生产只能满足自给和半自给，此阶段农业发展特征是"民以食为天""以粮为纲""全面整光"，限制除粮食生产以外的其他种植业发展，农民不能获得更多的经济收入；在温饱农业阶段，人们以相对富裕为农业发展目标，农业生产除了满足自给外，还能带来额外的收入，此阶段发展特征是"吃穿不愁""小富即安"；在安全农业阶段，人们以满足高质量生活的生态环境、食品、质量和未来繁荣为农业发展目标，此时的农业发挥着多功能的作用，此阶段特征是"数量安全""质量安全""结构安全""生态环境安全""吃住玩"。

3. 提出了食物安全的种养业源头管理的新理念

本研究提出了改变四川农业产业中传统的粮、猪二元结构，一方面通过发展新型饲草作物，为部分地区作物种植结构调整提供了新思路，也为四川牲畜养殖结构调整做好基础准备；另一方面，通过畜牧产品结构的调整，再长期改变四川牲畜产品品种单一的局面。此外，通过种养结构的调整发展新型种养结合的草食性畜牧业，也为提高种养农户收入和为大众提供物美价廉的牲畜产品提供了新的途径，从而为提高人们身体素质提供优质食物。

4. 提出了高度契合国家"长江经济带"发展战略的湖滨经济理论

湖滨经济概念的提出以及对其展开的研究，为四川省境内大量的沿江、沿河、湖滨地区经济发展提供了新的发展思路。通过经济发展促进流域污染防治与治理，为四川农业产业升级转型并将升级转型影响力向第二产业、第三产业扩展提供了有益的参考。事实上，湖滨经济发展理论的提出与国家长江经济带建设和基于全球视角的"一带一路"战略高度契合，都是为了促进经济要素有序自由流动、资源的高效配置和市场的深度融合。发展湖滨经济就是为了促进经济要素在第一、二、三产业间有序自由流动，从而使得资源能够在第一、二、三产业间的配置达到"帕累托最优"状态，最终实现湖滨农业产业的全新升级。

第二章　四川农业产业转型升级的理论基础

农业产业转型升级既需要把握四川所面临的国际国内背景，还需要在成熟的理论指导下进行；既需要厘清四川农业产业转型升级的战略构建、布局以及从结构、功能、手段和组织实现路径，还需要厘清相关理论在四川的适应性。基于四川农业产业转型升级所处的特殊条件和面临的新挑战，本研究从产业经济学、发展经济学和制度经济学以及新结构经济学等学科领域获得相关的理论支撑，并在实际的农业转型升级过程中获得相关理论的指导。

一、比较优势理论

1. 主要理论观点

比较优势理论产生于亚当·斯密(1972)的绝对优势成本理论，随后李嘉图的比较优势成本理论为比较优势理论体系确立了立足点，而瑞典经济学家依莱·赫克歇尔和波尔蒂尔·俄林的"H-O模型"要素禀赋论及人力资本、偏好相似和技术创新是对比较优势理论的发展，将比较优势理论推到了一个新的高度。从亚当·斯密的绝对成本理论出发，到比较优势成本理论和要素禀赋理论的确立，最终基本构建了传统比较优势理论体系的初步框架(欧玉芳，2007)。

赫克歇尔和俄林的要素禀赋理论认为国际贸易之所以进行是由于每个国家的要素禀赋不同造成的，而不应只考虑劳动生产率的差异，还应该考虑包括劳动力资源、自然资源、物资资源、知识技术水平等各种要素。然而要素禀赋理论也有其不足之处，首先是其采取了静态分析，没有考虑当要素禀赋改变时比较优势如何变化；其次，知识技术这样的要素禀赋在整个成本要素中所占的比重越来越大，要素资源禀赋对这方面的分析显得不足(刘胜彩，2008)。随着比较优势的内涵不断地被丰富，从之前单纯比较劳动力、自然资源禀赋不断的延展开来，一个国家或地区的比较优势应是生产力各构成要素综合协调的结果。因为随着现代科学技术的广泛应用，土地、劳动力、资本等生产要素禀赋对经济发展所形成的"瓶颈"问题得到缓解，在这一趋势下，传统意义上的比较优势(资源、劳动力优势)将降低创造比较利益的机会。而包括基础设施、科技创新与转化能力、农业产业化程度、相关支持产业发展状况、市场需求结构、空间区位等将创造更大的比较利益(郭界秀，2014)。

2. 比较优势理论对本研究的指导作用

首先在四川农业产业选择上，根据比较优势理论，应选择在地区具有相对优势地位的产业进行优先集中发展，有利于本区域的产业结构优化。四川各地区农业产业选择应该根据自身的产业基础、市场需求、资源禀赋、空间区位等综合优势，对该地区农业产业的有利条件和障碍因素进行充分分析，确定要发展的主导农业产业，通过农业内部各种产品的优势比较，确立出具有相对比较优势的产业着重培育。例如自贡的花生产业相对于其他产业部门具有较为突出的竞争优势，就可以在此区域选取花生产业作为粮油农业主导产业，这样能使区域间各要素配置效率达到最大化；并且通过比较优势选择合理的农业主导产业还能带动相关配套产业，延伸农业的产业链。

其次对农业产业布局而言，四川农业发展在受到市场需求与资源禀赋双重制约的背景下，应该尽快构建具有比较优势的农业区域布局框架。一方面，可以大力发展区域特色农业，例如川西北高原特色农业，通过合理布局农业生产，让包括高原畜牧业、种植业以及以生态、观光相结合的休闲农业整合起来，使其连片成带（张国，2012），形成各地特有的专业化地域生产体系；另一方面，合理调整农业产业各区域布局的比例，例如在种植业中的粮食作物及畜牧业中的生猪饲养上，应该对成都平原区域粮食生产种植比例与生猪饲养比例进行合理调整，并且结合四川其他各区域的要素特点对产业布局进行优化，使四川农业生产整体布局体系趋于合理化。总之，四川农业生产应该紧密结合资源禀赋特点以及市场需求的现状，加强区域协调分工，使比较优势充分发挥。

最后在农业产业结构调整上，应该根据比较优势原理，调整四川农业产业结构中农林牧渔的占比，使之与现代农业的产业结构相匹配。在当前四川人均占有农业资源不足的条件下，应该结合各区域资源禀赋特点，减少地区生产不具有明显竞争优势和对资源过度消耗的农产品，适当增加果蔬花卉和经济作物的种植，例如成都可以加大培育较为优势的油菜籽产业；与此同时，还应该避免区域间产业趋同的现象，避免盲目跟风和过度竞争，实现农业产业结构最优配置。

二、农业可持续发展理论

1. 主要理论观点

20 世纪 80 年代以来，农业可持续发展作为一种科学、生态、可持续的全新发展模式已经被国际社会普遍认可。而农业可持续发展理论是在可持续发展理论的框架上，结合农业发展的自身规律，深化总结得来的。根据可持续发展的内容和原则，农业可持续发展理论的主要观点可概括为：首先，农业可持续发展追求的是农业安全。农业安全包括了农产品的供给安全和质量安全。供给安全就要求积极贯彻粮食储备战略，确保农产品的数量满足当前需求。而农业质量安全则是提倡着重生产绿色有机农产品，保证农产品质量的可靠性，从包括产供销在内的各个环节进行严格管控。从另一个角度看，农业安全还包括资源与环境的安全，农业现代化过程中应该尤其注重资源与环境是否有遭受破坏的可能性，例如重视在生产过程中各类农药的残留处理是否得当，坚持对资源的永续利用以及对环境再优化，不能只为了自身利益对资源环境过度利用而破坏生态环境。其次，农业可持续发展应该将农业经济、农业环境、农村社会有机结合起来。在重视发展农业产业的同时，也应该带动非农产业的发展。农业与非农产业相结合，能够在一定程度上解放农村富余劳动力，促进农民增收。而增加非农业产业，尤其是农村基础设施的供给，能够塑造一个良好的生活生产环境，这也间接缩小了城乡间的差距，最终达到三者协调发展。再次，农业可持续发展应注重区域间协调发展。各地人文条件、经济状况以及要素禀赋的异质性造就了各地农业发展状况不同，区域性农业发展在发挥自身特点的同时，还应该根据合理的要求对区域间资源的利用进行全面衡量和协调，促进要素在各区域各行业间的自由流动。此外，农业可持续发展应与现代农业科技技术相结合。现代农业科技技术作为驱动农业持续发展的重要动力，其在农业上的合理应用能够减少资源环境对农业的制约，使现代农业发展更加具有长远性、规划性（曾献印，2005）。最后，农业可持续发展强调增长方式的转变。应当改变过去先污染再治理的不良发展模式，结合农业多功能的特点，摒弃盲目追求农业经济增长的单一发展方式，而始终把发展目标与优化农业环境、促进农村社会进步有机结合。

2. 可持续农业理论对本研究的指导作用

根据可持续农业理论，四川农业产业转型升级首先应当将农业发展与绿色发展相结合，把高耗能的污染型农业逐步剔除，因为这种生产方式既不利于农业长期可持续的健康发展，也不利于人们自身的利益，还会损害下一代或后辈的发展环境，无法保证农业的安全（郑伟，2014）。其次，还应当尤其注重农产品的数量、质量安全，在保证基本粮食储备需求的前提下，着重对农产品质量安全进行把关，确保农产品的可靠性，生产无公害、绿色有机农产品。再次，四川农业产业化转型过程中，区域间的协调性尤其重要，只有在注重区域自身特点的同时，将区域间各要素充分利用，才能打破当前资源禀赋不足的格局。然后，四川农业的可持续发展还应当高度重视包括高度机械化、信息化、智能化为主的农业科学技术的研发、推广及应用，因为现代农业科学技术是实现四川农业可持续发展的重要手段。最后，尽管四川各地区的农业发展模式千差万别，但都应遵循可持续农业发展模式的精髓，即农业经济增长、农村社会发展、农业生态环境优化的高度统一。总之，四川农业产业在转型升级的同时，应当秉承农业可持续发展的原则，即公平、持续、共同性，兼顾各方利益，使社会经济生态协调发展（陈士军，2007）。

三、产业组织理论

1. 主要理论观点

西方的产业组织理论最早始于马歇尔对微观经济中关于市场理论的研究，随着罗宾逊夫妇等学者对市场的垄断竞争进行了深入分析以及以贝恩为代表的哈佛学派"SCP 理论体系"的出现，产业组织理论最终成为研究微观市场的主流理论，20 世纪 70 年代以后，以考林为代表的一批经济学家开始运用包括博弈论等新理论对厂商行为与市场关系进行了着重分析，形成了新产业组织理论。而随着经济的不断发展，产业组织理论的外延和内涵也在不断改进和完善(牛丽贤和张寿庭，2010)。

不同于早期贝恩等提出的，由于垄断的市场结构产生了垄断的市场行为，因而需要政府提供相应的产业组织政策来维护有效的市场结构，限制市场中的垄断行为并加以管制，避免资源出现无效率配置的观点；现代产业组织理论从"市场结构—市场行为—市场绩效"分析框架出发，致力于解决规模经济和竞争活力如何并存的问题，其认为从短期而言，市场行为主要取决于市场结构，而市场结构则主要由外生条件决定，对于市场绩效而言，则主要由市场的参与主体——买卖双方共同决定，这三者之间都是单向联系关系；但从长期来说，市场绩效、买方卖方行为以及市场结构三者不再呈现单线逻辑关系，例如买方卖方行为就不再由市场结构单一决定，也有可能由绩效决定。现代产业组织理论还认为在经济发展过程中，由于特定市场行为可能由多因素共同造成，政府通过政策手段来限制垄断行为的做法不一定有效，垄断在某种意义上意味着资本的集中和规模经济，因为市场可能是自身向着垄断竞争的方向发展，并没有达到资源最优配置的完全竞争市场，但生产效率的提高却是高集中率有效率的证明(卫志民，2003)。最后，现代产业组织理论在市场竞争分析中引入了不完全信息理论，在市场中各行为主体由于信息不对称，无法做出准确的判断。我国农产品市场出现的盲目过度竞争也印证了当前完全竞争市场结构并不是最有效率的资源配置方式，并且由于农产品需求价格弹性低，单个农户在农产品供给量发生波动时，由于信息不对称，会蒙受更大的损失。现代产业组织理论强调，有效率的农业产业组织一方面能将分散的小规模农户集中联合起来，成为更有竞争力的市场主体，摆脱相对弱势的地位，使其充分享有规模经济，提高其市场竞争地位。

2. 产业组织理论对本研究的指导作用

根据产业组织相关理论，在四川农业产业化组织发展中，以家庭为经营单位的众多农户作为市场主体之一，缺乏规模经营的能力或者规模经营能力很弱且较为分散，又缺乏对市场信息的预测能力，导致出现盲目、过度竞争，其在激烈的市场竞争中是难以立足的。因此在四川农业产业化的大力推广中，现阶段就是需要探寻有效率的产业化组织形式，将过度分散的农户进行适度集中，提高其作为市场主体的地位，降低信息不对称等风险。从另一个角度而言，当分散的农户得以集中时，即形成了有效率的产业化组织，农户们就成了利益共同体，能够更好地进行适度的规模经营。同时，有效率的产业化组织形式还能在一定程度上对拓宽农业链长度宽度，增加产业活力有正向促进作用，因为其不但能够带动产前产后各个环节，还能降低农户参与市场竞争的压力。最后，建立完善的产业链。通过建立与农产品生产相关的各类配套服务组织机构，能够在保持有序的竞争秩序基础上，充分发挥规模经济降低农产品成本，挖掘农产品潜在价值，使得产业活力和规模经济共存(胡定寰，1997)。此外，当前四川农业产业化的组织类型较多，而龙头企业带动作为数量较多的带动类型，其常见的"公司+农户"以及"公司+合作社+农户"组织形式在一定程度上缓解了农户作为市场主体地位不高的困境，但这两种形式还存在组织模式运行不稳定、企业侵占农户利益、一方违约等问题，这些都会对农民增收、农业产业发展产生消极影响。因此，还可以从产业组织理论中交易费用的角度思考，为在农业产业化内的直接参加者——龙头企业和农户之间，探寻四川合理的产业组织模式寻找一定启示。

四、制度变迁理论

1. 主要理论观点

制度变迁理论经历了以凡勃仑为创始人的开创时期，制度的概念得以建立。随后以约·莫·克拉克为代表在前人基础上对制度变迁理论进行扬弃，重点研究了制度与技术相互作用的问题，最后，由诺斯为代表的新制度经济学派将其发扬壮大。

制度变迁理论认为制度变迁是由制度供给与实际的制度需求不平衡造成的，其产生原因是人们的理性水平不断提高而需要制度随之创新以适应新的要求。诺斯作为新制度经济学的代表人物，其关于制度变迁理论中最突出的三大理论分别为产权理论、国家理论以及意识形态理论。在产权理论中，他认为产权制度具有极好的配置和激励作用，既能够提高经济当事人的能动性，也能通过合理配置资源，创造有效率的市场，激励和配置作用共同促进了技术创新和经济增长。诺斯在国家理论中将产权理论与国家理论结合起来，国家通过制定产权结构既使其获得的租金最大化，又要降低交易费用来提高社会产出。诺斯在关于意识形态理论的研究中，将意识形态看作一种制度安排，可以通过这种制度安排降低交易费用，例如通过意识形态来克服产权结构不能解决的"搭便车"问题，并且认为政治或经济制度的安排需要结合意识形态(韦森，2009)。此外，诺斯对制度变迁研究中还有一重要理论是路径依赖理论。他认为，在制度变迁过程中，由于受到包括文化、传统等因素的制约和影响，一些相对无效率的制度总能够保留下来并且保持自我维系，这是一种"锁定效应"。而锁定效应的本质就是路径依赖，诺斯通过进一步研究认为，路径依赖是由收益递增和高额的交易费用造成的。其中收益递增的特点会导致一些利益集团缺乏通过制度变迁来增加集团利益的动机，而只会着眼于眼前利益，保证自身利益最大化，对长远宏观的利益无暇顾及，这会使一些无效率的制度长期驻存。而随着制度的推行，可以降低高额的交易成本，因而不愿意改变现有制度。这两个因素共同作用，形成制度自我强化的机制。此外，现代制度变迁理论中还认为制度变迁能在没有明显技术进步的情况下提高生产效率，如我国家庭联产承包责任制的出现，其作为在农业微观基础领域发生的诱导性制度变迁，通过将农地剩余索取权从国家手中转到农户手里这样的制度安排，很好地解决了原有制度无法监督的困境，通过让农户自主决策经营，直接提高了农业生产率，过去的农业资源低效配置状况也因而得到改善(马广奇，2005)。

2. 制度变迁理论对本研究的指导作用

依据制度变迁理论，可以知道四川农业产业化不是由政府强制实施的，而是农民自发形成的利益共同体走上农业产业化经营的道路，其属于诱导性变迁。四川农业产业化能够很好地提高农业经济效益与市场化程度，但现阶段经济的发展、技术的进步以及人们需求的变化使得四川农业产业化出现各种问题，这些问题阻碍经济的增长，农业产业化升级转型迫在眉睫。因此农业产业化转型升级既是清除当前产业化过程中的各种阻碍因素，形成产业活力和规模经济并存的制度变迁，也是实现四川农业现代化的必由路径。此外，农业产业化转型升级作为一种制度变迁，也存在路径依赖，一方面要注重促进产业转型升级的每一步举措的长远性，考虑其是否存在偏差，如果路径偏差，应该及时调整改正；另一方面，在转型升级推动过程中，既得利益集团会力求维持现有制度，阻碍进一步改变，要想办法消除阻碍。总而言之，四川农业转型升级进程一方面取决于作为参与者的农户和政府的主观意愿，另一方面则需要打破路径依赖，转变传统发展方式，利用创新、科技等要素驱动，以此实现转型升级的突破(黄鑫鼎，2009)。

制度变迁推动着四川农业由传统向现代转变，从农地制度角度出发，因家庭联产承包责任制是当前我国农地制度的路径依赖，许多土地制度改革都是在家庭联产承包责任制大框架之下进行的局部调整。当前的农地制度已经不能满足农业产业化转型升级的需求，所以需要结合四川农业发展的自身情况，进行农地制度的创新，调整和改革土地制度的不足之处。例如在农地产权制度的创新中对农地所有权权能的扩充和完善，能够对农户生产经营起到很好的激励作用。其次，健全的农协制度对加快四川农业产业化转型升级有极其重要的作用，农业合作组织是农民自发组织或半官方形式的组织形式，能够极大提高农民作为市场主体的地位，缓解四川当前"小农户"和"大市场"之间的矛盾(赵永平，2013)。最后，农业中的金融制度应该由政府作为主体发挥积极作用。合理的税费制度可以直接减轻农民的负担，增加农民的收入；而财政制度，对包括家庭农场、农民专业合作社等新型农业经营主体的精确补贴和支持，能够引导其发展适度规模经营，从而使农村的生产力与生产关系相适应，进一步促进生产力的发展(李谷成等，2014)。通过构建健全的农村金融信贷支持体系，完善各类农业金融制度，使之成为四川农业转型升级的有力保障。

五、新结构经济学理论

1. 主要理论观点

新结构经济学产生于"华盛顿共识"之后，林毅夫等学者通过总结二战以来发展中国家经济发展中成功与失败的经验教训，在比较优势理论的基础上，从思考怎么解决"中等收入陷阱"角度出发，开辟了新结构经济学这个新的发展经济学分支，得到了国际上的广泛认可。

新结构经济学认为产业结构的优化、技术创新是促进地区经济增长的动力源泉，因此发展中国家在引进技术和选择产业结构时应当遵循比较优势原则，而不能只是通过扭曲政策盲目发展资本、技术密集型产业，因为这些资金技术密集型的产业可能并不适合该地区资源禀赋的特点，不具备自生能力，而应当着重于经济结构和产业结构调整优化，以及利用创新驱动经济增长。在产业结构调整中，应该遵循动态变化的规律，结合当前地区禀赋结构特点，选择出最优的产业结构，因为一个地区的产业结构随着禀赋结构升级以及技术创新，之前最优的产业结构也会发生变化，例如一些产业的资本从过去稀缺变为如今的丰裕，相应的产业结构也会发生调整。这一点也反应出结构经济学特别注重产业升级和技术与经济结构的变迁。新结构经济学还认为竞争市场对资源配置起着决定性作用，政府既不应该完全取代市场，也不应该无所作为，而应该在有限的范围内为产业发展提供政策保障。在此基础上，提出了增长甄别和因势利导框架的具体实践方法：提倡政府应该在招商引资，培育具有潜在比较优势的新产业，对新兴产业提供税收减免等激励措施，对产业中的各企业投资提供协调支持，弥补不完全信息的劣势，并且对产业整体的软硬件基础设施条件加以改善这几个方面发挥积极作用。其中，基础设施的改善程度直接决定了产业升级和发展的速度，新结构经济学提倡应该从资源商品收入中拿出合理的一部分投入，用于对人力资本、基础设施建设的直接投资(林毅夫，2012)。

2. 新结构经济学理论对本研究的指导作用

根据新结构经济学理论，四川农业进行转型升级时，应该结合地区的禀赋特点，若违背了比较优势原则，进行产业结构的不合理调整，反而对经济增长不利。产业间调整如此，产业内部调整也是如此，所以应当尤其注重产业结构的调整和技术升级。同时，在遵循比较优势原则的同时，还应该遵循其动态规律，即随着产业的不断升级调整，原有的产业结构可能已不是最优的，因此需要做出相应调整。尤其在四川农业产业转型升级过程中，不能只是优先发展四川的资本、技术密集型农业产业，还应该考虑这些农业产业是否与资本积累和要素禀赋结构变化的趋势一致。在四川地区农业产业的布局和发展上，还可以借鉴新结构经济学中增长甄别和因势利导框架的具体实践方法，政府在其间也应当发挥极其重要的作用，即在不影响市场发挥基础的资源配置作用情况下，根据四川要素禀赋自身特点，鼓励外商进行合理投资，培育符合地区比较优势的新兴产业，并为优势产业提供尽可能的激励政策，为产业中的企业弥补信息外部性；同时政府还应该加大对基础设施和教育的投入，改变软硬件基础设施落后的现状，从而降低产业中相关企业的交易费用，因为稀缺的资本会成为现阶段经济增长的阻碍(林毅夫，2011)。

第三章　四川农业产业转型升级的环境及现状分析

前面两章对研究背景与意义、思路与方法、国内外研究动态与发展趋势，以及本研究的理论基础等进行了深刻分析。本章主要研究两大方面内容：一是四川农业产业转型升级的国际国内环境；二是四川农业产业转型升级的现状及特征。为后文的战略研究提供依据。

一、四川农业产业转型升级的国际环境

1. WTO 对四川农业转型升级影响加深

WTO(世界贸易组织)作为一个独立的永久性国际组织，对一个国家或地区的国际贸易发展、稳定就业、保障实际收入等方面都有着十分重要的影响。我国在 2001 年加入WTO，与各成员国签订了关税和贸易总协定、服务贸易总协定、贸易投资协议等互惠条款，为各行各业，特别是农业的发展带来了机遇，也带来了挑战。例如，入世后我国农产品出口受关税壁垒的限制减小，但相对的，我国下调关税水平、扩大农产品进口市场也使国内农产品面临强劲的国外竞争。如今，我国经济社会发展进入转型的关键时期，调整社会经济结构、全面深化改革成为当务之急，对农业来说，调整生产结构、转变经营模式，发展现代农业是把握机遇、克服挑战的唯一途径。

加入WTO后，我国农业发展面临国内、国际两个市场，发展空间更加广阔，可利用的资源更加丰富，习近平同志也提出了我国农业发展要利用好"两种资源、两个市场"的战略思想。WTO多边谈判机制和最惠国待遇等政策，让我国更加充分地吸收国际先进农业技术和管理方式，引进外资，实现农业经济的进一步市场化；许多贸易壁垒的拆除，使我国在贸易问题上拥有话语权，对扩大我国农产品加工出口创造了有利条件；同时，入世后，更加广阔的市场，更加旺盛的需求，更加严格的质量标准，促使我国为提高国际竞争力而加快农业结构调整和农业现代化进程。

四川省是我国的农业大省，主要的农产品生产基地，是粮食、油料、茶叶、蔬菜、水果等粮油、经济作物以及猪肉的主要生产区。入世后前几年，四川出口额快速增长，极大地带动了四川农业的发展。但是，四川近年出口农产品结构极不平衡，主要出口冻猪肉、蔬菜等初级农产品和酒类等粮食加工附属产品，而粮食、糖类等土地密集型农产品出口较少。可见，加入WTO不仅改善了出口环境，促进了四川农业经济的发展，同时也是对四川农业技术水平、产业结构的检验，能够促使我们发现不足，提高农业生产技术水平、积极调整农业产业结构。

加入 WTO 为我国农业产品带来广阔市场的同时也带来了一系列挑战。一方面，我国承诺的关税配额使大米、玉米等大宗农产品到岸价格低廉，国内农产品将面临更加激烈的国际、国内市场竞争；另一方面，WTO 成员方必须废除国家内部的自由贸易保护政策，对贸易有较大扭曲作用的"黄箱补贴"不得超过产值的 8.5%，而我国历来习惯于以农业投资补贴来刺激农民的生产积极性，以达到稳定粮食产量、增产增收的目的，如实行农资综合补贴、良种补贴、最低收购价等。目前，我国"黄箱补贴"已经面临"微量允许"上限的实质性约束。

四川省作为全国粮食主产区，激烈的市场竞争直接影响农民收入和生产积极性，为保障农民利益，省政府对农业的补贴力度很大。2014 年，四川省仅良种补贴和农资综合补贴就达到了 683 362 万元，特别是四川历来作为产粮大省，"三大补贴"对保障农户利益、刺激农户生产积极性有极其重要的作用。面对日益逼近的 WTO "黄线"束缚，农业支持政策的调整将对我国农业产生深远的影响。为此，中央积极调整农业宏观政策，调整改进"黄箱"政策，逐步扩大"绿箱"政策实施的范围和规模。在总体宏观政策的驱使下，四川省自 2013 年起在广汉等 35 个县（市、区）启动了调整粮食直补政策的试点，将农业"三项补贴"合并为"农业支持保护补贴"，政策目标调整为支持耕地地力保护和粮食适度规模经营，这些探索为培育和发展新型农业经营主体、促进农业产业转型升级提供了有力的支持。

2. 国际贸易壁垒是四川农业产业转型升级面临的重大挑战

随着经济实力的不断增强，我国已经成为继美国、欧盟、日本后的第四大农产品贸易体。WTO 取缔了成员国的一些关税壁垒，但随着出口增长势头的增强，我国也面临着许多国家或地区设置的非关税贸易壁垒——反倾销壁垒、技术贸易壁垒，对我国农产品出口有着很大的消极影响。一是缩小了我国农产品出口市场。我国出口农产品的 80% 是出口美国、欧盟、日本、新加坡等发达国家或新兴工业化国家（地区），这些国家或地区的环保意识和技术标准较高，我国在短期内难以达到这样的水平。二是增加了我国农产品出口成本。一方面，为使农产品达到进口国标准，生产厂商势必会增加对农产品技术、环保等生产投资；另一方面，在出口过程中，出口商不得不履行有关环境、技术的检验和认证等冗杂程序，耗费较多的金钱成本和时间成本。

四川省对外出口主要为劳动密集型农产品，生产技术水平较低，低价格是对外出口的一大优势。但近年来，受绿色贸易壁垒和技术贸易壁垒的阻碍，四川省竞争力指数（TC）、显示比较优势（RCA）逐年下降，分别低于 0.5 和 0.8。茶叶是四川的特色产业，且种植面积较广、产量较大。但由于受到绿色壁垒的限制，茶叶出口十分困难，仅欧盟对茶叶的检验项目就从 6 项增加到 62 项，四川省茶叶出口量少于总产量的 6%，甚至低于 0.6%。此外，生猪、生丝以及酒类的出口也出现了不同程度的下降。需求是生产的动力，广阔的国际市场蕴藏无限的机遇，对于四川省来说，如何突破贸易壁垒、打开国际市场是当前农业产业发展需要着重解决的问题。

3. 与其他产业跨界融合是现代农业转型升级的显著趋势

农业具有多功能性，经济合作与发展组织（OECD）对农业具有的多功能性进行了阐述，认为农业除了其最基本与最重要的功能——为社会提供食物和原料外，还能提供其他多种满足社会需要的功能。当今世界人们在满足了生存生产需求后，更多地探寻农业的其他功能，如景观功能、资源环境保护功能、文化遗产保护与传承功能等。同时，由于传统农业对资源的浪费和环境的破坏，不少发达国家提出发展可持续农业，走资源节约型、环境友好型的"两型"农业。农业的多功能性和对"两型"农业的追求，促使新型农业，如观光农业、休闲农业等与其他产业结合的新型经营模式的产生并得以推广。

产业融合是产业演化的高级表现形式，是产业发展的必然趋势。农业与旅游业、服务业的融合是现代农业发展的显著趋势，发达国家从20世纪中期就开始兴起，如今经历了初级融合期、紧密融合期以及新兴融合期三个时期。目前，世界整体处于新兴融合期，注重旅游业与农业的融合效率、多元化发展和科技的运用，同时关注环境问题、注重生态保护。美国、法国、日本都曾出台一系列政策引导农业与旅游业的融合，而意大利仅在2002年夏季就有120万本国和20万外国旅游者到其"绿色农业旅游区"休闲度假，极大地促进了当地经济的发展。

四川省旅游资源丰富，旅游业相对发达，成都及其周边地区更是有休闲城市的美誉，利用这种优势，近年来四川省借鉴西方国家的经验，积极培育星级农家乐、休闲农庄、农业主题公园等休闲农业新业态，积极促进农业与旅游业的融合，同时带动第一、二、三产业联动发展，取得了良好成效。近五年来，全省农民纯收入中第三产业收入年均增速23%，休闲农业贡献率达到55%，2014年休闲农业与乡村旅游解决900万农民的就业问题，农民工年均工资达到2.5万元以上。可见，农业产业与其他产业的融合是适应人们需求的结果，能够使农民增收，拓展农业的发展空间，是现代农业产业转型升级的重要趋势。四川省应当因地制宜，充分利用现有资源优势，创新农业生产经营体制机制，构建种养一体、第一、二、三产业融合发展的现代农业产业体系，大力发展都市观光农业，提高农业产业附加值。

4. 农产品价格国际竞争力下降是四川农业产业转型升级面临的严重困境

中国作为世界上人口最多的国家，13亿人口意味着巨大的市场，吸引各国向华大量出口农产品。由于我国农业本身基础薄，又受到资源环境的约束，国内主要农产品价格已经超过国际市场，而且国内外价格差距进一步拉大。2012年，国内出口农产品均价676美元/t，同比上涨约1%，进口均价342美元/t，同比下降8.7%。2014年，我国主要农产品国内外差价进一步扩大：中泰米价差平均818元/t，玉米国内外价差平均646元/t，小麦国内外价差平均434元/t。在2008~2014年间，我国小麦和玉米价格上涨超过60%，籼稻价格上涨超过90%，而粳稻价格上涨更是超过100%。有研究表明，目前国际上的小麦离岸价加上运费、保险、关税、进口增值税、装卸费等各种费用，到境后比国产小麦市场价还要便宜10%左右。

四川是农业大省，较大的国内外差价一方面会直接影响农产品进出口贸易。从入世以来到2012年，四川农产品出口额从2.4亿美元增加到7.96亿美元，低于全国平均水平3.7个百分点，出口规模不大，近年来发展更是缓慢，2009年到2013年这四年间农产品出口年均增长率仅为2.3%，2012年和2013年两年甚至出现同比负增长，一些特色产品如猪肉、茶叶、肠衣、羽毛羽绒等农产品出口处于持续萎缩状态；而进口却从0.1亿美元增加到 2.82 亿美元，高于全国平均水平 11.1 个百分点，总体处于贸易顺差状态。另一方面农产品价格竞争力下降会限制农业发展，滞后的国内市场会降低农民生产积极性，威胁农业安全，四川省本身具有丰富的农业资源，市场萎靡会导致农作物播种面积和产量下降，从而过分依赖进口，形成恶性循环。

面对"天花板"效应的冲击，四川省农业产业转型升级应以提高农产品价格竞争力为直接目标，通过引进先进技术和先进经营管理模式降低农产品价格，稳定产量的同时重视农产品质量安全，提高农产品的性价比。

二、四川农业产业转型升级的国内环境

1. 农业生产成本迅速上升

四川省是全国 13 个粮食主产区之一，也是西部唯一的粮食主产区。2014 年，四川省小麦、中籼稻、玉米平均成本同比分别上升 1.66%、1.99%、2.68%，产量却同比分别下降 3.58%、5.59%、4.54%，农业生产面临着严峻考验。特别是水稻生产，四川省水稻常年种植 200 万 hm^2，占全省粮食种植面积的 30%，总产 1500 万 t 以上，占全省粮食总产量的 45%。2014 年，四川省水稻种植总费用为 1124.01 元/$667m^2$，其中人工成本接近 50%，同时也是增长最快的成本，比上一年增长了 18.2%；其次是土地成本，虽然仅占总成本的 26%，但却比上一年增加了 3.8%。

生产成本的上升，特别是粮食生产成本的上升，一方面使得农民的收入结构发生变化，工资性收入成了农户家庭的主要收入，这反映出农民"兼业化"现象和农村"空心化"现象的严重；另一方面，价格倒挂导致农民种植业收入下降，这降低了农民的生产积极性，特别是种粮积极性。四川作为一个产粮大省，同时众多的人口对粮食的需求也十分大，为保障供需平衡，"谁来种粮、如何种粮"是目前需要直接面对的问题。

2. 农业生产的社会化和市场化程度低

随着经济全球化进程的不断推进，世界各国成为一个联系更加紧密的整体，农业也从孤立、封闭的生产方式转变为以市场分配为主、发挥价值规律基础作用的开放性生产，也是现代农业发展的必然趋势。分工深化、广泛协作、对外开放是当今世界发达国家农业发展的主流特征，也是现代农业趋于成熟的标志。但是，我国农业目前的社会化和市场化水平较低，一是农业内部治理结构不合理，管理机构既是行政机关又是市场主体，管理权限十分模糊；二是我国农业经营主体在将来很长一段时间内仍然是以农户家庭分散经营为主，缺乏市场竞争力；三是农业规模化、专业化水平低，技术水平滞后，人多地少、地形多样的客观国情和历史政策体制的影响，我国农业经营分散且多为初级生产，一度是弱质产业。面对全球农业社会化、市场化程度不断加强的压力，我国农业迫切需要转变发展方式，提高竞争力。

四川省耕地细碎化现象十分严重，这不仅不利于农业机械设备的使用和农田基础设施的建设，还不利于土地资源的整合、农业生产成本的降低、规模经济的发展、规模效益的实现。同时，四川省大部分农产品都是直接从生产进入销售环节，只有小部分农产

品进入大型卖场或超市，而传统农贸市场极不便于管理，由于目前信息化农产品生产、可追溯系统并不完善，故传统市场十分混乱。

农业生产社会化、市场化水平低，是农业产业化转型升级一大制约因素。社会化水平低，不利于农民摆脱"土地束缚"，实现农业真正的转型；市场化水平低，不利于产供销产业链的发展，不利于国内市场与国际市场的接轨，不利于我国农业国际竞争力的提高。

3. 农业经营主体弱质化

改革开放后，由于城镇化不断推进，为提高生活水平，不少农村青壮年劳动力向非农行业转移，近十年来，农业产值以 0.5% 的速率下降，农业就业比例以年均 1.3% 的速度递减。据中科院中国现代化研究中心预测，在 2008 年至 2050 年间，我国农业劳动力比例将由 40% 下降到 3%，农业劳动力总数将由 3.1 亿下降到 0.31 亿，约 2.8 亿农业劳动力将转移。调查发现，目前我国 40 岁以上的农业劳动力占 50% 以上，且在青年农业劳动力中，女性多于男性，在未来这一趋势将更加显著。尽管我国目前正大力发展新型农业经营主体，但在很长一段时间内，传统农户经营仍然是主流，截至 2013 年 9 月，我国有传统农户 26 606.97 万户，占农业经营主体的 99.3%。因此，大量农村青壮年劳动力的转移势必会造成农业经营主体弱质化，抛荒更加严重。

近年来，四川省转移输出农村劳动力 2472.2 万人，外出从业劳动力中，初中以上文化水平的占 77.3%，比全省农村劳动力平均文化水平高 33.9%；男性占 60% 以上；16～35 岁的青壮年占总数的 55.7%，外出劳动力的平均年龄仅为 26.8 岁。大量农村青壮年劳动力外流导致的农业劳动力老龄化和农村"空心化"现象在四川省农区尤为严重，农业劳动力结构性短缺问题已经成为四川省农业发展面临的一大瓶颈性制约，不仅造成现代农业发展面临人力资源不足的制约，而且还导致从精耕细作向粗放经营的反向倒退。"谁来种田"的问题已成为四川省农业发展中的一个重大新挑战。

因此，在坚持和完善农村基本经营制度的基础上，着力构建集约化、专业化、组织化、社会化相结合的新型农业经营体系，在农户基础上加快培育专业大户、家庭农场、专业合作社等新型农业经营主体，培育职业农民、培养造就高素质农业生产经营者，确保农业发展"后继有人"，不断提高农业生产比较效益和农产品竞争力是四川省乃至全国实现农业产业化发展的必然选择。

4. 农业资源环境约束增强

当前，我国资源环境已亮起红灯，特别是土地资源和水资源的过度开发，使农业面临更大的困境。由于城市化进程的不断推进和工业化的不断发展，农业资源被不断占用，四川省人均耕地面积从 1996 年的 1.21 亩降低到 2009 年的 1.12 亩，低于全国人均 1.52 亩耕地面积的水平；全省水资源利用率仅 11%，实际灌溉效益只达到设计能力的 70%，有效灌溉面积仅占全省耕地面积的 41.2%。过度的浪费是农业产业转型升级急需面对的挑战，也是转型升级过程中亟待解决的问题。

目前，我国水土流失面积已扩大到 356 万 km^2，每年流失的土壤达 50 亿 t，对我国农业生产造成巨大损失。四川省是全国水土流失最严重的省份之一，水土流失面积超过

15 万 km²，年土壤侵蚀量高达 10 亿 t，每年流入长江干流的泥沙达 3 亿 t。虽然近几年四川省水土流失已经得到较好的控制和治理，但其给农业带来的危害并未减轻：一方面，流失的土壤中饱含氮磷钾肥，是大片土壤肥力丧失的重要原因，影响农作物耕作；另一方面，水土流失易造成泥沙淤积，阻碍水利设施的防洪灌溉功能；此外，水土流失还会对江河湖泊的水质造成一定程度的污染。

农业已成为最大的面源污染产业，而且我国化肥、农药生产和使用量都是世界第一，但其实际利用率却比发达国家低 15%～20%。造成环境污染严重，农产品农药残留超标。近年来四川省农药、化肥施用的递增速度很快，全省年平均用药量 8300t（含量为 100%），化肥使用达 117.8 万 t，但利用率仅为 30%。此外，四川省还存在农产品重金属含量超标、畜禽粪便污染等严重的农业污染问题。

四川省更是自然灾害频发区，近年来地震、暴雨、洪涝、干旱等灾害不断，严重影响正常的农业生产。面对自然的不可抗力，如何做好灾后重建工作，如何采取有效的预防措施，合理地布局水利设施，完善农业保险机制，最大程度减小农户损失，是四川省农业转型升级应当着力解决的难题。

三、四川农业产业转型升级的现状及特征

（一）四川农业产业转型升级的现状

1. 种植业

四川是农业大省、人口大省，自古就有"天府之国"的美誉。从 1978 年改革开放迄今 30 余年，四川省农业产业发展迅速，农业产值与产量不断增长，据统计，2013 年，四川省年产粮食 3315.7 万 t、肉类 670.12 万 t，综合生产能力不断进步，农业产业发展取得了瞩目的成就（详见表 1-1）。

在四川省的农业结构中，种植业占绝对优势，且一直比较稳定。2000～2013 年，种植业占农林牧渔总产值的比重一直保持在 50% 左右。

表 1-1　四川省农业产值变化情况表　　　　　　　　单位：亿元

年份	农业总产值	种植业		林业		牧业		渔业		服务业	
		产值	%	产值	%	产值	%	产值	%	产值	%
1980	136.92	98.07	71.6	4.21	3.1	34.07	24.9	0.57	0.4	—	
1990	484.31	301.46	62.2	18.51	3.8	157.04	32.4	7.30	1.5	—	
2000	1483.52	785.37	52.9	49.13	3.3	611.76	41.2	37.26	2.5	—	
2001	1534.89	769.95	50.2	50.85	3.3	673.10	43.9	41.00	2.7	—	
2002	1651.53	807.43	48.9	54.60	3.3	743.91	45.0	45.59	2.8	—	
2003	1784.49	804.70	45.1	59.26	3.3	832.34	46.6	53.34	3.0	34.85	2.0
2004	2252.28	987.70	43.9	62.65	2.8	1097.62	48.7	65.75	2.9	38.56	1.7
2005	2457.46	1037.20	42.2	69.94	2.8	1230.18	50.1	78.49	3.2	41.64	1.7
2006	2602.10	1075.08	41.3	76.75	2.9	1317.41	50.6	87.16	3.3	45.70	1.8

年份	农业总产值	种植业		林业		牧业		渔业		服务业	
		产值	%	产值	%	产值	%	产值	%	产值	%
2007	3370.17	1316.60	39.1	87.20	2.6	1827.07	54.2	85.80	2.5	53.50	1.6
2008	3686.20	1710.80	46.4	105.32	2.9	1708.42	46.3	103.68	2.8	57.98	1.6
2009	3689.81	1806.06	48.9	112.52	3.0	1596.72	43.3	119.05	3.2	55.46	1.5
2010	4081.81	2069.33	50.7	112.90	2.8	1705.16	41.8	129.83	3.2	64.60	1.6
2011	4932.73	2454.26	49.8	130.10	2.6	2127.20	43.1	147.16	3.0	74.01	1.5
2012	5433.12	2764.90	50.9	151.50	2.8	2269.86	41.8	163.77	3.0	83.09	1.5
2013	5620.26	2903.48	51.7	179.43	3.2	2267.56	40.3	177.49	3.2	92.30	1.6

数据来源：2014 年四川统计年鉴

四川省的粮食经济作物经过多年的发展和多次的结构调整，所占比例产生了很大变化。粮食作物的播种面积由 2006 年的 644.9 万 hm² 逐年增加到 2013 年的 646.99 万 hm²，占总播种面积的比例从 2006 年的 67.7% 下降到 2013 年的 66.8%。精耕细作向来是四川农业传统，形成了一年三季的耕作制度。常年农作物种植面积 1450 万～1500 万多 hm²，其中粮食作物占 1000 万 hm² 左右，经济作物为 220 万～250 万 hm²，其他作物为 230 万～250 万 hm²。马铃薯、小麦、红苕、玉米、油菜、水稻在粮食作物中种植优势明显（详见表 1-2）。

由表 1-2 可知，水稻是四川省粮食播种中占主导地位的作物，常年种植面积在 950 万 hm² 左右，约占粮食种植面积的 30%，产量在粮食总产量所占比例的 40% 以上，其中玉米、小麦的种植面积约为 130 万 hm²，薯类种植面积在 120 万 hm² 以上，豆类种植面积在 45 万 hm² 以上。

表 1-2　四川粮食经济作物播种面积统计表　　　　　　　单位：万 hm²

年份	农作物总播种面积	粮食作物播种面积	稻谷	小麦	玉米	豆类	薯类	油料	棉花	甘蔗	麻类	烟叶
2006	953.08	644.90	204.90	123.50	120.00	45.20	124.00	107.00	2.45	2.64	4.00	8.90
2007	939.09	643.76	200.90	125.10	131.90	46.80	122.90	106.60	2.16	2.56	3.98	7.80
2008	943.00	642.20	201.40	122.70	131.80	46.80	120.20	115.50	1.85	2.30	3.89	11.00
2009	947.10	641.38	200.50	121.70	132.90	46.10	122.30	120.50	1.62	1.99	3.78	12.20
2010	947.30	640.13	198.50	120.50	134.30	45.30	123.10	121.90	1.62	1.95	3.56	10.80
2011	956.00	643.70	198.70	120.50	135.70	46.50	124.60	123.30	1.60	1.67	3.38	11.70
2012	964.32	646.54	197.70	119.00	136.50	49.90	124.10	124.80	1.46	1.48	3.16	12.20
2013	968.22	646.99	199.10	121.60	137.80	47.10	124.00	126.60	1.38	1.40	3.10	12.00

数据来源：2014 年四川统计年鉴

2013 年，四川省粮食经济作物的总播种面积为 968.22 万 hm²，其中稻谷播种面积为 199.10 万 hm²，占总播种面积的 20.6% 左右；玉米的播种面积达到 137.80 万 hm²，小麦播种面积为 121.60 万 hm²，分别占总播种面的 14.2% 和 12.6%；棉花的播种面积为 1.38 万 hm²，占总播种面积的 0.14%；豆类的播种面积 47.10 万 hm²，占总播种面积的

4.5％；薯类作物的播种面积 124 万 hm²，占总播种面积的 12.8％；油料作物的播种面积则达到 126.60 万 hm²，占总播种面积的 13.1％。由此可见，稻谷仍为四川的主导粮食经济作物，其次为玉米，而豆类和棉花所占的比例较小(详见图 1-1)。

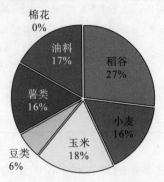

图 1-1　四川省主要粮食经济作物面积比例图

2. 畜牧业

四川省把发展畜牧养殖业作为调整产业结构，增加农民收入的重要途径，畜牧业在农业总产值中一直占据主导地位，主要畜牧品种有：猪、牛、羊、鸡、鸭、兔等。2013年畜牧业产值占农业总产值的 40.3％，畜牧业成了种植业之外农民收入的另一主要来源。

2013 年四川省肉、蛋、奶的产量分别达到了 689.99t、145.47t 和 70.53t，与 2006年相比较分别增长了 67.32t、4.78t 和 7.82t；2013 年生猪出栏 7311.20 万头，比 2006年增加了 405.62 万头，比 2010 年增加 136 万头，与 2012 年同期相比增加 140.44 万头，猪、牛、羊年末头数分别为 5012.12 万头、947.10 万头和 1692.46 万只(详见表 1-3)。

表 1-3　四川省畜牧生产发展情况统计表

年份	牧业产值/亿元	占农业产值/％	肉类总产/吨	蛋类总产/吨	奶类总产/吨	生猪出栏数/万头	猪年末数/万头	牛年末数/万头	羊年末数/万只
2006	1317.41	50.6	622.67	140.69	62.71	6905.58	5100.24	985.67	1629.32
2007	1827.07	54.2	565.39	145.21	65.70	6014.67	5300.13	986.39	1710.74
2008	1708.42	46.3	590.12	142.96	66.92	6429.41	5328.03	964.31	1720.08
2009	1596.72	43.3	630.89	143.98	69.00	6915.35	5123.10	968.16	1723.64
2010	1705.16	41.8	656.35	144.86	71.32	7175.20	5162.70	968.58	1658.96
2011	2127.20	43.1	650.83	145.04	72.38	7000.64	5101.73	988.62	1660.80
2012	2269.86	41.8	670.12	146.42	71.96	7170.76	5132.43	940.23	1671.90
2013	2267.56	40.3	689.99	145.47	70.53	7311.20	5012.12	947.10	1692.46

数据来源：2014 年四川统计年鉴

3. 林业

近年来四川省林业在改革开放后取得了长足发展，全省森林面积和蓄积量分别居全国第 4 位和第 2 位，实现了"双增长"，其中退耕还林和天然林保护等工程的实施起了重要作用。2013 年四川省造林总面积为 12.62 万 hm²，占农业总产值的 3.2%。同时注重经济林的开发，2013 年林产品产量实现了生漆 583t，油桐籽 15 276t，油茶籽 5361t 和竹笋干 87 855t。四川省林业系统已成立野生动植物、湿地和森林等各种类型自然保护区共 117 个，其中国家级自然保护区 16 个、省级自然保护区 48 个，总面积比 1978 年增长了 20.6 倍，占国土面积的比例增加了 14.45 个百分点，保护管理面积达 11 010 万亩，保护区数量比 1978 年增长了 15.7 倍。

四川主要林产品中，核桃产量逐年攀升，竹笋干的产量在 2000～2011 年间起伏攀升，2012 年大幅减产。油桐籽产品在 2000 年至 2013 年间呈现逐年下滑状态，而生漆和油菜籽的产品呈现出比较稳定的状态，波动幅度较小。

4. 渔业

四川省水域总面积达 60 余万 hm²，可供水产养殖的面积达 23.5 万 hm²，渔业生产面积较大，生产条件很好，发展也快。1980 年四川渔业产值仅 0.57 亿元，在农业总产值中所占比例为 0.4%；2000 年渔业产值 37.26 亿元，占农业总产值的 2.5%；2013 年渔业产值 177.49 亿元，在农业总产值中所占比例上升到 3.2%，比 2000 年增加了 140.23 亿元和 0.7 个百分点。"十一五"实行以来，四川省保持了"稻鱼轮作"、高产出高效率的池塘养殖以及生态健康的水库养殖快速发展的态势，四川不断拓展渔业发展空间，不断延伸产业链，现已逐步形成集养殖业、捕捞业、加工流通业和休闲渔业等为一体的产业新格局，专合组织发展迅速。同时，四川省加强了抽检水产品质量的力度，创建了 5 个国家级水产标准化示范县，59 项水产地方标准发布并实施，大力促进了水产品认证的无公害化和水产品生产基地建设的规范化，全省已经建立 200 个无公害的水产品生产基地、面积共达 6.07 万 hm²，622 个无公害的水产品。科技兴渔取得重大进展，具体详见图 1-2。

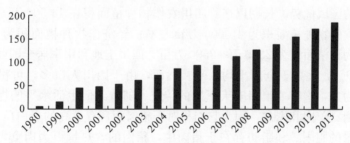

图 1-2　四川省渔业产值趋势图（单位：亿元）

5. 农林牧渔服务业

农业结构调整，龙头企业是重点，基地是基础，农业产业化是关键。由图 1-3 所示的四川省农林牧渔服务业产值趋势图可知，四川农林牧渔服务业的产值逐年攀升，从 2009 年开始攀升速度加快，2013 年农林牧渔服务业总产值达到 92.3 亿元，占农业总产值的 1.6%。四川省重点加强涉农龙头企业的培育，如农副产品加工业、饲料、原粮加工、纺织业、养殖等，以此增加农民收入，提高农业效益。

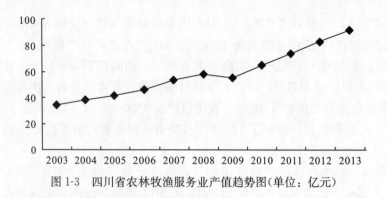

图1-3　四川省农林牧渔服务业产值趋势图(单位：亿元)

(二)四川农业产业转型升级的特征

改革开放以来，四川农业产业发展迅速，原有的传统农业因为存在结构不合理、劳动力成本高等问题，农业产业结构转型升级就成了必然。四川省经过多年的发展，农业产业结构已经到了转型升级的至关重要阶段，必须从全局和战略高度加快农业产业功能拓展，同时延长农业产业链，推动现代农业产业发展的步伐。为了适应现代农业经济的快速发展，四川省进行了不懈的改进和探索，农业产业转型升级在不同的发展阶段呈现出了不同的特征。当前，四川农业正处在全面深化改革的新阶段，加快农业产业转型升级必须依赖于政府行政法规的指导以及财政政策的支持。要使农业产业结构向日趋高级的方向发展，就要借鉴吸收先进技术，并对此进行研究、改进和创新，形成属于自己的技术体系，这是农业产业转型升级的关键，这样才能使农业产业结构向更有利于经济、社会的方向发展。目前来看，四川农业产业转型升级呈现出以下特征。

1.　粮、经、饲产业结构不断优化

特色农产品在四川拥有广阔的市场前景，在国内外市场上均具有较强的竞争力。四川省通过政府扶持，市场引导，规模化种植，产业化加工、营销，充分发挥了四川特色农业经济突出的区域优势。长期以来，四川农作物种植面积在14 500万～15 000万亩之间，其中，粮食作物种植面积为10 000万亩左右；经济作物种植面积为2200万～2500万亩；其他作物种植面积为2300万～2500万亩。四川土地利用率居全国前列，耕地复种指数达到248.9%，远高于全国平均水平。然而，由于四川人口多，可耕地少，农业生产一直以粮食为主，素有"粮猪安天下"的传统。随着人们生活水平的提高，人们的消费更偏向于牛肉、羊肉和家禽，因为它们相对于猪肉而言有更高的蛋白质、更低的脂肪。更重要的是大量的胆固醇和脂肪存在于猪肉中，猪肉的含热量更为肉食之首，每一百克平均产生热量138～188kJ。因此，过量食用猪肉容易导致各种疾病，包括冠心病、脑血栓、脂肪肝等，严重影响人们的身体素质。此外，中国养猪制造了不少如甲烷和一氧化二氮之类的污染物，这些温室气体对空气的影响比二氧化碳还强300倍，工业化的养猪则比家养猪造成的污染更大。因此，改善粮、经、饲结构，加快推进牛羊兔等草食牲畜和家禽发展是四川农业产业结构转型升级的重要特征之一。

2.　农业产业空间布局更加合理

四川地处内陆，位于我国西南，辖区面积达48.5万 km²，在全国位居第五，占全国

总面积的 5.1%。四川的西南主要是山地，东部以盆地为主，西部则以高山峡谷为主。2012 年末，四川总人口 9097.4 万人，其中农业人口 6585.3 万人，辖 21 个市（州）、181 个县（市、区）、4410 个乡（镇）。全省可根据气候、地貌和地质构造等条件的特征，分成三大气候区，即川西北高原区、川西南山地区和四川盆地区，进而相对应地形成了西北高原牧区、川西南林区和东部低山丘陵农区三大土地利用格局。对于农、林、牧和旅游等产业的综合发展，四川省利用其丰富的动植物资源、多样的土地利用类型和自然地理景观，以及复杂多样的气候条件，充分发挥了区域优势。如今，农业产业结构调整中存在着结构趋同现象，加上全球经济逐渐趋于一体化，四川农业产业结构应该按照不同的类别进行调整，改进区域农业产业经济结构，形成区域特色，按照已有的分类分为川西南山地生态农业特色农业重点发展区、成都平原现代农业高新技术区、川西北高原生态旅游和生态农牧业可持续发展区、盆地丘陵特色农业区、盆周山地林农牧综合发展区五大农业功能区（详见表 1-4 所示）。

表 1-4　四川省农业功能分区表

分区名称	所含市县（区）	县（区，市）数目
成都平原现代农业高新技术区	成都市龙泉驿区、青白江区、双流县、温江区、郫县、新都区、大邑县、蒲江县、新津县、都江堰市、彭州市、邛崃市、崇州市 13 县（市、区），德阳市旌阳区、广汉市、什邡市、绵竹市、罗江县 5 县（市、区），绵阳市涪城区、游仙区、安县、江油市 4 县（市、区），乐山市市中区、夹江县、峨眉山市 3 县（市、区），眉山市东坡区、彭山县、丹棱县、青神县 4 县（区），雅安市名山县；还包括锦江区、武侯区、青羊区、金牛区、成华区 5 个区	35
盆地丘陵特色农业区	成都市金堂县，自贡市全市 6 县（区），泸州市江阳区、龙马潭区、纳溪区、泸县、合江县 5 县（区），德阳市中江县、绵阳市三台县、梓潼县、盐亭县 3 县，遂宁市全市 5 县（区），内江市全市 5 县（区），资阳市全市 4 县（区），宜宾市翠屏区、宜宾县、江安县、长宁县、南溪县 5 区（县），眉山市仁寿县，乐山市井研县、犍为县、五通桥区 3 县（区），南充市全市 9 县（区、市），广安市全市 5 县（区、市），达州市通川区、达县、开江、大竹、渠县 5 县（区）	58
盆周山地林农牧综合发展区	绵阳市北川县、平武县，广元市 3 区 4 县，达州市万源市、宣汉 2 县（市）、巴中市全市 4 县（区），泸州市古蔺县、叙永县，宜宾市兴文县、珙县、筠连县、高县、屏山县，雅安市雨城区、芦山县、荥经县、宝兴县、天全县，乐山市金口河区、沙湾区、沐川县、峨边县、马边县和眉山市洪雅县等	33
川西南山地生态农业、特色农业重点发展区	凉山州除木里县外的 16 个市县，雅安市石棉、汉源 2 县，攀枝花市全部 3 区 2 县	23
川西北高原生态旅游、生态农牧业可持续发展	阿坝州、甘孜州全境和凉山州木里县	32

　　资料来源：刘卫东，石承苍和任国业. 四川省农业功能区划研究，《中国农业资源与区划》，2008 年第 3 期。

3. 农业机械化水平不断提高

　　四川省现代农业建设在经历改革开放后取得了快速发展，农业现代化水平明显提高。农业产业手段转型升级呈现出以下特征：四川基层农业产业手段转型升级发展迅速，县、乡、村农机化服务组织不断发展壮大，出现了一大批推动农业产业转型升级的重要手段，譬如农机大户（包括机耕、机收、机灌、农副产品运输、加工、维护），形成了"以农机作业中介组织为联结纽带，农机户为基础，农机大户为主体，农机经营合作组织和基层农技站为龙头"的农业机械社会化服务体系的新格局。从演变趋势来看，1978 年，四川省年末农业机械总动力为 350.2 万 kW，2000 年末农业机械总动力 2181.7 万 kW，2013 年末为 3953.1 万 kW，分别比 1978 年和 2000 年增长了 3602.9 万 kW 和 1771.4 万 kW；2013 年与 1978 年相比，增长了 10.3 倍，比 2000 年增长了 80.4%，详见图 1-4。农业发展的内在动因和外部环境条件随着社会经济的发展进入新阶段、四川省改革进入深水区、经济进入了新常态，均产生了巨大的变化，而依靠农业产业升级与创新完成转型升级，是提高四川农业产业发展的关键因素。

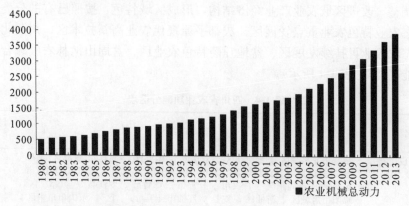

图 1-4　四川省农业机械总动力趋势图（单位：万 kW）

4. 农业产业经营主体多元化

四川省已经建立起新型的农业经营体系，形成了以家庭经营为基础，推进企业经营、合作经营、集体经营和家庭经营等多种经营方式共同发展的新格局。扶持龙头企业、合作社、家庭农场以及新型的种养大户等经营主体，建立并完善农业的社会化服务体系，须坚持适度发展规模经营的方向，适度发展规模经营的农业，有利于促进土地经营权有序规范流转，提高规模经营效益。在农业经营体制创新和深化农村改革方面，2013 年中央 1 号文件提出了新的部署。文件指出，支持和鼓励承包土地以稳定土地承包关系为基础向农民合作组织、家庭农场、专业大户流转，通过补贴奖励等措施发展家庭农场、专业大户、联户经营。创建新型职业农民政策扶持机制、培育机制、认证制度和投入保障机制。据此，四川省加大了对农民合作组织扶持力度，逐渐扩大由合作社承担的涉农项目的规模，增加农民合作组织扶持资金，落实合作组织税收和用地优惠政策；建立了合作组织带头人培训基地和人才库，寻求财政投入形成资产转化为农民合作组织成员股份的机制。因此，四川省农业产业的转型升级，少不了新型经营主体的努力。

对四川现有农业产业组织模式进行进一步的思考和调研后，下面将基于龙头企业带动型、农业合作社连接型和市场带动型三种农业产业组织模式的特征进行探讨。

如表 1-5 所示，龙头企业带动型：以农副产品加工、营销等龙头企业为主体，对内连接生产基地和农户，对外开拓国内外市场，企业与农户建立起相对稳定的购买—销售关系。企业为农户提供系列化的服务，实施以保护价收购产品的政策，而农户进行定向生产和销售，以保证龙头企业稳定的资源和原料供给。

表 1-5 四川农业产业不同组织模式的特征比较

	龙头企业带动型	农业合作社连接型	市场带动型
资源配置方式	官僚制	价格机制和官僚制	价格机制
调节参考点	权威	契约和隐合同	价格
调节动力	组织计划	谈判、多方博弈	市场供求
成本类型	契约成本和交易成本	内部管理成本	交易成本
交易成本比较	小	中	大
组织成本比较	大	中	小
稳定性比较	最强	强	弱
合作性比较	最强	强	弱
竞争强度比较	弱	较强	强
农民收入的稳定性	最强	强	弱
组织调整的灵活性	小	大	无
整体带动农户数量	低	高	中

农业合作社连接型：作为中介，农民合作社对外与营销龙头企业、农产品加工连接，推动地方经济快速发展；对内鼓励农户们对于大规模的农产品分区域进行生产，联结龙头企业与农户的合作，进行农户与市场的有效对接，促进具有发展优势的产业迅速区域化、规模化。按照其功能，农业合作社联接型可以分为农资供应型合作社、农工商一体型合作社和畜牧养殖、水产养殖、肉禽加工、交通运输、农机服务、矿产资源开发等专业性合作社。当个体一起抵御社会、经济和自然风险时，将有利于加强成员之间相互合作的创造性、主动性和积极性。改革开放以来四川省农民合作社发展迅猛，但是仍然存在小散弱等问题制约着合作社的进一步发展。农民合作社作为发展现代农业的重要主体，最终走向联合将是必然趋势。

市场带动型：就是各类农产品直接进入市场。具体指通过产业批发市场，采取合同契约、股份合作制和股份制等一系列手段，推进专业化农户生产基地的建设。通常实行有偿或无偿服务，并由中介组织、龙头企业与农民产生经济利益联系，而一小部分则逐渐演变成面向社会服务的经济实体。

第四章　四川农业产业转型升级趋势判断及面临的困境

第三章对四川农业产业转型升级的现状、特征及国内外环境进行了深刻分析。本章首先从结构转型、功能转型、手段转型、模式转型四个方面入手，判断四川农业产业转型升级的趋势；其次，探析四川农业产业转型升级面临的困境，包括资源短缺且时空分布不均、老龄化及兼业化现象明显、农户经营规模小且集体经营能力弱、产业结构趋同且布局不合理、产业链过短且融合度低、农业机械化发展水平低且基础设施薄弱、农业技术创新能力不足且科技服务体系不健全、面源污染严重且农产品质量安全堪忧八个方面。由此可见，转变四川农业产业生产方式，推动四川农业产业的转型升级已经成为一项迫在眉睫的重要战略任务。

一、四川农业产业转型升级的趋势判断

(一)四川农业产业结构转型升级的趋势

由于生活水平不断提高，人们对食物的需求发生了巨大变化，具体表现为粮食的直接消费逐渐下降，水果、蔬菜、肉、蛋、奶、水产品等的消费则出现快速增长。膳食结构的变化也要求四川农业产业结构必须进行转型升级。四川农业产业结构转型升级的趋势主要包括：

1. 由传统耗粮型向节粮型拓展

由于四川省的猪、鸡养殖在畜牧业结构中所占比例较大，还会消耗大量的粮食，就对玉米等粮食作物的供给以及种植带产生了巨大的压力。特别是，我国猪肉消费居世界之首，所消耗的猪肉占全世界猪肉消费的一半以上，从 1975~2012 年中国对猪肉的消费在不断增多，2012 年的猪肉消费为 5270 万 t，是美国猪肉消费数量的六倍多，是欧盟 27 个成员方猪肉消费数量的两倍多。自 2007 年以来，中国一直是猪肉和猪内脏的净进口国，2012 年的进口量达到 73 万 t。尽管猪肉在中国饮食中占据主导地位，但是，猪肉含有较高比例的脂肪和胆固醇，大量食用猪肉容易导致各种疾病，严重影响了人们的身体素质。为此，近年来，猪肉在人们总消费中的比例开始降低，由 1990 年的 73％降至 2011 年的 59％。此外，每生产 0.5kg 猪肉和鸡肉分别需要投入约 1.5~3.5kg 粮食，我国难以承受这种耗粮型的肉食生产带来的巨大压力，加之生产猪肉会带来非常严重的环境污染。因此，四川农业产业结构转型升级的趋势是由传统耗粮型向节粮型拓展，降低

猪、鸡等耗粮型的肉食生产，发展鹅、兔子、肉牛、奶牛、肉羊等草食畜禽，并扩大牧草的种植面积，专注于草食性畜牧经济的发展，以此减小对粮食生产的压力。四川省加强了对草食畜禽的品种改良，并推进对牧草品种的引进、改进和加工的开发研究，推广和应用优良品种的养殖。

2. 由二元结构向三元结构发展

随着四川经济迅速发展和人均收入水平的不断提高，居民生活方式和食物消费水平日益变化，现代生活日渐转型，进入了追求优质美味、营养、安全的时代。为了紧跟时代步伐，四川农业产业结构逐步由二元结构向三元结构发展。从而构成农、林、牧、渔综合发展多重经营的良性循环系统，实现农、牧业相结合，养殖业和种植业的协调发展，既要满足人们生活水平不断提高对农牧产品更多更好和农民增收致富的需求，又要解决养殖业发展所需饲料给粮食安全带来的严重威胁。

3. 由传统农业向特色现代农业转变

最近几年，四川省加快了发展特色现代农业的步伐，从实际出发，凭借丰富的资源、先进的理念推动农业的发展，致力于现代农业产业体系的构建。同时四川的农业产业结构也逐步由传统农业模式向规模化、特色化、科学化、生态化的现代农业方向迈进。四川未来农业产业结构会逐步向观光农业、创汇农业、加工农业、精品农业、设施农业、籽种农业之类的特色农业转变，并渐渐形成新村产业相融提升、观光休闲、特色水果、现代农业等具有四川特色的现代农业示范带体系。

4. 由单一化向专业化和多样化转变

随着四川社会分工的发展，农业生产单位的生产内容逐步趋向单一，农业专业化水平也将不断提高。目前在四川农业生产过程中出现了各种类型的专业户，如种粮大户、棉花专业户、养猪专业户、养禽专业户等，将有助于发挥四川农业的比较优势，提高四川农业生产的效率。在四川农业产业结构向专业化转变的同时，四川农业产业结构也呈现出多样化的特征，这显然从横向和纵向两个层面拓展了农业产业链，增加了农民收入渠道的多样化，促进了农村经济的发展。

(二)四川农业产业功能转型升级的趋势

目前，四川农业经济发展阶段的新型农业经营体系由四川农业产业不同的功能定位共同构成，它们之间相互影响，相互发展。为了推动四川农业产业转型升级，四川农业产业必须确立新的功能定位，由此四川农业产业功能转型升级的趋势主要包括：

1. 由单一功能向多功能发展

首先，农业产业必须发挥农业的生态环境保护功能。作为大江源头、生态敏感脆弱区、优质农产品产业、重点生态功能区的四川，必须严格保护农业生态环境，建立农业生态循环发展的实验示范区，大力发展循环农业和生态农业，以达到对农业资源循环利用和保护生态环境的目的。四川农村人力资源相对比较丰富，但农民收入水平相对较低，发展休闲农业不仅可以满足市民亲近自然、休闲观光，而且还能带动农业产业链的延伸，增加农民收入。其次，四川农业废弃物、剩余物、副产品资源丰富，要提高现有资源的利用率，必须从现有的产品和资源出发开发农业生物质能源的功能。

2. 由功能不全向全产业链功能拓展

推动和促进四川农业关联产业的快速发展，既是四川农业产业功能转型升级的出发点和重要目标，也是农业产业功能发展自然延伸的必然结果。传统的四川农业产业通常只具备单一的生产功能，随着农业多种功能的拓展，农业产业产前、产中和产后的延伸，农产品的深加工和精细产品的销售以及新型休闲和旅游农业产业的发展，农业作为传统的第一产业部门要逐渐淡化与第二产业和第三产业之间的界限，做到产业之间紧密结合、互进互动的一体化。

3. 由供给保障功能向安全保障功能发展

提供充足的农产品，满足人们日益增长的生存和消费需求，这应该是农业产业最基本的功能，也是各个国家在不同发展阶段对农业产业的一致要求。人们对食品的安全、质量和品质的要求随着生活水平不断提高而提高。因此必须满足经济活动对农产品的需求和保证国家粮食安全。同时，要加强农业综合生产能力，必须推动科学技术的发展，对粮食的生产条件加以改进和完善，加大工业反哺农业的力度，向社会提供多样性的、安全和高质量的农产品，以满足人们生活水平提高的需要。

(三)四川农业产业手段转型升级的趋势

四川农业产业转型的趋势应由追求产量转为追求质量，同时融合现代农业绿色、安全和高效率的技术要求，因此四川农业产业手段转型的趋势主要包括：

1. 从机械化向信息化转变

以现代信息技术为手段，向农业企业传递优质、迅速的政策信息服务为目标，进行农业产业信息化示范工程建设，打造整合生产、技术、市场的信息平台，探索农业产品信息规范服务、良性循环和可持续发展的模式。同时开发农业大数据应用平台，逐步向全面智慧农业进行转变。

2. 由分散化向标准化转变

四川未来农业的发展必须转向追求品牌和标准化的农业。目前四川农业已经出现规模化的趋势，而且这种趋势将持续较长时间。由于农产品市场是一个标准化市场，它要求农产品标准化，所以，四川农业产业标准化可以通过生物技术、基因工程、信息技术和综合技术等来完成。

3. 由初级加工向精深加工转变

发展农业产业加工技术，以促进四川农产品加工业的发展，并通过加工技术开拓农副产品的新功能、新用途，重点发展农产品多层次开发利用与动植物废弃物高效率合理利用等项目。

4. 由农药依赖向绿色安全转变

提倡食品安全就必须首先进行农业产业安全技术手段的转型，四川农业产业安全技术手段转型的趋势包括：农产品品种改良，培育安全的农产品品种，开发低毒和无毒农药以及高效安全的化肥、饲料、生长调节剂，实施高效简便的农产品安全监测手段，提高病虫害防控水平。

5. 由传统收购向网络化营销转变

积极开发农产品和农场众筹平台，打造"互联网＋农业"的农产品营销模式。同时随着移动互联网的快速发展，移动电子商务将逐渐成为主流农产品营销的新通常路。值得注意的是，四川农产品网络营销平台和品牌建设应该是未来需要着力解决的问题。

(四)四川农业产业模式转型升级的趋势

目前，四川省正围绕农业增效、农民增收、农村繁荣目标，以加快农业结构转型升级，转化农业发展方式为重点，全力推进农业现代化进程。推动了蚕茧、苎麻、蔬菜、中药材、茶叶、水果、油料等特色经济作物的迅速发展。在农业产业转型升级的过程中，四川农业产业功能的转型升级趋势表现出自己独有的特色。目前，四川农业产业模式的转型升级趋势主要包括：

1. 第一、二、三产业融合发展模式

农村第一、二、三产业融合是各类农业产业组织通过延长产业链、完善利益机制，打破农产品生产、加工、销售之间分离的状态，使各个环节达到融会贯通、各个主体和谐共存的良好产业生态。按照融合主体可以分为内源性融合和外源性融合，内源性融合主要指以农民合作社、专业大户、农户或家庭农场为基础的融合发展，而外源性融合则指以农产品加工或流通企业为基础的融合发展。

2. 农牧结合发展模式

农牧结合型发展模式是指，以发展畜牧产业为主，其他产业共同发展的经济发展模式。一些地区在发展农牧经济的同时，还要注重种植业和饲料产业的发展。通过发展规模化养殖基地，实行农牧户、基地、企业的良好对接，并依靠组建各类专业协会和中介组织，加强市场建设，完善社会化服务体系，从而全面提升农牧业生产的标准化程度和科技含量，迅速形成高效农牧业产业化经营格局，实现农牧业跨越发展的运行模式。

3. 农文旅结合模式

四川自古就被誉为"天府之国"，具有丰富的生态资源和悠久的历史文化，是名副其实的生态旅游资源大省。因此，四川农业产业模式的转型要实现以生态为基础、文化为特色、旅游为载体，努力探索农文旅融合发展新路。对于四川大部分农村而言，具有丰富的自然生态资源和特色文化资源，发展旅游业的优势非常明显，具有带动民族手工业、

生态农牧业、文化产业和其他服务业发展的重要作用。四川农村旅游业主导农旅融合、文旅融合，能够吸收各个年龄阶段的劳动力以多种方式进行创业和创新，这是四川农业产业模式转型升级的重要趋势。

4. 休闲观光农业发展模式

四川休闲观光农业使农村成了一个集娱乐、文化、教育多种功能为一体的生活区域，它对农业及农村丰富的自然资源加以利用，使人们日益扩大的休闲生活需求得以满足。四川应该将多元化经营作为休闲观光农业未来发展模式的主要目标，包括发展各种观光农园、休闲牧场、渔场、林场、农场和农村旅馆等。

5. 湖滨经济发展模式

湖滨经济发展模式主要以拥有优质水景、清新空气的湖滨地区为依托，以文化和旅游资源为载体，以满足旅游者摆脱城市生活负效应，回归自然、放松身心的要求为目的的农业产业发展新模式。对于四川而言，其天然湖泊有 1000 余个，可以利用这些天然湖泊并结合当地的文化和旅游资源开发各种旅游项目，充分保障不同层次旅游者多样性的需求。

二、四川农业产业转型升级的困境

(一)资源短缺且时空分布不均

1. 四川农业资源禀赋现状

1)四川土地资源禀赋现状

四川省土地总面积为 48.61 万 km^2，其中耕地面积为 6.74 万 km^2，园地面积为 0.72 万 km^2，林地面积为 22.16 万 km^2，牧草面积为 13.59 万 km^2，建设用地面积为 1.78 万 km^2，未利用土地面积为 3.62 万 km^2(石承苍和刘定辉，2013)。土地利用类型以农、林、牧为主，用地面积占 83.9%。但不同区域表现出明显的差异性，平原地区以耕地为主，而盆周山地、川西南山地及川西高山峡谷区中林地面积占比较大；川西高原地区中则以牧草地为主。

(1)土地资源总量大但人均占有量少。四川省土地面积居全国第 5 位，但由于人口基数大，致使人均土地资源较少，由表 1-6 可以看出，四川耕地、草地、林地人均占有量只达世界人均水平的 20.56%、26.15% 和 24.64%，并且除人均林地外，其他土地人均占有量均少于全国平均水平。

表 1-6 四川、全国、世界各类土地人均占有量 单位：hm^2

地区	人均土地	人均耕地	人均林地	人均牧草地
四川	0.600	0.074	0.235	0.187
全国	0.858	0.101	0.230	0.120
世界	2.967	0.360	0.900	0.760

数据来源：四川统计年鉴 2013；World Bank 农业与农村发展 2010~2014 数据

(2)土地资源分布不均且宜耕后备资源匮乏。一方面，四川土地资源呈现严重分布不均的现状，省内绝大多数的耕地、园地、居民点及工矿用地集中于面积只有四川辖区面积35%的东部地区。尽管未利用土地占全省辖区面积的8.8%，但其中半数以上分布于川西北地区，由于冻土、沙化等因素，大多数土地难以利用或无法利用(甘书龙，1986)。另一方面，四川的宜耕后备资源也较为匮乏，经调查测算，全省耕地后备资源共28.4万 hm²，仅占全国耕地后备资源988万 hm²的2.87%，其中可供开发复垦的仅16.8万 hm²，且多布于条件较差的山地、高原和滩涂地带，开发难度大(邓良基等，1999)。

(3)耕地质量等级差异明显且质量不高。从全省综合来看，耕地的自然质量等级指数为12等级，从耕地质量来看，成都平原土地质量最高，是粮、棉、油生产的优质土地；川西北高山高原区由于自然条件的限制，耕地质量最差(张碧和张素兰，2004)。四川省各大自然地理分区耕地质量等级统计见表1-7所示。

表1-7 四川省各大自然地理分区耕地质量等级统计

分区	自然质量等级			经济质量等级		
	县平均指数分布	平均值	等级	县平均指数分布	平均值	等级
盆西平原区	2577~3254	2886.9	15	1116~1918	1499.7	15
盆地丘陵区	2276~2994	2550.7	13	1068~1580	1290.6	13
盆周山地区	1507~2805	2305.2	12	946~1480	1211.6	13
川西南山地区	1221~3522	2133.0	11	661~1648	1057.0	11
川西北高山高原区	701~1518	984.5	5	610~1035	713.6	8
全省	701~3522	2252.1	12	610~1918	1190.0	12

数据来源：中国耕地质量等级调查与评定(四川卷)

2)四川水资源禀赋现状

四川水资源的总体现状是人均资源较多，但由于气候和区域分布的差异，致使部分季节和地区会出现用水短缺。近八年来川西北高山高原区、川西南山地区、盆周山地区、盆地腹谷区的水资源总量分别占全省的40.5%、18.5%、15.5%和25.5%；但盆地腹部地区的人均水资源占有量不足1000 m³；农业水资源利用效率较低且供求矛盾加剧(张世熔等，2001)，水资源平均有效利用率不足50%，并且随着农业现代化的推进，农业用水的需求量会进一步增大，这在一定程度上加剧了农业用水短缺的现状。另一方面，四川省污水排放量逐年递增，详见表1-8。水污染的加深将进一步引发农地污染越发严重(张建强等，2007)。

表1-8 2008~2012年四川省污水排放总量 单位：万 t

年份	2008	2009	2010	2011	2012
污水排放量	262 342.7	263 895.2	256 094.9	279 852.00	283 657.34

数据来源：四川统计年鉴2009~2013年

3)四川气候资源禀赋现状

四川气候多样，各地区地带差异较大且气候的垂直变化特征明显。由于地形地貌以及纬度的影响，东部和西部的差异很大，四川东部盆地属亚热带湿润气候，西部高原则以垂直气候带为主(甘书龙，1986)。

2. 农业资源禀赋对四川农业转型升级的影响

四川土地资源禀赋决定了必须转变农业生产方式，当前粗犷分散的经营模式导致在四川人均土地资源不足的情况下，土地利用效率的低下，这样会极大地限制土地作为重要的农业资源禀赋对转型升级的作用。因此只有将过去传统粗犷的土地经营模式摒弃，以集约和适度规模的经营方式为主，才能为农业产业化转型升级提供动力。水资源的现状决定了四川农业转型升级中须选择节水农业发展模式，更加高效地利用灌溉水源。四川光热资源配置不合理，区域组合错位，是影响四川农业转型升级的一个重要因素。从全省现状来看，以东西部之间的光热差异最为突出，各地农业生产者根据不同地区气候条件，形成与气候相适应的农业产业发展传统。但攀西、川西北等地因气候特殊而能生产特色农产品的区域，却因地理区位劣势而得不到较好的发展。区域光热资源的组合错位与区域发展程度的不匹配，严重制约了四川农业的转型升级。

(二)四川劳动力老龄化及兼业化现象明显

1. 四川农村劳动力老龄化及兼业化现状

据第六次人口普查显示，四川农村 60 岁以上的人口为 878.9 万人，占农村人口的18.2%，农村人口老龄化问题严重(郭晓鸣，2010)。根据第二次农业普查结果表明，四川农业兼业化和非农业兼业化达 19.4%。在四川外出务工、经商在农村各个年龄段都很普遍，特别是 40 岁左右的农村青壮年。兼业的主体年龄较小，造成了专业农户年龄结构畸形，老弱化明显。在省内经济较发达地区兼业化现象较为普遍，欠发达地区兼业年龄小，且兼业程度低。

2. 四川老龄化及兼业化对四川农业转型升级的影响

农村务农人口年龄结构的老龄化，在很大程度上会对农村人力资源的劳动能力和文化素质的提升形成制约，并造成土地撂荒、田间管理水平差、土地经营规模受限、农业科技推广及应用滞后和农产品供应短缺等大量问题，势必会对四川农业的转型升级产生滞后作用(秦立建和苏春江，2014)。

虽然兼业化可以提高农民的人均收入，减少其对土地的依附；但兼业化会导致务农的农民面临着更加扩大的小生产与大市场的矛盾，农民会缩减对农业的投入，把土地仅仅当作一个保障基本生存的工具，并不利于土地利用效率的提高，会间接降低土地的生产效率(郝海广等，2010)。

(三)农户规模经营小且集体经营能力弱

1. 四川农户规模经营现状

当前，四川农户规模经营面积低于全国平均水平，户均耕地面积不足 4 亩，经营规模小是现阶段存在的主要问题。一方面，在四川许多地区，尤其是山地丘陵地区，一户多块地,面积小且分散经营给农户从事规模经营带来了很大的困扰,据统计,四川在1993、1995、1999、2000 年 4 年中农户拥有的平均地块数为 5.26 块(吕晓等,2010)。四川零碎而狭小的地块不仅难以使用合适的机械耕作,相关农业技术的运用推广也十分困难,而且农户种地成本高,注定了农户规模经营小的现状。另一方面,四川农户在流转土地进行规模经营中,流转面积普遍偏小(许庆和尹荣梁,2010)。表 1-9 为四川 2013 年农用地各流转面积占总流转面积比例。

表 1-9　四川 2013 年农用地各流转面积占总流转面积比例

流转面积/亩	占总流转面积比例/%
10~49	35.0
50~99	21.9
100~199	14.9
200~299	8.5
300 以上	19.7

数据来源:四川省 2013 年农经年报

2. 四川农村村集体经营能力现状

现阶段,四川许多农村村集体只是作为一个行政管理结构,既没有实体经济和集体经济收入,也没有集体经济收益分配,这样极大地弱化了村集体经济的组织功能。即使有收入的村集体,资金来源也较为单一,主要依靠财政补贴支持、出租土地、房屋和资产性分配(土地征占费),收入只能维持日常工作开支,而缺乏集体性企业或者集体经营性产业支撑,无法带动当地经济。整体表现为村集体经济薄弱(徐忠等,2012)。

3. 农户规模经营小及集体弱经营对四川农业转型升级的影响

四川当前小规模经营的格局,会极大地阻碍农业产业转型升级。首先,农户过小规模的经营导致农产品成本难以降低,在激烈的市场竞争中,农户作为市场主体的地位不能提高,农户只能获得较少的利润,过低的利润会进一步打压农户投资引进新的农业生产技术和使用农用机械进行生产的积极性(凌莎,2014);其次农户小规模经营缺乏一定的组织程度,抗风险能力和信息获取能力较弱,在市场竞争中处于劣势地位,特别是单个的农户专业化程度低,不能进行农超对接的良性互动,对农户增收的持续性、稳定性形成制约;最后单个农户在生产中,缺乏对环境造成的负外部性的重视,也缺乏整体宏观的生产规划,从长远来看,这样既不符合绿色发展的理念,也会对农业可持续发展造成不利影响(李光跃等,2014)。

薄弱的村集体经济会进一步加大城乡之间的差距,延缓农民致富的进程。若当前四川村集体的弱经营现状不迅速加以改善,不但使集体经济管理、土地适度规模经营、农民增收等诸多问题难以解决,集体经营的优势也无法发挥(任继庆,2010),还会阻碍农村改革发展、影响四川农业转型升级。

（四）产业结构趋同且布局不合理

1. 四川农业产业结构和布局现状

现阶段，四川农业产业的产值在四川整体产业结构体系中有持续下降的趋势，具体见图1-5。究其原因，主要是产业结构不合理，区域间产业结构呈现趋同性。四川当前的农业产业结构体系中种植业除甘孜、阿坝两地外，其余地区种植业占农业产值比例趋同；而畜牧业较为集中的地区，也呈现类似情况，畜牧业占农业产值比重趋同；林业上，资源较为丰富的川西北地区、攀西地区林业产值占农业总产值比例没有凸显明显的地域特点。总而言之，四川农业产业结构在构成形式和比例关系上过于雷同，在主导产业的选择上也呈现相似的情况。

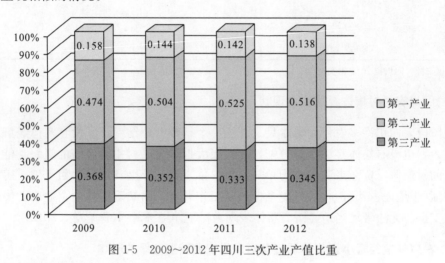

图1-5　2009~2012年四川三次产业产值比重

数据来源：《四川统计年鉴》2010~2013年

根据规划，当前四川农业产业布局中存在整体规模偏小，区域布局零散，区域特色不足，且专业化程度不高等问题（王丙毅和徐鹏杰，2008）。

2. 四川农业产业结构与农业产业布局对四川农业转型升级的影响

首先四川农业产业结构趋同不利于区域市场有序竞争，例如成都平原地区与盆周山区的农业产业结构大致相同，但两地资源禀赋差异较大，这说明两地部分农业产品可能存在无差异化现象，这必然会导致过度竞争，对两地农业产业的发展会造成不利影响。其次，农业产业结构趋同使得各地区的比较优势难以发挥，这样不利于地区特色产业的培育。最后，农业产业结构趋同阻碍农业产业结构的优化，最终导致区域性产业没有专业化分工，不利于区域间农业产业发展。因此，消除结构同质化现象，合理调整产业结构，是四川农业产业升级需要着重解决的问题（邓琨，2011）。

四川农业产业布局分散，必然导致产业集约、规模程度小，不利于区域专业化分工。而区域特色不明显，会使地区产业难以利用当地自身的资源禀赋进行布局生产，导致区域间同质化的产品过多，无法发挥农产品品牌效应的优势。而打造特色优势产业，突显资源特色，才是四川农业产业布局的路径依赖，不但能为四川农业转型升级提供不竭动力，还具有带动周边地区协同发展的功能。

（五）产业链过短且融合度低

1. 四川农业产业链及产业融合度现状

四川省目前的农业产业链呈现"短而细"的畸形结构。从四川农业产业链纵向看，产业链前后一体化程度较低，没有很好地将生产、加工、销售整合为一体，尤其是对农产品的精深加工不足，导致农产品的潜在价值难以体现，使得农业产业链过短。从四川农业产业链横向看，农户在专业合作社组建及其实际发挥的作用方面显得不足，没有发挥规模经营的优势，导致农产品功能过于单一，成本难以降低，使得农业产业链过细。总之，四川农业产业链存在上游研发基础薄弱且技术推广形式落后、中游经营状况较差且产品附加值低、下游生产成本增加且得不到有力的资金支撑、农业产业链延伸存在困难等问题（成德宁，2012）。

当前，四川农业产业与其他产业的融合度较低，尤其是与第三产业的融合还处于层次较浅的阶段。首先，农产品加工环节与种养环节结合的力度还不够，在易损耗农产品的加工方面，难以实现就地加工；并且四川省的农产品缺乏精深加工，难以形成具有品牌效应、高附加值的产品。其次，四川省的农业产业化龙头企业带动能力不足，在产、供、销环节没有实现一体化经营。最后，四川农业产业与第三产业的结合程度层次较浅，主要表现为三个方面：一是与农业相关的服务型产业发展相对滞后；二是以四川农旅结合的休闲农业模式过于单一，主要以田园模式和农家乐模式为主，没有很好地结合各区域自身资源禀赋，发展以地区特色为主导的优势产业，例如湖滨休闲开发尚处于空白；三是休闲农业的品牌建设力度较差，知名度较弱，整体水平偏低。

2. 四川农业产业链的链接度与融合度对四川农业转型升级的影响

四川农业产业链存在过细且较短的不合理结构势必会影响四川农业产业化的健康发展。首先，链接度过短让产业链上中下游企业难以整合，无法形成利益共同体。其次，四川许多地区的农产品功能单一，没有得到有效拓展，无法适应市场日益多元化，复合化的需求。最后，加工、储存运输、销售环节中产业配套技术含量较低，精深加工较少，使四川的农产品缺乏足够的品牌价值；储存运输技术、条件落后导致其腐烂、浪费损失严重（贺盛瑜等，2008）；销售环节中，农户与市场的对接不足造成流通环节成本过高。总之，最后的结果是四川许多地区的农产品的附加价值普遍偏低，无法获得较大的农产品价值增值，地区农业产业化发展受阻。

四川农业与相关产业的融合滞后，影响到农业功能性的发挥，尤其是农业与第二、三产业缺乏深度融合，这样既不利于提高传统农产品的附加值，也不利于拓宽农业生产的范围，促进农民增收。四川农业与第二产业的融合层次较低主要表现在缺乏对农产品精、深的二次加工，这样只会导致产品在市场竞争中缺乏异质性，难以发挥比较优势（梁伟军，2010）。四川农业在与第三产业的融合上没有很好地将原来相对独立的旅游资源和农业资源整合为一个产业整体，农旅结合的模式过于单一，缺乏带动作用，不能为地区农业产业化提供有力支撑。四川传统农业在同服务属性这一重要的现代农业属性相结合时存在明显不足，会阻碍农业产业链延伸及产业范围的扩展。

（六）农业机械化发展水平低且基础设施薄弱

1. 四川农业机械化和农村基础设施现状

四川农机化发展水平整体不高，许多生产作业的农业机械，尤其是适合四川山地丘陵地形的小型农业机械研发应用水平滞后，从农业机械属性看，四川除了稻麦类机械化水平相对较高外，其他作物的农业机械研发应用显得明显不足。2013 年四川农机总动力为 3937 万 kW，全省农业机械总值达 289.37 亿元，拖拉机、耕整机、播种机、农用排灌机械拥有量分别达到 24.08 万台、110.26 万台、1.93 万台、89.55 万台，主要农作物耕种收综合机械化水平为 45%，比全国平均水平低 14.5%（陈霖和曾玉华，2007）。

四川农村整体基础设施薄弱。首先从投入来看，在全省 2004~2012 年的基础设施投入中对农村基础设施的投入明显偏少，具体见图 1-6。其次，许多生产性基础设施修建年份多在 20 世纪七八十年代。设施老化失修，导致相关基础设施工程对农业生产的支撑力不足。从交通设施建设上看，截至 2014 年年底，全省依然还有 288 个乡镇未通水泥公路，567 个建制村未通公路；从电力设施建设上看，在四川农村电力的建设中乡（村）办水电站的个数、装机容量和发电量都较高，但农村整体的用电量却低于全国平均水平；从水利设施建设上看，全省许多小、微型水利设施由于设备老旧，缺乏有效维护，导致其蓄水和灌溉能力下降。此外，四川农村信息化基础设施建设也处于相对滞后的水平。

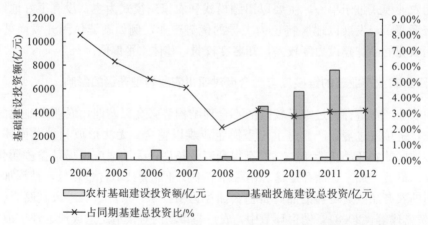

图 1-6　2004~2012 年四川农村基础设施建设占基建总投资比重变化情况

数据来源：2013 四川省农村发展统计年鉴

2. 四川农业机械化发展水平及其基础设施建设对四川农业转型升级的影响

四川地形的复杂性决定了对农机种类要求的多样性，当前四川农业机械化发展水平低会直接影响农户的适度规模经营。其次，农业机械化已经推广到农业生产的各个环节，而四川农业机械化水平发展不高会影响农业设施装备水平，例如精量播种、精确施肥、精准灌溉、精确收获等农田作业都可能因农业机械化水平低而受阻，让现代农业发展难以摆脱空间、季节的限制，导致发展地区特色优势农业产业受到影响。最后，农业机械化发展水平的高低关系到农业科技能否成功转换，四川农机发展水平的不足在一定程度上阻碍农业科技创新。

农村基础设施的薄弱会对四川改造传统农业的进程产生不利影响。在四川农村基础设施中，例如交通基础设施的落后，会造成包括生产成本、运输成本、储藏成本、销售成本等在内的成本增高，直接降低四川农村经济活动的效率；水利电力基础设施的薄弱，会直接增加农民面临的自然风险和经济风险，若遭遇极端天气，可能导致粮食的综合产量下降，影响农民的经济收入。薄弱的基础设施还会影响到农村整体的投资环境，阻碍农业产业与其他产业的良性互动，不利于激活农村市场，同时导致城乡之间差距进一步增大，尤其是公共服务之间的差距(骆永民和樊丽明，2012)。

(七)农业技术创新能力不足且科技服务体系不健全

1. 四川农业技术创新能力现状

四川省的农业技术创新能力现状可以从基础资源配置、科技成果有效供给等方面反应。

从人力资源配置上看，四川省农业技术创新人力资源总量不足且结构不合理，农业科研、科技人员占总人数的比例过小，而关键领域缺乏复合、高精尖型人才，薄弱领域缺乏技术攻坚团队，与农业相关的新兴产业缺乏在国际领域领军的人才，人才的缺乏和人才结构的矛盾共同成为当前制约四川农业科技发展的主要瓶颈(李杨等，2009)。

从财力资源配置上看，据调查虽然四川农业科技财政投入持续加大(详见表1-10)，但投入占农业GDP的比重仍然较小，仅占0.5%左右，与国外农业发达国家仍存在较大差距；并且财政投入的资金渠道也过于单一，除了政府投入外，企业及金融机构资金投入比重过低，导致与农业科技发展实际需求也相距甚远。其次四川农业科技投入在结构上不够合理，从农业产业链角度看则表现为对产前、产后投入大，对产后加工环节投入不足；从产业类别看，农业科技投入则显得过于分散，对特色优势产业的投入力度不足。农业R&D经费绝大多数都投向了试验发展领域，基础研究投入不足，过分关注科技成果应用于生产的环节，缺乏前瞻性，导致农业科技创新后劲不足(陆建中，2011)。

从科技成果有效供给上看，表现为在农作物新品种选育及高产栽培等方面已经有许多成果，但突破性新品种不多，与新材料、新技术的结合度不高，现有的农业科技成果与实际需求的相关度较低，往往不能满足农户或企业的真实需求。同时许多农业科技成果的转换需要农业机械、工程作为载体，这也注定农业科技成果的有效供给在很大程度上会受到农业机械化水平的制约(李斐斐，2011)。并且，在农业科技成果推广方式上的单一，直接造成了农业科技成果转换困难的现状。

表1-10 2008~2011年省本级农林牧渔农业科技投入情况 单位：万元

年份	2008	2009	2010	2011
农业	16 223	22 592	23 775	27 007
林业	6345	7585	7988	9130

年份	2008	2009	2010	2011
畜牧	2930	3604	3291	4406
水产	603	728	1123	1852
合计	26 101	34 509	36 177	42 395

数据来源：四川农业科技投入调研报告

2. 四川农业科技服务体系现状

1）公益性农技推广体系

当前，四川省形成了以"省、市、县、乡镇或区域性"的四级农技推广体系。截至 2014 年年底，全省各级各类农技推广机构共有 11 746 个，其中区域性农技推广机构 9310 个。省级非营利性农业科研机构 5 家，区域性农科院 15 家，农业大、中专院校十多家。尽管四川公益性农技推广体系已初步建立，但依然存在以下问题：首先四川在建设包括国家级科技园区、省级科技园区、农业科技专家大院、农业产业技术创新联盟、农业技术服务中心以及研究院的数量上依然较少，还不足以满足日益增长的科技服务需求，特别是从事科技服务的人员，只有 1.7 万人，严重滞后于农业发达地区的水平；其次是基层农技推广服务队伍专业技术人员偏少，服务队伍的整体专业水平和服务能力稍显不足；最后是许多农技推广机构仅仅是起到了传达上级精神的作用，服务资源整合能力不强。这就导致了四川省的农业科技相关服务机构没有将农业生产经营者作为首要服务对象，并没有从农业生产经营者的实际需求出发，最终形成了农业科技在实际推广过程中困难重重的局面。

2）新型经营主体发展体系

截至 2014 年年底，全省有工商登记的农民专业合作社 47 329 家，其中国家级示范社 462 家、省级示范社 1030 家，入社成员 261.7 万户，社均成员达到 60 户。全省已有新型职业农民近 6 万人，其中大多数都是经过省内认定或者已经达到认定条件的示范户，这些农业生产经营大户在实际农业推广中，起着农业科技示范的作用。而农业产业化龙头企业也是农业科技推广的重要平台，截至 2014 年，全省各类农业产业化龙头企业达到 8500 多家，其中国家级重点龙头企业 60 家，省级重点龙头企业 589 家。各类新型经营主体在农业科技服务体系中扮演着重要角色，但当前四川的各类农民专合组织和龙头企业的带动能力还有待提高，一方面是由于许多新型经营主体的发展还处于较为初级的阶段，缺乏必要的农业科技技术应用能力，导致实际生产经营中，农业科技技术推广使用受阻；另一方面是由于龙头企业和农户的利益不能时刻保持一致，龙头企业往往以自身短期利益为导向，在对农户的农业科技服务中并没有发挥积极作用。此外，还有部分地区存在申报虚假合作社的现象，通过申报合作社换取补贴的行为导致新型经营主体数量与实际需求不符合。总之，新型职业农民作为农业科技成果应用主体，其规模较小，亟待发展（李俊霞等，2015）。

3. 四川农业技术创新能力和农业科技服务体系对产业转型升级的影响

四川农业技术创新能力不足很大程度上会影响四川农业由传统的低效率、低安全农业向高效、安全的农业转型。四川农业技术创新人才总量不足以及人才结构的矛盾，会影响农业技术创新的动力，特别是关键领域和环节的人员缺失使农业技术创新成果受到很大限制，并且四川农业科技人才严重流失的危机也是影响农业科技创新能力提高的重要因素。而农业科技投入不足以及投入结构的不合理会使农业科技技术创新水平受限，一方面使得资金利用率低下；另一方面投入不足会造成许多农业科研机构、院校的科研基础条件相对落后，研发能力受阻，进而限制科研技术人员创新发展的空间。农业科技成果转换率偏低造成了有限的资金、科技资源极大的浪费，大量的农业科技创新成果还滞留在实验室或试验田，这对提高农户经济效益收效甚微（胡健，2003）。

农业科技服务体系是农业科技技术推广的重要支撑，目前四川农业科技服务体系不健全会在很大程度上影响农业由"资源依存型""劳动力密集型"向"科技依存型"的现代化农业转变。当前四川农业科技服务体系中行政上的低效率是农业科技研究同教育、开发和推广缺乏必然内在联系的重要原因，这样会让许多农业科技成果在推广过程中缺乏相关组织、部门的紧密配合，最终影响以市场为导向的服务资源整合，许多科技服务内容与市场需求的错位让农户并不能享受农业科技技术创新带来的成果。农业科技服务主体的不足也是不能忽视的重要因素，从事科技服务的人员能够很好地接近农户，具有较强的示范带动能力，四川这类人才的匮乏，对解决四川农业生产、技术、信息服务"最后一公里"的问题上埋下了隐患。

（八）面源污染严重且农产品质量安全堪忧

1. 四川的面源污染及农产品质量安全现状

近年来，四川包括粮食在内的农产品连获丰收，2013 年粮食产量比 2006 年增长了18.44%，同期油料作物、园林水果和水产品分别增加了 33.64%、65.98% 和 16.43%（详见表 1-11）。不可否认的是，农产品的丰收与化肥、农药和生长调节剂以及农膜等有害物质的大量使用不无关系。这些物质的过度利用不仅造成农业面源污染，而且引起土壤退化、环境污染以及水体富营养化，这又加重了农产品质量安全问题。

表 1-11　近年来四川主要农产品产量　　　　　　　　　　单位：万 t

年份	2006	2007	2008	2009	2010	2011	2012	2013
粮食	2859.8	3026.9	3140.3	3194.7	3223.5	3292.3	3315.7	3387.1
油料作物	217.3	228.5	249.9	261.8	268.5	278.5	286.6	290.4
园林水果	423.8	474.5	517.0	568.3	599.6	642.9	684.9	718.7
水产品	108.3	121.2	130.3	100.1	105.1	112.2	118.9	126.1

资料来源：四川省统计年鉴 2014

以化肥使用为例，2004~2013 年，四川化肥使用量由 214.7 万 t 增加到 251.1 万 t，增加了 16.95%（详见表 1-12）。单位土地面积化肥使用量也由 549kg/hm² 增加到 627 kg/hm²，增长了 14.16%，大大超出了土地的实际消纳能力，远远高于 225 kg/hm² 的国际公认单位农用地施肥标准的安全上限。不仅如此，化肥的使用结构也极不合理，主要以氮肥和磷肥为主，而钾肥的使用量不足（详见表 1-13）。研究表明，我国化肥使用中氮、磷、钾肥的平均当季利用率分别只有 30%~35%、10%~20% 和 35%~50%，不足发达国家化肥当季利用率的 80%。土地不能消纳的氮、磷等元素流入水体造成富营养化，反过来又加重了农业用水的面源污染，进一步引起农产品质量的不安全。

表 1-12　近年来四川化肥使用量　　　　　　　　　　　　单位：万 t

年份	2004	2005	2006	2007	2008	2009	2010	2011	2012	2013
化肥使用量	214.7	220.9	228.2	238.2	242.8	248.0	248.0	251.2	252.8	251.1
增长率		2.89%	3.30%	4.38%	1.93%	2.14%	0.00%	1.29%	0.64%	−0.67%

资料来源：四川省统计年鉴 2014

表 1-13　近年来四川化肥使用结构　　　　　　　　　　　单位：万 t

年份	2004	2005	2006	2007	2008	2009	2010	2011	2012	2013
氮肥	120.2	121.8	124.7	127.9	128.6	130.7	129.6	128.8	127.9	126.1
磷肥	42.9	45.1	46.6	48.0	48.9	49.7	49.2	50.6	50.7	50.3
钾肥	12.2	12.9	13.7	14.8	15.8	16.4	16.4	17.3	17.5	17.7

资料来源：四川省统计年鉴 2014

2. 面源污染及农产品质量安全对四川农业转型升级的影响

四川农业面源污染及农产品质量安全现状及应对对四川农业转型升级有着十分重要的影响。四川农业转型升级的重要目标之一就是在资源环境硬约束、农产品价格"天花板效应"和农产品成本"地板效应"作用下，为满足人们日益增加的、不同需求的多样化的安全、健康农产品。为此，这首先要求在产业转型升级中农业生产活动要尽量做到标准化、产业化、规模化和社会化，树立全产业链和全过程安全质量管理，不仅要实现农产品质量安全的可追溯，而且还要从源头上构筑起确保农产品质量安全的防控体系。在农业规模生产和区域产业布局中，产业的选择必须考虑环境的承载力和土壤的消纳能力，如规模化养殖中畜禽粪便的处置。其次，农业产业转型升级要实现农产品生产、加工和运输、消费全过程的减量化、清洁化、循环化，尽量减少化肥、农药和生长调节剂的使用，培养抗病虫害能力强、适应环境广、低耗肥的新品种，广泛采用高效、低毒和低残留的农作物病虫害防治技术，提倡采用无毒无害的生物防治技术，在产业布局时通过食物链以及生物多样性等方式来减少或抑制农作物的病虫害。最后，四川农业转型升级中也要采用新技术对过去农业生产、畜禽养殖和农村生活等方面造成的农业面源污染进行治理，采用休耕等措施提升地力，进一步提升测土配方施肥以及倡导使用有机肥等措施来确保农业转型升级中四川农产品质量的绝对安全。

第五章　四川农业产业转型升级的战略构架

上一章对四川农业产业转型升级的趋势判断及面临的困境进行了深刻分析，为其战略构架提供了基础。本章主要提出了产业结构优化、产业功能创新、经营体系完善、农业机械化和智能化、生产要素协同整合五个方面的战略思路；确立了实现四川农业产业空间布局更加优化，农业生产经营组织化程度更高，实现四川农业第一、二、三产业深度融合三个总体目标；从农业产业功能、产业结构、经营手段、经营组织转型升级四个方面确定四川农业产业转型升级的战略重点。战略构架是四川农业产业转型升级战略研究的核心问题，对促进四川农业产业发展具有十分重要的借鉴意义。

一、战略思路

根据十八届五中全会会议精神和国务院《关于加快转变农业发展方式的意见》指导，2020 年四川要实现与全国同步全面建成小康社会，农业发展方式转变要取得积极效果，农业产业转型升级是关键。"十三五"时期四川农业产业的转型升级包括农业产业功能、产业结构、经营手段和经营组织的转型升级，应以产业功能创新为战略先导，以产业结构调整及空间布局优化为战略方向，以新型农业经营体系完善及农业机械化、智能化发展为战略支撑，以要素协同整合及政策支持为战略保障，提高农业生产的专业化、规模化、标准化、组织化、社会化程度，增强四川农业在全国农业发展中的综合竞争力。四川农业产业转型升级的战略思路详见图 1-7。

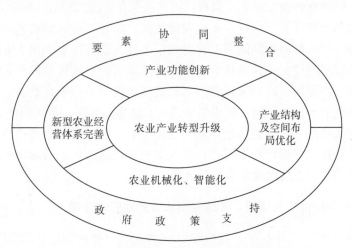

图 1-7　四川农业产业转型升级的战略思路

1. 以产业功能创新为战略先导，实现四川农业产业转型升级

"民以食为天"是饥饿农业阶段的典型特征，自 1985 年取消统购统销政策后，我国农业就彻底告别了食物短缺时代。过去人们强调更多的是农业"供给功能"，忽略农业的生态、社会、文化、科普等其他功能。随着"石油农业"、"化学农业"带来的生态破坏、环境污染问题愈演愈烈，加之弘扬和传承农业文明的需求，迫使人类对石油农业进行了深刻反思，以寻求达到农业功能系统均衡发展的新方式(李传健，2008)。多功能农业是人类发展过程中随着社会需求环境改变而产生的选择和判断，除生产功能之外，还包括生态功能(生态农业)、能源功能(能源农业)、文化体验传承功能(文化农业、创意农业)和旅游服务功能(乡村旅游、都市农业)(乌东峰和谷中原，2008)。2015 年中央一号文件提出积极发展农业多种功能，提高农产品的精深加工水平、促进乡村旅游和农家乐等第三产业发展。四川部分地区将第一、三产业有机融合发展乡村旅游、休闲观光等发展很有特色的农业新业态，例如，汶川县三江镇立足自身独特的气候、资源条件，以"一园、三带、三链"为基本模式，提出了打造鹞子山养生堂生态庄园；双流县充分利用牧马山"古蜀农耕文化发源地"的独特资源，大力挖掘农业的文化传承功能，发展文化体验农业，弘扬古蜀农耕文化。虽然四川农业产业有一些发展较好的多功能农业事例，但是四川农业产业发展整体上仍然以传统功能为主，多功能农业的发展仍处于起步阶段，未来需要加大力度促进农业产业功能创新。四川农业产业功能创新，要以农业产业化发展为基础，拓展农业增收和扩大就业功能；要以生态农业、循环农业为依托，拓展农业产业生态价值及文旅融合发展功能；要以农业与第二、三产业互动为手段，拓展农业的"第六产业"功能。

2. 以优化产业空间布局为战略方向，实现四川农业产业转型升级

四川农业经过多年产业结构及空间布局战略性调整，标准化、规模化和商品化的农产品优势区域正在四川各地呈点状加快形成，例如成都平原地区的优质粮油基地、盆周丘陵地区的生猪养殖业、川南地区的林竹产业、攀西地区的特色热带水果、高原山区的特色畜牧业等，但是全省农业产业空间布局仍然不尽合理(郭晓鸣，2007)，集中表现为：农业产业区域布局比较分散；生产专业化程度较低；农业产业区域特色不明显，规模偏小；区域之间农业产业结构趋同问题没有得到根本性改观等。对四川农业的产业结构进行战略性调整，应坚持"发挥区域优势，突出区域重点，平衡区域发展，资源开发与环境保护协调发展"的原则，以引领新常态下消费需求转型升级变化趋势、生产满足市场个性化消费的特色农产品为导向，从成都平原区、盆地丘陵区、盆周山区、川西南山区、川西北高原区五大功能区各自的地形地貌、气候特点、农业资源禀赋等方面的差异性出发，运用比较优势指数分析，规划五大功能区的农业产业布局，凸显不同功能区的发展特色，彻底改变目前存在的产业结构同质化现象。

3. 以机械化和智能化为手段，实现四川农业产业转型升级

2013 年德国提出"工业 4.0"，我国在 2014 年提出"中国制造 2025"，十八届五中全会进一步对"中国制造 2025"实施战略进行了细化。"工业 4.0"的发展带动现代农业发展步入"4.0时代"。"农业4.0"是以大数据、云平台、移动互联网、物联网为基础的精准农业。为适应农业新型业态的发展，四川在"十三五"时期农业经营手段的转型应将网络化、智能化的工业化生产方式移植到农业领域，大力提升农业产业的机械化与智能化水平。农业机械化是现代农业转型升级的重要手段(侯天宝等，2013)，只有提高农业机械化水平，才能保证农业生产效率，提高农业经济效益，才能使农业更好更快更精准地转型升级。智慧农业是以物联网技术为支撑和手段的一种现代农业形态(李道亮，2012)，将为农业产业各环节带来"流程再造"，是人类农业生产发展的高级阶段，是对传统农业的根本性变革，是四川农业转型升级的发展方向。四川省兴文县种粮大户卢建文开始种粮的第一年，由于信息化程度低导致对市场缺乏了解，加之大批雇佣本地劳动力从事生产，结果第一年就亏损了七十多万元，而到了第二年，他及时从失败中总结经验教训，抵押贷款购买了一批农业机械，并根据市场需求调整种植结构，很快就实现扭亏为盈，年收入上百万。这一案例生动诠释了农业机械化、智能化的重要性。虽然四川农业从饥饿农业到温饱农业再向安全农业的发展转变阶段中，农业机械化、智能化程度得到了较快提升，但是由于资金投入大、劳动力素质低等诸多原因，目前四川农业机械化、智能化的整体程度还很低，只有少部分农业龙头企业、机械专业合作社等市场主体实现了机械化、智能化，而绝大多数的小农户、家庭农场则仍停留在传统生产模式上，即使有少数采用了小型的农业机械，但离真正的机械化、智能化还有很长的路要走。因此，四川农业产业转型升级应以机械化和信息化为战略支撑，抓住"互联网＋双创＋中国制造2025"相互结合带来的重大机遇，大力推进农业机械化、信息化发展。

4. 以经营组织创新为战略依托，实现四川农业产业转型升级

农业产业转型升级的成功与否，最终依赖于从事农业生产经营的微观组织，未来四川必须以经营组织创新为战略依托，大力培育新型农业经营主体。2007年的《中华人民共和国农民专业合作社法》、2014年的中央一号文件以及2015年的《关于加快转变农业发展方式的意见》，都明确提出大力发展农民合作社、家庭农场、社会化服务组织等农业新型经营主体，积极构建适应农业现代化发展需要的农业经营体系。四川省委省政府也先后出台了一系列鼓励和促进新型农业经营主体培育的政策法规，为全省新型农业经营主体的快速发展注入了强大动力。但是从课题组在全省多地的调研来看，四川农业传统农户经营仍占主体，新型农业经营主体数量占比偏少，发展处于起步阶段。例如，截至2014年，全省共有经工商登记的农民合作社47 329家，入社成员287.6万户，带动农户589.9万户，入社成员和带动农户占农户总数43.1％(刘琳，2015)，尚有近六成的农户未受到合作社的辐射带动。未来四川农业产业转型升级应借鉴企业组织结构，积极推行土地股份合作社、农机合作社、家庭农场等新型经营主体，并探索和实践多种农业产业组织模式及利益联结机制，完善新型农业经营体系。

5. 以生产要素协同整合为战略支撑，实现四川农业产业转型升级

资源要素的市场化改革是四川农业产业转型升级的关键环节。土地、劳动力、资金、技术是农业产业发展的基本要素，对这些生产要素进行协同整合，充分发挥生产要素的协同效应，是实现四川农业产业转型升级的战略保障。近年来，四川土地租金价格出现

非理性的快速上涨势头，据课题组的实地调查显示，四川土地流转中普遍存在流转成本高、土地肥力降低、面积小、相对分散等诸多问题，创新土地流转制度成了推进四川农业现代化进程中迫切需要解决的重中之重的问题。现代农业发展对劳动者素质的要求越来越高，四川农村劳动力老龄化、兼业化现象严重，无法满足四川农业现代化发展对劳动力的需要。另外，财力资源也制约着四川农业产业的转型升级。四川农村地区金融信贷体系总体不够完善，存在营业网点分散、贷款手续繁杂、缺乏有效抵押物等问题。科学技术在农业产业转型升级中的作用毋庸赘述，如何更加充分地发挥科技支农的作用，需要进行制度创新。因此，在经济新常态下，必须以要素的协同整合为重点，创新土地流转制度，加强基础设施投入，培育大批职业农民及农村紧缺人才，实行"回引工程"吸引外出务工人员返乡创业，同时创新农村金融及科技服务"三农"的体制机制。

二、战略目标

根据国务院《关于加快转变农业发展方式的意见》要求，农业发展方式转变在"十三五"末要取得积极效果，到2030年取得明显效果。结合国家2020年要彻底消除贫困县，产业发展与精准扶贫相结合的目标，"十三五"时期四川农业产业转型升级，就是要走安全农业发展道路，实现农产品数量质量和生态环境更加安全，大力发展资源节约、循环高效、绿色生态的现代农业；通过经营手段现代化、经营方式组织化和服务方式社会化，实现现代农业生产效率大幅提升；积极传承和创新农耕文明，促进第一、二、三产业融合协调发展；加快农业制度创新，构建农民收入长效增长的政策保障机制；积极利用国际国内的资源和市场，扩大四川农业开放程度，深度融入世界经济贸易环境，实现四川农业产业布局更加合理，产业结构更加优化，产业功能更加多样，经营组织更加多元，机械化与智能化程度更高，进而为四川省在"十三五"期间现代农业发展方式转变奠定坚实基础。

1. 实现四川农业产业空间布局更加优化

通过农业产业转型升级，四川五大功能区的农业产业空间布局更加优化（详见表1-14）。其中，成都平原区以现代都市农业发展为主，加快第一、二、三产业融合发展，延伸农业产业链，走高端农业之路；盆地丘陵区着重发展循环农业和节水农业；盆周山区主打生态农业、有机农业，大力发展山林经济、草食性牲畜和休闲旅游；川西南山区则大力发展特色农业和立体农业；川西北高原区重点发展高产优质果蔬、反季节蔬菜和草地牧业，同时促进草地观光旅游、民族风情旅游和生态旅游发展。最终实现四川五大功能区农业产业空间布局更趋合理，发展特色更加突出。

表1-14   四川五大农业功能区多功能发展定位

功能分区	功能定位
成都平原区	都市农业、现代设施农业、休闲农业、观光农业
盆地丘陵区	种养结合与循环农业、现代节水农业、机械化和集约现代农业、山区农业与丘陵农业、农村休闲观光旅游业

功能分区	功能定位
盆周山区	生态农业、有机农业、山林经济、草食性牲畜、休闲旅游
川西南山区	特色农业、立体农业
川西北高山区	高原农业、草地观光旅游、高原牧业

2. 实现农业生产经营组织化程度更高

积极发展现代新型经营主体，构建适合四川农业产业发展的现代新型农业经营体系。其中，专业大户和家庭农场成为适度规模经营的主体，农民合作社成为带动社员对接市场的中坚，龙头企业成为农业产业化经营的引擎，社会化服务组织成为新型经营体系的有效支撑。形成"合作社＋家庭农场＋农户"、农民合作社联社、家庭农场协会等多种新型经营主体协同发展模式。培育出一批满足新型经营体系所需要的懂经营、善管理、主体作用突出的新型职业农民。

3. 实现四川农业第一、二、三产业深度融合

通过农业产业转型升级，延伸农业产业链，实现四川农村第一、二、三产业深度融合发展。一方面，重构农业产业链和价值链，促进农产品精深加工成为现代农业发展、农民增收的主要途径；另一方面，发展具有旅游观光、休闲娱乐、康体疗养、商务会展、生态养殖等多功能的农业模式，形成区域化、多样化的现代农业发展体系。同时，以管理大数据、生产物联网、营销电商平台的建设和应用为重点，通过实施"互联网＋农业""互联网＋农产品"，推进电子商务与农村实体经济深度融合，力争到"十三五"末，使全省主导产业、主要区域农产品电子商务实现全覆盖，产供销各环节信息化程度明显提升，智慧农业发展取得突破。

三、战略重点

(一)推进农业产业结构转型升级

1. 促进生产结构由二元向多元转变

要适应我国从排浪式消费向个性化消费转变、从温饱农业向安全农业转变的要求，农业产业转型升级首要的战略就是调整农业生产结构。四川具有山地、丘陵、平原和高原四种地貌类型，复杂的地形地貌增加了气象、水文、植被、生物的多样性，为四川农业产业多样化发展提供了得天独厚的自然条件。四川农业产业结构调整必须走出传统粮猪二元结构的藩篱，在稳定传统产业产量的基础上，积极发展草食性畜牧业、林业、水产业，提高草食性畜牧业、林业、水产业在农业产业中所占比重，从而构建起农业产业体系内部良性循环、农林牧渔综合发展的"大农业"体系，实现农业产业由二元向多元转变。同时，大力发展农产品的精深加工，做到种、养、加工相结合，产、供、销一条龙，调"长"四川农业产业链。

2. 促进产品结构由低端向高端转变

农业产业结构调整包括农林牧渔各产业内部构成的优化，实现由低端产业向高端产业转变，由数量结构向品质结构转变。在四川农业产业结构中，种植业内部应积极促进园艺园林、水果、油料等产业迅速发展，以顺应居民追求更高生活品质的要求；畜牧业应由传统耗粮型畜牧向节粮型畜牧拓展，降低猪、鸡等耗粮型的肉食生产，大力发展肉牛、肉羊、肉兔等草食性牲畜。同时，积极采用农业新技术，要大力引进新品种、推广新品种，调"新"四川农产品类型。此外，要多物种、多品种搭配，分散各类风险，调"多"四川农业产业结构类型。

3. 产业结构调整应凸显环境友好

绿色发展是十八届五中全会确立的五大发展理念之一。四川农业产业转型应贯彻落实绿色发展理念，凸显资源节约与环境友好，大力发展循环型农业，加快发展以沼气为纽带的循环农业生产模式，深入开展"猪－沼－菜""猪－沼－果"等模式的试点和推广，减少农业面源污染，保护生态环境。同时，推广林下种养模式，发展立体农业。合理确定作物轮作方式，积极发展新的种植模式，使土地休养生息与农业可持续发展协同一致。

4. 农产品产出由数量型向安全型转变

为适应温饱农业向安全农业发展的需要，四川农业产业发展应由过去的高投入、高产出向安全高效农业转变，着重为人们的餐桌提供更多的优质农产品，让人们吃得放心、吃得健康。要实现四川农产品由数量型向安全型转变，就必须从种养业的源头抓起，严格控制投入品种的种类及数量，实现化肥用量零增长、农药零残留。

(二)推进农业产业功能转型升级

1. 以农业产业化为基础，拓展农业增收和扩大就业功能

农业的增收和就业功能是构建和谐社会、建设社会主义新农村的基础和前提（郑有贵，2006）。那么农业的多功能则要求农业在完成保证基础物资供应的功能条件下，运用先进科学技术提高农产品产量，以此来增加农业收入，实现经济效益；同时，政府应积极引导农业与其他产业相结合，延长产业链，增强农业经营组织加工农产品的能力；此外，积极拓展农业文旅融合发展，加强重要农业文化遗产的发掘和保护。由此来扩大农业产业的就业范围，减少农村季节性劳动力紧缺或过剩，平衡农业劳动力供求。

2. 以生态农业为依托，实现农业自然资源、生态环境保护的功能

保护自然资源、生态环境，实现农业可持续发展，是农业发展新阶段对农业功能拓展提出的更高要求。农业的生产过程是指通过现代科学技术应用而保护、改善农业资源和生态环境的过程。要实现农业的生态功能应当以资源的高效利用和循环利用为核心，并且需要高新技术的龙头带动作用，重视高新技术在生态农业中的应用，如利用农业大

数据、农业信息技术等现代技术，逐步实现生态农业的合理布局；总结和推广业已取得成效的多种多样的生态农业技术，如沼气和废弃物资源综合利用技术、病虫害生物防治技术、立体种养技术和精准农业技术等（裴检，2005）。

3. 建立合理的利益补偿机制，实现农业各个功能的协调发展

以采取补助金的形式进行直接收入补偿，来协调农业经济功能与非经济功能之间的不协调，从而促进农业功能的转型，实现农业综合功能的发挥（段向敏和代荣，2013）。国务院《关于加快转变农业发展方式的意见》中明确提出制定促进休闲农业与乡村旅游发展的扶持政策，加大配套公共设施建设的支持力度，加强从业人员的培训，促进农业新功能的开发。此外，农业功能的转型需要根据四川地理特征，因地制宜，发展符合其区位特色的农业功能。

（三）推进农业经营手段转型升级

1. 大力推广实用农业机械，提高农业机械化水平

四川各功能区需明确适合当地特点的农业机械化技术路线和主要农作物生产机械化技术模式，相同的农业地区建立起联合作业机制，以缩小地区间农机化发展水平差距，增加农业机械用户的收益，使各地区农业机械化发展水平稳步上升。四川农业机械化的发展，要向农业生产全程机械化模式转型，覆盖产前、产中和产后全产业链机械化，特别是成都平原区要朝着农业机械全面化（龙清明，2014）的方向发展，使农业机械化与产业化协同推进，充分利用功率、减少油耗、节约劳动时间以及减少对土壤的压实，极大提高三大主粮耕种收全程机械化率。积极推动农机专业合作组织健康发展，使农业机械作业服务向产业化、社会化延伸。各级农机部门要稳定基层农业机械推广机制，完善农机推广服务体系，建立不同区域（丘陵山区、平原、高原）的农业机械化示范区，加大保护性耕作、设施农业、积水灌溉、粮食烘干等基础农业机械技术的推广（孙忠富等，2013）。此外，农业机械化发展还必须走绿色化、低碳化使用之路。

2. 大力发展智慧农业，提高农业产业信息化和装备水平

目前，四川智慧农业应用范围相对狭小，未来拓展农业物联网技术的应用领域是关键所在。将智慧农业与特色农产品相结合，加大智慧农业在设施农业、产品文化宣传和品牌推广、农产品电子商务网络营销、农村旅游，"互联网＋农业"新模式等方面的推广力度。重视智慧农业发展规划，鼓励智慧农业示范区建设，发挥智慧农业示范区的模范和引领作用，寻求在点上突破，从而实现以点带面的全面发展；重点组织实施一批智能农业示范项目、示范基地和农业信息平台建设（李杰，2014）；加强科学技术研发，构成先进智慧农业体系，坚持政府与企业的互动，利用现有的物联网科技公司，调动其对农业产业的积极性，鼓励更多的社会组织参与到农业产业的智慧化当中来，创立出一批集农产品质量认证、农产品交易、数据处理、追溯平台建设等为一体的智慧农业领军企业来。

（四）推进农业经营组织转型升级

1. 创新联合合作发展方式，提高农业经营组织化程度

推进四川农业经营组织转型升级，要充分发挥龙头企业的引擎作用，大力扶持专业大户向家庭农场过渡，大力引导和促进农民合作社规范发展以及农业社会化服务组织发展。同时，单独经营的农业经营主体在实际运行中仍然存在规模较小带来的规模效益不显著、经营成本偏高以及实力不强带来的对抗市场风险弱、市场竞争力有限等突出问题。根据美国、法国、日本等发达国家的农业经营发展经验，走联合兼并之路、实现协同发展是未来新型农业经营组织发展的主要趋势。基于此，四川应主动适应发展趋势，顺势而为，尽早出台各类扶持政策，积极引导新型经营主体协同发展。

2. 创新生产要素的配置方式，培育新型农业经营主体

土地要素方面，应加快农村产权流转交易市场体系的完善，促进土地资源向新型经营主体聚集，推动土地托管流转模式及土地股份合作社发展。技术要素方面，应完善农业科技服务体系，从农业院校、科研机构选派优秀人才担任科技特派员，送科技下乡、送技术上门；健全农业技术培训机制，农业技术培训应将课堂传授与现场示范、集中培训与农民自学相结合，提高农民实际操作技能。资金要素方面，应积极探索农村抵押贷款各种新模式，以满足不同经营主体的不同借贷需求；创新金融服务，大力引导"互联网＋"金融模式发展，为新型农业经营主体提供广阔快速的融资服务；加快农村信用信息数据库建设及征信制度完善；完善农村信贷担保体系，扶持民营担保机构发展。劳动力要素方面，应深化人力资源保障，建立面向新型农业经营主体的农村人才体系与劳动力市场；大力发展农村职业教育，提高农民综合素质。

3. 创新现代农业经营方式，实现"互联网＋农业"

大力发展"互联网＋农业"模式，在订单农业、农超对接、自营专卖等传统销售模式的基础上，适应网络化、信息化时代需要，将互联网技术引进来，开展 O2O、B2C 等多种形式的电子商务交易，开发利用最新的"农业社区＋电子商务"模式。同时，强化品牌建设，树立强烈的竞争意识、品牌意识；从源头上保证产品质量，严格遵照国家技术规范组织生产；鼓励有实力的农业经营主体积极申报"三品一标"认证，组织有条件的地区生产同类产品的经营主体，统一打包申报国家地理标志产品；通过报纸、电视等传统媒体以及互联网、微信等新媒体进行农产品品牌宣传，提高品牌的知名度和美誉度，扩大品牌影响力。

第六章　四川农业产业转型升级的战略布局

农业产业空间布局既是农业转型升级的重要内容，也是影响农业转型升级的重要因素。本章主要研究四川省农业产业空间布局的现状和存在的问题，在分析各区域农业比较优势的基础上，提出进一步调整四川农业空间布局的构想。

一、农业产业布局现状

四川省地处我国西南腹地，地域辽阔，辖区内自然资源丰富，是重要的农作物生产区。2014年，全省农业产值3078.6亿元，比上年增长了3.9%。从总体情况看，自新中国成立以来，全省过度强调发展粮食单一结构的现状得到一些改善，现代农业结构调整已经从种植业为主向畜牧业为主进行调整，到2013年，种植业和畜牧业所占比重分别由1980年的71.63%和24.88%调整到51.66%和40.33%，畜牧业得到了较好的发展。随着新一轮西部大开发、成渝经济区建设、民族地区跨越发展、革命老区和贫困地区加快发展等国家战略的实施，以及全省工业化、城市化和农业产业化进程的加快，全省优势特色效益农业布局从零星散状向带状、块状聚集发展，形成了一批优质粮油果、油茶等特色鲜明的产业带和生产区。根据四川省各地区的地形地貌、气候、水文、种植条件等特征出发，把四川省划分为五大区——成都平原区、盆地丘陵区、盆周山区、川西南山区和川西北山区，结合五大区的特征进行农业产业布局，有助于农业产业结构趋于优化，实现农业转型升级。

1. 粮食布局

四川历来是水稻种植大省，水稻主要分布在盆地西部平原、盆地丘陵区、盆周山区及川西南山区。盆地西部平原和盆地南部长江沿岸及岷江、沱江、嘉陵江下游的浅丘地带是中稻分布的最集中区域。但是四川水稻的单产不高，且增长速度慢，需要根据各区域具体情况创造条件，因地制宜选择发展。四川小麦有冬麦和春麦两种，冬小麦绝大部分分布于四川盆地内部，尤以盆地北部和西部各县种植比例最高，一般占当地粮食播种面积的25%左右，次为盆地中、南部各县，盆周山区、川西南山区及西北高原区(西昌、凉山一带)。春小麦的种植面积和产量均不足小麦总体种植面积和总产量的1%，主要分布于西北高原区(甘孜、阿坝两州)海拔2500～3500m地带。玉米主要分布在盆周山地和川西高原地区。此外，在四川盆地内部，玉米分布也较广泛，以盆中丘陵和盆东平行岭谷地区相对较多。

2. 经济作物布局

四川经济作物产业发展迅速且在全国占有重要地位,其中,油菜的播种面积与油菜籽的总产量均为全国第一,甘蔗、棉花、花生等作物的种植面积和总产量也相当大。另外,四川经济作物的分布具有相对集中的特点,几乎各种经济作物都有其集中的主产区。全省棉花种植面积的75%和总产量的82%都集中在盆中丘陵地区的17个县内,简阳和仁寿即占全省棉田的五分之一。成都平原区集中了全省30%左右的油菜籽产量。四川在甘蔗布局上,多集中在盆地丘陵区的泸州、德阳、资阳、广安等地;在产茶方面,目前,川西南山区和盆周山区已初步形成川西南、川东北三大优势茶叶产业带。

3. 畜牧业布局

根据区域优势和资源分布,可将四川划分为四大优势畜牧产业带:一是成都平原区畜牧高新技术产业示范区,重点发展高新技术含量高、高附加值的畜牧产业;二是盆地丘陵区和川西南山区外向型优质畜牧产品生产区,重点发展优质型生猪、肉羊、肉兔等项目;三是盆周山区优质草食畜牧生产区,重点发展奶牛及优质肉羊、肉牛等食草性牲畜养殖;四是川西北高原绿色生态畜牧产品生产区,重点开发和建设无污染、风味独特的优质牦牛绿色肉、奶食品基地。

二、四川农业产业空间布局存在的问题

与全国总体水平尤其是东部沿海部分地区相比,四川农业产业布局大体合理,但局部配置仍显不足,农业产业化经营还有较大差距具体表现为以下几个方面:

1. 农业区域布局零散,专业化分工尚未形成

虽然从四川省农产品生产数量、种植面积等指标来衡量,四川省都达到了一定规模,并且一些产品区域性布局已见雏形;但这并不表明四川农业的专业化分工和规模化布局已经形成。因为在较大的区域范围内,产品数量和种植面积的数量大,很可能是由于小区域面积内的结构趋同。除了四川省农村特殊的多山地形,个别大宗农产品的地区分布相对集中连片形成了农产品商品基地外,四川省农业区域布局仍存在农户的种植规模小且农户居住大多零散无序,农产品生产地过于分散,许多地区基本停留在传统农业发展阶段,产业空间布局分散,集约化程度低、规模小等问题。

2. 生产单位以"小农户"为主,专业化程度低

生产单位的专业化水平是区域布局专业化水平高低的重要标志。从市场角度看,参与市场竞争的主体是生产单位,只有生产单位实现了专业化生产,才会有区域专业化的持久动力。目前四川除生猪和家禽饲养外,其余农产品的生产,尚未真正实现生产单位的专业化,从而制约了全省农业区域布局的优化调整。分散、小型的家庭作坊式生产经营,每增加单位产量,就会造成农业的边际成本相应递增。四川省2013年农作物总播种面积较2006年增加了15.14万hm^2,粮食作物播种面积增加了2.09万hm^2,稻谷和小

麦则分别减少了 5.84 万 hm^2 和 1.86 万 hm^2，谷物、玉米、豆类、薯类都有小幅度增加；但是人均的主要农产品产量都有所下降。这些数据表明农产品的户均产量不高，农产品生产单位的专业化程度偏低。

3. 农业产业区域特色不明显，规模偏小

特色优势产业的形成，需要结合各地区的实际情况，发挥本地区优势，做大做强特色产业和主导产业。而现阶段四川许多地区存在严重的农业产业趋同现象，尤其是种植业的产品多有雷同，盲目跟风，不但造成了资源的浪费，还扰乱了市场秩序，限制了市场功能的发挥。农产品品种结构雷同、普通品种多、优质特色与专用品种少，不可避免地会加剧区域内农业经济主体之间的过度竞争。加之农产品批发交易市场缺乏适当的准入制度，规模小，数量多，鲜有品牌效应可言。

4. 区域农业结构趋同问题没有根本改观

四川省农业结构虽然经过多年的调整，但结构趋同问题并没有得到根本改变。四川省五大地理区域自然资源、社会经济发展条件各不相同，由于缺乏规划与政策引导等原因，农业发展情况却很相近，这种相似的发展状况在一定程度上阻碍了因地制宜地发展农业，不利于发挥各地区的资源优势，对进一步优化农业区域布局，实现最能体现本地特点的专业化和区域化生产形成了较大制约。经济发达的成都平原区的农业生产结构和盆周山区的农业生产结构差异不大，说明这两大地区虽然资源条件不一，但是发展农业的主导思想却相差不大。盆周山区、川西南山区，农业资源丰富，具有优良的发展基础，但发展状况亟待改善。

三、农业产业空间布局的思路

1. 指导思想

全面贯彻党的十八届五中全会精神，深入贯彻落实科学发展观，坚持走中国特色农业现代化道路，坚持实现主要农产品基本自给的方针，以确保粮食安全和主要农产品有效供给为目标，以不断增强四川优势产区主要综合生产能力、提高农产品竞争力和可持续发展能力为重点，充分发挥农业资源优势以及市场配置的导向性，推进四川主要农产品专业化生产、区域化布局和规模化生产（王维等，2010）。

2. 基本原则

满足市场需求，充分发挥区域优势，突出区域发展重点。深入分析各区域自然条件优势劣势，挖掘市场需求，加强优势农产品产业带建设；集中力量发展具有比较优势和市场竞争力的优势农产品（裴东鑫等，2014）。

因地制宜，发挥比较优势平衡区域发展。结合不同区域经济发展基础，功能定位，发展潜力、发展方向和发展可能性，统筹考虑综合生产能力和综合比较优势，平衡各区域农业产业发展。

资源开发与环境保护协调发展。农业发展的同时注重生态建设，高度注意协调处理好资源开发和环境保护、农业发展与生态建设的关系，促进农业资源的综合开发、高效开发、节约开发和可持续利用。

3. 空间布局目标与重点

农业综合生产能力显著提高，农产品生产优势区域集中度进一步提高，各区域的主要农产品比较优势得到较好发挥，农产品生产区域特色突出(周扬，2009)。农产品生产加工基地与加工企业内在联系更加密切，粮食等农产品主产区和主销区利益关系更加和谐(孟宪文，2012)。农业资源配置得到优化，在农业资源得到合理利用的基础上得以更好地保护。四川省各区域逐步形成定位清晰，各具特色、有序分工、优势互补的农业产业空间发展新格局。

四、主要农作物比较优势分析

四川省未来农作物应基于区域比较优势分析进行布局，推进农产品向最佳区域集中，最大限度挖掘区域自然生产潜力，增加农业产量。我们采用规模比较优势指数、单产比较优势指数和综合比较优势指数三个指标来评价四川省主要农作物生产的比较优势。

1. 规模比较优势指数

规模比较优势指数是区域内某种作物播种面积占该区域内经济作物播种面积的份额与全省同一指标之比。具体计算方式如下：

$$T_{ij} = \frac{A_{ij}/A_i}{A_j/A} \tag{1-1}$$

式中：T_{ij} 为 i 区域的 j 种作物的规模比较优势指数；A_{ij} 为 i 区域 j 种作物播种面积；A_i 为 i 区域作物播种面积；A_j 为全省 j 种作物的播种面积；A 为全省经济作物播种面积。$T_{ij} \geqslant 1$ 表示 i 区域发展 j 种作物具有规模比较优势；$T_{ij} < 1$ 表示 i 区域发展 j 种作物的规模优势较弱或者不具有规模优势。

2. 单产比较优势指数

单产比较优势指数是区域某种作物单产占该区域作物单产的份额与全省同一指标之比。具体计算方式如下：

$$D_{ij} = \frac{P_{ij}/P_i}{P_j/P} \tag{1-2}$$

式中：D_{ij} 为 i 区域的 j 种作物单产比较优势指数；P_{ij} 为 i 区域 j 种作物单产；P_i 为 i 区域经济作物单产；P_j 为全省 j 种作物的单产；P 为全省作物单产。$D_{ij} \geqslant 1$ 表示 i 区域发展 j 种经济作物具有单产比较优势；$D_{ij} < 1$ 表示 i 区域不具有发展 j 种经济作物的单产比较优势，D_{ij} 越小表明单产优势较弱。

3. 综合比较优势指数

该指数将规模和单产的比较优势指数综合起来考虑。综合比较优势指数的计算方法如下：

$$Z_{ij} = \sqrt{T_{ij} \cdot D_{ij}}$$

(1-3)

式中：Z_{ij} 为 i 区域的 j 种经济作物的综合生产比较优势。$Z_{ij} \geqslant 1$ 表示该区域具有发展 j 种经济作物的综合比较生产优势；Z_{ij} 越大表明该区域发展 j 种经济作物的综合比较生产优势越明显。$Z_{ij} < 1$ 表示 i 区域不具有发展 j 种经济作物的综合生产比较优势。

四川省各市（州）2013年主要农作物生产比较优势的计算结果见表 1-16、1-17、1-18、1-19、1-20、1-21。

五、农业产业区域布局

1. 成都平原区

本区位于四川盆地西部，介于龙泉山、龙门山和邛崃山之间，北起江油，南到乐山五通桥。土地面积约为 2.8 万 km²，约占全省土地面积的 5.7%。本区为我国传统的粮、油、肉、菜产区，也是四川农业经济技术水平最高的地区。全区农林牧副渔总产值在 2007 年达到 575.5 亿元，仅次于盆地丘陵区，居全省第二位，人均产值 3992 元，居全省首位。

由于本区的自然地理条件优越，雨量充沛，霜日少，耕地资源高，而且经济发达，人口稠密，工业化基础较好，劳动力较丰富，这些条件是对农业进行精耕细作的有利因素，符合国家对于现代农业规划的要求；主要劣势是日照偏少，平均日照时数仅有 1082 小时。因此，下一步本区农业发展的潜力在于创新土地流转方式，完善土地经营权多种实现方式，加快农村宅基地改革，为农业发展实现产业化、规模化扫清障碍。大力发展都市农业和现代农业，培育技术密集型农业产业，延长产业链，走高端农业路子。

根据成都平原区的地貌、气候、土壤和土地利用等综合因素和农业生产特点将其划分为三个区，即成都区、绵阳区和乐山次中心区，本区布局的主要农产品详见表 1-15。

1）成都区

成都区位于成都平原中部的成都市除金堂县以外的辖区，其平原面积占 47.9%，是全省平原面积所占比例最大的区，丘陵面积占 18.8%，山地面积占 33.3%；在气候方面，虽日照时间偏少，但整体上温和湿润，无霜期长，气温年差小，冬温高，夏温低，自然地理条件十分优越。成都区在土地利用现状中水田所占比例最高，水田建设用地最多，本区共有耕地面积 560.45 万亩，占本区面积的 34.2%；园地面积 112.97 万亩，占本区面积的 6.9%；林地面积 461.82 万亩，占本区面积的 28.2%；建设用地面积 262.1 万亩，占本区面积的 16%；牧草地面积 23.54 万亩，占本区面积的 1.4%。本区人均耕地面积 0.55 亩，为全省最低，这是因为本区人口密度大，因此该区发展农业的重点就是要严格保护耕地，节约、集约化用地。本区的农村人口占全区总人口的 57.3%，为全省最低；农民的人均纯收入为 5758 元，为全省最高，表明其城市化水平高，农产品产出水平高。本区气候虽日照偏少但温和湿润，无霜期长、气温年差小、冬温高、夏温低。综上所述，可以看出本区自然条件优越，经济技术水平高，区位优势明显，具有发展都市农业和现代农业的优越条件。

发展都市农业。都市农业是发展高效优质农业，为大都市居民提供优质的肉、蛋、奶、油、蔬菜、花卉等农产品的近现代农业。从比较优势指数表 1-16、表 1-21 中我们可以看到成都在油菜籽、中药材种植上具有规模比较优势和单产比较优势，并且在综合优势指数上也具有很大优势。本区有发展都市农业的自然条件、市场需求和便利交通，其主要布局在成都主城市郊。特别值得一提的是政府所新规划的"天府新区"，其总面积的85％位于全省现代产业发展的核心地区，该区对农副产品的需求也为本区都市农业的发展带来新的机遇。

发展现代设施农业。现代设施农业是在传统农业的基础上，应用现代科学技术发展优质、高效、安全、生态的新式农业，具有规模化、机械化、高度的土地产出率和利用率的农业生产。目前本区的乐山夹江等县已有不少农业企业在集体土地流转的基础上开办了现代农业企业化生产，另一种形式是农民自发组织的土地集中入股的专业合作社，实行集约化生产。

发展观光农业。发达的经济与巨大的城市人口为假日休闲旅游提供了巨大的商机，乡村旅游为近郊农业发展提供了机会。小区的观光农业在近几年已经大力开展起来。

2）绵阳区

绵阳区位于盆西平原东北部，其平原面积占 35.7％，丘陵面积占 30.5％，山地面积占 33.8％。本区在土地利用类型上以水田为主，其中耕地面积占 33.8％，园地面积占 3.5％，林地面积占 36.5％，建设用地面积占 10.4％。绵阳市为四川省第二大城市，本区有发展现代农业和都市农业的条件。本区是传统的粮食、油料主产区，从比较优势指数上看绵阳市油菜籽在单产比较优势方面，综合比较优势上都具有比较优势，只是在规模比较优势上略差（详见表 1-16），因此以后可以把油菜籽作为重点发展作物。

3）乐山次中心区

乐山次中心区位于盆西平原西南部，其平原面积占 37.5％，丘陵面积占 36％，山地面积占 26.5％。乐山丘陵山地多平原少，丘陵以台地为主，本区具有发展现代农业和都市农业的条件。近几年，乐山茶叶产业产量与产值均占全省 1/3 以上，茶产业综合实力全省第一，是全国绿茶优势区域，应大力发展茶产业。从比较优势指数表 1-19 上看，乐山市在甘蔗产业上虽然单产方面不具有比较优势，但在规模和综合指标上具有比较优势，因此可以把甘蔗作为未来重点发展的作物之一。

2. 盆地丘陵区布局

盆地丘陵区位于四川盆地北部，其北部、南部、西南部与盆周山地地区相连，西部以龙泉山脉与成都平原分界，含内江、遂宁、南充、广安、自贡、资阳等 15 个市 62 个县，是包含县级行政区最多的区，总面积达到 90 858km²；2007 年本区总人口达到 5132.5 万人，占全省总人口的 63％，是人口最多的分区，其中农业人口 4211.5 万人，占该区总人口的 82.1％，高于全省平均水平。

本区的地貌特征以丘陵为主，其面积达 53.4％，为我国的典型丘陵区；山地面积占 33.3％，其中以低山为主，主要分布在东部地区；平原面积仅占 13.3％，主要分布在长江、嘉陵江等大江大河沿岸阶地和丘陵沟谷平坝地带。由于丘陵形态与农业利用和水土保持有相当大的关联度，所以该区应大力发展循环农业。

　　本区的气候类型属中亚热带湿润性气候,与成都平原区相比,热量条件较好而水分条件较差,无霜期长,日照较为丰富。本区农业发展的限制性条件是降水量时空分布不均匀,易产生季节性干旱现象,影响农业生产。区内由西向东分布春旱、夏旱、伏旱区,易对小春和大春作物的生长产生较大影响,所以,节水农业应为本区农业发展的方向。

　　本区与成都平原区一样,具有优越的自然条件和悠久的农耕历史,共同组成了四川盆地底部的主要农耕区,但由于其地貌以丘陵为主,水分不足,所以本区农业生产条件较差,农业经济发展较为落后。本区耕地面积多达5226.75万亩,占本区面积的38.4%,占全省耕地总面积的58.2%,是全省耕地面积最多的区。本区由于人口众多,因而人均土地资源紧缺,人地矛盾突出,人均土地面积为2.66亩,人均耕地面积为1.02亩,仅略高于成都平原区。本区为四川最大的农产区,2007年农林牧副渔总产值为1904.3亿元,占全省的57.6%,农民人均纯收入为3713元,居全省第二位。

　　由于盆地丘陵区区内自然条件有较大的差异,根据区划原则,本区可以分为四个区:中部典型丘陵区、北部低山深丘区、东北平行岭谷区、南部丘陵低山区。本区布局的主要农产品详见表1-15。

1)中部典型丘陵区

　　中部典型丘陵区。行政区划包括绵阳、南充、达州、广安、遂宁、德阳、资阳、成都、眉山、内江等11个市31个县,总面积44 598.1万km²,总人口2945.9万人,是全省包含县级行政区最多,总人口最多的区。本区是典型的盆地丘陵区,丘陵面积占58.7%;平原面积占22.3%,多为丘间沟谷平坝和河谷阶地平原;山地面积占19%,多为低于1000m的低山,区内海拔高度相差不大,有利于农业生产。本区的气候温和湿润,为典型的中亚热带湿润性气候,气候条件优越;但本区降水量年际变化大,干旱频发,因而要加强水利建设,发展节水农业。本区以紫色土壤为主,其次是水稻土,土壤肥沃,均为宜农土壤;但本区水土流失情况较严重,特别是遂宁市轻度以上土壤侵蚀面积达2951.9km²,占该市总面积的55.5%。

　　本区为传统的粮食、油料、生猪、水果重点产区,也是全省粮、油、肉、果主要产区。从比较优势指数表1-16也可以看到全区各市油菜籽在综合指标上都具有比较优势。全区2007年农林牧副渔总产值为1095.3亿元,居全省首位,但本区人口众多,土地资源紧缺,水利设施不足,农业发展受到了很大的限制。因此,本区农业发展应扬长避短,走循环农业和节水农业路子;由于本区位于成渝经济区成都、重庆两大城市群之间,区位优势突出,劳动力丰富,市场广阔,农业发展前景乐观。

　　发展种养结合与循环农业。本区农业发展主要以粮食、油料、生猪、水果产业为主。由于农作物的生长需要大量有机肥来培育地力,生猪的生长则要产生大量排泄物,不加以处理又会产生环境污染,而综合解决的办法就是发展循环农业。通过循环农业的发展,既可以发展粮、油、肉、果生产,又可以培肥土壤。从表1-18可以看出花生产业的规模和综合指标在本区各市中都具有比较优势,可以作为本区各市以后发展的重点作物之一。

　　发展现代节水农业。在加强农田水利基本建设,兴建大型水利工程,发展小微水利工程的同时,利用丘陵高差,发展节水农业。

　　发展机械化和集约现代农业。本区人均耕地少,劳动力丰富,应发展集约化农业,以提高土地生产率为发展方向。

2）北部低山深丘区

北部低山深丘区位于盆地丘陵区北部，行政区划包括绵阳市桐梓县，广元市剑阁县、苍溪县，南充市仪陇县、阆中市，巴中市平昌县，共计 4 市 6 县，辖区面积 16721.9 km²，总人口 613.6 万人，其中农村人口 512 万人，占本区总人口的 83.4％。本区地貌类型以山地为主，占本区面积的 73.7％；丘陵面积占本区面积的 21.9％，多为深丘；平原狭小，仅占本区面积的 4.4％，为丘间沟谷平原。本区气候温和湿润，热量条件稍差，水分及日照较好，对农业生产有利；土壤类型以紫色土为主，其次为水稻土，土壤肥沃，适宜发展农业及林业。

本区虽是四川粮食、生猪、水果的主产区之一，但农村经济发展滞后。2007 年本区农民人均纯收入 2936 元，低于全省平均水平，与盆中丘陵区相比，区位优势较差，交通条件不便。本区兼具山区经济和丘陵区经济特征，所以加大农业开发力度是区域发展的当务之急。目前，苍溪县发展猕猴桃、梨、核桃等果树和庭院经济已取得较好成绩，可在全区推广；南充在中药材的种植上，在单产、规模和综合指数上看都具有比较优势（详见表 1-21），可以作为以后农业发展的重点。

3）东北部平行岭谷区

东北部平行岭谷区位于盆地丘陵区东北部，行政区划包括达州市宣汉、开江、达县、通川区、大竹县，广安市邻水县、华云市，共 2 市 7 县，总面积 12 921.8 km²，总人口 591.5 万人，其中农村人口 479.7 万人占 81.1％。本区为特殊的平行岭谷地貌，在川东平行岭谷区的东北部，川东平行岭谷区是四川盆地东部的一种特殊地貌形态，由一系列东北—西南走向的褶皱山地组成，形成一山一谷并列的山地与谷底相间的地貌；其平原面积占 4.7％，分布于谷内河流两岸，丘陵面积占 38.5％，广布于谷地内，山地面积占 56.8％，多为低山。本区气候为典型的中亚热带湿润性气候，与盆中丘陵区相比，日照数多，更显温和湿润，更有利于发展农业生产；土壤类型以紫色土为主，其次为水稻土。

本区有悠久的农业开发史，同时也兼具山区和丘陵区的经济特征。本区自然条件和经济区位条件较好，被列入成渝经济区并被四川省政府规划为川东北地区交通次中心；我国最大的天然气田普光气田也位于区域内，且本区距离直辖市重庆很近，为农业发展带来新的机遇。因此，本区除要大力发展循环农业和节水农业外，还应在茶叶和竹类产业上做好相应发展，农村休闲观光旅游业也有较大发展前景。

4）盆地南部丘陵低山区

盆地南部丘陵低山区位于盆地丘陵区南部，行政区划包括泸州市江阳区、龙马潭区、纳溪区，宜宾市、江安县、长宁县，乐山市五通桥区、犍为县，自贡市荣县、富顺县等 4 市 17 县（区）。总面积 16 616.2 km²，农村人口占本区总人口的 78.6％。本区具有盆地丘陵区向盆周山地区过度的地貌特征，全区的平原面积很少，仅占 4.1％，主要分布于长江两岸阶地及丘间沟谷平坝，丘陵面积占 79.3％，为主要地貌。本区气候条件为中亚热带偏暖型湿润气候，由于本区位于盆地南部边缘，海拔较低，因而热量条件偏暖，是四川盆地最温暖的地方，热量条件较好，农作物生长期长且日照较差是本区的气候特点。本区土壤类型以紫色土和水稻土为主，区内有耕地面积 1062.16 万亩，占本区面积的 42.6％，人均耕地面积 1.08 亩。2007 年本区农林牧副渔总产值为 53.2 亿元。

本区除发展循环农业和节水农业之外，还应针对城市人口多，川南城市群等区域优势和热量条件好的特点，发展近郊农业和喜热水果龙眼、荔枝等的种植，以此提高土地生产力和增加农民收入。

3. 盆周山区

盆周山区位于四川盆地周边，是北部、南部和西南部的山地环绕盆地丘陵大区。本区的地貌类型以山地为主，占本区面积的92.0%，山地又多以中山为主，占山地面积的52.7%，低山次之占33.3%，高山占5.7%；丘陵面积占6.7%，多为深丘；平原面积占1.3%，多为山间盆地平坝。本区气候类型为山地亚热带湿润气候，与盆地丘陵区相比，就平均海拔而言要高202m，气温偏低1.0℃，无霜期短12天，降水量多78mm，日照少145小时。此种气候条件对农作物生长不利，但是对果树及林木生长有利。根据自然条件将本区进行以下农业空间分区布局。本区布局的主要农产品详见表1-15。

1）北部中、低山区

北部中、低山区包括绵阳市北川县、平武县；广元市青川县、朝天区、利州区、元坝区、旺苍县；巴中市南江县、通江县；达州市万源市等4市10县(市、区)。本区是典型的农林交错山区，经济发展状况较为滞后，有较大的农业发展潜力。本区农业生产条件的优势是土地资源较为丰富，林地覆盖面积大，生态环境好，日照较为丰富，人口密度较低，荒草地面积较大，资源开发有一定潜力；不利条件是地形坡度大，无霜期较短，水利条件差，交通不便，工业基础差，经济发展滞后。

本区农业发展方向应主打生态农业，利用林地面积大，发展山林经济，如种植猕猴桃、魔芋、黑木耳、蘑菇、辣椒、花椒、银耳、高粱等。从表1-16和表1-18看，根据比较优势指数可以在广元、达州、巴中集中种植花生、油菜籽。林下产业可发展土鸡(跑山鸡)、山野菜以及中药材(天麻、金银花)。荒草地可发展肉牛、肉羊、奶山羊等草食牲畜。依托本区的天然水资源发展特色水禽。在大力发展农业产业的同时应加大基础设施建设，如水利工程和交通建设工程等，以此加快推进山区建设，拓展农产品流通渠道。此外还应结合本区区域特点发展小城镇经济，山区可发展农家乐、林家乐等乡村旅游业；积极发展农副产品深加工并引进龙头企业，以企业带动本区农业向现代化农业发展。

2）南部中、低山及深丘区

南部中、低山及深丘区包括泸州市叙永县、古蔺县、合江县，宜宾市兴文县、珙县、高县、筠连县、屏山县，乐山市沐川县、马边县，凉山彝族自治州雷波县等4市(州)11县。本区为四川盆地向云贵高原过渡的中、低山地区，以山地为主占全区面积的82.6%，其中又以中山为主占山地面积的40.1%，低山面积占35.0%，高山面积占7.5%；丘陵面积占15.7%，多为深丘；平原面积占1.8%，多为岩溶平原。地势西高东低，海拔为盆周山地最低，县城海拔平均仅489m。全区年平均气温为17℃，比盆北高1.5℃，积温为5511.3℃。无霜期326天，年均降水量为1097.0mm。平均年日照时数1074.6小时，低于全省平均值，为低日照区。

本区耕地面积702.06万亩，占本区面积的21.8%，为盆周山地地区的最高比例；耕地面积中田土比例为41∶59，有灌溉水田151.51万亩，望天田137.16万亩，表明本区水利条件差。园地面积70.98万亩，占本区面积的2.2%。林地面积1674.15万亩，占本区面积的52.0%，为盆周山地地区最低。牧草地面积178.10万亩，占本区面积的5.5%。未利用土地面积 224.15 万亩，占全区面积的 2.0%，其中有荒草地 54.52 万亩。本区人均耕地面积 1.36 亩，居全省第四位；人均园地面积 0.14 亩，人均林地面积 3.24 亩，人均草地面积 0.35 亩，均为盆周山地地区最低。由此表明，本区的土地资源较为紧缺。

本区为农、林交错的山区，人口密度高达 241 人/km² 居盆周山地地区首位，人口负担较重。本区总人口中农村人口比重高达 88.1%，为全省最高的三个区之一。由于耕地和园地总面积大，导致本区的亩均农业总产值低于 1000 元，远低于全省平均值。本区经济发展的限制因素主要是交通和工业发展滞后。

本区的农业生产条件与盆周北部山地地区相比，优势是海拔较低，温度较高，无霜期长；不利条件是人口密度大，林地面积较小，耕地面积大，亩均产值低，日照条件差，土地资源较为紧缺，经济发展受交通和工业基础的限制，处于落后状态。

因此本区农业发展方向除主打生态农业之外，应重点发展茶叶生产作为优势产业。本区自然条件为四川茶叶生产的最适宜地区（无霜期长、多雾日、少日照、黄壤面积大等），目前全区已有茶园 40.69 万亩，居全省首位，但效益不理想。应在提高品质、发展品牌上继续挖掘。从表 1-20 中可以看出宜宾市在烟叶的种植上不论在单产、规模和综合指数上都具有很大的比较优势，可以作为其以后发展的重点作物。本区为喀斯特地貌，可大力发展观光旅游和乡村生态旅游。本区的红砂岩分布面积大，还可以发展竹产业（竹产品和竹林旅游）。

3）西部中、低山及亚高山区

西部中、低山及亚高山区位于四川盆地、川西北高山高原、川西南山地三大地理单元结合部。行政区包括雅安市雨城区、荥经县、芦山县、宝兴县、天全县，乐山市金口河区、沙湾区、峨边县，眉山市洪雅县等 3 市 9 县（区）。

本区位于盆周山地西部，以山地为主占全区面积的 93.4%，其中以中山为主占山地面积的 58.6%，低山次之，高山有一定比例。全区地势西北高东南低，由海拔 4000～5000m 逐渐降至 2000～3000m。本区年平均气温 15.6℃，积温为 4851.4℃；年均降水量 1288mm；年均无霜期 302.6 天。日照少，降水多，是本区气候的一大特征。

本区耕地面积 152.08 万亩，占本区面积的 6.7%，为盆周山地地区最低垦殖率。园地面积 44.29 万亩，占本区面积的 1.9%。林地面积 1675.28 万亩，占本区面积的 73.4%，居全省各区首位。牧草地面积 147.84 万亩，占本区面积的 6.5%。

本区农业生产条件的优势是林地面积大，生态环境好，垦殖率低，人口密度低；不利条件是日照时数少，雨日多，相对湿度大，作物难以高产。此外，地面坡度大，交通不便，工业基础差，支农力度小，也是经济发展滞后的原因。因此本区在农业发展上应大力发展生态农业和有机农业，利用林地面积大、耕地垦殖率低的优势，大力发展茶叶、竹类生产，草食牲畜养殖以及休闲旅游业。充分利用本区青衣江丰富的水资源，扩大下游灌溉面积，提高农业生产保证率，提高全省粮食总产量。雅安市在中药材的种植上虽然在单产上不具有比较优势（详见表 1-21），但在规模和综合指数上都具有比较优势，可以将中药材（杜仲）作为以后的重点发展产业。

4. 川西南山区布局

川西南山区多以山地为主占全区面积的 94.0%，山地中以中山为主占山地面积的

86.5%，高山次之占山地面积的 4.9%，低山再次之，极高山占山地面积的 0.4%；平原占全区面积的 6.0%，分布于山地之间，实为河谷平原和山间盆地平原。本区气候特点呈明显的垂直分布特点和偏干的特点。海拔大多在 1500~3000m，因而气候呈垂直分布。全区年平均气温为 15.5℃；年均降水量 938.5mm；年日照时数高达 2088.6 小时，其中攀枝花地区 2650.2 小时；年蒸发量平均达 1887.9mm；年均干燥度 1.41，偏干燥特点明显。因为本区自然地理条件极其复杂，区内各部差异较大，所以进行以下空间布局进行研究。本区布局的主要农产品详见表 1-15。

1)中部安宁河谷、中山区

中部安宁河谷、中山区包括凉山彝族自治州冕宁县、西昌市、德昌县和攀枝花市全部 5 区(县)，共计 2 市(州)8 县(区)。本地区山地面积占 94.2%，其中以中山为主，占山地面积的 89.2%，次为高山，低山仅占山地面积的 0.2%。平原为安宁河平原，地势北高南低，两端高中间低。气候类型是典型的偏干型山地亚热带气候和立体气候，其特点是降水量少，干燥季节分明，干旱期长；气温偏高，日照丰富。

全区耕地面积为 190.25 万亩，园地面积 42.03 万亩，占全区面积的 1.7%；林地面积 1707.35 万亩，占全区面积的 67.6%；牧草地 277.08 万亩，占全区面积的 11.0%。人均耕地面积 0.84 亩，人均牧草地面积 1.23 亩。

本区农业生产条件的优势是光、热条件丰富；不利条件是耕地面积小，水利设施不足，干旱期长，农业技术水平较低。因此本区的农业发展方向应为发展特色农业和立体农业。本区光、热条件丰富，南亚热带干热河谷气候为本区特色，可发展早市蔬菜、早熟枇杷、晚熟杧果、优质烤烟、优质柑橘等多种特色农产品，以取得高效益；特别是凉山彝族自治州在烟叶种植的规模、单产和综合指数上具有巨大的比较优势(详见表 1-20)，应该作为以后的重点发展产业。还应大力发展立体特色农业以及利用立体地理结构的优势，在小面积内发展多种气候带农产品，提高单位面积的农林牧业总产值。与此同时，加大水利建设力度，兴建配套的蓄水、引水、提水工程，扩大有效灌溉面积，提高作物产量和质量。近年来我国已实现由麻风树提取生物柴油并用于民航业中，目前国内产品远不能满足该产品的市场需求，而攀枝花地区作为麻风树的特产地区应大力发展这一特色产业。在自然资源利用上，本区应充分利用丰富的热量资源条件，发展旅游业以及房地产业，使冬季较冷地区的人们到这里过冬。这样不仅可以为当地增加旅游收入，更能够提高城镇化发展水平。

2)北部大渡河谷、中山区

北部大渡河谷、中山区包括雅安市汉源县、石棉县，凉山彝族自治州甘洛县，甘孜藏族自治州泸定县，共计 3 市(州)4 县。区内山地面积占 97.6%，以中山为主，占山地面积的 58.8%。本区地势四周高、中间低，气候属于偏干型山地亚热带气候，但热量光照条件远次于安宁河谷区。

本区为农、林、牧业交错区，农业经济发展滞后，因此发展潜力很大。农业生产条件的优势是土地资源比较丰富，林地覆盖面积大，生态环境较好，人口密度小，无霜期较长；不利条件是光、热条件属于干暖河谷气候。本区农业发展也应走特色农业和立体农业的路。特色农业应以花椒、甜樱桃、梨等优良品种种植为发展方向；立体农业发展应按不同海拔高度分带布局农、林、牧业，充分利用土地资源优势、提高农业生产整体实力。

3）大凉山山原区

大凉山山原区，位于川西南山地地区东北部，包括凉山彝族自治州越西、美姑、喜德、昭觉、普格、布拖、金阳7县。本区山地面积占97.0%，平原面积占3.0%，为山间谷地平原，地势高亢。气候呈现北亚热带气候特征，日照时数比安宁河谷区少500小时，降水量略高，农业生产条件较差。

本区农业用地多为旱坡地，旱坡地中"轮歇地"占很大比例，这是本区的特色。本区农业生产条件还有一个优势是人均耕地面积大，可耕荒草地较多；但不利条件很多，海拔高、无霜期短、地面坡度大、水利设施严重不足、交通不便等。本区需要发展特色农业，如马铃薯、荞麦、青稞、燕麦、豌豆、蚕豆、大麦、中药材等。畜牧业方面可发展草食牲畜和生态猪（藏猪、乌金猪）、生态鸡。与此同时，必须改善农业生产基本条件，包括兴修水利、改善交通条件、改良土壤和平整土地等。

4）鲁南山中山区

鲁南山中山区位于川西南山地地区东南部，包括凉山彝族自治州会理县、会东县和宁南县3县。本区山地面积占93.0%，平原面积占7.0%，为山间谷地平坝，是主要的农区。本区的气候为亚热带山地偏干型气候，较为湿润冷凉。年降水量仅748.2mm，干燥度达1.73，年平均气温22.2℃。

全区耕地面积130.94万亩，占全区面积的9.3%；林地673.46万亩，占全区面积的47.7%；牧草地占全区面积的21.2%；荒草地占全区面积的11.8%，为全省最高比例。全区人均耕地面积1.28亩，人均园地面积0.15亩，人均林地面积6.58亩，人均牧草地面积2.92亩。由此可以看出，本区在人均土地资源方面较为丰富。

本区农业生产条件的优势是人均耕地面积大、可垦荒的草地多；但不利因素较多，海拔高、水利设施不足等。因此本区的农业发展必须在加大水利设施建设的基础上发展特色农业，发挥干热河谷气候的光、热优势，发展亚热带水果、药材、热带林木等。

5. 西北高原区布局

本区位于四川省西北部和西部，包括阿坝藏族羌族自治州全州13县、甘孜藏族自治州除泸定县以外的17县和凉山彝族自治州的木里县，共计3州31县。本区属于高山高原区，以山地为主占全区面积的90.6%，其中高原占山地面积的9.5%，海拔多为3300～4200m。本区气候属青藏高寒区气候，光照条件好，昼夜温差大，白天气温高，日照充足，作物光合作用强，晚上气温低，作物呼吸作用微弱，有利于干物质积累。按照明显的地貌和自然条件将农业空间布局分为以下两部分。本区布局的主要农产品详见表1-15。

1）高山峡谷区

高山峡谷区位于川西北高山高原区东部、南部和西部边缘，包括阿坝藏族羌族自治州汶川县、理县、茂县、松潘县、九寨沟县、金川县、小金县、黑水县、马尔康县；甘孜藏族自治州丹巴县、康定县、九龙县、雅江县、道孚县、德格县、白玉县、巴塘县、得荣县、乡城县、稻城县；凉山彝族自治州木里县等3州21县。本区全境为高山峡谷地貌，均属于青藏高寒区气候，由于海拔高度差异大，立体气候明显。年均昼夜温差14.0℃，可发展高原农业。

本区土地主要利用类型为林地和牧草地，分别占本区面积的45.5%和43.4%；耕地面积仅占 0.8%；人均林地面积 69.78 亩，居全省首位；人均牧草地面积 66.60 亩，居全省第二位；人均耕地面积 1.23 亩；人均土地面积 153.32 亩，居全省第二位。本区土地资源极其丰富，但因海拔过高，利用价值很低。

本区的农业发展优势是土地资源丰富，具备高原农业发展的条件基础；不利条件是海拔高、气温低、坡度大、交通不便（尚有不通公路的村、组）、水利设施不足、耕地质量低、工业基础薄弱。本区农业发展应以高原农业为主，利用丰富的日照、昼夜温差大的优势，发展开发具有四川高原优势的药材、高山蔬果、烟草、畜产等。从表 1-19、表 1-20、表 1-21 的比较优势指数中可以看出，甘孜藏族自治州可以大力发展甘蔗，凉山彝族自治州可以发展烟叶，阿坝藏族羌族自治州可推广中药材（天麻、川贝母、黄芪）种植的地膜覆盖技术和半地下式暖棚等先进技术。与此同时，还应发展灌溉农业，提高耕地产量和产值，增加农民收入。本区是距城市人口众多的盆地地区最近的藏族、羌族等少数民族聚居区，观光农业、民族风情旅游和生态旅游发展潜力很大。

2）高原高山山原区

高原高山山原区位于川西北高山高原区北部和中西部，包括阿坝藏族羌族自治州若尔盖、阿坝、红原、壤塘等 4 县；甘孜藏族自治州色达、石渠、炉霍、新龙、甘孜、理塘等 6 县，共计 2 州 10 县。本区属于青藏高原的东南翼，全境为高原及高山原和高山区。山地占本区面积的 82.3%，其中高山面积占 67.1%，极高山面积占 2.9%，是全省平均海拔最高，高山、极高山比例最大的区。

本区均为典型的高寒气候，年平均气温 5.7℃，积温为 1295℃，降水量 640.6mm，年均相对湿度 57.2%，蒸发量 1612.2mm，年均干燥度 1.76，年日照时数高达 2588.6 小时，无霜期 73 天。土地利用类型以牧草地为主，占本区面积的 73.6%，为全省最大的牧草地分布区；林地占 19.0%；未利用地占 9.6%，其他地类均很少，耕地面积仅 66.01 万亩，分布于少数高山盆地内。

本区为四川的高原牧区，草地牧业是主要经济支柱，农业及林业处于次要地位，应重点发展牦牛、高山反季节蔬菜等高原特色农牧业。当前草地牧业已呈现严重危机：草地退化、沙化，产量大幅降低，经济效益低下；湿地萎缩，湖泊干涸，生态环境恶化。因此本区亟须防治草地退化、沙化和振兴草地牧业，制止草地超载过数，实行限牧和退牧还草。积极寻找其他非牧业的产业，如农业、林业、旅游业和防沙治沙工程以及维护草地生态等产业。

表 1-15 四川农业产业区域布局

区 域	主要农产品	重点发展区域
成都平原区	肉、蛋、奶、油、蔬菜、花卉、水果、油菜籽等	成都市
	粮食、油料	绵阳市涪城区、游仙区、安县、江油市，德阳市旌阳区、广汉市、绵竹市、什邡市、罗江县
	茶等	乐山市市中区、夹江县、峨眉山市，眉山市东坡区、彭山县、清神县、丹棱县，雅安市名山县

区 域	主要农产品	重点发展区域
盆地丘陵区	粮食、油料、生猪、水果、花生等	绵阳、南充、达州、广安、遂宁、德阳、资阳、成都、眉山、内江等 11 个市 31 个县
	粮食、生猪、水果	绵阳市桐梓县，广元市剑阁县、苍溪县，南充市仪陇县、阆中市，巴中市平昌县
	茶叶、竹类	达州市宣汉、开江、达县、通川区、大竹县，广安市邻水县、华云市
	水果龙眼、荔枝	泸州市江阳区、龙马潭区、纳溪区、江安县、长宁县，乐山市五通桥区、犍为县
盆周山区	魔芋、黑木耳、蘑菇、辣椒、花椒、银耳、高粱、土鸡（跑山鸡）、山野菜以及中药材（天麻、金银花）、奶山羊	绵阳市北川县、平武县，广元市青川县、朝天区、利州区、元坝区、旺苍县，巴中市南江县、通江县，达州市万源市
	茶叶等竹	泸州市叙永县、古蔺县、合江县，宜宾市兴文县、珙县、高县、筠连县、屏山县，乐山市沐川县、马边县，凉山彝族自治州雷波县等
	草食牲畜中药材（杜仲）	雅安市雨城区、荥经县、芦山县、宝兴县、天全县，乐山市金口河区、沙湾区、峨边县，眉山市洪雅县等
川西南山区	早市蔬菜、早熟枇杷、晚熟杜果、优质烤烟、优质柑橘等	凉山彝族自治州冕宁县、西昌市、德昌县和攀枝花市全部
	花椒、甜樱桃、梨等	雅安市汉源县、石棉县，凉山彝族自治州甘洛县，甘孜藏族自治州泸定县
	马铃薯、荞麦、青稞、燕麦、豌豆、蚕豆、大麦、中药材、草食牲畜和生态猪（乌金猪）、生态鸡	凉山彝族自治州越西、美姑、喜德、昭觉、普格、布拖、金阳
	亚热带水果、药材、热带树木	凉山彝族自治州会理县、会东县和宁南县
	苹果、梨	凉山彝族自治州盐源县
西北高原区	良种豌豆、蚕豆、萝卜、莲白、大白菜、马铃薯、苹果、梨等高产优质果蔬和反季节蔬菜；中药材（天麻、川贝母、黄芪）、甘蔗	阿坝藏族羌族自治州汶川县、理县、茂县、松潘县、九寨沟县、金川县、小金县、黑水县、马尔康县；甘孜藏族自治州丹巴县、康定县、九龙县、雅江县、道孚县、德格县、白玉县、巴塘县、得荣县、乡城县、稻城县；凉山彝族自治州木里县
	牦牛、高山蔬菜	阿坝藏族羌族自治州若尔盖、阿坝、红原、壤塘；甘孜藏族自治州色达、石渠、炉霍、新龙、甘孜、理塘

表 1-16　2013 年各市（州）油菜籽比较优势指数一览表

市（州）	油菜籽比较优势指数		
	T_{ij}	D_{ij}	Z_{ij}
成都市	1.29	1.06	1.17
自贡市	1.01	1.00	1.01
攀枝花市	0.19	2.09	0.64
泸州市	0.74	0.98	0.85
德阳市	1.11	1.26	1.19
绵阳市	1.16	0.96	1.06

续表

市(州)	油菜籽比较优势指数		
	T_{ij}	D_{ij}	Z_{ij}
广元市	0.96	0.99	0.98
遂宁市	0.94	1.11	1.02
内江市	1.05	0.95	1.00
乐山市	1.09	0.67	0.85
南充市	0.82	1.24	1.01
眉山市	1.26	0.80	1.00
宜宾市	0.81	0.74	0.78
广安市	1.15	0.78	0.95
达州市	0.94	1.02	0.98
雅安市	1.12	0.63	0.84
巴中市	1.22	0.73	0.95
资阳市	1.14	0.98	1.06
阿坝藏族羌族自治州	0.92	0.40	0.61
甘孜藏族自治州	1.48	0.79	1.08
凉山彝族自治州	0.34	1.00	0.59

表 1-17　2013 年各市(州)棉花比较优势指数一览表

市、州	棉花比较优势指数		
	T_{ij}	D_{ij}	Z_{ij}
成都市	0.00	2.84	0.05
自贡市	0.00	0.00	0.00
攀枝花市	0.00	0.00	0.00
泸州市	0.00	0.00	0.00
德阳市	0.11	0.88	0.31
绵阳市	0.16	0.98	0.40
广元市	0.00	0.00	0.00
遂宁市	6.11	0.95	2.41
内江市	0.00	0.00	0.00
乐山市	0.00	1.01	0.05
南充市	0.51	0.76	0.62
眉山市	0.63	1.03	0.80
宜宾市	0.00	0.00	0.00
广安市	0.00	0.00	0.00

市、州	棉花比较优势指数		
	T_{ij}	D_{ij}	Z_{ij}
达州市	0.00	0.00	0.00
雅安市	0.00	0.00	0.00
巴中市	0.00	0.00	0.00
资阳市	0.34	1.12	0.62
阿坝藏族羌族自治州	0.00	0.00	0.00
甘孜藏族自治州	0.01	0.00	0.00
凉山彝族自治州	0.00	0.00	0.00

表 1-18　2013 年各市（州）花生比较优势指数一览表

市、州	花生比较优势指数		
	T_{ij}	D_{ij}	Z_{ij}
成都市	0.41	1.26	0.72
自贡市	1.64	1.09	1.34
攀枝花市	0.34	1.81	0.78
泸州市	0.38	1.07	0.64
德阳市	0.73	1.24	0.95
绵阳市	1.15	1.18	1.16
广元市	1.34	1.56	1.45
遂宁市	1.27	0.94	1.09
内江市	1.72	0.80	1.17
乐山市	0.40	0.80	0.56
南充市	2.21	0.90	1.41
眉山市	0.65	0.89	0.76
宜宾市	1.43	0.89	1.13
广安市	1.11	0.87	0.98
达州市	0.70	0.77	0.73
雅安市	0.12	0.92	0.33
巴中市	0.52	0.73	0.62
资阳市	1.32	0.79	1.02
阿坝藏族羌族自治州	0.00	0.00	0.00
甘孜藏族自治州	0.06	0.76	0.21
凉山彝族自治州	0.11	0.95	0.33

表 1-19　2013 年各市(州)甘蔗比较优势指数一览表

市、州	甘蔗比较优势指数		
	T_{ij}	D_{ij}	Z_{ij}
成都市	0.16	1.08	0.41
自贡市	3.99	0.87	1.87
攀枝花市	6.27	9.21	7.60
泸州市	4.10	1.34	2.35
德阳市	0.29	1.12	0.57
绵阳市	0.23	0.99	0.48
广元市	0.09	0.33	0.17
遂宁市	0.09	0.92	0.28
内江市	2.49	0.99	1.57
乐山市	1.52	0.88	1.16
南充市	0.86	0.52	0.67
眉山市	1.26	0.87	1.05
宜宾市	2.87	0.65	1.37
广安市	1.67	0.56	0.97
达州市	0.47	0.56	0.52
雅安市	0.03	0.54	0.12
巴中市	1.23	0.50	0.78
资阳市	0.62	0.74	0.67
阿坝藏族羌族自治州	0.00	0.00	0.00
甘孜藏族自治州	0.00	0.00	0.00
凉山彝族自治州	1.21	2.55	1.76

表 1-20　2013 年各市(州)烟叶比较优势指数一览表

市、州	烟叶比较优势指数		
	T_{ij}	D_{ij}	Z_{ij}
成都市	0.03	0.66	0.15
自贡市	0.00	0.00	0.00
攀枝花市	9.26	3.23	5.47
泸州市	4.64	2.03	3.07
德阳市	0.48	0.60	0.54
绵阳市	0.00	1.10	0.03
广元市	0.86	1.14	0.99
遂宁市	0.01	0.82	0.07

市、州	烟叶比较优势指数		
	T_{ij}	D_{ij}	Z_{ij}
内江市	0.00	0.91	0.03
乐山市	0.18	1.19	0.47
南充市	0.05	0.55	0.17
眉山市	0.10	0.90	0.29
宜宾市	2.12	1.03	1.48
广安市	0.19	0.69	0.36
达州市	0.39	0.88	0.59
雅安市	0.23	0.65	0.39
巴中市	0.29	0.65	0.44
资阳市	0.02	1.37	0.18
阿坝藏族羌族自治州	0.00	1.41	0.05
甘孜藏族自治州	0.01	1.69	0.11
凉山彝族自治州	9.18	1.10	3.18

表 1-21　　2013 年各市(州)中药材比较优势指数一览表

市、州	中药材比较优势指数		
	T_{ij}	D_{ij}	Z_{ij}
成都市	1.41	0.79	1.05
自贡市	0.48	0.84	0.64
攀枝花市	0.64	5.17	1.82
泸州市	0.85	0.80	0.82
德阳市	1.75	1.20	1.45
绵阳市	0.72	1.08	0.88
广元市	1.26	0.77	0.98
遂宁市	0.54	0.76	0.64
内江市	0.15	2.27	0.59
乐山市	3.04	0.93	1.68
南充市	1.04	1.01	1.03
眉山市	0.65	0.91	0.76
宜宾市	0.61	1.70	1.02
广安市	0.54	1.20	0.80
达州市	0.93	1.21	1.06
雅安市	3.40	0.82	1.67

市、州	中药材比较优势指数		
	T_{ij}	D_{ij}	Z_{ij}
巴中市	1.14	1.05	1.09
资阳市	0.44	0.93	0.64
阿坝藏族羌族自治州	5.38	1.38	2.72
甘孜藏族自治州	0.46	1.58	0.85
凉山彝族自治州	0.23	0.00	0.00

资料来源：根据《2014年四川省统计年鉴》整理。

第七章 四川农业产业转型升级的战略路径

农业产业转型升级的路径选择直接关系到当前产业建设的重点、拓展的空间和未来发展的方向，也关系到产业转型升级快慢的决定因素。本章在前面产业布局研究的基础上，重点从四个方面提出了四川产业转型升级的战略选择，包括：完善土地流转制度，推进农地经营制度创新；优先发展道路和信息，强化农业基础设施建设支撑；强化饲草产业建设，推进草食性畜牧业发展；挖掘湖滨经济潜力，开辟农业发展的新空间。

一、完善土地流转制度，着力推进农地经营制度创新

土地资源是农村资源中最重要的资源。盘活农村资源的重点是要深化农村土地制度改革。四川省是人口大省、种粮大省，土地资源的瓶颈制约日益凸显，目前的农村土地制度不适宜农业生产专业化、集约化和规模化的实现。因此，必须从土地入手，着力推动土地流转和土地配置等方面的农地制度改革，加快农业发展方式转变。

1. 完善土地流转制度，推进农业适度规模经营

土地承包经营权的流转是发展多种形式适度规模经营的主要途径，也是构建新型农业生产经营关系、促进农业转型升级的关键一步。要在依法、自愿和有偿的基础上，加快推行农村土地"三权分置"改革，创新土地流转方式，引导农户将分散的经营权向农民合作社、专业大户、家庭农场等新型经营主体集中，突破分散经营对农业产业转型升级的瓶颈制约。构建土地流转法律制度体系，坚持土地承包经营制不动摇，依法规范土地承包经营权流转，不断提高农村土地经营承包权流转的规范化程度。健全土地流转服务体系，搭建土地流转交易平台，探索建立通过市场调节土地流转的长效机制，形成确保土地规范化流转、规模化经营的服务体系。同时，要探索农民土地承包权退出机制，建立农民退出土地承包权的权益补偿机制，通过赎买、补贴、补助养老保险等办法，引导有稳定非农收入的农民自愿退出土地承包权，积极稳妥地推进土地经营的规模化、有序化发展。

2. 创新农地经营制度，转变农业发展方式

探索土地承包权和经营权可分离的制度安排，在对农民土地确权、登记、颁证的基础上，在法律上明确农户土地产权可分离，承包权为田底权，经营权为田面权。承包权由承包农户持有，经营权由承包权派生而来，承包农户按承包权收取地租。农民进城不影响田底权和田面权，也不影响土地的生产经营。同时，为了消除进城农民的后顾之忧、

积极引导留守农民科学种田，可进一步推进土地股份合作社在四川省的创新和发展。具体可借鉴四川省崇州市现代农业发展经验，系统构建"土地股份合作社＋职业经理人＋社会化服务体系"的经营模式，围绕培育全产业链的需要，统筹农业发展的土地、资本、人才和各项服务资源，多领域激活农业发展的活力和动力，进而推进四川农业生产方式由传统的小农生产方式向现代农业生产方式转变，实现四川农业规模经营，保障四川农业产业转型升级。

二、优先发展道路和信息，着力强化农业基础设施建设

1. 加强农村道路建设

农村道路建设关系到农产品的流通和农业发展，也关系到农民群众的生活和农村经济社会发展，是全面建设小康社会和构建和谐社会的重要衡量指标。目前，在四川省农村交通制约的问题仍然非常明显，尤其是贫困山区。根据课题组的调研，即使是川中丘陵区距离城市不远的地方(不足 20km)的村道、组道也不能适应产业转型升级的需要，更不要说位于广大山区和高原地区的 88 个贫困县了。因此，要想富，先修路，必须高度重视农村道路建设。

推进农村道路建设，首先，要遵循统筹规划、分级负责、因地制宜、经济实用、注重环保、确保质量的原则，进行筹资建设。2006 年交通部印发的《农村公路建设管理办法》也已明确，乡道由所在乡(镇)人民政府负责建设；在当地人民政府的指导下，村道由村民委员会按照村民自愿、民主决策、一事一议的方式组织建设。建议有条件的地方依次实施"组组通工程、户户通工程、田地通工程"。其次，在道路建设中，要积极吸引农民的广泛参与。通过宣传引导，使广大农民认识到加快农村道路建设既是农民自我发展自我积累，实现增收的过程，也是减轻经济负担的有效措施。吸收农民参与到项目规划和实施的全过程中来，尊重农民意愿，激发农民自觉自愿筹资投劳。最后，要按照谁受益、谁管护的原则，大力推进农村道路管理体制和运行机制改革，尤其是乡镇、村组要加强对农村道路的管理，落实管理主体和管理责任，杜绝人为破坏的行为，维护农民切身利益。争取到 2020 年，全省 288 个乡镇通油路，567 个建制村实现通公路。

2. 加强农业信息化建设

农业信息化是农业现代化的重要标志。20 世纪 90 年代以来，信息技术在我国农业领域中的应用越来越广泛，特别是在生产、管理、销售等环节，信息技术快速正确地获取、处理、传播和使用取得了惊人的进展。四川省许多地方实现了电视网、广播网和计算机互联网的"三网合一"极大地改善了农民的生产生活条件，也为政府和农业企业改善管理、科学决策提供了新的途径和手段。

首先，要大力推行"互联网＋农业"行动。就是要在全社会营造"互联网＋农业发展"的浓厚氛围，大力推动互联网与农业产业链的有机融合，创新现代农业新产品、新模式与新业态，形成互联网技术深刻运用的智能农业、互联网营销综合运用的电商平台、互联网与农业深度融合的产业链协同发展新格局(Mireku et al.，2015)，全面助推四川

农业产业转型升级。

其次，大力发展农产品电子商务。依托我省主导的特色农业产业，重点建立专业特色产品网上市场，并积极与国内外各大网站进行连接，扩大网站影响力，通过营销策划提高网站的知名度。出台各类优惠政策，鼓励全省各地种养大户、家庭农场、合作社及龙头企业等到网上市场免费设摊开店，通过开展直接面向下游企业（原料供应）、直接面向终端消费者（产品供应）等销售模式，搭建农业产业化与大市场之间的桥梁。

最后，实现信息技术与农业全产业链发展的深度融合。通过信息化技术，资源与要素共享，提升生产、经营、管理和服务水平，发展精准化农业生产，逐步建立农副产品、农资质量安全追溯体系。通过农业物联网智慧系统的建立，提高农业生产智能决策支持服务水平，并加速推动农业产业链延伸、农业多功能开发、农业门类范围拓展、农业发展方式转变，提升农业的生态价值、休闲价值和文化价值。

三、强化饲草产业建设，着力推进草食畜牧业发展

发展饲草作物和草食畜牧业是促进四川省农业结构优化、加快实现农业产业转型升级的重要途径。从生产结构来看，目前广大农村地区种养模式仍是以耗量型的"粮—猪"结构为主，种养结合不紧密，农牧依存关系不合理，甚至威胁我国的食物安全；从消费结构来看，草食性动物肉类消费有上升趋势，但是肉类供给市场货源短缺，价格相对偏高，发展节粮型的草食畜牧业迫在眉睫。四川省地处西南地区，气候湿润，雨热同期，对发展节粮型的草食畜牧业具有空间优势。同时，四川省也是一个对畜牧产品需求量大的人口大省，发展草食畜牧业市场广阔。

1. 科学规划饲用作物布局

首先，要根据国家畜牧业发展规划结合本地区自身发展现状，加快编制四川省饲草产业发展规划，推动建立国家级的种养示范基地，发挥示范作用成为产业发展样板区。

其次，要因地制宜发展饲用作物。重点发展丘陵山地多熟制农区和甘孜阿坝高原地区。丘陵山地关键是要解决好"人畜争粮"和"粮饲争地"的矛盾，充分利用陡坡耕地、撂荒地、冬闲田土和"四边"土地，以及大量的疏林地发展刈割型高产优质饲用作物，并不断创新"粮—饲""经—饲"轮（间、套）种模式，提高饲用作物产量。甘孜、阿坝农区关键是发展粮草双高兼用作物，有效转变种植方式，推广粮草复种技术和粮草双高的青稞品种，实现粮草双增，并考虑开发边际性土地和高原两用温棚，建立饲用作物种植新基地，实现增草增畜。

最后，要依据畜牧产业功能区发展饲用作物。奶牛养殖区应大力发展青饲作物，以解决饲草料供给季节性不平衡问题；并进一步开发适宜该区生态特点、生产条件的新型饲用豆科作物，以解决高蛋白饲草料严重不足带来的营养不平衡问题。肉牛肉羊养殖区应大力发展青贮玉米和一年生、多年生、高产优质新型饲用作物如"饲草玉米"等，多途径发展青饲作物，进一步开发秸秆资源的利用，缓解饲草料供给季节性不平衡，并采取多种举措提高饲草料质量，为肉牛肉羊的规模发展提供饲料保障，提高牛羊肉食品品质。家兔养殖区应大力发展纤维源替代饲用作物，用其草粉补充或取代川外的苜蓿等草

粉，降低家兔养殖生产成本；适度发展青饲作物，充分发挥青草维生素含量高、种类丰富的优势，满足种兔正常生理和繁殖需求，保证种兔的健康，提高繁殖性能。草食禽类、鱼类养殖区应进一步发展各种豆科以及黑麦草、高丹草等禾本科青饲草料。

2. 强化草食畜牧业科技支撑

首先，组建全省研发工程中心。重点依托国家农业部牧草产业技术体系，设立由四川农业大学牵头，各地区农业科研系统相关机构参与的饲用作物研发中心；主攻饲用作物新品种选育、高产高效栽培技术以及配套的加工、储运、机械技术等领域的研究；同时依托该中心，加强饲用作物研发人才队伍建设，加强对外交流与合作，并开展基层农技人员和种植业主的技术培训，使该中心成为西南地区牧草的技术创新源和传播源。

其次，明确科研的重点领域与方向。新品种研发上，要注重挖掘四川独特的高产优质、抗病广适、适宜机械化作业的饲用作物种质资源优势，加快培育越冬性或越夏性强，耐旱性或耐湿性好的豆科饲用作物，以及具有广适性的多年生禾本科，木本豆科和冬闲田土饲用作物突破性新类型、新品种。栽培技术上，要强化省工节本、减低能耗目标，针对不同地区的生态特征，建立互补性强、兼容性好和操作简易的集成生产技术和管理体系，探索新的农作制度模式，推广多种形式的粮饲、经饲套作、轮作、复种模式。机械与加工技术上，要加大收割、切碎、打包和粗加工、运输、储藏等农机具的研发力度，以适应现代饲草产业机械化发展的需求；加强干草加工技术、秸秆综合利用技术、青贮技术以及包装、贮运技术等的研发，提高粗饲料的加工水平和商品生产率，并制定适合饲喂各类草食畜牧的产品质量标准和安全标准。其他配套技术，将信息技术、空间技术等用于饲用作物规划布局、管理控制等方面，提高产业的生产效率和效益。

最后，加大科技推广力度。积极构建以农业推广部门为主导、各类科技机构和新型经营主体等多元主体参与的农业科技推广体系。重点要推行农技人员联企业、联基地、联大户制度，发挥乡镇一级农技人员的基础作用，促进饲用作物种植科技进村入户。建设多层次、多形式、多渠道的技术培训体系，对种养大户、饲草专业合作社、龙头企业负责人等进行定期、不定期的技术和管理培训，切实提高从业人员的科技素质和运用新科技的能力，使饲用作物成为名副其实的绿色富民产业。

3. 构建新型种草养畜生产经营体系

首先，要积极培育新型生产经营主体。通过引导土地流转和相关培训，培育一批饲草种植大户，并鼓励其连片开发、规模经营，催生一批饲草发展的家庭农场，使其成为生产主体。同时，积极推进草业专业合作社组织的发展和壮大，按照现代企业经营制度完善合作社的机构建设，为草业种植户开展产前、产中、产后的各项服务，通过风险共担、二次返利等利益联结机制与农户建立紧密的利益联结机制。深入实施"强龙兴农"工程，以提高饲草的精深加工、草食性畜牧产品的精深加工水平为重点培育一批有实力、有能力的农业龙头企业，实现后续产业的提升发展。

其次，探索产业化运行的新机制。应始终坚持以农民自发组建的合作社为主导开展经营机制创新，促进家庭经营的饲草产业通过合作与市场和企业对接。可积极引入股份合作的办法，鼓励农民以土地入股，合作社对土地进行整理和规模化经营，并聘请职业经理人全面负责日常集约化管理和品牌建设，并负责产后销售以及与市场/企业的对接，真正形成"农户＋合作社＋市场/企业"的产业化运行新机制，在保障农户利益的同时，提升饲草产业发展的效率和效益。

四、挖掘湖滨经济潜力，开辟农业发展新空间

湖滨经济是指利用江河、湖泊、水库及其他水域进行资源优化配置发展区域经济的总称。四川省湖滨水系较发达、旅游资源丰富，依托湖滨水域风光，合理开发利用湖滨资源，对于发展当地农村经济、增加农民直接收入、促进城乡要素双向流动，实现区域经济增长方式由传统农业为主向"特色农业-旅游"相结合的发展模式转变均具有重要意义。

1. 因地制宜，发展多种湖滨经济模式

在水域发达，交通可进入性好的湖滨带，应大力发展湖滨农业。加大农业投入，通过采用现代科学技术，综合利用立体空间，分别扩种蔬菜、瓜类以及水生经济作物等，部分低洼农田可改为特色水产品养殖，重点发展特色农庄、特色渔业、水上种植等都市现代农业，建立农林牧渔业综合利用的现代生态农业模式。在自然风光优美，生态环境较好的环湖带，可打造临水乡村主题游等特色产品，以农业观光、特色餐饮为经济增长点，促使湖滨旅游业的发展与观光农业相互渗透。在空气质量良好、天气多晴朗的环湖带还可以结合先进的设备配套和专业的运营管理，开发以康复治疗和疗养健身为目的的特色水疗、理疗康复、健康管理、体检鉴定、预防保健、美容美体等多种形式的健康服务产业。

2. 优化流域产业结构布局，提高资源与经济协调度

在发展湖滨经济的同时，也应优化产业结构，发展生态经济。首先，转变传统环湖农业生产方式，逐步减少湖滨周边及其相关流域粮食生产，注重挖掘生态农业发展、可持续农业发展模式，大力发展林渔业和休闲观光农业。其次，围绕生态湖滨旅游产业、绿色环保产业，把极具地区文化特色的旅游产品的开发作为重点，实现农业一、二、三产业联动发展。其次，制定符合实际的湖滨发展规划。再者，应实现资源与经济的同步优化，要以预防为主，坚决治理产生较大污染的各类旅游设施，加大生态环境保护以及水体污染管理的工作力度。从土地资源优化配置的角度来看，要着力实现湖滨土地资源节约集约利用。最后，完善湖滨生态带的建设，改善周边居住环境，大力推广使用清洁能源，不断提升农民生活质量，提高农村文明程度，加强水土保持以及生态环境修复工作，注重湖滨流域生态屏障建设，有利于实现"水资源－土地资源"的可持续利用。

3. 科学规划湖滨经济带，积极融入"长江经济带"

从全省大江大河流域的布局和沿江沿边的经济现状出发，整合当地社会经济资源，大力发展沿江沿河经济带。建议全省从东到西发展：巴中—达州—重庆渠江经济带、广元—南充—广安—重庆嘉陵江经济带、绵阳—遂宁—重庆涪江经济带、德阳—资阳—自

贡—泸州沱江经济带、阿坝—成都—眉山—乐山—宜宾岷江经济带、甘孜—雅安—乐山大渡河经济带、攀枝花—西昌—宜宾金沙江经济带等七大经济带。同时，要注重完善配套的保障措施，实现四川与国家战略和世界发展的对接。重点完善财政、税收、金融制度，创新社会资本参与政府投资规划机制，多渠道筹集资金，解决湖滨经济带基础设施建设不配套、要素资源短缺等基本问题；完善产业支持政策，对湖滨相关产业、特色禀赋经济的产业实行促进性政策，针对非禀赋型投入要提高税收，宏观调控资金、人力等要素的流动；建立和完善管理性、技术性人才引入机制，并合理引导农民有序进入第三产业来转移农业中的富余劳动力，扶持城镇周边下岗职工进入湖滨产业就业。

第八章　四川农业产业转型升级的战略保障

农业产业转型升级是全面深化改革创新、加快推进农业现代化的必然选择，但面对日益开放的市场环境，必须充分考虑四川农业竞争力与国内外农业发达地区存在的差距，切实加强对农业的支持和保护。因此，除了分析四川农业产业转型升级的战略构架、空间布局和实现路径外，还应从财政金融、土地、科技、人才和领导组织五个方面着力，积极构建四川农业产业转型升级的战略保障体系。

一、财政金融保障

财政和金融支农既是落实各项惠农政策的物质保障，也是贯彻落实"工业反哺农业、城市支持农村"的重要手段(沈国军，2014；杨勇和李雪竹，2013)。当前农村"贷款难、难贷款"仍然是发展农业现代化、产业化的一大难题。亟须提高金融支农信贷配给比例，加大金融信贷支持(温涛和董文杰，2011；王定祥等，2013)。

1. 整合使用涉农项目资金，推进成片发展

积极争取国家专项支持，加大支农资金整合力度，明确资金的投资目标和方向，界定整合的范围：将各级政府安排的农业、林业、水利、农机、扶贫、农业综合开发、土地治理、生猪调出和产粮(油)大县奖励、农村公路建设、农业基本建设等涉农项目资金都应纳入支农资金整合的范围(各种直接补助农民的普惠制资金、有特殊用途的救灾资金除外)。在整合使用各类项目资金实际工作中，推进成片的发展，避免出现项目资金使用分散的情况，坚持"四不改变"，坚持统筹规划、集中安排的原则。对于整合使用的项目资金，重点支持农业产业转型升级。

2. 积极引导社会资本，参与农业产业转型升级

做好规划先行，以项目为载体，为社会资本投资农业创造条件(罗东和矫健，2014)。在现代种植业、农业特色产业、农产品精深加工业、农产品流通业、乡村旅游业、农业服务业、智慧农业、农田水利设施、农村社会事业、农村金融等重点领域，加大工作力度，提前编制投资规划，积极创造投资条件，深挖农业转型升级投资项目，强化招商引资，同时政府加大完善财政支农政策，调动和引导各类投资主体参与农业产业的转型升级，进一步促进各惠农项目和社会资本与农村经营主体的有效对接，逐步建立起多渠道的农业投资体系。

3. 严格财政管理，优化财政支出结构

税收制度要为农业产业发展服好务，规范涉农投资的各项收费，重点是行政许可类行政事业性收费、强制准入的中介服务收费和具有垄断性的经营服务收费，构建高效的农业服务体系，切实降低社会投资的成本。完善农业资金管理体制，严格财政预算约束，大力压缩一般性开支，切实将支出控制在预算限额内，加大对财政支农的监督力度。各级政府部门、财政部门要统筹规划，合理调整财政支农结构，将财政支农资金集中投入到最需要的地方，增加农业基础设施建设、农业科技三项费用支出，加大对涉农骨干企业和重点项目的扶持力度，提高财政公共保障能力。强化财政审计监督，规范财经秩序，确保资金运行安全、使用规范。

4. 提高金融服务农业的针对性

金融机构要扩大有效抵（质）押物范围，提高担保贷款额度。凡权属明晰、便于储存、风险可控的不动产和动产以及订单、应收账款都可以用于涉农贷款的担保。切实加快涉农担保体系建设，建立和完善财政监督机制，为投资农业的各种机构和农民提供良好的金融环境。银行业金融机构应简化审批担保贷款的程序，结合农村企业和农户主体的信誉等，建立独立的风险评级体系。提高金融支农信贷配给比例，需要进一步加强农村信用体系建设，完善相应的法律体系，保障农民主体的合法权益不受侵害。

二、土地保障

1. 以土地综合整治为平台，依法取得农村集体土地使用权

以农村土地综合整治项目为目标，全面推进农村土地节约集约利用，腾挪和整合农村建设用地资源，深入挖掘其价值潜力。进一步优化土地利用布局，在项目符合土地利用规划、城乡规划和产业规划的基础上，合理配置新增土地，集约安排存量土地，优先统筹解决农业产业转型升级项目发展用地指标，依法办理相关审批手续。通过实行选优项目差别化供地政策，全力保障农业产业升级项目用地。

2. 村民自主与政府管控并重，创新农村集体土地经营方式

加强政府引导，充分尊重农民意愿，对于农民集体自主选择的返租倒包、农地股份合作社经营等方式，政府不应当予以干涉，而是应当做好相关的配套服务措施；在收益权上，要拓展土地收益权的实现方式，如允许农民集体在从事农业生产经营之外进行土地开发，其收益则由农民集体获得。同时规范实施土地流转，让群众全程参与、知晓、议定，切实发挥群众的主体性地位，真正做到"还权赋能"。在"三权分置"的基础上，不同经济发展水平的地区，应探索创新农村集体土地经营方式（王秉义等，2014；贺书霞，2011）。在经济发达地区，可以通过农民以土地入股，组建土地股份合作社的方式来实现农地经营权的流转。在农业产业发达的地区，应鼓励发展农业专业大户等新型农业经营主体。在此况下，农地经营权的流转则应由小户的分散经营向较大户集中转变，探

索农业机械化、规模化、标准化和产业化的生产模式。在多山地、丘陵的经济欠发达地区，第二、三产业相对落后，第一产业的经济比较收益也较为低下。在此情况下，不具备组建类似于发达地区土地股份合作社等模式的条件。因此，可通过将农地经营权流转给外来企业等主体，发展适宜于当地土壤、地质等条件的特色农业产业，不仅能够有效利用外部先进的农业生产技术和经营理念，还能通过农地经营权流转的收益为农民提供生活保障和社会保障。

3. 积极开发利用"四荒地"

"四荒地"是属于我国集体经济组织所有，也是土地资源中极为宝贵的一部分，包含荒山、荒沟、荒丘、荒滩等。目前，"四荒地"的管理和流转的制度都不完善，效益有待挖掘。全国对"四荒地"的整理开发进展差异大，部分地区不愿意花时间和精力去开发和利用。在新型城镇化发展过程中，在四川农业转型升级的背景下，"四荒地"的价值日益凸显，合理开发成为必然趋势。

一是摸清情况，建立相应的开发方案，权责分明。在"四荒地"开发初期，一定要明确它的数量和质量，有助于了解真实存量。同时，开发利用方案一定要明确，有针对性、创新性和融合性。发挥人民群众的力量，积极调动人们的开发热情。把握好方向，明确好目标。建立相对应的问责机制，加强监督，防止不正当用途。

二是加大对"四荒地"的利用，鼓励在"四荒地"上发展农家乐。在建设用地指标上也要对中西部少数民族地区和集中连片特困地区利用"四荒地"发展休闲农业给予倾斜。让"四荒地"的开发和国家扶贫攻坚战略融合在一起，促进全面建成小康社会。

三是加大"四荒地"对于湖滨经济开发的保障作用。湖滨经济是对接国家"长江经济带"和世界"一带一路"伟大战略的重点大计。湖滨经济的发展需要是以水为载体，推动第一、二、三产业容融合发展。而"四荒地"成为发展湖滨经济，土地中最有优势的资源。"四荒地"给湖滨经济发展提供了一个场所，是湖滨经济的土地保障。

4. 统筹城乡建设用地市场制度创新

在四川农业转型升级背景下，农地转用制度创新显得十分重要。创新需要通过构建城乡统一的建设用地市场来实现城乡建设用地的市场化配置，以此来逐步缩小农地转用范围，保证农民合理分享土地增值收益。而统一建设用地市场构建的关键在于打破政府对土地市场的行政垄断，以城乡土地使用权权能一致性为基础，实现城乡建设用地使用权的对等和城乡建设用地使用权市场的统一。

构建城乡统一的建设用地市场，首先国家不能对土地一级市场享有垄断权，要做到同地同权。通过政府"有形手"，让农村集体建设用地进入市场，充分发挥市场这只"无形手"的作用。针对经营性用地，可以由农民自主谈判，价格和利用形态由市场决定。由此，实现同地同权。与此同时，政府应该通过税收的形式来分享土地利益。这样可以防止政府剥夺农民利益的行为发生。政府对于土地一级市场的调控，也应该根据市场情况，通过法律、税收、规划等来约束，让城乡统一建设用地市场机制对土地资源的配置起基础性作用，从而实现农民直接参与分享集体建设用地的增值收益。城乡统一建设用地市场的构建应完善其运行的配套体系。要保障城乡统一建设用地市场的正常良好运行，必须完善交易平台、中介服务体系、信息发布制度的构建等。

三、科技保障

在水土资源趋减、农村资本外逸等多重约束下，农业转型升级无疑将更多地依靠科技创新和推广应用。必须紧密围绕国家现代农业发展和科技战略重大部署，结合四川省情，科学确定农业转型升级的科技创新驱动政策导向和重点，这对于加快推进四川农业现代化进程、实现全面建成小康社会具有重大的意义。

1. 面向产业需求，积极调整科技创新支持重点

调整科技创新支持重点，应立足于产业发展的前沿面，加快推进四川农业基础性、战略性科学研究，在关键技术和共性技术方面取得重大自主创新成果；立足于市场需求和新型农业生产经营主体需要，推进科技与生产的紧密结合，在产业链科技支撑的薄弱环节取得重大创新成果；立足于四川地域特点，加强现代农业中、远期部署，在高科技含量、高附加值、高成长性的产业领域取得重大科技创新成果。具体来看，重点支持领域包括：一是动植物分子(细胞)设计育种及配套专业化技术，着力培育高产、优质、多抗、高效的突破性品种、专用品种和特色品种。二是低碳环保与工程技术，瞄准蔬菜、水果、畜禽产品等优质主导产业的精品化生产，在智能温室设施、大宗作物的全程机械化、丘陵坡地小型农业机械研发上重点突破。三是农产品精深加工与储运技术，在传统特色腌腊肉制品和畜禽肉类菜肴工业化生产和流通技术上，在茶叶、柠檬、中药材等采后保鲜、储运技术及采后自动化成套机械设备研发上取得重大突破。四是信息化技术，将现代信息技术、物联网、互联网技术全面应用到产业链的各个环节，推进农业的智慧化。五是农业休闲观光产业技术，在园区设计、新材料新能源的应用、创意项目开发上取得突破。总之，就是要让科技创新驱动成为研发结构优化、涉农要素优化、产业结构优化的重大引擎。

2. 面向体制改革，推进产学研合作机制建设

产学研合作的关键在于设计科学合理的体制机制。首先，要从组织架构上进行科学设计，整合现有创新资源。可参照国家农业产业技术体系的做法，围绕四川主导产业需要，以产品为单元，以产业为主线，从涉农院校、省市科研机构、大型农业企业中遴选首席科学家、组建功能研究小组、建立区域试验站，分产品进行攻关、研发、集成、示范，实现科技链与产业链的紧密结合。其次，要深化产学研各个主体之间的合作机制，形成互动网络。一是共建科研机构、重点实验室等研究基地机制，促进企业、合作社与科研机构组建一批科技创新中心，建设一批研究开发基地，实行共建共管。二是共同组建科技创新团队、产业技术联盟，联合承担研究和中试项目，特别是对于产业化、工程化程度较高的项目，可由农业企业或者实力较强的合作社牵头。三是共同合作培养农业科技人才机制。推进高校、科研院所的新农村发展研究院建设进程，形成科研单位、大中专院校与新型经营主体合作培养人才的模式。四是成果共享机制。对新型经营主体与农业科研机构和农业大学合作研究的成果，实行共享机制，由新型经营主体优先享用，

实施转化。

3. 面向人才队伍建设，推进科技评价激励机制建设

完善评价和激励机制，首先要建立科学的、符合学术规律的考核和评价体系。注重创新程度、转化力度、推广深度等方面的评价，不唯 SCI、不唯论文数量评定科研人员，按照教学、科研、推广等不同岗位要求，制定评价体系，不搞一刀切。其次是加大科技、信息、管理、科技成果转化等生产要素在分配中的比例。要将科研人员的切身利益与事业发展紧密结合，鼓励科技人员以资本、产权、技术等形态，结对新型经营主体，允许获得二次分配；鼓励政府农技推广部门、大中专院校、科研院所等机构中愿意到农村去创业的农业科技人员，以科技成果股权化，去创办、领办农业科技园区和科技型企业。

建设人才队伍，一是要积极引进高层次创新型人才或者团队。针对四川农业高新技术产业发展需要解决的高精尖技术，从全国甚至全球视野找寻和引进领军人才和团队，认真审核人才引进后的工作规划，并着力提供各项支持，确保能带动一个产业、搞活一方经济。二是要充分发挥现有创新人才智力。建立全省农业高级专家库和专家工作制度，实施一批重大科技专项，提升科技创新驱动能力。同时，有计划、有重点地培养和选拔一批中青年创新人才，支持优秀的年轻人才快速成长。三是强化后备人才教育培养。尽快提高四川农业大学、温江农业职业技术学院等大中专院校培养人才的质量，并加强农业院校与产业部门的沟通，优化农业院校的学科结构，使农业院校的毕业生更好地适应技术创新和产业发展的需要。

4. 面向投入结构优化，推进科技投入机制建设

进一步加大财政农业科技创新投入力度，建议全省农业科研投资占农林渔牧服务业总产值的比重达到全国平均水平的 0.5% 以上，并逐步提高畜牧业科研投资比重由目前的 10% 左右上升到 20%（畜牧业产值比重已占 40% 以上）。投资机制上，要逐步探索以政府为主、多元化、市场化的研发投入机制，建立省、市、县研发投资分摊机制，引导和鼓励各类企业增加 R&D 投入，积极探索金融贷款、风险基金投资农业科技创新项目的融资机制，尤其是要进一步创新融资手段，加快推进种子基金、信用担保和再担保机构的建设和发展，建立健全知识产权抵押登记系统，逐步提高社会资本投资农业科技的比重。投资方向上，政府农业科技投资要退出竞争性强的农业产业领域或环节，把资金重点投向公共科研机构及公益性强的农业科学基础研究、应用基础研究，以及高新技术、关键技术的研究和开发等领域，通过税收优惠、贴息贷款以及科技奖励等手段，鼓励龙头企业、民间科技研究机构稳定增加技术研发、引进及成果转化的投资额度。

5. 面向供需对接，积极优化农业科技发展环境

强化农业科技创新的产业承接环境建设。一是强化生产中农业科技有效需求的形成。通过各种形式的土地流转，建设家庭农场、农民合作社、龙头企业等新型生产经营主体，首先形成农业经营的规模化、集约化格局，为激发农业科技需求、对接农业科技供给提供平台和载体。二是强化农业科技应用主体培训。逐步推进农民培训从普及式教育培训向普及式与强化式相结合的方向转变，通过开展农村实用人才培训、创业人才培训等，

使农村能人、乡土专家、企业家、合作组织带头人、农场主等逐步成长为农业科技队伍的组成部分。

强化农业科技创新的法律、信息、文化环境建设。一是强化农业知识产权保护。出台激励和保护自主知识产权的政策，严厉打击侵权行为，维护知识产权所有者的合法权益。要特别重视对发明人的激励以及对发明人合法权益的保护，并鼓励到国外获取知识产权。二是加强农业科技信息系统建设。科研领域，通过建设区域性或者全国性的公共数据及文献信息中心，不断降低信息获取的障碍和成本；推广领域，以农技110、农业信息网等为平台，全面构建农业生产经营信息技术支撑体系。三是营造农业科技创新的文化氛围。通过改革科技评估体系、优化科技奖励制度、建立科研道德约束机制等方面的改革，努力营造一个宽松自由的科技发展环境。

四、人才保障

长期以来，大量农业农村人才的流失，严重地制约了农民生活的改善、农村社会经济和城乡经济的协调发展（胡俊生和李期，2014）。在推进四川农业产业转型升级的进程中关键出路在于：大力培养和培训新型职业农民，鼓励并吸引人才向农村"回流"。

1. 大力培养和培训新型职业农民，保障产业转型的人才需求

加大对农业高校或农业职业教育的财政投入力度，定点、定向培养新型职业农民。教育投入的产出是人才。切实提高公共财政支出中农业教育培训支出所占比重，加大对农业高校或农业职业教育的财政转移支付力度，直接作用于新型职业农民的培养。加强职业教育、岗前培训和在职培训（杨东平，2014）。采取多种形式，大力发展农村职业技术教育，以提高农民思想素质、法律意识、农业科学知识、管理水平等。通过组织农民、农业科技队伍、农业经营主体参加农业技术培训班、召开各类现场会议、到先进地区参观学习、到大专院校和科研院所进修等方式，造就一批有文化、有知识、懂技术、善管理的新型农民，增加一线高素质操作人才比例。

2. 整合园区资源，鼓励并吸引人才向农村"回流"

依托现有各类开发区及闲置厂房等存量资源，通过"PPP"等多种方式，整合发展返乡创业园区，聚集生产要素，完善配套设施，降低创业成本。凡到农村创新创业的青年，减免银行贷款利息，提供创业扶持资金。凡到边远山区、贫困地区创新创业的大学生，由省级财政带资金引导发展涉农产业。就目前情况来看，我省农村人力资源整体素质较低，农业产业化中的高层次人才及关键领域人才匮乏。因此，应通过建立、健全有效的利益联结机制，利用市场对资源的配置作用，鼓励并实现农业产业化紧缺人才的回流，主要包括：以技术传播为基础的科技人才"回流"；以特色资源为基础的创业人才"回流"；以园区发展为基础的管理人才"回流"；以行政力量为基础的公共人才"回流"；以市场开发为基础的市场人才"回流"；以农村金融为基础的金融人才"回流"等。同时对到农村创新创业的青年提供资金扶持和多样化的金融产品，解决创业者的资金瓶颈问题；建立良好的创业环境，设立创业服务平台，加强基础设施的建设，以创业带动就业。

给予"回流"的待业农民工基础的生活保障和相应的就业培训指导，使其返乡的风险预期降到最低。

五、领导组织保障

加快四川农业产业化发展，实现农业产业转型升级，要发挥政府的杠杆作用，为龙头企业发展、产业基地建设、专合组织培育、专业市场建设、产品技术革新等方面提供政策保障，提供必要的技术、资金、信息等服务支持，帮助龙头企业、农民群众不断提高抵御市场风险的能力，促进农村经济又好又快发展。

1. 建立组织领导机制

成立由各级政府分管领导任组长，发改委、财政局、农业局、国土房管局等单位负责人为成员的农业产业发展工作领导小组，下设办公室在发改委，确保各级涉农资金整合的顺利实施，为农业产业结构调整，实现农业产业转型升级提供组织保障。

2. 建立考核奖惩机制

把农业产业结构调整工作纳入各级政府重点考核范畴，以农业产业发展工作领导小组为主，要建立目标，落实管理责任，充分发挥政府牵头作用，加强横向联系，密切与各部门协调配合，在产业政策、布局规划和项目投入等方面加强沟通，切实做好各项服务工作，确保各项措施落到实处。

第九章　政策建议

一、大力发展资源集约节约型绿色农业

"务农重本，国之大纲。"四川土地资源禀赋决定了农业产业必须转型升级，"十二五"期间四川农业深入贯彻落实党的十八大和十八届二中、三中、四中、五中全会精神以及习近平同志关于农业发展的系列讲话精神，在四川省委提出"两个跨越""三大战略"的背景下取得了可喜成绩，确保了四川人的饭碗，装的是四川的口粮，步入安全农业发展阶段。但四川农业产业不得不面对人均土地资源不足、耕地大量撂荒同时存在的严峻问题，以小农户经营农业为主，土地利用效率低下的现象还将长期存在。要实现四川"五化"同步发展，四川农业必须以适度规模经营方式为主，为农业产业转型升级提供动力和引领作用。四川水资源的现状决定了农业产业转型升级中须选择节水农业发展模式，更加高效地利用灌溉水源。四川光热资源配置不合理，区域组合错位，是影响农业转型升级的一个重要因素。从全省现状来看，成都平原区、川中丘陵区、川西北高原区光热条件较差，川南及攀西地区光热条件较好，各地根据不同气候条件，形成了相适应的农业产业发展传统。但攀西、川西北，以及盆周山区等因气候特殊能生产特色农产品的区域，却因地理区位劣势而得不到较好的发展。因此，大力发展资源节约型绿色农业的政策建议如下：

第一，支持打掉田埂适度规模经营，解决土地碎片化和产出能力低下等问题。2015年7月22日的国务院常务会议上，李克强总理讲"要在尊重农民意愿的基础上，不拘一格推进多种形式的适度规模经营。"李克强说"我在云贵那些地方考察，看着真是心疼啊！巴掌大的一小块土地，仅田埂就占了将近20%！如果按股份制、合作经营的方式，把田埂打掉，能多出多少土地啊！"。"田埂不打掉，大型机械就下不去，没法深耕深翻，只能大量使用化肥。如果采用大型农机，深翻深耕到40cm，将会大大缓解过度使用化肥的问题。"四川许多地方的经验证明，打掉田埂以后，不仅可多出15%左右的耕地，而且能实现农地适度规模经营，一方面可以降低生产成本，另一方面将自然生成的田地赋予昔日的风采。2015年9月在四川丘陵山区调研发现，过去能产稻谷500kg的大水田，后来分给了很多家农户，随着打工热潮高涨衰败的就只有农田，现在这块大水田只有留在农村的1户在其角落上种上水稻，最多能产稻谷100kg，其余大部分被撂荒。2014年底调研组与一家家庭农场主座谈时，他在交流谈话过程中"泣不成声"，他谈到因为作业拖拉机要经过另一农户的承包地，而对方坚决不同意，连乡镇村组干部做工作都没用，最后这位农场主只有支付1000元高昂的"过路费"，拖拉机才能走这条捷径到达另一片区域作业。怎么解决土地资源节约集约利用问题？

第二，加快开展农户土地承包权有偿退出试点工作，尽快解除农民的后顾之忧。总体上讲，城市完全实现了社会主义市场经济，而广大农村仍然是严格意义上的社会主义计划经济，农村集体经营性建设用地、农户承包土地经营权入市等依然没有放开。要实现适度规模经营，必须创新土地制度改革。农民进城后为什么不愿意退出土地承包权，这是制度设计上的问题，目前绝大多数政策没有落地，在城市打工几十年能否得到城市市民所享受的权利，实现土地真正意义上的流转权和农产品的竞争权、经营权？当前四川省农产品竞争力较低，其主要原因是农产品成本价格太高。原因是多方面的，除了人力资源费用过高外，还有一个直接的原因是土地成本过高。对于新型经营主体来说，大量承包租用土地是需要支付有偿流动的租金，土地成本直接增加，导致农产品价格上涨。提高农业收益的关键是促进规模经营，所以，建议有条件的地区农民自愿"放弃"承包权，以承包权置换与城镇居民同等条件的社保权。这是由于土地承担了太多特殊功能，土地承包权对农民不仅有养老保障功能，还有就业和生活保障功能，虽然养老保障的功能在减弱，但土地置换内容还是要从养老保险拓展到医疗保险、失业保险、最低生活保障。置换原则一，要尽量做到农民少缴费或不缴费，科学测算土地承包经营权置换城镇社会保障的年限，以提高农民参与置换的积极性。置换原则二，要明确置换资金来源，降低资金风险，由于土地流转收益与农业发展的经营状况密切相关，市场风险不可避免，而且有的地方集体经济组织实力较弱，难以承担置换资金的出资主体。因此，应该明确各级财政补贴、集体资助和土地流转收益在土地置换资金中的所占份额。置换原则三，要完善相关的配套设施，防止出现置换政策先行，户籍问题解决迟缓，导致置换后农民难以享受与城镇居民同等的教育、医疗、就业。由于土地承包经营权置换关系到农民的切身利益，更要要求用地单位和当地政府落实国家相关法律法规，不断完善置换政策内容，加快户籍制度改革，逐步消除城乡二元化结构，使农民对土地的依赖程度降低，更有利于土地流转，降低流转成本，增加农产品的竞争能力。

第三，大力实施农业灌溉工程化，防治水土流失和江河湖泊污染。在20世纪七八十年代，为满足生产生活需求，推进社会主义经济发展，修建了成千上万座水库或湖泊，随着工业化、城镇化、农业现代化的不断迈进，江河湖泊污染加剧。据统计，全国水土流失面积已扩大到150万km^2，每年流失的土壤达50亿t，对我国农业生产造成巨大的损失。四川是全国水土流失最严重的省份之一，水土流失面积超过15万km^2，年土壤侵蚀量高达10亿t，每年流入长江干流的泥沙达3亿t。虽然近几年四川省水土流失已经得到较好的控制和治理，但其给农业带来的危害并未减轻：一方面，流失的土壤中饱含氮磷钾肥，是大片土壤肥力丧失的重要原因，影响农作物生长；另一方面，水土流失易造成泥沙淤积，阻碍水利设施的防洪灌溉功能；此外，水土流失还会对江河湖泊的水质造成一定程度的污染。四川本身属于水资源短缺且时空分布不均地区，全省水资源利用率仅11%，实际灌溉效益只达到设计能力的70%，有效灌溉面积仅占全省耕地面积的41.2%，低于全国50%的水平。因此，四川要大力发展节水农业，采用现代节水农业灌溉技术，使之工程化，特别是要改变过去的漫灌农业，大力资助大田作物喷灌农业、经济作物滴灌农业以及肥水一体化的智慧农业，从而实现资源节约型绿色农业发展。

二、大力发展农业新型经营主体

大力推进农业现代化、产业化发展是我国、我省"十三五"期间，乃至今后长期性的任务。2016年的中共中央国务院农村工作会议精神，对学术界、政界长期争议话题给予肯定，农村农业引入社会资本有利于增加农民收入，引入社会资本有利于加快农地适度规模经营，引入社会资本有利于推动现代农业及农业产业化发展。四川在培育农业新型经营主体方面具有首创精神，如职业经理人，但规模经营方面远落后于全国的平均水平，全国农业规模经营占比35%左右，而四川低于10个百分点。在大力发展农业新型经营主体的当前，据调研，如何完善农业新型经营主体的"租用权"问题，是普遍存在的重要问题。全国、全省长期发展农业新型经营主体政策建议如下：

第一，要实行农地租赁制，必须从法律上赋予新型经营主体的"租用权"。首先要明确专业大户、家庭农场、龙头企业或其他组织所流转经营的农地"租用权"受法律保护。实行农地租赁制，租赁双方通过签订租赁合同，经过不动产登记机关的审查登记后，将双方在农地使用上的责、权、利关系以法律形式固定下来，打破农地承包经营制严格的身份限制。其次，尽快出台第二轮土地承包具体办法，按规定延长新型经营主体土地的租赁期限，并适当降低土地租金。农业生产的特点决定了农地利用具有投资多、风险大、周期长的特点。土地租赁是一种经济行为，其期限可长可短，其期限应规定在30～50年为宜(彭真明和常健，2003)。目前四川省土地租金平均600元/亩，建议实行"梯度租金"模式，根据土地租赁期限确定土地租金，在规定的期限内，按照"期限越长、租金越低"的原则收取土地租金，甚至可以对部分撂荒地、实际种植粮油作物的免收后期的土地租金，这样可防止投机农业行为，同时降低粮食生产成本，提高四川粮油品种竞争力。

第二，政府要加强对发展新型经营主体的管理与资金扶持。一是要规范土地租赁行为。规范土地流转、租赁合同内容，针对目前合同中存在的问题，应着重规范合同中的不对等条款，按照社会主义市场经济理论宏观掌握合同内容，尤其是期限问题，对农业企业税、费、金项目该减免的就必须执行，同时规范业主的经营范围、种类，严格业主非农化、非粮化行为，逐步充实业主提高土地肥力、田间基础设施投入及环境保护等有关农业可持续发展的指标。二是集中使用好各级财政支农资金和国家信贷政策。强化对新型农业经营主体的支持，实行农业项目优先制度，要确保逐年增加对农业财政资金补贴，特别是对主要交通、机耕道路或作业道路、水利设施等基础性工程的支持力度，防止在农田投入大量水泥，建设所谓的农田田坎道路；同时要创新农村信贷模式，把新型农业经营主体作为信贷支农重点，实现"租用权"及附属不动产可抵押贷款。

三、壮大村级集体经济实力

农村集体经济是社会主义公有制经济的重要组成部分。发展壮大集体经济实力：一是有利于解决农业发展后劲不足的问题，从而提高农村生产力；二是有利于发挥好农村基层党组织领导核心作用、战斗堡垒作用、凝聚民心作用；三是有利于加强农村社会主义精神文明建设、生态文明建设、农耕文化建设。据调查，在四川农村绝大地方由于经过彻底"分田到户""分产到户"，有的生产队连晒坝的石板都分光了，或者果园里的果树都分光挖走了，留下的仅是一个行政村组管理结构，既没有实体经济和集体经济收入，也没有集体经济收益分配，这样极大地弱化了村集体经济的组织功能。即使有收入的村集体，资金来源也较为单一，主要依靠财政补贴支持、出租土地、房屋和资产性分配（土地征占费），收入只能维持日常工作开支，而缺乏集体性企业或者集体经营性产业支撑，更无法带动当地经济发展。因此，对于壮大农村集体经济的政策建议如下：

第一，盘活村级公共资源，实现城乡要素合理配置。四川农村资源配置效率低下，大量农村资源浪费，村庄空心化、村级集体经济空壳化。"城乡二元结构没有根本改变、城乡发展差距不断拉大趋势没有根本扭转"，产生这种局面的根本原因在于政府长期过度干预，农村资源大量"沉淀"，村级学校、村公所、厂房等农村建设用地闲置，社会主义市场经济在农村没有很好体现。市场机制在资源配置中具有其他方式不可比拟的优势，党的十八届三中全会也明确提出"使市场在资源配置中起决定性作用"的精辟论断。经济发展新常态下，四川农村公共资源需要进一步市场化，四川农村村级集体经济发展需要根据市场规律来配置农村资源。这有利于农村资源以及城乡要素的合理流动；有利于确保在农民利益不受损的前提下使农村公共资源变成资本从根本上改变村级集体经济空壳化问题；有利于在保护好四川农村公共资源的条件下开发、利用、管理好资源资产，建立健全四川农村资源资产产权体制机制。

第二，发挥能人集体经济，创新村级产业发展思路。毛泽东同志说过"世间一切事物中，人是第一可宝贵的"。据研究发现，凡是村集体经济发展比较好的都是有能人起着关键性作用，无论是郫县战旗村、筠连县春风村，还是安县柏杨村、蓬溪县拱市村，能人带动一个主导产业发展。柏杨村主导产业是蛋鸡产业化发展，从蛋鸡苗到鸡蛋的销售完全实现一体化发展，村党支部书记就是董事长，由于集体经济壮大了，村党支部凝聚力也就增强了，反之促进了村集体经济的发展壮大。当然集体经济离不开各级党委政府支持，筠连县春风村在原四川省委书记的支持下，坚决调整粮食产业，改种土李子，发展旅游业，既解决了石漠化这一世界难题，又增加了农民收入，同时壮大了集体经济，村党支部书记两次受到习近平总书记的接见。

四、优化农业产业结构空间布局

中国为解决温饱问题付出了很高的代价，四川作为典型的"粮-猪"二元农牧业结构地区，无论是平坝丘陵，还是高山峡谷，一切都是"以粮为纲"，甚至还一度限制除生产粮食作物以外的其他经济作物生产，更谈不上发展饲草作物。"粮猪安天下"农业发展理念造成人畜争粮局面，导致四川粮食数量主要是饲料用粮不安全的问题。农业产业结构中种植业除甘孜、阿坝两地外，其余地区占比趋同；而畜牧业较为集中的，也呈现类似情况，占比趋同；林业上，资源较为丰富的川西北高原和攀西地区也没有明显的地域特点。总而言之，四川各地农业产业结构过于雷同，在主导产业选择、区域布局上也呈现相似的情况。因此，优化四川农业产业空间布局政策建议如下：

第一，创新成都平原区土地制度走高端农业路子。发展的潜力在于创新土地流转方式，完善土地经营权多种实现方式，加快农村宅基地改革，为农业实现产业化、规模化扫清障碍。大力发展都市农业和现代农业，培育技术密集型农业产业，延长产业链，走高端农业发展之路。

第二，大力发展丘陵区农牧结合模式。要实现四川农业产业结构调整，必须破除传统的养殖结构和消费观念，必须把种植业和养殖业有机结合起来。建议编制四川省现代草食畜牧业产业空间布局规划(中长期)，针对资源配置优先原则，在四川丘陵区适量减少生猪养殖基地，增加种植业和养殖业一体化产业基地，自贡、资阳、南充有很好的经验。结合四川省不同的生态规划区以及产业发展要求，制定出四川省现代草食畜牧产业化发展战略。

第三，保护川西北高原牧区生态环境资源。草地牧业是该区域主要经济支柱，农业及林业处于次要地位，重点发展牦牛养殖、高山反季节蔬菜等高原特色农牧业。当前草地牧业已呈现严重危机：草地退化、沙化，产量大幅降低，经济效益低下；湿地萎缩，湖泊干涸，生态环境恶化。因此川西北高原牧区亟须防治草地退化、沙化，振兴草地牧业，制止草地超载放牧，实行限牧和退牧还草。积极寻找其他非牧业的产业，如林业、旅游业和防沙治沙工程以及维护草地生态等产业。

第四，建立现代新型饲草及草食畜禽良种繁育中心。建立以农业高校和科研机构为技术支持的现代草食畜牧业良种培育中心，整合科技资源，聚焦科技难点；根据四川省不同地区生态环境及牧草类型，为结构调整、空间布局、产业转型提供技术保障，同时要特别注意保护好各地的种质资源。建立奶牛、肉牛和肉羊直接补贴政策。统筹规划养殖区市场流通体系，覆盖含饲料提供、运输以及肉制品加工、运输、销售各环节的信息网络体系。政府应加大对市场进行疏通工作，适当对运输环节加大补贴，以降低肉制品成本，提高竞争力。欧盟国家对发展草食畜牧业采取直接补贴政策，主要集中补贴奶牛和肉牛，如丹麦每头奶牛或小母牛补贴200欧元，对肉牛补贴150~300欧元，肉牛屠宰补贴50~80欧元，其他动物屠宰补贴39欧元。

五、优化农业系统功能

农业第一、二、三产业互动融合发展是"十三五"时期以及今后长期的发展任务。农业除供给保障功能外还具有一系列的其他功能，当农业从饥饿农业阶段跨越至温饱农业阶段，进入安全农业阶段后，人们的需求发生了显著变化，对农业产业发展提出了更高的要求，优化农业多功能成为政府、企业、个人发展的目标。"吃饱"早已经是过去式，而"吃好""玩好"业以成为现代和未来农业产业发展的新需求。中国特色社会主义市场经济理论告诉我们，四川农业产业转型升级必须以市场为导向，以消费者的需求为出发点，农业产业发展绝不只是为自给，必须由单一功能向多功能发展，由生产功能向全产业链功能拓展，促进第一、二、三产业互动融合发展，制定促进四川农业关联产业发展政策。在四川大力发展乡村旅游、观光农业、休闲农业的基础上，建议将湖滨经济发展纳入国家"一带一路"发展战略中，保证流域或湖泊地区农业增长方式由以第一产业为主转变为旅游经济、特色经济全面"创新""协调""绿色""开放""共享"的发展格局。具体建议如下：

第一，制定科学合理的总体规划，促进湖滨资源市场化。建议在保障流域城镇化基础设施建设的同时，加快城镇化进度，促进区域农户集中居住，实现湖滨土地资源的节约集约利用，使农地、林地、水、滨、滩、丘(山)、农房等资源配置专业化、规模化、集约化、产权化，盘活相关资产，促进湖滨资源市场化，加快水利设施配套、道路修建、农林新功能开发、转型升级等，打造湖滨一、三产业互动新格局，引导城区高新产业、技术人才、资金等资源向湖滨区域流动。

第二，制定湖滨专项发展规划，发展湖滨特色生态产业。因时因地制宜，针对产业规划不科学、资源配置不合理、湖滨区域利用率低、重复建设现象普遍等问题，建议根据各地资源禀赋，制定专项发展规划，明确发展总体思路、主要目标、发展路径、工作重点和保障措施。要发展湖滨地区，需制定符合实际的发展规划，从宏观层面为湖滨产业的发展进一步指明方向。利用现有资源禀赋可大致划分为以下几种类型：在成都周边或是旅游业发达、交通可进入性好的大城市周边地区发展湖滨综合体；在川西高原和攀西高原的高山湖泊等自然环境优美、开发难度较大的地区发展湖滨观光旅游业和湖滨垂钓业；在有着特殊疗效的水资源周边，如自贡和都江堰可利用水疗开发湖滨康疗养生产业；在有着充足的水源、气候、土壤、光照条件好的地方，发展湖滨特色生态农业。

第三，加快结构调整，实现流域产业优化升级。在产业发展方面，要优化湖滨流域产业的结构布局。根据四川各区域资源的分布情况，优化提升农业产业，构建康疗养老产业，全面发展生态旅游服务业，以"三位一体"产业优化布局促进湖滨经济发展。首先，要优化农业生产结构，重点培育和发展生态农业，应逐步减少流域内粮食种植面积，大力发展林渔业和花卉种植业，建设以生态为基础，以科技为指导的有机、生态、高效的农业发展模式，大力发展休闲观光农业；其次，积极打造康疗养老产业，传播健康养生度假的理念；最后，以加大生态旅游、发展绿色产业为主，把旅游产品的开发作为第三产业发展的第一优势和拳头品牌，最终实现各产业联动式发展，达到优化农业的系统功能。

六、大力发展智慧农业

四川农业产业转型升级必须适应以互联网和大数据为代表的现代信息技术的迅猛发展的趋势。智慧农业就是通过实施"互联网＋农业"的现代农业产业模式，将现代信息技术运用到农业的生产、加工、流通等全产业链的过程，从而使其生产效率、产品质量、管理效能和种养效益等得到显著提升，实现真正意义上的"智慧农业"。智慧农业的诞生打破了单一农业产业，其产业链体现了农业物联网基础技术研发行业、设备制造行业、相关服务提供行业、个人或企业用户以及政府五大主体，智慧农业发展中政府处于主导地位，政府应该充分发挥其宏观调控能力，不仅需要制定智慧农业发展规划，各市州政府还应结合本地实际，制定相应的配套政策，以支持农业产业手段的转型。具体建议如下：

第一，大力发展农业机械智能化。从四川农业机械动力来看，在全国排名第九，但从大中型拖拉机和小型拖拉机动力排名来看，分别为第 24 位和第 16 位(详见第二编专题三)。在四川平坝、丘陵山区调研发现，许多地方农机具仍然处于初级阶段：单一功能多，复合功能少，籽粒收获多，秸秆收获少。因此，必须提高农业机械的设计、制造、操作、作业效率、动力效率、主机和辅助设备的配套等水平，必须从四川的地区差异、气候条件、作物对象等因地制宜，发展资源节约型、环境友好型农业机械一体化装备。加大对节能、低排放的拖拉机、保护土壤的保护性耕作机械，节水的灌溉机械，节种的精量播种机械，节药、低残留的植保机械的研发和推广；并加大对大型农业机械设备专项政策补助，对采用了高度自动化的农业机械给予补贴。四川应紧随发达国家和国内先进地区步伐，制定四川农业机械智能化"十三五"时期和中长期发展计划，以保障农业产业发展手段转型升级。

第二，加大对智慧农业的扶持力度。首先制定四川省智慧农业发展总体规划，各县（市、区）制定智慧农业发展实施规划，各镇（乡、街道办）制定智慧农业项目发展规划。根据国家农村宽带全覆盖战略，各级财政要从预算入手，加大对智慧农业的扶持力度，四川更应争取国家项目资金，建立各县（市、区）智慧农业网络综合服务总平台，全面推广其应用，让其覆盖所有相关产业及乡村。注重与示范点的结合，形成上下有机联运，产生应用的实效，尤其是与专业大户，家庭农场、专业合作社、龙头企业等无缝连接。根据具体应用领域的不同，在服务商主导、用户主导、软硬件集成商主导以及多方合作运营等多个商业网模式进行探索创新。四川农产品必须利用京东、淘宝等互联网企业进入农村发展，拓宽农产品的销售渠道，增加产品销售量，降低农户的交易成本，从而达到增加农民收入的目的。同时，要加强硬件设施服务，建设智能农业管理控制平台、农业技术专家远程支撑平台、农产品质量安全追溯平台，相互协助，使农业的产、供、销、加工等多个环节形成一体化发展，实现农业产业转型升级。

七、建立完善的科技创新体系

"农业出路在现代化，农业现代化关键在科技进步"。这是习近平同志对我国农业发展方向的准确判断。我国农业发展从饥饿阶段跨越至温饱阶段，科学技术创新起着决定、关键性作用，邓小平同志也曾说"科学技术是第一生产力"。四川农业产业转型升级必须按照经济高效、产品优质、生态安全的总体要求，以农业科学技术创新驱动为核心，既要大力推广应用农业高科技，同时也要结合四川传统农牧业种养中的长期经验，以产业转型为切入点，建立符合四川特色的农业科技创新体系。具体建议如下：

第一，加强农业科技成果的储备。首先，完善四川农业科技成果省级储备库。通过省农业厅以及四川农业大学、四川省农科院等高等院校和研究院（所）学术委员会以及相关领域资深专家组成的评估小组对农业科学研究成果进行评估、筛选，选择有前景的科技成果进入成果储备库作为储备项目，对入库项目给予一次性奖励。其次，加强对储备项目的管理和培育。针对重点关注的储备项目，给予一定的配套资金，加速农业关键技术的改造；不定期听取评估小组的意见和建议，及时提出指导性建议，避免走弯路、造成不必要的资源浪费。最后，科研管理部门要对储备项目进行动态管理。一方面省相关部门每年要将重点推广项目向各市（州）公开发布，并对采用新项目的农业新型经营主体给予一定的资金补贴；另一方面一旦发现某些项目没有研究前途，则撤销其储备项目资格，同时将新发现的有前景的项目及时补充到项目储备库中（闫湘，2006）。

第二，优化农业科技人员的配置。四川省编制办要根据四川农业产业转型升级对科技人才需求的变化，适度调减传统产业岗位的编制，以及严格控制职称晋升，与之配套的是增加新型产业发展对科技人才需求的岗位编制，适度放宽新型专业科技人员的职称晋升条件，以确保四川农业产业的转型升级。基于四川省现状，应持续加大农业科技人力资源投入，大型畜牧医务工作者中，除了养猪业配置猪医外，应针对草食畜牧业有效地配置牛医和羊医等，并培育从事草食动物的营养学科技人员，同时也要注重小型畜禽医务工作者的配置。此外，四川省应注重农业科技人员文化素质以及科技技能的提升。充分利用四川农业大学、四川省农科院等农业院校、科研机构的文化资源，发展各种在职教育和培训，不断巩固和更新农业科技人员的知识。最后，要注重农民的科技素质培养，可通过各地的农技站、广播、电视等手段按"季节"农业普及相关农业科学知识，推进新型职业农民的培养。

八、加强食物安全的源头管理

"民以食为天""食以安为先，安以质为本"。食物安全问题已成为全球全人类重点关注的问题。从总体上讲全人类都已进入安全农业阶段，用社会主义市场经济理论分析这一阶段人的需求，是追求高质量生活，需要优美的生态环境，要求农产品或食物安全质量第一位，其次是食物结构需求多元化。2016 年中央农村工作会议提出农业产品也要像城市房地产"去库存"，从根本上解决供求问题。因此，这一阶段基本特征是既要"数量安全"，又必须是"质量安全""结构安全""农耕文化安全""生态环境安全"，使农村成为农民的美好家园、城市居民休闲度假的理想乐园。研究发现为了食物安全，甚至要从石油农业回归到传统农业的地步，政府也在推动这一事态的发展，四川南充西充县打出了"有机农业县"品牌。近年来，农产品由于农药残留、兽药残留和重金属等有毒有害物质超标造成的食品安全事件接连发生。目前农产品质量安全监测体系的制度性缺陷是造成我国农产品安全质量问题的根本原因。加强食物安全源头管理的具体建议如下：

第一，加大对农业生态环境污染的源头控制，确保农产品产地安全。环保、农业部门要联合执法严禁工业"三废"和城市生活垃圾等外源污染源向农业地区扩散，凡是被镉、汞、砷等重金属污染的土壤不得种植蔬菜和粮油作物，改种园林、花卉等经济作用，从源头上控制农产品的安全。严格控制农业内源性污染，在化肥生产源头方面，逐渐减少速效肥的生产，多生产长效、复合肥料，对生产和使用有机肥的企业和农业生产者，给予政策性补助，对高残、高毒农药从生产、销售、使用等环节完全实行登记制度，建立高毒农药可追溯体系。大力推广高效、低毒、低残留农药和生物农药的使用，建设农资产品安全溯源系统，构建四川农产品安全省、市、县、乡、村以及农业园区、新型农业经营主体的绿色防控体系。从农业生产源头抓起，对农产品整个生产流程进行监督，各级相关部门要把农产品质量与食品安全的管理作为重要职能，重点控制源头，把好每个关口，确保生产出放心的农产品。

第二，加大对农产品结构宏观安全控制，促进四川农业产业转型升级。四川在肉类消费方面，猪肉约占 75% 左右，我们经常谈食物安全，主要从"数量"和"质量"方面角度，但事物往往是相互转化的，猪肉消费多了，饲用粮食消耗也就多了。从农业资源禀赋来看，四川粮食数量不安全，主要是指饲料粮不足，四川传统"粮－猪"二元结构既影响了粮食数量安全，又造成了居民膳食结构的不合理。为此，四川要加强食物安全的源头管理，丘陵区、盆周山区应从粮食作物改种饲用作物试点工程入手，种植优质牧草，大力发展多年生饲草玉米，构建种养结合，农牧结合，草料产业化发展，促进草食畜牧业发展，为四川人民提供优质的肉食品，实现从源头上、结构上保障食物安全。

第二编

专题报告

专题一　四川农业产业结构优化研究

推动四川农业产业结构优化既是推动四川农业产业化的过程，也是提升四川农产品市场竞争力，实现精准扶贫，增加广大农民收入的重要途径，更是实现四川农业产业转型升级的重要基础。事实上，优化农业产业结构就是优化农业生产要素的配置。这一优化过程必须以市场为导向，遵循价值规律，积极推动市场化配置，最终实现农业产业结构转型升级的目标，促进农业和农村经济持续、快速、稳定和健康发展。基于此，本专题研究的主要内容包括三部分：第一部分主要论述四川种植业、畜牧业、林业、渔业的产业结构对转型升级的影响；第二部分主要采用偏离－份额分析法对四川各市州粮油、农牧、肉类和水果等产业进行结构分析；第三部分主要论述农业产业结构优化的市场和计划机制。

一、四川农业产业结构对转型升级的影响

四川是中国粮食生产的重要基地之一，也是西部地区的主要供粮区。近年来，四川克服汶川特大地震和多种自然灾害的严重影响，实现了粮食产量七年连续增产。2013 年四川粮食产量达到 3387.1 万 t，粮食总产量在我国 31 个省(市、自治区)中位居第六位；四川粮食的播种面积在全国位居第四位，特别是稻谷播种面积和产量在全国约各占 10%。四川农业以精细缜密、特点鲜明著称，形成了夏、秋、晚秋作物一年三熟的耕作制度(宣朴等，2002)。四大主要粮食作物为水稻、小麦、玉米、红苕，经济作物则有油料、蔬菜、水果、茶叶、药材、花卉、蚕桑、甘蔗、烟叶、麻类等，品类繁盛。四川牢牢把握西部大开发的战略机遇，通过有效的市场引导和政府扶持，四川区域优势明显的特色农业产业已初步形成。四川省作为全国"南菜北运"重要生产基地的优势得以彰显，全省蔬菜形成了攀西地区早市蔬菜产区、成都平原蔬菜产区、川南反季节蔬菜产区、川西高地淡季蔬菜产区等具有区域特色的优势蔬菜种植区。安岳县是中国唯一的柠檬商品生产基地县，有着"中国柠檬之乡"的美誉。成都龙泉驿区是中国三大水蜜桃生产基地之一。

四川既有丘陵、平原，又有山地、高原，地形地貌复杂多样，气候立体分布十分明显，生物多样性尤为突出。四川充分利用资源优势，土地利用率领先全国，其 247.5% 的耕地复种指数，高于全国平均水平许多，农业生产结构高度集约。然而，在中国经济转型的重要时期，四川农业产业也面临着转型升级的巨大挑战，而在这一挑战过程中，四川农业产业结构对转型升级有着至关重要的影响。

1. 种植业结构对农业产业转型升级的影响

种植业在四川农业产业结构中一直占据着十分重要的地位，加之近年来种植业的大力发展，其对农业转型升级的影响也愈发显著。同时我们也要注意到，四川种植业存在着种植结构趋同，粮食种植面积过大，种植效益低下，经济作物规模化种植水平不高，农机化程度和组织化程度低等一系列问题。虽然四川在经济作物种植方面具有一定的区位优势，但仍存在品牌影响力不够和品质参差不齐的问题。即使农业产业结构演变的必然趋势是不断减少种植业在农业总产值中的所占比例，但对于四川省来说，这样的变化却会在相当程度上影响产业转型升级（邓琨，2011）。因此，四川种植业结构调整将直接决定四川农业产业转型升级的质量，只有以市场为导向、以现代农业科技为手段、以政策支持为支撑，才能有效地推动种植业的调整，进而促进四川农业产业的转型升级。

2. 畜牧业对农业产业转型升级的影响

近年来，四川省畜牧业克服资源压力增大、自然灾害加大、供求波动剧烈等诸多不利因素，抓住政策有力、市场有利的发展机遇，创新发展理念，优化生产方式，加强科技推广，促进了以生猪为主的畜牧业快速稳健发展。四川省近年来的畜牧业发展取得明显成效，主要体现为：生产方式不断优化，畜禽良种面不断提高；动物疫病防控有力，质量安全优势凸现；产业承接富有成效，市场开拓形式创新。虽然四川省的畜牧业呈现出良好的发展前景，但养殖结构却比较单一（邓琨，2011），耗粮型生猪规模过大，节粮型牛羊等食草型畜禽发展相对滞后，这种畜牧业结构会导致大量的粮食浪费，不利于粮肉的有效转化。同时，耗粮型生猪不仅耗粮多，而且生产过程中会产生大量污染，给当前自然环境造成较大破坏。因此，畜牧业的结构转变在于调整耗粮型和节粮型牧畜养殖的比例，实现粮肉的有效转化，减少对自然环境的破坏。此外，四川畜牧业的发展还必须因地制宜，以特色畜牧业为主导，从而为四川农业产业转型升级贡献出更为巨大的力量。

3. 林业和渔业结构对农业产业转型升级的影响

在四川省农业总产值中，林业与渔业均占很小的比重，通过实证分析可以得知，对于四川农业经济增长来说，林业的影响并不大，渔业对其的影响也不显著。但是农业各产业之间相互制约和相互促进的运动特征就决定了在农业产业结构调整的过程中要注重各产业的协调发展和整体效能，不能顾此失彼，否则会形成恶性循环。四川是长江上游重要的生态屏障，林业主要承载着重要的生态环境保护功能。而且，发展渔业和林业也可以丰富农产品，优化其他产业的生态环境，满足人们日益多样的消费需求。因此，林业和渔业对农业产业转型升级起着不可或缺的作用。

4. 农业产业结构调整对农业产业转型升级的影响

农业产业结构会随着时间的推移而不断演化，各产业之间的比例也会发生明显的变动。然而，从结构经济学的角度看，在特定的空间和技术条件下，始终存在着最优产业结构使得农业发展达到最优状态（褚伶利，2007）。随着社会经济的蓬勃发展，人们生活水平的不断提高以及生活品位的改变，农业产业结构也应根据社会的发展而做出相应的调整来满足不断变化的市场需求。就当前来看，"粮－猪"二元结构造成人猪争粮现象，导致粮食安全和生态环境安全问题。种植业和养殖业的吻合度越高，农业产业结构也就越优化，其对农业产业转型升级的助推作用也就越强。这里所强调的是，从总体上促进农业产业结构的升级，就是要通过对农业产业结构的不断调整，使其更加符合现代经济对农业产业结构的新要求。

二、四川农业产业结构现状

主导产业是指国家或地区在经济发展的某个阶段，该产业部门具有较好发展前景、在产业结构系统起着带动性作用和导向性作用的产业（张莲，2007）。美国经济学家罗斯托认为：在经济发展过程中，产业发展并非平衡，一些主导产业通常对整个经济的增长率起着至关重要的作用，这些产业具有较强的极化效应和更强的扩散效应，对其他产业乃至所有产业的增长有带动或启动其他产业增长的功能。因此，正确地选择主导产业既是产业结构进行优化的重要内容，又是政府部门完善产业发展政策、推动经济长期增长的重要环节。本文以 Shift-share 分析法为研究工具对四川农业主导产业结构现状进行分析。

（一）Shift-share 分析法

偏离－份额分析法（Shift-share Method，SSM）为美国学者 Dunn 等于 20 世纪 60 年代提出，20 世纪 80 年代初由 Dunn 总结各家所长而形成。主要用于分析产业结构变动对区域经济增长的影响，广泛应用在国外的区域经济结构分析中。偏离－份额分析法基本原理是将区域经济视为一个动态变化过程，将所在区域经济增长作为参照系，把研究区域经济增长与参照系经济发展比对。在某一时间段，研究区域经济总量的变动 G 分解为份额分量 N 和偏离分量 S，又将偏离分量 S 拆分为结构偏离分量 P 和竞争力偏离分量 D，据此来分析区域经济发展或衰退的动力或原因，确定区域具有比较优势的产业部门，此分析法具有较强的综合性和动态性。经济总量变动表达式（徐保金等，2011）：

$$G = N + S = N + P + D \qquad (2-1)$$

假定区域 i 经济总量和产业结构在时间段 $[0, t]$ 内均发生变化，基期年区域 i 经济总量为 b_{i0}，终期年为 b_{it}。把区域经济划分为 n 个产业部门，用 b_{ij0} 和 b_{ijt}（$j = 1, 2, \cdots, n$）表示区域 i 内 j 产业的基期年经济总量和终期年经济总量，用 B_0，B_t 分别表示区域 i 上级别区域基期年和终期年经济总量，用 B_{j0}，B_{jt} 表示上级别区域基期年和终期年 j 产业经济总量，则区域 i 内 j 产业部门在 $[0, t]$ 时间段变化率为（徐保金等，2011）

$$r_{ij} = \frac{b_{ijt} - b_{ij0}}{b_{ij0}} \qquad (j = 1, 2, \cdots, n) \qquad (2-2)$$

区域 i 上级别区域 j 产业部门在 $[0, t]$ 时段变化率为

$$R_j = \frac{B_{jt} - B_{j0}}{B_{j0}} \qquad (j = 1, 2, \cdots, n) \qquad (2-3)$$

以上级别区域各个产业部门所占的份额为标准，进行标准化处理，由此得到区域 i 各产业部门标准化规模。其中标准化公式为

$$b'_{ij} = \frac{b_{i0} \times B_{j0}}{B_0} \qquad (j = 1, 2, \cdots, n) \qquad (2\text{-}4)$$

区域 i 在时间段 $[0, t]$ 内 j 产业部门增长量 G_{ij}、份额分量 N_{ij} 和偏移分量 S_{ij}、结构偏离分量 P_{ij}、竞争力偏离分量 D_{ij} 分别为

$$G_j = b_{ijt} - b_{ij0} = N_{ij} + P_{ij} + D_{ij} \qquad (2\text{-}5)$$
$$N_{ij} = b'_{ij} \times R_j \qquad (2\text{-}6)$$
$$P_{ij} = (b_{ij0} - b'_{ij}) \times R_j \qquad (2\text{-}7)$$
$$D_{ij} = b_{ij0} \times (r_{ij} - R_j) \qquad (2\text{-}8)$$
$$S_{ij} = P_{ij} + D_{ij} \qquad (2\text{-}9)$$

（二）结果分析

本课题的数据来源于 2000～2014 年《四川省统计年鉴》，以 1999 年为基期年，2013 年为末期年，那些不具备可比性或产值为零的农业产业，均调整基期至第一个可比较年份。根据偏离－份额分析法分析结果，四川农业产业结构现状如下：

1. 四川各市（州）粮油产业结构分析

若 $b_{ij0} - b'_{ij} > 0$ 则对应区位商大于 1 属于富有盈余的朝阳产业部门；若 $b_{ij0} - b'_{ij} < 0$ 则产业部门所占比重低于全省平均水平，为亏空产业部门。由表 2-1 可知：

（1）成都市稻谷、小麦、油料、油菜籽为有盈余的朝阳产业部门，具有一定产业优势，玉米、豆类、薯类、棉花、花生、麻类、糖类、甘蔗为亏空产业部门。其中油料、油菜籽份额偏离分量大于 0，可知这两个产业部门在全省都有良好的发展势头，这两个产业部门 P_{ij} 也都大于 0，故此我们认为产业部门有一定优势，也有较好的结构基础，观察 D_{ij} 发现并无产业部门大于 0，说明成都市产业部门竞争优势较小，区域竞争力很弱。结合分析可知成都市产业部门尽管结构基础较好，但专业化经济，规模经济并不明显。因而，成都市油菜籽为粮油农业主导产业。

（2）自贡市稻谷、薯类、豆类、花生、麻类为有盈余的朝阳产业部门，具有一定产业优势，小麦、玉米、薯类、甘蔗、油料、油菜籽、棉花、糖类为亏空产业部门。其中，豆类、薯类、花生、麻类四个产业部门的 N_{ij} 都大于 0，可知这四个产业部门在全省都有良好的发展势头，所有部门产业中有八个产业部门 P_{ij} 大于 0，说明自贡市产业基础较好。观察 D_{ij} 发现豆类和花生大于 0，且花生具有突出产业部门竞争优势。因而自贡市花生是粮油农业主导产业。

（3）攀枝花市糖类、甘蔗为有盈余的朝阳产业部门，具有一定产业优势，稻谷、豆类、薯类、花生、麻类、小麦、玉米、薯类、油料、油菜籽、棉花是亏空产业部门。结合 G_{ij} 和 S_{ij} 糖类、甘蔗产业部门位于前列，从竞争优势 D_{ij} 来看，油菜籽、油料位于前列。因此油菜籽为攀枝花市粮油农业主导产业但缺乏增长潜力。

（4）泸州市稻谷、豆类、薯类是有盈余的朝阳产业部门，具有一定产业优势，小麦、玉米、薯类、油料、油菜籽、棉花、糖类、甘蔗、花生、麻类是亏空产业部门。结合

G_{ij}、S_{ij} 和竞争优势 D_{ij} 来看糖类、甘蔗产业部门均位于前列。因此甘蔗是泸州市粮油农业主导产业但增长潜力较为缺乏。

(5)德阳市稻谷、小麦、油料、油菜籽为有盈余的朝阳产业部门，具有一定产业优势，玉米、豆类、薯类、棉花、花生、麻类、糖类、甘蔗为亏空产业部门。从总增量 G_{ij} 来看花生、油料、油菜籽处于前列，结合部门增长优势 S_{ij} 来看油料、油菜籽位于前列，而从竞争优势 D_{ij} 观察，小麦和豆类均大于 0。因此小麦为德阳市粮油农业主导产业。

(6)绵阳市小麦、棉花、花生、油料、油菜籽为有盈余的朝阳产业部门，具有一定产业优势，稻谷、玉米、豆类、薯类、麻类、糖类、甘蔗为亏空产业部门。从总增量 G_{ij} 来看花生、麻料、油料、油菜籽处于前列，结合部门增长优势 S_{ij} 来看花生、麻料、油料、油菜籽亦是位于前列，而从竞争优势 D_{ij} 观察，麻料、花生显著处于前列。因此麻料为绵阳市粮油经济作物主导产业。

(7)广元市小麦、玉米、油料、油菜籽为有盈余的朝阳产业部门，具有一定产业优势，稻谷、豆类、薯类、棉花、花生、麻类、糖类、甘蔗为亏空产业部门。从总增量 G_{ij}、部门增长优势 S_{ij} 和竞争优势 D_{ij} 来看油菜籽产业部门均处于绝对领先水平。因此油菜籽为广元市粮油农业主导产业。

(8)遂宁市小麦、玉米、薯类、棉花、油料、油菜籽、花生、麻类为有盈余的朝阳产业部门，具有一定产业优势，稻谷、豆类、糖类、甘蔗为亏空产业部门。从总增量 G_{ij} 来看油料、油菜籽、花生、麻类四个部门产业处于前列，由部门增长优势 S_{ij} 观察油料、油菜籽、花生、麻类、棉花五个部门产业最为领先。而从竞争优势 D_{ij} 来看棉花、麻类位于前列。因此麻类为遂宁市粮油经济作物主导产业。

(9)内江市玉米、豆类、薯类、花生是有盈余的朝阳产业部门，具有一定产业优势，稻谷、麻类、小麦、棉花、油料、油菜籽、糖类、甘蔗为亏空产业部门。从总增量 G_{ij} 来看油料、油菜籽两个部门产业处于前列，由部门增长优势 S_{ij} 观察糖类、甘蔗处于领先水平。而从竞争优势 D_{ij} 来看甘蔗、麻类位于前列。因此麻类是内江市粮油经济作物主导产业，但缺乏增长潜力。

(10)乐山市稻谷、豆类、薯类、糖类、甘蔗是有盈余的朝阳产业部门，具有一定产业优势，小麦、玉米、棉花、油料、油菜籽、花生、麻类是亏空产业部门。从总增量 G_{ij} 来看油料、油菜籽两个部门产业处于前列，由部门增长优势 S_{ij} 和竞争优势 D_{ij} 观察糖类、甘蔗两个部门产业最为领先。因此糖类是乐山市粮油经济作物主导产业。

(11)南充市麻类、小麦、棉花、油料、油菜籽、玉米、豆类、薯类、花生为有盈余的朝阳产业部门，具有一定产业优势，稻谷、糖类、甘蔗为亏空产业部门。从总增量 G_{ij}、部门增长优势 S_{ij} 以及竞争优势 D_{ij} 来看均是油料、油菜籽两个部门产业处于前列。因此油菜籽为南充市粮油农业主导产业。

(12)眉山市稻谷、豆类、薯类、糖类、甘蔗为有盈余的朝阳产业部门，具有一定产业优势，花生、麻类、小麦、棉花、油料、油菜籽、玉米为亏空产业部门。从总增量 G_{ij} 来看油料、油菜籽两个部门产业处于前列，由部门增长优势 S_{ij} 观察小麦处于领先水平。而从竞争优势 D_{ij} 来看油料、油菜籽位于前列。因此油菜籽为眉山市粮油农业主导产业，但缺乏一定的结构基础。

(13)宜宾市稻谷、薯类、花生为有盈余的朝阳产业部门，具有一定产业优势，稻谷、豆类、糖类、甘蔗、玉米、棉花、油料、油菜籽、麻类为亏空产业部门。从总增量 G_{ij} 来看油料、油菜籽两个部门产业处于前列，由部门增长优势 S_{ij} 和竞争优势 D_{ij} 来观察糖类、甘蔗两个部门产业最为领先。因此糖类为宜宾市粮油经济作物主导产业，但缺乏增长潜力。

(14) 广安市稻谷、豆类、小麦、玉米、薯类、油料、油菜籽、麻类为有盈余的朝阳产业部门，具有一定产业优势，棉花、花生、糖类、甘蔗为亏空产业部门。从总增量 G_{ij} 和部门增长优势 S_{ij} 观察油料、油菜籽两个部门产业最为领先。而从竞争优势 D_{ij} 来看糖类、甘蔗位于前列。因此糖类为广安市粮油经济作物主导产业。

(15) 达州市花生、小麦、玉米、薯类、油料、油菜籽为有盈余的朝阳产业部门，具有一定产业优势，棉花、稻谷、豆类、糖类、甘蔗、麻类为亏空产业部门。从总增量 G_{ij} 和部门增长优势 S_{ij} 以及竞争优势 D_{ij} 观察油料、油菜籽两个部门产业最为领先。因此油料为达州市粮油农业主导产业。

(16) 雅安市玉米、豆类、油菜籽为有盈余的朝阳产业部门，具有一定产业优势，棉花、稻谷、小麦、薯类、花生、油料、糖类、甘蔗、麻类为亏空产业部门。从总增量 G_{ij} 来看观察油料、油菜籽两个部门产业最为领先，从部门增长优势 S_{ij} 观察豆类、薯类处于前列，而从竞争优势 D_{ij} 来看花生位于前列。因此花生为雅安市粮油农业主导产业。

(17) 巴中市稻谷、小麦、棉花、糖类、甘蔗为有盈余的朝阳产业部门，具有一定产业优势，麻类、油料、油菜籽、玉米、豆类、薯类、花生为亏空产业部门。从总增量 G_{ij} 来看油料、油菜籽两个部门产业处于前列，由部门增长优势 S_{ij} 观察玉米、薯类处于领先水平。而从竞争优势 D_{ij} 来看油料位于前列。因此油料为巴中市粮油农业主导产业，但缺乏增长潜力。

(18) 资阳市花生、玉米、薯类、油料、油菜籽、麻类为有盈余的朝阳产业部门，具有一定产业优势，稻谷、豆类、小麦、棉花、糖类、甘蔗为亏空产业部门。从总增量 G_{ij} 和部门增长优势 S_{ij} 观察油料、油菜籽两个部门产业最为领先。而从竞争优势 D_{ij} 来看麻类位于前列。因此麻类为资阳市粮油经济作物主导产业。

(19) 阿坝藏族羌族自治州玉米、豆类、薯类为有盈余的朝阳产业部门，具有一定产业优势，麻类、油料、油菜籽、稻谷、小麦、棉花、糖类、甘蔗、花生为亏空产业部门。从总增量 G_{ij} 来看油料、油菜籽两个部门产业处于前列，由部门增长优势 S_{ij} 观察稻谷、小麦处于领先水平。而从竞争优势 D_{ij} 来看糖类位于前列。因此糖类为阿坝藏族羌族自治州粮油经济作物主导产业，但缺乏增长潜力。

(20) 甘孜藏族自治州小麦、玉米、豆类、薯类是有盈余的朝阳产业部门，具有一定产业优势，麻类、油料、油菜籽、稻谷、棉花、糖类、甘蔗、花生是亏空产业部门。从总增量 G_{ij} 和部门增长优势 S_{ij} 以及竞争优势 D_{ij} 观察油料、油菜籽两个部门产业最为领先。因此油菜籽是甘孜藏族自治州粮油农业主导产业，但缺乏一定的增长潜力。

(21) 凉山彝族自治州糖类、甘蔗、豆类、玉米为有盈余的朝阳产业部门，具有一定产业优势，小麦、棉花、花生、稻谷、薯类、油料、油菜籽、麻类为亏空产业部门。从总增量 G_{ij} 和部门增长优势 S_{ij} 观察糖类、甘蔗两个部门产业最为领先。而从竞争优势 D_{ij} 来看油料、油菜籽位于前列。因此油菜籽为凉山彝族自治州粮油农业主导产业。

2. 四川各市(州)农牧产业结构分析

具体结果由表 2-2 可知:

(1)成都市改良乳牛、水牛为有盈余的朝阳产业部门,具有一定产业优势,黄牛、马、山羊为亏空产业部门。山羊处于总增量 G_{ij} 的前列,而黄牛、改良乳牛两个部门产业则处于部门增长优势 S_{ij} 的前列,而从竞争优势 D_{ij} 来看黄牛名列前茅。因此黄牛为成都市农牧业主导产业,其产业基础较好,但缺乏增长潜力。

(2)自贡市改良乳牛、水牛为有盈余的朝阳产业部门,具有一定产业优势,黄牛、马、山羊为亏空产业部门。山羊处于总增量 G_{ij} 的前列,而改良乳牛部门产业则处于部门增长优势 S_{ij} 的前列,黄牛在竞争优势 D_{ij} 方面位于前列。因此黄牛为自贡市农牧业主导产业,但缺乏增长潜力。

(3)攀枝花市水牛、马、山羊为有盈余的朝阳产业部门,具有一定产业优势,改良乳牛、黄牛为亏空产业部门。从总增量 G_{ij} 和部门增长优势 S_{ij} 以及竞争优势 D_{ij} 观察山羊部门产业最为领先。因此山羊为攀枝花市农牧业主导产业。

(4)泸州市水牛为有盈余的朝阳产业部门,具有一定产业优势,改良乳牛、黄牛、马、山羊为亏空产业部门。从总增量 G_{ij} 和部门增长优势 S_{ij} 以及竞争优势 D_{ij} 来看山羊位于前列。因此山羊为泸州市农牧业主导产业,但缺乏增长潜力。

(5)德阳市改良乳牛、水牛为有盈余的朝阳产业部门,具有一定产业优势,黄牛、马、山羊为亏空产业部门。从总增量 G_{ij} 来看山羊位于前列,而部门增长优势 S_{ij} 和竞争优势 D_{ij} 来看黄牛位于前列。因此黄牛为德阳市农牧业主导产业,但缺乏一定的增长潜力。

(6)绵阳市改良乳牛、黄牛、水牛为有盈余的朝阳产业部门,具有一定产业优势,马、山羊为亏空产业部门。从总增量 G_{ij} 和部门增长优势 S_{ij} 以及竞争优势 D_{ij} 来看山羊位于前列。因此山羊为绵阳市农牧业主导产业,但缺乏一定的增长潜力。

(7)广元市黄牛、水牛为有盈余的朝阳产业部门,具有一定产业优势,改良乳牛、马、山羊为亏空产业部门。从总增量 G_{ij} 和部门增长优势 S_{ij} 以及竞争优势 D_{ij} 来看山羊位于前列。因此山羊为广元市农牧业主导产业,但缺乏一定的增长潜力。

(8)遂宁市水牛为有盈余的朝阳产业部门,具有一定产业优势,改良乳牛、黄牛、马、山羊为亏空产业部门。从总增量 G_{ij} 来看山羊处于前列,而从部门增长优势 S_{ij} 以及竞争优势 D_{ij} 来看黄牛位于前列。因此黄牛为遂宁市农牧业主导产业,但缺乏增长潜力。

(9)内江市改良乳牛、水牛为有盈余的朝阳产业部门,具有一定产业优势,黄牛、马、山羊为亏空产业部门。从总增量 G_{ij} 来看山羊处于前列,而从部门增长优势 S_{ij} 以及竞争优势 D_{ij} 来看黄牛位于前列。因此黄牛为内江市农牧业主导产业,但缺乏增长潜力。

(10)乐山市水牛为有盈余的朝阳产业部门,具有一定产业优势,改良乳牛、黄牛、马、山羊为亏空产业部门。从总增量 G_{ij} 和部门增长优势 S_{ij} 以及竞争优势 D_{ij} 来看山羊位于前列。因此山羊为乐山市农牧业主导产业,但缺乏一定的增长潜力。

(11)南充市黄牛、改良乳牛、水牛为有盈余的朝阳产业部门,具有一定产业优势,马、山羊为亏空产业部门。从总增量 G_{ij} 来看山羊处于前列,而从部门增长优势 S_{ij} 以及竞争优势 D_{ij} 来看黄牛位于前列。因此黄牛为南充市农牧业主导产业。

（12）眉山市水牛为有盈余的朝阳产业部门，具有一定产业优势，改良乳牛、黄牛、马、山羊为亏空产业部门。从总增量 G_{ij} 和部门增长优势 S_{ij} 以及竞争优势 D_{ij} 来看山羊位于前列。因此山羊为眉山市农牧业主导产业，但缺乏一定的增长潜力。

（13）宜宾市改良乳牛、水牛为有盈余的朝阳产业部门，具有一定产业优势，黄牛、马、山羊为亏空产业部门。从总增量 G_{ij} 来看山羊处于前列，而从部门增长优势 S_{ij} 以及竞争优势 D_{ij} 来看水牛位于前列。因此水牛为宜宾市农牧业主导产业。

（14）广安市黄牛、改良乳牛、水牛为有盈余的朝阳产业部门，具有一定产业优势，马、山羊为亏空产业部门。从总增量 G_{ij} 来看山羊处于前列，而从部门增长优势 S_{ij} 以及竞争优势 D_{ij} 来看马位于前列。因此马为广安市农牧业主导产业。

（15）达州市黄牛、改良乳牛、水牛为有盈余的朝阳产业部门，具有一定产业优势，马、山羊为亏空产业部门。从总增量 G_{ij} 来看山羊处于前列，而从部门增长优势 S_{ij} 以及竞争优势 D_{ij} 来看黄牛位于前列。因此黄牛为达州市农牧业主导产业。

（16）雅安市马、改良乳牛、水牛为有盈余的朝阳产业部门，具有一定产业优势，黄牛、山羊为亏空产业部门。从总增量 G_{ij} 和部门增长优势 S_{ij} 以及竞争优势 D_{ij} 来看山羊位于前列。因此山羊为雅安市农牧业主导产业，但缺乏一定的增长潜力。

（17）巴中市改良乳牛、水牛为有盈余的朝阳产业部门，具有一定产业优势，黄牛、马、山羊为亏空产业部门。从总增量 G_{ij} 来看山羊处于前列，而从部门增长优势 S_{ij} 以及竞争优势 D_{ij} 来看黄牛位于前列。因此黄牛为巴中市农牧业主导产业。

（18）资阳市水牛为有盈余的朝阳产业部门，具有一定产业优势，改良乳牛、黄牛、马、山羊为亏空产业部门。从总增量 G_{ij} 来看山羊处于前列，而从部门增长优势 S_{ij} 以及竞争优势 D_{ij} 来看水牛位于前列。因此水牛为资阳市农牧业主导产业。

（19）阿坝藏族羌族自治州马、黄牛、山羊为有盈余的朝阳产业部门，具有一定产业优势，改良乳牛、水牛为亏空产业部门。从总增量 G_{ij} 和部门增长优势 S_{ij} 以及竞争优势 D_{ij} 来看黄牛位于前列。因此黄牛为阿坝藏族羌族自治州农牧业主导产业。

（20）甘孜藏族自治州马、黄牛为有盈余的朝阳产业部门，具有一定产业优势，山羊、改良乳牛、水牛为亏空产业部门。从总增量 G_{ij} 和部门增长优势 S_{ij} 以及竞争优势 D_{ij} 来看马位于前列。因此马为甘孜藏族自治州农牧业主导产业。

（21）凉山彝族自治州马、山羊为有盈余的朝阳产业部门，具有一定产业优势，黄牛、改良乳牛、水牛为亏空产业部门。从总增量 G_{ij} 来看山羊位于前列，而部门增长优势 S_{ij} 和争优势 D_{ij} 来看水牛位于前列。因此水牛为凉山彝族自治州农牧业主导产业，但缺乏增长潜力。

3. 四川各市（州）肉类业结构分析

具体结果由表 2-3 可知：

（1）成都市禽肉为有盈余的朝阳产业部门，具有一定产业优势，猪肉、牛肉、羊肉为亏空产业部门。从总增量 G_{ij} 和部门增长优势 S_{ij} 以及竞争优势 D_{ij} 来看猪肉始终位于前列。因此猪肉为成都市肉类业主导产业，其产业基础较好，但缺乏增长潜力。

（2）自贡市猪肉、羊肉为有盈余的朝阳产业部门，具有一定产业优势，牛肉、禽肉为亏空产业部门。从总增量 G_{ij} 来看猪肉位于前列，而部门增长优势 S_{ij} 来看羊肉部门产业处于前列，而从竞争优势 D_{ij} 来看禽肉位于前列。因此禽肉为自贡市肉类主导产业，但缺乏增长潜力。

（3）攀枝花市猪肉、羊肉为有盈余的朝阳产业部门，具有一定产业优势，牛肉、禽肉为亏空产业部门。猪肉处于总增量 G_{ij} 的前列，而羊肉部门产业处于增长优势 S_{ij} 和竞争优势 D_{ij} 来的前列。因此羊肉为攀枝花市肉类主导产业，但缺乏增长潜力。

（4）泸州市羊肉为有盈余的朝阳产业部门，具有一定产业优势，猪肉、牛肉、禽肉为亏空产业部门。从总增量 G_{ij} 和部门增长优势 S_{ij} 以及竞争优势 D_{ij} 来看猪肉位于前列。因此猪肉为泸州市肉类业主导产业，但缺乏区域竞争优势。

（5）德阳市禽肉为有盈余的朝阳产业部门，具有一定产业优势，牛肉、猪肉、羊肉为亏空产业部门。从总增量 G_{ij} 来看猪肉位于前列，而部门增长优势 S_{ij} 来看禽肉部门产业处于前列，从竞争优势 D_{ij} 来看牛肉位于前列。因此牛肉为德阳市肉类业主导产业，但缺乏增长潜力。

（6）绵阳市禽肉为有盈余的朝阳产业部门，具有一定产业优势，牛肉、猪肉、羊肉为亏空产业部门。从总增量 G_{ij} 来看猪肉位于前列，而从部门增长优势 S_{ij} 来看禽肉部门产业处于前列，从竞争优势 D_{ij} 来看牛肉位于前列。因此牛肉为绵阳市肉类主导产业，但缺乏增长潜力。

（7）广元市牛肉、猪肉、羊肉为有盈余的朝阳产业部门，具有一定产业优势，禽肉为亏空产业部门。从总增量 G_{ij}、部门增长优势 S_{ij} 和竞争优势 D_{ij} 来看猪肉位于前列。因此猪肉为广元市肉类主导产业。

（8）遂宁市猪肉为有盈余的朝阳产业部门，具有一定产业优势，牛肉、羊肉、禽肉为亏空产业部门。从总增量 G_{ij}、部门增长优势 S_{ij} 和竞争优势 D_{ij} 来看猪肉位于前列。因此猪肉为遂宁市肉类主导产业。

（9）内江市羊肉、猪肉为有盈余的朝阳产业部门，具有一定产业优势，牛肉、禽肉为亏空产业部门。从总增量 G_{ij}、部门增长优势 S_{ij} 和竞争优势 D_{ij} 来看猪肉位于前列。因此猪肉为内江市肉类主导产业。

（10）乐山市禽肉为有盈余的朝阳产业部门，具有一定产业优势，牛肉、猪肉、羊肉为亏空产业部门。猪肉处于总增量 G_{ij} 的前列，而牛肉部门产业处于增长优势 S_{ij} 和竞争优势 D_{ij} 来的前列。因此牛肉为乐山市肉类主导产业，但缺乏增长潜力。

（11）南充市猪肉为有盈余的朝阳产业部门，具有一定产业优势，牛肉、禽肉、羊肉为亏空产业部门。从总增量 G_{ij} 来看猪肉位于前列，而部门增长优势 S_{ij} 和竞争优势 D_{ij} 来看羊肉部门产业处于前列。因此羊肉为南充市肉类主导产业，但缺乏增长潜力。

（12）眉山市猪肉为有盈余的朝阳产业部门，具有一定产业优势，牛肉、羊肉、禽肉为亏空产业部门。从总增量 G_{ij}、部门增长优势 S_{ij} 和竞争优势 D_{ij} 来看羊肉位于前列。因此猪肉为眉山市肉类主导产业。

（13）宜宾市禽肉、猪肉为有盈余的朝阳产业部门，具有一定产业优势，牛肉、羊肉为亏空产业部门。从总增量 G_{ij}、部门增长优势 S_{ij} 和竞争优势 D_{ij} 来看猪肉位于前列。因此猪肉为宜宾市肉类主导产业。

（14）广安市牛肉、猪肉为有盈余的朝阳产业部门，具有一定产业优势，禽肉、羊肉为亏空产业部门。从总增量 G_{ij}、部门增长优势 S_{ij} 和竞争优势 D_{ij} 来看禽肉位于前列。因此禽肉为广安市肉类主导产业,但缺乏一定的区域竞争优势和产业基础。

(15)达州市牛肉、禽肉为有盈余的朝阳产业部门,具有一定产业优势,猪肉、羊肉为亏空产业部门。从总增量 G_{ij}、部门增长优势 S_{ij} 和竞争优势 D_{ij} 来看猪肉位于前列。因此猪肉为达州市肉类主导产业,但缺乏一定的增长潜力。

(16)雅安市猪肉、羊肉、牛肉为有盈余的朝阳产业部门,具有一定产业优势,禽肉为亏空产业部门。从总增量 G_{ij}、部门增长优势 S_{ij} 和竞争优势 D_{ij} 来看禽肉位于前列。因此禽肉为雅安市肉类主导产业,但缺乏一定的增长潜力。

(17)巴中市猪肉、羊肉为有盈余的朝阳产业部门,具有一定产业优势,牛肉、禽肉为亏空产业部门。从总增量 G_{ij}、部门增长优势 S_{ij} 和竞争优势 D_{ij} 来看猪肉位于前列。因此猪肉为巴中市肉类主导产业。

(18)资阳市猪肉、羊肉为有盈余的朝阳产业部门,具有一定产业优势,牛肉、禽肉为亏空产业部门。从总增量 G_{ij}、部门增长优势 S_{ij} 和竞争优势 D_{ij} 来看猪肉位于前列。因此猪肉为资阳市肉类主导产业。

(19)阿坝藏族羌族自治州牛肉、羊肉为有盈余的朝阳产业部门,具有一定产业优势,猪肉、禽肉为亏空产业部门。从总增量 G_{ij} 和部门增长优势 S_{ij} 来看牛肉处于前列,而从竞争优势 D_{ij} 来看禽肉位于前列。因此禽肉为阿坝藏族羌族自治州肉类主导产业,但缺乏增长潜力,且产业基础较差。

(20)甘孜藏族自治州牛肉、羊肉为有盈余的朝阳产业部门,具有一定产业优势,猪肉、禽肉为亏空产业部门。从总增量 G_{ij} 和部门增长优势 S_{ij} 来看牛肉处于前列,而从竞争优势 D_{ij} 来看禽肉位于前列。因此禽肉为甘孜藏族自治州肉类主导产业,但缺乏增长潜力,并且产业基础较差。

(21)凉山彝族自治州牛肉、猪肉、羊肉为有盈余的朝阳产业部门,具有一定产业优势,禽肉为亏空产业部门。从总增量 G_{ij}、部门增长优势 S_{ij} 和竞争优势 D_{ij} 来看猪肉位于前列。因此猪肉为凉山彝族自治州肉类主导产业。

4. 四川各市(州)水果产业结构分析

根据表 2-4 结果可知,四川省农业水果部门产业中资阳市、自贡市、内江市以柑橘为主导产业;阿坝藏族羌族自治州、遂宁市、宜宾市、达州市以梨为主导产业;凉山彝族自治州以苹果为主导产业,并有一定的增长潜力且在整个四川省有良好的发展势头。

三、四川农业产业结构优化

农业产业结构是指农业生产各部门和各部门内部的组成元素之间的比例关系总和。农业产业结构的调整就是要对农业生产要素进行优化配置,使农业生产能够达到"帕累托最优"的状态。因此,促进农业产业结构合理化调整,既是促进农业可持续发展的必要条件,又是建设现代农业的必然要求(乔永信,2004)。农业产业结构并非一成不变,它伴随着自然条件、市场因素和经济条件的变动必然要发生相应的自动调节。农业产业结构调整是一项复杂的经济活动,它事关农业生产各个部门的协调发展,只有遵循农业产业结构演化的客观规律,才能使农业各部门相得益彰,从而使农业生产的整体效能发挥得淋漓尽致。农业发展的基础组成成分之一是农业结构，它是促进农业增长的因素中不可或缺的部分，而且农业结构的状态标志着农业发展的水平并决定着农业效益的高低。四川是地处西南内陆的农业大省具有得天独厚的自然禀赋（吴晚霞和曹正勇，2013）。同时，四川也是我国重要的粮油生产基地和畜牧业生产大省，具有十分重要的粮食战略地位。

四川农业发展工作的重中之重一直都是农业结构调整，无论是 20 世纪 80 年代提出的"产加销"，还是 90 年代倡导的"稳粮调结构，增收奔小康"；四川农业产业结构调整初见成效，农业产业结构逐步趋向合理化（吴晚霞和曹正勇，2013）。近年来，随着四川居民收入水平的提高，人们对生活的追求发生了较大变化，传统的农业生产结构已经不符合人们日益变化的消费需求，四川农业产业结构已经迎来了一个全新的发展阶段和转折点，这对于四川农业的发展而言既是机遇，又是挑战。响应时代变化的需求，对农业产业结构进行合理的配置有助于打破农业发展的瓶颈，强化农业的市场势力。农业产业结构主要包括农业的区域分布、农产品品种结构、农产品品质结构和产业链。合理而又符合区域特色的农业分布，可以大大避免各个产业区域出现农业分布雷同的现象，更能促进其发展具有区域优势的特色产业；发展特色产业内部的主导产品，可以形成具有农业资源优势的特色农产品品种以及优化主导农产品的品质结构，延长了优势农产品的价值链；大力发展农产品加工业产业，提高农产品的种植效益（程瑶，2010），这不仅有助于优势农业的发展，提升农业生产效益，为农民创收，而且可以完善农产品品质和农产品品种结构，推动农业产业结构优化升级及农业市场化，使四川农业具有持久的竞争力和发展能力。

如何将现有的产业结构进行合理的调整，通常意义上有两个过程：其一是调整各行业、部门之间各类要素的比例，使各行业、部门之间的生产能够产生协同效应，最终促使产业结构处于均衡状态的过程；其二是打破当前均衡状态的过程。其原因有二：一是当前的市场需求结构发生了深刻变化，而产业结构的调整却相对滞后，因此需要打破当前的均衡状态；二是产业的供给能力在技术的冲击下发生了深刻的变化因此，当前的产业结构必须做出相应调整以应对相对不变的市场需求结构。事实上，收益机制会促使产业结构从不合理状态向合理状态自发调整。此外，对于不同的结构调整机制，结构调整动力的表现形式也会有所差异。同时，置身于不同的结构调整机制，结构调整动力的表现形式也会发生变化。产业结构调整机制是以反馈控制理论为基础，它的运行机制是以现有产业结构状态为初始条件，将有关当前的产业结构信息输入系统中，从而引起整个系统的反馈，最终获得产业结构自发调整的最优控制信息（任艳波，2010）。根据产业结构调整过程中输入信号的差异将调整方式分为市场机制和计划机制。

1. 农业产业结构优化的市场机制

市场优化机制实际上是商品经济在经济运行中的一种调控方式，相应的内在机理就是市场机制。市场机制对产业结构优化的作用，主要是指价值规律通过市场对各种产业活动体的利益关系和运行行为的优化，来协调产业活动体的局部利益冲突以及提高产业活动体的运行灵活度。

事实上，市场机制对产业结构进行优化作用的过程也是一种经济系统自我调整的过程，即经济主体在市场信号的引导下，通过重组和流动产业部门间的要素和资源，尽可能使产业结构做出适应需求结构变动的调整的过程。由于种种原因，需求结构发生了变化，从而破坏了原有的供需结构，使某些产品供给大于需求，而某些产品需求大于供给，从而引起这些产品的价格发生相应的波动（张沁涛，2009）。部门间生产资源转移存在临界点，当价格波动幅度到达这个临界点时，资源就会发生流动，例如从效益低的部门转到效益高的部门，直至需求结构和供给结构达到一个新的平衡点。市场价格在整个产业结构调整过程中对应的是产业结构变动的信号，经济主体对降低损失和提高利润的追求即是这个过程的动力。

农业产业结构优化的导向选择——市场需求，随着人们生活水平的提高，对农产品的品种和质量提出了新的要求，供求关系在农产品市场出现变化，主要农产品供求达到了略有剩余或基本平衡，管理农业的作用对市场需求来说愈加明显。农业生产在新形势下，要怀抱面向市场的信念，依据市场需求来安排生产规模、调整生产计划，市场需求与实际生产要保持动态的一致性。调整产业结构与提高产品质量的过程，要充分发挥各自资源优势，依靠科学技术，合理布局，搞好产业分布，避免在产业分布上发生雷同现象，加强特色农产品生产基地建设（李文科，2005）。

四川近年来在农产品品种和品质结构调整方面取得了重大成就，从过去单纯追求农产品产量到如今的重质重量求效益，先后发展了一大批具有各地特色的农业产品。全省在采取措施合理缩小粮食作物种植面积比例的同时，也着力于积极支持特色农业快速发展，形成了新的农村经济支柱产业。各地区主要依靠自身的自然条件发展带有地方特色的经济作物，主要包括油菜、花生、棉花、蔬菜、茶叶、水果、蚕桑、烟草、中药材等。目前，四川区域优势明显的特色农业产业已经初步形成，川西的川芎和川贝、中江的丹参、成都的枇杷和水蜜桃、郫县的豆瓣、安岳的柠檬、西昌的苹果、江安的夏橙、广元的橄榄的品质得到了全国人民的公认并形成了地方品牌。这些产品不仅符合国内的市场需求，而且还出口国外，是具有较高竞争力的特色支柱产业。为进一步满足国内外农产品市场需求，四川还应充分利用自身自然条件优势对农业产业结构进行进一步调整，如成都平原及安宁河流域应以发展粮食、油料、蔬菜种植业为主，重点发展高档优质稻、"两高双低"优质油菜、较为高质量的蔬菜，在花卉业上的发展，应主要发展绿化苗木、观赏植物、桩头盆景；成都、绵阳等大中城市要积极创造条件，以现代农业为目标，发展设施农业、旅游农业、高效农业和精品农业；川西北高寒牧区的甘孜、阿坝两州应发展生态农业，主要发展林业、畜牧业、中草药业，并建立野生动植物自然保护区、生态林区、天然林保护区。按四川省不同区域的农业资源组合，构建合理的农产品布局，进一步优化四川农产品的产业布局，结合比较优势和市场需求，更要以全国优势农产品产业带为龙头产业，带动省内优势产品产业带和特色产区的形成和发展，突显四川农业的规模化和特色化，提高四川农产品的市场竞争力。据《四川统计年鉴》数据，四川特色经济作物的产值占种植业产值的50%以上。四川畜牧业总量和种植业持续增长，另一方面产品品质结构开始进行调整，四川省农业厅制定下发了《关于加快农业区域品牌建设的意见》及《四川省农业品牌发展"十二五"规划》等文件，给予了大力的政策支持，各地区纷纷响应号召制定了激励政策，以促进地区农产品品质不断提高，打造具有区域特色的农产品品牌。

　　四川粮食作物主要是红茗、水稻、小麦、玉米等，经济作物以麻类、油料、烟叶、花卉、药材、蔬菜、水果、茶叶、蚕桑、棉花、甘蔗等为主。出于粮食安全的考虑，对于种植业中粮食作物的产业调整主要是引进新品种，使用高产优质的种子，发展优质水稻、玉米和小麦，保证粮食产量稳定的前提下，增产增质。由此看来，经济作物上园林水果产量的增长迅速是种植业产业结构调整的成效，有很好的发展前景；油料作物、水产品产量稳步增长；茶叶产量小幅度提高；甘蔗及棉花产量下降；其他经济作物产量变动不明显。随着居民收入水平的提高和经济的发展，居民的需求结构也发生了变化，居民对园林水果及水产品的需求不断增加，园林水果油料作物及水产品行业实现了快速增长，种植业内部的产业结构则顺应此趋势进行了结构调整。

　　近年来，畜牧业不断增大在农业总产值中的比例，已经成为四川农业经济稳健发展的关键性产业。肉类和禽类等产品品种总产量增长趋势稳定，畜牧业发展势头强劲，对四川农业经济增长的促进作用越来越强。在推进畜牧业发展过程中，也要以优质高效为重点，大力调整畜牧品种结构，提高食草型、节粮型畜牧业品种的比重，促进结构多元化。改变过去猪肉"一统天下"的肉类构成，增加牛肉、羊肉、禽肉（包括兔肉）的比例。同时还要重视发展畜牧产品的加工业，增加产品附加值，提高市场竞争力，增加农民收入。

　　此外，效益最大化原则已无法由原有的产业结构达到。四川城镇化进程的推进和经济的不断发展，使区域比较优势也产生了变化。近年来，出现了沿各区域经济中心及交通干线由高梯度区域向低梯度区域转移和扩散为特征的种植业空间转移。例如园林水果中的柑橘，成都市柑橘产量比重由 2002 年的 17.838％下降至 2010 年的 13.385％，下降 4.463 个百分点，而眉山、资阳、内江、自贡、宜宾等地柑橘产量均不同幅度的提高，其中眉山、资阳产量比重增加超过 4 个百分点。柑橘生产由原来的以成都为中心转变为以眉山为中心，区域布局更集中在成都、自贡、内江、南充、眉山、宜宾、达州、资阳等交通通达性较好的地区。交通通达性较好地区的种植业开始向交通通达性稍差的地区转移，这是由农业生产机会成本会在经济发展中心附近及交通干线的地方提高引起的，转化为发展效益更好的蔬菜水果、花卉等鲜活不易保存的对运输质量要求更高的产业，而在离成都较偏远的地区发展粮油等较易保存以及对交通运输要求较次的产业。

2. 农业产业结构优化的计划机制

　　计划机制对产业结构调整的作用主要体现在产业政策调节机制上，也就是说，在以生产资料公有制为背景的生产专业化过程中各种产业与产业之间，产业内部组成之间的经济活动，为保证整个国家宏观产业结构能够按照合理比例协调发展和整体效益的提高，我们需要通过一定的计划性指标和手段加以调节和协调（戴文益，1992）。

　　政府即是经济系统信号的输入者，直接变动资源在产业间的配置，从而使产业结构发生变动的过程就是产业结构的计划调整机制。政府机关根据产业结构的现状和对未来产业结构变动的预期，在宏观目标的框架之下，直接对经济主体发号施令，来调整产业部门间的比例以及配置（颜蔚兰，2002）。这类指令在经济发展中起重要作用，一般有两种类型：一类是作用与产业内部经济活动规划限定各个企业的生产数量，即对生产进行配额操作；另一类是作用于产业间的经济活动通过变更各部门的项目投资计划调节资产增量的比例，随后带动产业结构发生变化。在这一产业结构调整过程中，结构变动的信号是政府的计划数量或指令，动力是政府对经济持续协调增长的不懈追求（胡晓军，2008）。

四川农业产业结构调整收获了不错的成绩：产业结构调整过程更加注重内部结构优化；具有较高市场效益又能满足市场需求的经济作物比重再一次提升；农产品的品种优化，特色农业发展良好，品牌建设如火如荼；农业空间转移趋势加强，区域布局更趋合理化；不断优化以适应产业结构调整的需要。从以前的单纯调节比例农业产业结构转变为农业生产结构、行业结构、品种品质结构、区域布局、农业组织创新的全面多层次的结构调整。

但在新的调整阶段也迎来了一些新的挑战，如耕地资源无以为继，缺乏相关政策和保护制度；农产品品牌打造及销售问题越来越引起我们的关注；农民这一弱势群体承担结构调整风险能力较弱，进一步提高了结构调整难度；农业规模化经营存在缺陷等。通过对耕地保护的财政转移支付力度的加大以及提高耕地占用税费、建立耕地保护基金、保护不断减少的耕地、政府应完善耕地保护机制等措施，是解决上述问题的有效方法。改革土地流转机制，成都目前试行的土地流转政策就是针对土地流转问题而进行的试点，只有建立合理的土地流转政策，土地才能真正走出小农分散经营、低利用率的困境，从而推进农业产业结构调整。还要推进土地的可持续利用，加强对土地的生态保护，治理水土流失问题，保持土地的肥沃，使耕地能产生最大的效益。在调整农业产业结构方面，加强农业服务职能，提供政策支持、技术服务及市场服务。牢牢把握以市场为导向，对农业品质、品种和生产结构进行调整。调整农业结构，着重发展畜牧业、林果业和水产养殖业；在保证粮食面积产量相对稳定的前提下，大力发展高效作物种植，如花卉、瓜菜和经济作物等。发展生态农业、绿色农业；改善农产品品种和品质结构，开发适销对路的高产优质新品种。完善农村金融服务体系，为农户提供金融支持。政府重点扶持技术创新能力强、辐射带动能力强的农产品加工营销龙头企业发展，开展"订单农业""合同农业"，带动农民增产增收。同时，风险分担机制的完善，农民专业合作社的推进，聚散为整，有利于解决龙头企业与农民合作中存在的谈判能力不足、利益分配不均、企业道德风险等问题。此外，使农民专业合作经济组织服务领域逐步由农业生产的产前服务向产中、产后一体化服务延伸；由技术指导、物资供应向农机服务、科技服务、农业信贷、农村旅游等新的领域拓展，为生产同类农产品的农户提供技术支持、生产资料购买及产品运输销售、技能培训等服务，对大市场与农民分散经营进行调和，增加农民收益，更好地促进农业产业结构调整。

产业结构的市场调节机制和计划调节机制各有优势和相应的局限性：市场调节机制比较准确、稳妥，又比较灵敏，而计划调节机制具有事前调节的主动性，调整成本较低，但精确度较低，事后调节，成本较高，时滞性增强。由此可知，要想最终达到产业结构合理化的目的，靠单独使用其中一种调节方式是难以实现的。目前，世界各国基本还不存在用单一的市场调节形式或计划调节形式的国家，更多的是结合市场调节机制和计划调节机制两种形式使用，只是侧重点有所不同而已。

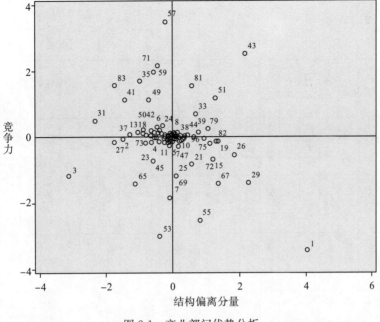

图 2-1　产业部门优势分析

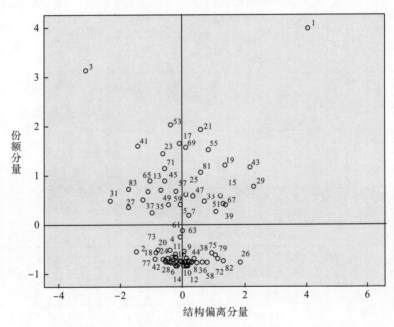

图 2-2　产业部门偏离份额

表 2-1　四川农业子产业优势分析表

市（州）	产业	编号	b'_{ij}	$b_{ij0}-b'_{ij}$	r_{ij}	$r_{ij}-R_j$	G_{ij}	N_{ij}	P_{ij}	D_{ij}	S_{ij}	b_{ij0}	R_j
成都	稻谷	1	181.7588	70.36118	-0.3637	-0.2697	-91.6959	-17.0857	-6.6141	-67.9961	-74.6102	252.12	-0.094
	小麦	2	72.60582	19.10418	-0.50038	-0.32887	-45.89	-12.4531	-3.27668	-30.1602	-33.4369	91.71	-0.17152
	玉米	3	71.1089	-42.8089	-0.37915	-0.2627	-10.73	-8.28049	4.985012	-7.43452	-2.44951	28.3	-0.11645
	豆类	4	8.289119	-2.72912	0.05036	-0.46161	0.28	4.243779	-1.39723	-2.56655	-3.96378	5.56	0.51197
	薯类	5	48.82664	-23.5066	-0.04542	-0.24801	-1.15	9.891725	-4.76218	-6.27955	-11.0417	25.32	0.202589
	棉花	6	1.095725	-0.88573	37.09524	-1246.35	7.79	1406.307	-1136.78	-261.734	-1398.52	0.21	1283.449
	油料	7	15.78772	1.112281	15829.41	-4010.01	267517.1	313219.2	22067.01	-67769.1	-45702.1	16.9	19839.42
	油菜籽	8	12.14249	2.917509	17763.54	-8032.06	267518.9	313222.8	75258.89	-120963	-45703.9	15.06	25795.6
	花生	9	4.941549	-2.72595	12062.55	-2208.11	26725.78	70519.16	-38901.1	-4892.29	-43793.4	2.2156	14270.66
	麻类	10	0.461585	-0.46159	—	—	26728	70516.26	-70516.3	—	—		152769.8
	糖类	11	17.44209	-10.2021	1060.464	-2471.06	7677.76	61597.15	-36028.9	-17890.5	-53919.4	7.24	3531.523
	甘蔗	12	17.41513	-10.1751	1060.464	-2476.53	7677.76	61597.18	-35989.4	-17930.1	-53919.4	7.24	3536.992
自贡	稻谷	13	55.78415	15.97585	-0.00315	0.090856	-0.2258	-5.24383	-1.50176	6.519791	5.018027	71.76	-0.094
	小麦	14	22.28367	-5.28367	-0.09412	0.077399	-1.6	-3.82202	0.906236	1.315779	2.222015	17	-0.17152
	玉米	15	21.82425	-4.85425	-0.04361	0.072842	-0.74	-2.54139	0.565268	1.236123	1.80139	16.97	-0.11645
	豆类	16	2.544038	0.945962	0.114613	-0.39736	0.4	1.302471	0.484304	-1.38677	-0.90247	3.49	0.51197
	薯类	17	14.98553	0.104469	0.2167	0.014111	3.27	3.035899	0.021164	0.212937	0.234101	15.09	0.202589
	棉花	18	0.336292	-0.33629	—	—	0	431.614	-431.614	—	—		1283.449
	油料	19	4.845456	-1.39546	15626.54	-4212.88	53911.55	96131.04	-27685	-14534.4	-42219.5	3.45	19839.42
	油菜籽	20	3.726689	-1.86669	28985.56	3189.961	53913.14	96132.16	-48152.3	5933.327	-42219	1.86	25795.6
	花生	21	1.516626	0.039874	11761.93	-2508.73	18307.44	21643.25	569.0352	-3904.84	-3335.81	1.5565	14270.66
	麻类	22	0.141666	0.188334	55480.82	-97289	18308.67	21642.36	28771.68	-32105.4	-3333.69	0.33	152769.8
	糖类	23	5.353205	-1.7632	8669.752	5138.229	31124.41	18904.97	-6226.8	18446.24	12219.44	3.59	3531.523
	甘蔗	24	5.34493	-1.75493	8669.752	5132.76	31124.41	18904.98	-6207.17	18426.61	12219.43	3.59	3536.992

续表

市（州）	产业	编号	b'_{ij}	$b_{ij0}-b'_{ij}$	r_{ij}	$r_{ij}-R_j$	G_{ij}	N_{ij}	P_{ij}	D_{ij}	S_{ij}	b_{ij0}	R_j
攀枝花	稻谷	25	30.46602	-18.716	-0.07089	0.023108	-0.833	-2.86387	1.759345	0.271525	2.03087	11.75	-0.094
	小麦	26	12.17003	-9.50003	0.037453	0.20897	0.1	-2.08736	1.629411	0.557949	2.18736	2.67	-0.17152
	玉米	27	11.91912	-7.41912	0.144444	0.260892	0.65	-1.38796	0.863942	1.174016	2.037958	4.5	-0.11645
	豆类	28	1.389404	-0.8094	0.931034	0.419065	0.54	0.711333	-0.41439	0.243058	-0.17133	0.58	0.51197
	薯类	29	8.184215	-7.23421	0.442105	0.239517	0.42	1.658029	-1.46557	0.227541	-1.23803	0.95	0.202589
	棉花	30	0.183663	-0.18366	—	—	0	235.722	-235.722	—	—	—	1283.449
	油料	31	2.646303	-2.5763	50713.29	30873.87	3549.93	52501.11	-51112.4	2161.171	-4951.2	0.07	19839.42
	油菜籽	32	2.035298	-2.0253	354999	329203.4	3549.99	52501.72	-52243.8	3292.034	-4951.7	0.01	25795.6
	花生	33	0.828292	-0.75589	14971.38	700.7148	1083.928	11820.27	-10787.1	50.73175	-10736.3	0.0724	14270.66
	麻类	34	0.07737	-0.07737	—	—	1084	11819.78	-11819.8	—	—	—	152769.8
	糖类	35	2.923605	24.64639	3215.794	-315.73	88659.43	10324.78	87039.32	-8704.67	78334.65	27.57	3531.523
	甘蔗	36	2.919086	24.65091	3215.794	-321.199	88659.43	10324.78	87190.09	-8855.45	78334.65	27.57	3536.992
泸州	稻谷	37	84.55367	41.04635	-0.06931	0.024695	-8.705	-7.94822	-3.85844	3.101664	-0.75678	125.6	-0.094
	小麦	38	33.77601	-15.566	-0.17024	0.00128	-3.1	-5.79314	2.669827	0.023314	2.693141	18.21	-0.17152
	玉米	39	33.07965	-10.8597	0.074707	0.191155	1.66	-3.85206	1.264585	4.247475	5.51206	22.22	-0.11645
	豆类	40	3.856074	1.963925	0.039519	-0.47245	0.23	1.974193	1.005471	-2.74966	-1.74419	5.82	0.51197
	薯类	41	22.71401	4.67599	0.176342	-0.02625	4.83	4.601601	0.947303	-0.7189	0.228399	27.39	0.202589
	棉花	42	0.509728	-0.50973	—	—	0	654.21	-654.21	—	—	—	1283.449
	油料	43	7.3444	-5.5744	24115.38	4275.965	42684.23	145708.6	-110593	7568.458	-103024	1.77	19839.42
	油菜籽	44	5.648651	-4.24865	30489	4693.402	42684.6	145710.3	-109596	6570.762	-103026	1.4	25795.6
	花生	45	2.298794	-1.83759	12963.01	-1307.65	5978.539	32805.31	-26223.7	-603.09	-26826.8	0.4612	14270.66
	麻类	46	0.214728	-0.19473	298949	146179.2	5978.98	32803.95	-29748.6	2923.584	-26825	0.02	152769.8
	糖类	47	8.11401	-4.45401	19322.5	15790.97	70720.34	28654.81	-15729.4	57794.96	42065.53	3.66	3531.523
	甘蔗	48	8.101467	-4.44147	19322.5	15785.5	70720.34	28654.83	-15709.4	57774.95	42065.51	3.66	3536.992

续表

市(州)	产业	编号	b'_{ij}	$b_{ij0}-b'_{ij}$	r_{ij}	$r_{ij}-R_j$	G_{ij}	N_{ij}	P_{ij}	D_{ij}	S_{ij}	b_{ij0}	R_j
德阳	稻谷	49	93.27281	18.18719	-0.11688	-0.02288	-13.0276	-8.76784	-1.70963	-2.55013	-4.25976	111.46	-0.094
	小麦	50	37.25898	8.671016	0.00762	0.179137	0.35	-6.39053	-1.48722	8.227749	6.740528	45.93	-0.17152
	玉米	51	36.49081	-15.1208	-0.16097	-0.04453	-3.44	-4.24928	1.760789	-0.95151	0.809283	21.37	-0.11645
	豆类	52	4.25371	-2.49371	1.301136	0.789167	2.29	2.177771	-1.2767	1.388933	0.112229	1.76	0.51197
	薯类	53	25.05627	-9.06627	0.251407	0.048818	4.02	5.076117	-1.83672	0.780607	-1.05612	15.99	0.202589
	棉花	54	0.562291	-0.10229	403.3478	-880.101	185.54	721.6719	-131.285	-404.846	-536.132	0.46	1283.449
	油料	55	8.101752	4.968248	15056.15	-4783.27	196783.9	160734.1	98567.15	-62517.3	36049.87	13.07	19839.42
	油菜籽	56	6.231138	4.918862	17648.96	-8146.64	196785.9	160735.9	126885	-90835.1	36049.92	11.15	25795.6
	花生	57	2.535845	-0.03774	12430.45	-1840.21	31052.5	36188.18	-538.64	-4597.04	-5135.68	2.4981	14270.66
	麻类	58	0.236871	-0.23687	—	—	31055	36186.69	-36186.7	—	—		152769.8
	糖类	59	8.950723	-4.85072	2374.61	-1156.91	9735.9	31609.69	-17130.4	-4743.35	-21873.8	4.1	3531.523
	甘蔗	60	8.936887	-4.83689	2374.61	-1162.38	9735.9	31609.7	-17108	-4765.77	-21873.8	4.1	3536.992
绵阳	稻谷	61	111.3062	-2.3662	-0.14897	-0.05497	-16.2291	-10.463	0.222428	-5.98851	-5.76608	108.94	-0.094
	小麦	62	44.46264	9.897355	-0.0181	0.153305	-0.99	-7.62607	-1.69756	8.333633	6.636074	54.36	-0.17152
	玉米	63	43.54596	-0.70596	-0.09384	0.02261	-4.02	-5.07084	0.082207	0.968633	1.05084	42.84	-0.11645
	豆类	64	5.076124	-2.15612	0.493151	-0.01882	1.44	2.598822	-1.10387	-0.05495	-1.15882	2.92	0.51197
	薯类	65	29.90065	-5.98065	-0.07901	-0.2816	-1.89	6.057534	-1.21161	-6.73592	-7.94753	23.92	0.202589
	棉花	66	0.671005	0.718995	380.295	-903.154	528.61	861.2001	922.7937	-1255.38	-332.59	1.39	1283.449
	油料	67	9.668147	9.301853	17834.42	-2005	338319	191810.4	184543.4	-38034.8	146508.6	18.97	19839.42
	油菜籽	68	7.435868	6.714132	23909.81	-1885.79	338323.9	191812.7	173195.1	-26683.9	146511.2	14.15	25795.6
	花生	69	3.026125	1.745275	18555.82	4285.157	88537.23	43184.81	24906.22	20446.2	45352.42	4.7714	14270.66
	麻类	70	0.282667	-0.02267	340545.2	187775.4	88541.74	43183.03	-3462.88	48821.59	45358.71	0.26	152769.8
	糖类	71	10.68126	-8.58126	6144.714	2613.191	12903.9	37721.11	-30304.9	5487.701	-24817.2	2.1	3531.523
	甘蔗	72	10.66475	-8.56475	6144.714	2607.722	12903.9	37721.13	-30293.4	5476.216	-24817.2	2.1	3536.992

续表

市(州)	产业	编号	b'_{ij}	$b_{ij0}-b'_{ij}$	r_{ij}	$r_{ij}-R_j$	G_{ij}	N_{ij}	P_{ij}	D_{ij}	S_{ij}	b_{ij0}	R_j
广元	稻谷	73	59.62969	-8.70969	0.056216	0.150218	2.8625	-5.60532	0.818729	7.649087	8.467816	50.92	-0.094
	小麦	74	23.81982	10.81018	-0.0283	0.143217	-0.98	-4.08549	-1.85412	4.959614	3.10549	34.63	-0.17152
	玉米	75	23.32873	12.71127	-0.0505	0.065949	-1.82	-2.71658	-1.4802	2.376787	0.896584	36.04	-0.11645
	豆类	76	2.719414	-0.68941	0.364532	-0.14744	0.74	1.392258	-0.35296	-0.2993	-0.65226	2.03	0.51197
	薯类	77	16.01857	-4.60857	0.351446	0.148857	4.01	3.245182	-0.93365	1.698463	0.764818	11.41	0.202589
	棉花	78	0.359475	0.110525	-1	-1284.45	-0.47	461.3678	141.8532	-603.691	-461.838	0.47	1283.449
	油料	79	5.179483	1.050517	32254.06	12414.64	200942.8	102757.9	20841.65	77343.19	98184.83	6.23	19839.42
	油菜籽	80	3.983592	0.386408	45982.75	20187.15	200944.6	102759.1	9967.633	88217.87	98185.5	4.37	25795.6
	花生	81	1.621176	-0.01418	48710.89	34440.22	78278.39	23135.25	-202.297	55345.44	55143.14	1.607	14270.66
	麻类	82	0.151432	-0.09143	1304666	1151896	78279.94	23134.29	-13968.1	69113.75	55145.65	0.06	152769.8
	糖类	83	5.722234	-5.48223	3857.333	325.81	925.76	20208.2	-19360.6	78.1944	-19282.4	0.24	3531.523
	甘蔗	84	5.713388	-5.47339	3857.333	320.341	925.76	20208.21	-19359.3	76.88184	-19282.5	0.24	3536.992
遂宁	稻谷	85	73.43119	-26.1612	-0.01829	0.075707	-0.8648	-6.90269	2.459207	3.578679	6.037886	47.27	-0.094
	小麦	86	29.333	12.207	-0.12855	0.042966	-5.34	-5.03109	-2.0937	1.784792	-0.30891	41.54	-0.17152
	玉米	87	28.72824	8.011757	-0.24959	-0.13314	-9.17	-3.34535	-0.93295	-4.8917	-5.82465	36.74	-0.11645
	豆类	88	3.348833	-1.38883	2.229592	1.717622	4.37	1.714501	-0.71104	3.366539	2.655499	1.96	0.51197
	薯类	89	19.72613	13.73387	0.02361	-0.17898	0.79	3.996291	2.782326	-5.98862	-3.20629	33.46	0.202589
	棉花	90	0.442677	1.347323	5091.737	3808.289	9114.21	568.153	1729.22	6816.837	8546.057	1.79	1283.449
	油料	91	6.378293	2.631707	16539.18	-3300.24	149018	126541.6	52211.54	-29735.2	22476.36	9.01	19839.42
	油菜籽	92	4.905608	2.5143E2	20083.5	-5712.1	149019.6	126543.1	64860.24	-42383.8	22476.48	7.42	25795.6
	花生	93	1.996403	1.072897	12202.11	-2068.55	37451.93	28489.99	15310.95	-6349.01	8961.946	3.0693	14270.66
	麻类	94	0.186482	0.013518	187274	34504.21	37454.8	28488.81	2065.149	6900.841	8965.99	0.2	152769.8
	糖类	95	7.046665	-6.99667	42559	39027.48	2127.95	24885.46	-24708.9	1951.374	-22757.5	0.05	3531.523
	甘蔗	96	7.035773	-6.98577	42559	39022.01	2127.95	24885.47	-24708.6	1951.1	-22757.5	0.05	3536.992

续表

市（州）	产业	编号	b'_{ij}	$b'_{ij0}-b'_{ij}$	r_{ij}	$r_{ij}-R_j$	G_{ij}	N_{ij}	P_{ij}	D_{ij}	S_{ij}	b_{ij0}	R_j
内江	稻谷	97	77.10341	-4.15341	-0.09352	0.000485	-6.8221	-7.24788	0.390429	0.035353	0.425782	72.95	-0.094
	小麦	98	30.79991	-4.91991	-0.10781	0.063711	-2.79	-5.28269	0.843846	1.648845	2.492691	25.88	-0.17152
	玉米	99	30.16491	4.095088	-0.12026	-0.00381	-4.12	-3.51264	-0.47686	-0.13049	-0.60736	34.26	-0.11645
	豆类	100	3.516304	0.223696	0.101604	-0.41037	0.38	1.800242	0.114526	-1.53477	-1.42024	3.74	0.51197
	薯类	101	20.71261	7.847386	0.102591	-0.1	2.93	4.196141	1.589792	-2.85593	-1.26614	28.56	0.202589
	棉花	102	0.464815	-0.42481	-1	-1284.45	-0.04	596.5657	-545.228	-51.378	-596.606	0.04	1283.449
	油料	103	6.697265	-0.02726	15194.5	-4644.92	101347.3	132869.8	-540.915	-30981.6	-31522.5	6.67	19839.42
	油菜籽	104	5.150933	-1.42093	27171.65	1376.056	101350.3	132871.4	-36653.8	5132.688	-31521.1	3.73	25795.6
	花生	105	2.096241	0.722659	10255.13	-4015.53	28908.18	29914.74	10312.83	-11319.4	-1006.56	2.8189	14270.66
	麻类	106	0.195808	-0.1558l	722774	570004.2	28910.96	29913.51	-23802.7	22800.17	-1002.55	0.04	152769.8
	糖类	107	7.399062	-0.89906	6947.154	3415.631	45156.5	26129.96	-3175.06	22201.6	19026.54	6.5	3531.523
	甘蔗	108	7.387624	-0.88762	6947.154	3410.162	45156.5	26129.97	-3139.52	22166.05	19026.53	6.5	3536.992
乐山	稻谷	109	61.49532	9.154681	-0.1174	-0.0234	-8.2942	-5.78069	-0.86056	-1.65295	-2.51351	70.65	-0.094
	小麦	110	24.56507	-10.0051	-0.66758	-0.49607	-9.72	-4.21331	1.716034	-7.22272	-5.50669	14.56	-0.17152
	玉米	111	24.05861	-0.90861	-0.23067	-0.11422	-5.34	-2.80158	0.105806	-2.64423	-2.53842	23.15	-0.11645
	豆类	112	2.804497	1.015503	-0.06021	-0.57218	-0.23	1.435818	0.519907	-2.18572	-1.66582	3.82	0.51197
	薯类	113	16.51975	0.790253	-0.00173	-0.20432	-0.03	3.346714	0.160096	-3.53681	-3.37671	17.31	0.202589
	棉花	114	0.370722	-0.31072	49	-1234.45	2.94	475.8026	-398.796	-74.0669	-472.863	0.06	1283.449
	油料	115	5.341533	-1.45153	18083.83	-1755.59	70346.11	105972.9	-28797.6	-6829.23	-35626.8	3.89	19839.42
	油菜籽	116	4.108226	-0.88823	21846.83	-3948.77	70346.78	105974.2	-22912.3	-12715	-35627.4	3.22	25795.6
	花生	117	1.671897	-0.9267	10679.35	-3591.31	7958.255	23859.08	-13224.6	-2676.24	-15900.8	0.7452	14270.66
	麻类	118	0.15617	-0.15617	—	—	7959	23858.1	-23858.1	—	—	0.04	152769.8
	糖类	119	5.901265	1.838735	3775.357	243.8332	29221.26	20840.46	6493.536	1887.269	8380.805	7.74	3531.523
	甘蔗	120	5.892143	1.847857	3775.357	238.3643	29221.26	20840.46	6535.856	1844.939	8380.796	7.74	3536.992

续表

市（州）	产业	编号	b'_{ij}	$b'_{ij0}-b'_{ij}$	r_{ij}	$r_{ij}-R_j$	G_{ij}	N_{ij}	P_{ij}	D_{ij}	S_{ij}	b_{ij0}	R_j
南充	稻谷	121	131.9286	-29.3186	0.108348	0.20235	11.1176	-12.4016	2.75601	20.76316	23.51917	102.61	-0.094
	小麦	122	52.70052	22.83948	-0.06553	0.105988	-4.95	-9.039	-3.91735	8.00635	4.089004	75.54	-0.17152
	玉米	123	51.61399	16.31601	-0.24349	-0.12704	-16.54	-6.01035	-1.89997	-8.62969	-10.5297	67.93	-0.11645
	豆类	124	6.016609	0.793391	1.936858	1.424888	13.19	3.080322	0.406192	9.703486	10.10968	6.81	0.51197
	薯类	125	35.44054	0.179464	0.336047	0.133458	11.97	7.179851	0.036357	4.753791	4.790149	35.62	0.202589
	棉花	126	0.795326	0.724674	932.5526	-350.896	1417.48	1020.76	930.0821	-533.362	396.7199	1.52	1283.449
	油料	127	11.45942	3.360575	24919.92	5080.498	369313.2	227348.3	66671.86	75292.98	141964.8	14.82	19839.42
	油菜籽	128	8.813557	1.666443	35240.22	9444.623	369317.5	227351	42986.89	98979.65	141966.5	10.48	25795.6
	花生	129	3.586795	6.644505	13058.63	-1212.03	133606.8	51185.93	94821.49	-12400.6	82420.84	10.2313	14270.66
	麻类	130	0.335039	0.334961	199427.4	46657.56	133616.3	51183.82	51171.94	31260.57	82432.51	0.67	152769.8
	糖类	131	12.66024	-11.7802	29576.27	26044.75	26027.12	44709.94	-41602.2	22919.38	-18682.8	0.88	3531.523
	甘蔗	132	12.64067	-11.7607	29576.27	26039.28	26027.12	44709.96	-41597.4	22914.57	-18682.8	0.88	3536.992
眉山	稻谷	133	88.81564	18.82435	-0.14042	-0.04641	-15.1143	-8.34886	-1.76953	-4.99591	-6.76544	107.64	-0.094
	小麦	134	35.47851	-10.9385	0.309291	0.480807	7.59	-6.08515	1.876134	11.79901	13.67515	24.54	-0.17152
	玉米	135	34.74705	-5.39705	-0.37342	-0.25698	-10.96	-4.04623	0.628476	-7.54225	-6.91377	29.35	-0.11645
	豆类	136	4.050441	0.689559	-0.20886	-0.72083	-0.99	2.073703	0.353033	-3.41674	-3.0637	4.74	0.51197
	薯类	137	23.85892	4.481079	-0.23959	-0.44218	-6.79	4.833547	0.907816	-12.5314	-11.6235	28.34	0.202589
	棉花	138	0.535421	-0.53542	—	—	875	687.1858	-687.186	—	—	—	1283.449
	油料	139	7.714599	-3.1846	24360.37	4520.949	110352.5	153053.2	-63180.6	20479.9	-42700.7	4.53	19839.42
	油菜籽	140	5.933374	-4.00337	57178.79	31383.19	110355.1	153054.9	-103269	60569.57	-42699.9	1.93	25795.6
	花生	141	2.414666	-1.17767	12810.64	-1460.02	15846.76	34458.88	-16806.1	-1806.04	-18612.1	1.237	14270.66
	麻类	142	0.225551	-0.12555	158479	5709.206	15847.9	34457.45	-19180.5	570.9206	-18609.6	0.1	152769.8
	糖类	143	8.523	0.677	2838.891	-692.632	26117.8	30099.17	2390.84	-6372.21	-3981.37	9.2	3531.523
	甘蔗	144	8.509826	0.690174	2838.891	-698.101	26117.8	30099.19	2441.141	-6422.53	-3981.39	9.2	3536.992

续表

市（州）	产业	编号	b'_{ij}	$b_{ij0}-b'_{ij}$	r_{ij}	$r_{ij}-R_j$	G_{ij}	N_{ij}	P_{ij}	D_{ij}	S_{ij}	b_{ij0}	R_j
宜宾	稻谷	145	82.93513	22.24487	0.102369	0.196371	10.7672	-7.79608	-2.09106	20.65434	18.56328	105.18	-0.094
	小麦	146	33.12947	-5.58947	-0.10821	0.06331	-2.98	-5.68225	0.958686	1.743562	2.702248	27.54	-0.17152
	玉米	147	32.44644	-1.56644	0.113018	0.229466	3.49	-3.77832	0.182408	7.085915	7.268323	30.88	-0.11645
	豆类	148	3.78226	-0.38226	0.558824	0.046854	1.9	1.936403	-0.19571	0.159303	-0.0364	3.4	0.51197
	薯类	149	22.27921	1.260786	0.454121	0.251532	10.69	4.513517	0.255421	5.921062	6.176483	23.54	0.202589
	棉花	150	0.499971	-0.49997	—	—	0	641.687	-641.687	—	-47746.2		1283.449
	油料	151	7.203813	-1.48381	16638.69	-3200.73	95173.28	142919.5	-29438	-18308.2	-47746.9	5.72	19839.42
	油菜籽	152	5.540524	-0.77052	19952.67	-5842.93	95174.23	142921.1	-19876.1	-27870.8	-4212.27	4.77	25795.6
	花生	153	2.25479	0.57251	12780.81	-1489.85	36135.17	32177.34	8170.097	-4212.27	3957.83	2.8273	14270.66
	麻类	154	0.210618	-0.06062	240919	88149.21	36137.85	32176.02	-9260.55	13222.38	3961.835	0.15	152769.8
	糖类	155	7.95869	-6.86869	42544.87	39013.35	46373.91	28106.3	-24256.9	42524.55	18267.61	1.09	3531.523
	甘蔗	156	7.946387	-6.85639	42544.87	39007.88	46373.91	28106.31	-24251	42518.59	18267.6	1.09	3536.992
广安	稻谷	157	74.05755	56.30245	-0.22668	-0.13268	-29.5499	-6.96157	-5.29255	-17.2958	-22.5883	130.36	-0.094
	小麦	158	29.58321	15.98679	-0.53588	-0.36436	-24.42	-5.07401	-2.742	-16.604	-19.346	45.57	-0.17152
	玉米	159	28.97329	31.64671	-0.57044	-0.45399	-34.58	-3.37388	-3.6852	-27.5209	-31.2061	60.62	-0.11645
	豆类	160	3.377397	2.482603	0.334471	-0.1775	1.96	1.729126	1.271018	-1.04014	0.230874	5.86	0.51197
	薯类	161	19.89439	20.06561	-0.32332	-0.52591	-12.92	4.030379	4.065065	-21.0154	-16.9504	39.96	0.202589
	棉花	162	0.446453	-0.38645	-1	-1284.45	-0.06	572.9993	-495.992	-77.0669	-573.059	0.06	1283.449
	油料	163	6.432699	6.557301	10079.06	-9760.36	130927	127621	130093.1	-126787	3306.003	12.99	19839.42
	油菜籽	164	4.947452	5.892548	12078.34	-13717.3	130929.2	127622.5	152001.8	-148695	3306.668	10.84	25795.6
	花生	165	2.013432	-0.29693	18229.7	3959.041	31291.28	28733	-4237.41	6795.694	2558.284	1.7165	14270.66
	麻类	166	0.188073	2.091927	13724	-139046	31290.72	28731.81	319583.3	-317024	2558.905	2.28	152769.8
	糖类	167	7.106772	-4.99677	12496.63	8965.107	26367.89	25097.73	-17646.2	18916.38	1270.159	2.11	3531.523
	甘蔗	168	7.095786	-4.98579	12496.63	8959.638	26367.89	25097.74	-17634.7	18904.84	1270.148	2.11	3536.992

续表

市(州)	产业	编号	b'_{ij}	$b_{ij0}-b'_{ij}$	r_{ij}	$r_{ij}-R_j$	G_{ij}	N_{ij}	P_{ij}	D_{ij}	S_{ij}	b_{ij0}	R_j
达州	稻谷	169	71.30129	-14.7813	1.218698	1.3127	68.8808	-6.70247	1.389473	74.1938	75.58327	56.52	-0.094
	小麦	170	28.48219	7.467815	-0.23227	-0.06075	-8.35	-4.88516	-1.28085	-2.18398	-3.46484	35.95	-0.17152
	玉米	171	27.89497	13.15503	0.302314	0.418762	12.41	-3.24831	-1.53188	17.19019	15.65831	41.05	-0.11645
	豆类	172	3.251698	-0.5017	3.185455	2.673485	8.76	1.664771	-0.25685	7.352083	7.095229	2.75	0.51197
	薯类	173	19.15397	3.976033	1.746217	1.543628	40.39	3.880377	0.805499	35.70412	36.50962	23.13	0.202589
	棉花	174	0.429837	-0.21984	-1	-1284.45	-0.21	551.6735	-282.149	-269.734	-551.884	0.21	1283.449
	油料	175	6.193288	-0.22329	51983.76	32144.34	310343	122871.2	-4429.91	191901.7	187471.8	5.97	19839.42
	油菜籽	176	4.763319	0.296681	61332.79	35537.2	310343.9	122872.7	7653.056	179818.2	187471.3	5.06	25795.6
	花生	177	1.938496	1.39564	12918.83	-1351.83	43072.67	27663.62	19916.19	-4507.14	15409.04	3.3341	14270.66
	麻类	178	0.181073	-0.14107	1076899	924129.2	43075.96	27662.48	-21551.7	36965.17	15413.48	0.04	152769.8
	糖类	179	6.842274	-5.20227	11333.76	7802.233	18587.36	24163.65	-18372	12795.66	-5576.29	1.64	3531.523
	甘蔗	180	6.831697	-5.2217	11544.96	8007.97	18587.39	24163.66	-18469.1	12892.83	-5576.27	1.61	3536.992
雅安	稻谷	181	32.53156	-2.72156	-0.24454	-0.15053	-7.2896	-3.05803	0.255832	-4.4874	-4.23157	29.81	-0.094
	小麦	182	12.99514	-1.58514	-0.44873	-0.27721	-5.12	-2.22888	0.271877	-3.163	-2.89112	11.41	-0.17152
	玉米	183	12.72721	12.17279	-0.3759	-0.25946	-9.36	-1.48206	-1.4175	-6.46044	-7.87794	24.9	-0.11645
	豆类	184	1.483603	1.086397	0.023346	-0.48862	0.06	0.75956	0.556202	-1.25576	-0.69956	2.57	0.51197
	薯类	185	8.73909	-1.63909	0.157746	-0.04484	1.12	1.770441	-0.33206	-0.31838	-0.65044	7.1	0.202589
	棉花	186	0.196115	-0.19612			0	251.7037	-251.704				1283.449
	油料	187	2.825718	-0.49572	14909.73	-4929.69	34739.67	56060.6	-9834.75	-11486.2	-21320.9	2.33	19839.42
	油菜籽	188	2.173287	0.116713	15170.18	-10625.4	34739.71	56061.25	3010.671	-24332.2	-21321.5	2.29	25795.6
	花生	189	0.884448	-0.81685	21892.49	7621.83	1479.932	12621.66	-11657	515.2357	-11141.7	0.0676	14270.66
	麻类	190	0.082615	-0.08262			1480	12621.14	-12621.1				152769.8
	糖类	191	3.121821	-2.92182	919	-2612.52	183.8	11024.78	-10318.5	-522.505	-10841	0.2	3531.523
	甘蔗	192	3.116995	-2.91699	919	-2617.99	183.8	11024.79	-10317.4	-523.598	-10841	0.2	3536.992

续表

市（州）	产业	编号	b'_{ij}	$b'_{ij0}-b'_{ij}$	r_{ij}	$r_{ij}-R_j$	G_{ij}	N_{ij}	P_{ij}	D_{ij}	S_{ij}	b_{ij0}	R_j
巴中	稻谷	193	83.33575	16.32425	-0.47697	-0.38297	-47.5348	-7.83374	-1.53451	-38.1666	-39.7011	99.66	-0.094
	小麦	194	33.2895	1.230498	-0.10747	0.064042	-3.71	-5.7097	-0.21105	2.210747	1.999696	34.52	-0.17152
	玉米	195	32.60317	-15.0632	1.596351	1.712799	28	-3.79657	1.754076	30.0425	31.79657	17.54	-0.11645
	豆类	196	3.80053	-1.78053	0.415842	-0.09613	0.84	1.945757	-0.91158	-0.19418	-1.10576	2.02	0.51197
	薯类	197	22.38684	-5.97684	0.947593	0.745004	15.55	4.535319	-1.21084	12.22552	11.01468	16.41	0.202589
	棉花	198	0.502386	0.657614	-1	-1284.45	-1.16	644.7867	844.0139	-1489.96	-645.947	1.16	1283.449
	油料	199	7.238611	-0.96861	21377.47	1538.049	134036.7	143609.8	-19216.7	9643.57	-9573.11	6.27	19839.42
	油菜籽	200	5.567288	-0.53729	26647.71	852.1095	134038	143611.5	-13859.7	4286.111	-9573.54	5.03	25795.6
	花生	201	2.265682	-1.01238	11809.42	-2461.24	14800.75	32332.78	-14447.4	-3084.67	-17532	1.2533	14270.66
	麻类	202	0.211635	-0.21164	1759.635	-151010.2	14802	32331.44	-32331.4	14801.96	-17529.44	0.11	152769.8
	糖类	203	7.997135	3.662865	1759.635	-1771.89	20517.34	28242.07	12935.49	-20660.2	-7724.73	11.66	3531.523
	甘蔗	204	7.984773	3.675227	1759.635	-1777.36	20517.34	28242.08	12999.25	-20724	-7724.74	11.66	3536.992
资阳	稻谷	205	118.2891	-33.7991	-0.09696	-0.00295	-8.1918	-11.1194	3.177191	-0.24956	2.927629	84.49	-0.094
	小麦	206	47.25207	-0.03207	-0.08471	0.086807	-4	-8.10451	0.005501	4.099005	4.104506	47.22	-0.17152
	玉米	207	46.27787	15.00213	-0.17281	-0.05637	-10.59	-5.38897	-1.74697	-3.45407	-5.20103	61.28	-0.11645
	豆类	208	5.394582	-1.26458	0.927361	0.415391	3.83	2.761863	-0.64743	1.715565	1.068137	4.13	0.51197
	薯类	209	31.77651	16.16349	-0.06383	-0.26642	-3.06	6.437562	3.274539	-12.7721	-9.49756	47.94	0.202589
	棉花	210	0.713101	2.086899	325.0714	-958.377	910.2	915.2287	2678.428	-2683.46	-5.02873	2.8	1283.449
	油料	211	10.27469	2.095308	18848.47	-990.945	233155.6	203843.9	41569.7	-12258	29311.71	12.37	19839.42
	油菜籽	212	7.902367	0.877633	26555.72	760.1215	233159.2	203846.3	22639.07	6673.867	29312.93	8.78	25795.6
	花生	213	3.215974	1.925926	9656.325	-4614.34	49651.86	45894.07	27484.24	-23726.5	3757.79	5.1419	14270.66
	麻类	214	0.300401	-0.1904	451426.3	298656.5	49656.89	45892.18	-29087.5	32852.21	3764.715	0.11	152769.8
	糖类	215	11.35136	-1.44136	1910.1	-1621.42	18929.09	40087.6	-5090.2	-16068.3	-21158.5	9.91	3531.523
	甘蔗	216	11.33382	-1.42382	1910.1	-1626.89	18929.09	40087.62	-5036.02	-16122.5	-21158.5	9.91	3536.992

续表

市(州)	产业	编号	b'_{ij}	$b'_{ij0}-b'_{ij}$	r_{ij}	$r_{ij}-R_j$	G_{ij}	N_{ij}	P_{ij}	D_{ij}	S_{ij}	b_{ij0}	R_j
阿坝藏族羌族自治州	稻谷	217	7.425203	-7.3752	-0.87	-0.776	-0.0435	-0.69798	0.693285	-0.0388	0.654485	0.05	-0.094
	小麦	218	2.966089	-1.72609	0.314516	0.486033	0.39	-0.50873	0.296053	0.60268	0.898733	1.24	-0.17152
	玉米	219	2.904938	6.655062	-0.40586	-0.28941	-3.88	-0.33827	-0.77497	-2.76676	-3.54173	9.56	-0.11645
	豆类	220	0.338627	2.781373	-0.34936	-0.86133	-1.09	0.173367	1.423979	-2.68735	-1.26337	3.12	0.51197
	薯类	221	1.994664	1.525336	-0.19034	-0.39293	-0.67	0.404096	0.309016	-1.38311	-1.0741	3.52	0.202589
	棉花	222	0.044763	-0.04476	—	—	0	57.4504	-57.4504	—	—		1283.449
	油料	223	0.644959	-0.26495	13843.74	-5995.68	5260.62	12795.61	-5256.64	-2278.36	-7534.99	0.38	19839.42
	油菜籽	224	0.496044	-0.12604	14217.92	-11577.7	5260.63	12795.76	-3251.39	-4283.74	-7535.13	0.37	25795.6
	花生	225	0.201872	-0.20187	—	—	0	2880.845	-2880.85	—	—		14270.66
	麻类	226	0.018857	-0.01886	—	—	0	2880.727	-2880.73	—	—		152769.8
	糖类	227	0.712543	-0.49254	8594.455	5062.931	1890.78	2516.364	-1739.43	1113.845	-625.584	0.22	3531.523
	甘蔗	228	0.711442	-0.71144	—	—	1891	2516.365	-2516.37	—	—		3536.992
甘孜藏族自治州	稻谷	229	4.427689	-4.01739	-0.14	-0.046	-0.0574	-0.41621	0.377671	-0.01886	0.358812	0.41	-0.094
	小麦	230	1.768696	0.311304	0.158654	0.33017	0.33	-0.30336	-0.05339	0.686754	0.63336	2.08	-0.17152
	玉米	231	1.73223	3.42777	-0.25388	-0.13743	-1.31	-0.20171	-0.39916	-0.70913	-1.10829	5.16	-0.11645
	豆类	232	0.201925	1.378075	-0.50633	-1.0183	-0.8	0.103379	0.705533	-1.60891	-0.90338	1.58	0.51197
	薯类	233	1.189429	0.500571	0.153846	-0.04874	0.26	0.240965	0.10141	-0.08237	0.019035	1.69	0.202589
	棉花	234	0.026692	-0.02369			0	34.25799	-34.258	—	—		1283.449
	油料	235	0.384593	-0.32459	195532.3	175692.9	11731.94	7630.096	-6439.73	10541.57	4101.844	0.06	19839.42
	油菜籽	236	0.295794	-0.27579	586599	560803.4	11731.98	7630.185	-7114.27	11216.07	4101.795	0.02	25795.6
	花生	237	0.120377	-0.11258	16024.64	1753.98	124.9922	1717.864	-1606.55	13.68104	-1592.87	0.0078	14270.66
	麻类	238	0.011244	-0.0124	—	—	125	1717.793	-1717.79	—	—		152769.8
	糖类	239	0.424894	-0.42489	—	—	0	1500.522	-1500.52	—	—		3531.523
	甘蔗	240	0.424237	-0.42424	—	—	0	1500.522	-1500.52	NA	NA		3536.992

续表

市(州)	产业	编号	b'_{ij}	$b_{ij0}-b'_{ij}$	r_{ij}	$r_{ij}-R_j$	G_{ij}	N_{ij}	P_{ij}	D_{ij}	S_{ij}	b_{ij0}	R_j
	稻谷	241	109.0543	-63.8643	0.053667	0.147669	2.4252	-10.2513	6.003375	6.673155	12.67653	45.19	-0.094
	小麦	242	43.56308	-22.4331	-0.01325	0.158265	-0.28	-7.47178	3.847642	3.344142	7.191784	21.13	-0.17152
	玉米	243	42.66494	2.02506	0.080779	0.197227	3.61	-4.96825	-0.23581	8.814062	8.578248	44.69	-0.11645
	豆类	244	4.973424	3.196576	0.159119	-0.35285	1.3	2.546243	1.63655	-2.88279	-1.24624	8.17	0.51197
	薯类	245	29.29571	-3.20571	0.68877	0.486181	17.97	5.934979	-0.64944	12.68446	12.03502	26.09	0.202589
凉山彝族自治州	棉花	246	0.657429	-0.65743	—	—	0	843.7764	-843.776	—	—		1283.449
	油料	247	9.472542	-8.58254	50381.02	30541.6	44839.11	187929.7	-170273	27182.03	-143091	0.89	19839.42
	油菜籽	248	7.285426	-6.63543	68983.62	43188.02	44839.35	187931.9	-171165	28072.21	-143093	0.65	25795.6
	花生	249	2.964901	-2.7821	19260.49	4989.827	3520.817	42311.1	-39702.4	912.1404	-38790.3	0.1828	14270.66
	麻类	250	0.276948	-0.24695	117365.7	-35404.1	3520.97	42309.35	-37726.3	-1062.12	-38788.4	0.03	152769.8
	糖类	251	10.46516	51.58484	1416.679	-2114.84	87904.95	36957.94	182173.1	-131226	50947.01	62.05	3531.523
	甘蔗	252	10.44898	51.60102	1416.679	-2120.31	87904.95	36957.96	182512.4	-131565	50946.99	62.05	3536.992

表 2-2　四川省各市（州）农牧产业产量 Shift-share 分析结果

市（州）	产业	编号	b'_{ij}	$b_{ij0}-b'_{ij}$	r_{ij}	$r_{ij}-R_{ij}$	G_{ij}	N_{ij}	P_{ij}	D_{ij}	S_{ij}
成都	黄牛	1	8.1544	−3.0644	0.8232	0.6610	4.1900	1.3229	−0.4971	3.3643	2.8671
	改良乳牛	2	0.0456	1.1244	1.1709	−2.3828	1.3700	0.1619	3.9960	−2.7879	1.2081
	水牛	3	2.4696	6.6404	−0.2250	−0.2031	−2.0500	−0.0541	−0.1454	−1.8505	−1.9959
	马	4	0.7099	−0.6499	−0.1667	−0.5325	−0.0100	0.2597	−0.2378	−0.0319	−0.2697
	山羊	5	4.0505	−4.0505	—	—	68.8000	13.8549	−13.8549	—	—
自贡	黄牛	6	2.6001	−2.4201	0.3889	0.2267	0.0700	0.4218	−0.3926	0.0408	−0.3518
	改良乳牛	7	0.0145	0.0755	2.1111	−1.4426	0.1900	0.0516	0.2682	−0.1298	0.1384
	水牛	8	0.7875	3.6925	−0.0759	−0.0540	−0.3400	−0.0172	−0.0808	−0.2419	−0.3228
	马	9	0.2264	−0.0564	−0.2941	−0.6599	−0.0500	0.0828	−0.0206	−0.1122	−0.1328
	山羊	10	1.2915	−1.2915	—	—	72.2400	4.4178	−4.4178	—	—
攀枝花	黄牛	11	10.8972	−4.5472	−0.0583	−0.2205	−0.3700	1.7678	−0.7377	−1.4002	−2.1378
	改良乳牛	12	0.0609	−0.0209	0.7500	−2.8037	0.0300	0.2163	−0.0742	−0.1121	−0.1863
	水牛	13	3.3003	4.3997	−0.0844	−0.0625	−0.6500	−0.0723	−0.0963	−0.4814	−0.5777
	马	14	0.9487	0.1313	−0.1667	−0.5325	−0.1800	0.3471	0.0480	−0.5751	−0.5271
	山羊	15	5.4129	0.0371	6.2202	2.7996	33.9000	18.5151	0.1269	15.2581	15.3849
泸州	黄牛	16	17.8309	−2.6509	0.2213	0.0591	3.3600	2.8927	−0.4300	0.8974	0.4673
	改良乳牛	17	0.0996	−0.0296	3.4286	−0.1252	0.2400	0.3540	−0.1052	−0.0088	−0.1140
	水牛	18	5.4002	12.1298	0.0816	0.1035	1.4300	−0.1182	−0.2656	1.8138	1.5482
	马	19	1.5524	−0.6324	0.0761	−0.2897	0.0700	0.5679	−0.2313	−0.2666	−0.4979
	山羊	20	8.8570	−8.8170	1603.0000	—	64.1200	30.2957	−30.1589	63.9832	33.8243

续表

市（州）	产业	编号	b'_{ij}	$b_{ij0}-b'_{ij}$	r_{ij}	$r_{ij}-R_j$	G_{ij}	N_{ij}	P_{ij}	D_{ij}	S_{ij}
德阳	黄牛	21	7.9694	3.2506	0.3797	0.2175	4.2600	1.2929	0.5273	2.4398	2.9671
	改良乳牛	22	0.0445	0.0555	1.9000	-1.6537	0.1900	0.1582	0.1972	-0.1654	0.0318
	水牛	23	2.4136	1.3164	0.1609	0.1828	0.6000	-0.0528	-0.0288	0.6817	0.6528
	马	24	0.6938	-0.6638	-0.6667	-1.0325	-0.0200	0.2538	-0.2428	-0.0310	-0.2738
	山羊	25	3.9586	-3.9586	—	—	31.0300	13.5406	-13.5406	—	—
绵阳	黄牛	26	21.0546	7.6854	0.2422	0.0799	6.9600	3.4157	1.2468	2.2975	3.5443
	改良乳牛	27	0.1176	0.1024	2.2727	-1.2810	0.5000	0.4180	0.3638	-0.2818	0.0820
	水牛	28	6.3765	3.4735	0.1442	0.1661	1.4200	-0.1396	-0.0760	1.6357	1.5596
	马	29	1.8330	-1.1230	0.3803	0.0145	0.2700	0.6705	-0.4108	0.0103	-0.4005
	山羊	30	10.4583	-10.1383	266.1875	262.7670	85.1800	35.7730	-34.6785	84.0854	49.4070
广元	黄牛	31	27.5918	0.8582	-0.2169	-0.3791	-6.1700	4.4762	0.1392	-10.7854	-10.6462
	改良乳牛	32	0.1541	-0.1141	0.2500	-3.3037	0.0100	0.5478	-0.4056	-0.1321	-0.5378
	水牛	33	8.3564	14.6936	-0.2230	-0.2011	-5.1400	-0.1830	-0.3217	-4.6353	-4.9570
	马	34	2.4021	-2.0621	-0.2941	-0.6599	-0.1000	0.8787	-0.7544	-0.2244	-0.9787
	山羊	35	13.7055	-13.3755	213.1515	209.7310	70.3400	46.8803	-45.7515	69.2112	23.4597
遂宁	黄牛	36	4.1486	-0.1886	1.1187	0.9565	4.4300	0.6730	-0.0306	3.7876	3.7570
	改良乳牛	37	0.0232	-0.0032	4.5000	0.9463	0.0900	0.0824	-0.0113	0.0189	0.0076
	水牛	38	1.2564	2.5836	-0.0495	-0.0276	-0.1900	-0.0275	-0.0566	-0.1059	-0.1625
	马	39	0.3612	-0.3312	1.6667	1.3008	0.0500	0.1321	-0.1211	0.0390	-0.0821
	山羊	40	2.0607	-2.0607	—	—	53.3000	7.0487	-7.0487	—	—

续表

市(州)	产业	编号	b'_{ij}	$b_{ij}-b'_{ij}$	r_{ij}	$r_{ij}-R_j$	G_{ij}	N_{ij}	P_{ij}	D_{ij}	S_{ij}
内江	黄牛	41	2.2566	-1.2566	1.9300	1.7678	1.9300	0.3661	-0.2039	1.7678	1.5639
	改良乳牛	42	0.0126	0.0474	3.5000	-0.0537	0.2100	0.0448	0.1684	-0.0032	0.1652
	水牛	43	0.6834	2.3366	0.4702	0.4921	1.4200	-0.0150	-0.0512	1.4861	1.4350
	马	44	0.1965	-0.0065	0.4737	0.1079	0.0900	0.0719	-0.0024	0.0205	0.0181
	山羊	45	1.1209	-1.1209	—	—	50.3900	3.8341	-3.8341	—	—
乐山	黄牛	46	16.0182	-7.8482	-0.0049	-0.1671	-0.0400	2.5986	-1.2732	-1.3654	-2.6386
	改良乳牛	47	0.0895	-0.0795	8.0000	4.4463	0.0800	0.3180	-0.2825	0.0445	-0.2380
	水牛	48	4.8512	13.0088	-0.5510	-0.5291	-9.8400	-0.1062	-0.2848	-9.4490	-9.7338
	马	49	1.3945	-1.2845	6.7273	6.3615	0.7400	0.5101	-0.4699	0.6998	0.2299
	山羊	50	7.9566	-3.7966	9.9111	6.4905	41.2300	27.2159	-12.9864	27.0006	14.0141
南充	黄牛	51	18.6394	1.3706	0.3928	0.2306	7.8600	3.0239	0.2223	4.6138	4.8361
	改良乳牛	52	0.1041	0.0259	7.4615	3.9078	0.9700	0.3700	0.0919	0.5080	0.6000
	水牛	53	5.6451	9.4249	0.0252	0.0471	0.3800	-0.1236	-0.2063	0.7099	0.5036
	马	54	1.6227	-1.5627	7.6667	7.3008	0.4600	0.5936	-0.5717	0.4381	-0.1336
	山羊	55	9.2586	-9.2586	—	—	152.0900	31.6696	-31.6696	—	—
眉山	黄牛	56	17.1914	-8.2414	-0.7944	-0.9566	-7.1100	2.7889	-1.3370	-8.5619	-9.8989
	改良乳牛	57	0.0960	-0.0460	118.8000	115.2463	5.9400	0.3413	-0.1636	5.7623	5.5987
	水牛	58	5.2065	17.9435	-0.7011	-0.6792	-16.2300	-0.1140	-0.3928	-15.7232	-16.1160
	马	59	1.4967	-1.3367	-1.0000	-1.3658	-0.1600	0.5475	-0.4890	-0.2185	-0.7075
	山羊	60	8.5394	-8.3194	357.4545	354.0340	78.6400	29.2093	-28.4567	77.8875	49.4307

续表

市（州）	产业	编号	b'_{ij}	$b_{ij0}-b'_{ij}$	r_{ij}	$r_{ij}-R_j$	G_{ij}	N_{ij}	P_{ij}	D_{ij}	S_{ij}
宜宾	黄牛	61	6.4052	-3.5552	3.5263	3.3641	10.0500	1.0391	-0.5767	9.5876	9.0109
	改良乳牛	62	0.0358	0.0242	6.6667	3.1129	0.4000	0.1272	0.0861	0.1868	0.2728
	水牛	63	1.9398	6.8602	1.4693	1.4912	12.9300	-0.0425	-0.1502	13.1227	12.9725
	马	64	0.5576	-0.1476	0.2927	-0.0731	0.1200	0.2040	-0.0540	-0.0300	-0.0840
	山羊	65	3.1816	-3.1816	—	—	43.5200	10.8828	-10.8828	—	—
广安	黄牛	66	33.1567	9.7733	-0.8817	-1.0439	-37.8500	5.3790	1.5855	-44.8145	-43.2290
	改良乳牛	67	0.1852	0.2248	-0.7805	-4.3342	-0.3200	0.6583	0.7988	-1.7770	-0.9783
	水牛	68	10.0417	9.1583	-0.4203	-0.3984	-8.0700	-0.2199	-0.2005	-7.6496	-7.8501
	马	69	2.8866	-2.6866	5.2500	4.8842	1.0500	1.0560	-0.9828	0.9768	-0.0060
	山羊	70	16.4697	-16.4697	—	—	24.7500	56.3353	-56.3353	—	—
达州	黄牛	71	30.2607	8.1493	0.5392	0.3770	20.7100	4.9092	1.3221	14.4788	15.8008
	改良乳牛	72	0.1690	0.1810	1.6286	-1.9252	0.5700	0.6008	0.6431	-0.6738	-0.0308
	水牛	73	9.1646	9.3254	0.1336	0.1555	2.4700	-0.2006	-0.2042	2.8748	2.6706
	马	74	2.6345	-2.6245	32.0000	31.6342	0.3200	0.9637	-0.9601	0.3163	-0.6437
	山羊	75	15.0312	-15.0312	—	—	100.7400	51.4148	-51.4148	—	—
雅安	黄牛	76	13.6823	-0.3123	0.1286	-0.0336	1.7200	2.2197	-0.0507	-0.4490	-0.4997
	改良乳牛	77	0.0764	0.9536	1.9126	-1.6411	1.9700	0.2716	3.3887	-1.6904	1.6984
	水牛	78	4.1438	0.7062	-0.1526	-0.1307	-0.7400	-0.0907	-0.0155	-0.6338	-0.6493
	马	79	1.1912	0.3588	0.2710	-0.0948	0.4200	0.4358	0.1313	-0.1470	-0.0158
	山羊	80	6.7963	-1.7063	7.3301	3.9095	37.3100	23.2471	-5.8365	19.8995	14.0629

续表

市（州）	产业	编号	b'_{ij}	$b_{ij}-b'_{ij}$	r_{ij}	$r_{ij}-R_j$	G_{ij}	N_{ij}	P_{ij}	D_{ij}	S_{ij}
巴中	黄牛	81	4.8884	-4.5084	137.7368	137.5746	52.3400	0.7930	-0.7314	52.2784	51.5470
	改良乳牛	82	0.0273	0.2427	5.5185	1.9648	1.4900	0.0970	0.8625	0.5305	1.3930
	水牛	83	1.4805	7.1095	1.2864	1.3083	11.0500	-0.0324	-0.1557	11.2381	11.0824
	马	84	0.4256	-0.4156	0.0000	-0.3658	0.0000	0.1557	-0.1520	-0.0037	-0.1557
	山羊	85	2.4282	-2.4282	—	—	97.3300	8.3057	-8.3057	—	—
资阳	黄牛	86	4.5925	-4.1825	1.1220	0.9597	0.4600	0.7450	-0.6785	0.3935	-0.2850
	改良乳牛	87	0.0257	-0.0057	5.5000	1.9463	0.1100	0.0912	-0.0201	0.0389	0.0188
	水牛	88	1.3909	6.8491	0.1602	0.1821	1.3200	-0.0305	-0.1500	1.5004	1.3505
	马	89	0.3998	-0.3798	8.5000	8.1342	0.1700	0.1463	-0.1389	0.1627	0.0237
	山羊	90	2.2812	-2.2812	—	—	150.2800	7.8029	-7.8029	—	—
阿坝藏族羌族自治州	黄牛	91	146.5681	35.5419	0.1334	-0.0288	24.3000	23.7776	5.7659	-5.2435	0.5224
	改良乳牛	92	0.8188	-0.8188	—	—	0.0500	2.9098	-2.9098	—	—
	水牛	93	44.3890	-44.3890	—	—	—	-0.9718	0.9718	—	—
	马	94	12.7602	1.8698	-0.0403	-0.4061	-0.5900	4.6679	0.6840	-5.9419	-5.2579
	山羊	95	72.8039	7.7961	-0.6190	-4.0395	-49.8900	249.0284	26.6669	-325.5854	-298.9184
甘孜藏族自治州	黄牛	96	203.5539	64.4061	0.0626	-0.0996	16.7700	33.0223	10.4485	-26.7008	-16.2523
	改良乳牛	97	1.1371	-1.1071	-1.0000	-4.5537	-0.0300	4.0411	-3.9345	-0.1366	-4.0711
	水牛	98	61.6475	-61.3675	-0.1429	-0.1210	-0.0400	-1.3497	1.3436	-0.0339	1.3097
	马	99	17.7214	7.2886	0.6305	0.2647	15.7700	6.4828	2.6663	6.6209	9.2872
	山羊	100	101.1101	-9.2201	-0.4087	-3.8293	-37.5600	345.8509	-31.5376	-351.8733	-383.4109

续表

市（州）	产业	编号	b'_{ij}	$b_{ij0}-b'_{ij}$	r_{ij}	$r_{ij}-R_j$	G_{ij}	N_{ij}	P_{ij}	D_{ij}	S_{ij}
凉山彝族自治州	黄牛	101	168.6691	-88.2591	0.2045	0.0422	16.4400	27.3630	-14.3182	3.3952	-10.9230
	改良乳牛	102	0.9423	-0.8323	10.4545	6.9008	1.1500	3.3485	-2.9576	0.7591	-2.1985
	水牛	103	51.0824	-25.8924	0.2052	0.2271	5.1700	-1.1184	0.5669	5.7215	6.2884
	马	104	14.6843	6.3057	0.2859	-0.0800	6.0000	5.3718	2.3067	-1.6785	0.6282
	山羊	105	83.7819	108.6781	0.6962	-2.7243	133.9900	286.5794	371.7374	-524.3268	-152.5894

表 2-3　四川省肉类产业产量 Shift-share 分析结果

市(州)	产业	编号	b'_{ij}	$b_{jj0}-b'_{ij}$	r_{ij}	$r_{ij}-R_j$	G_{ij}	N_{ij}	P_{ij}	D_{ij}	S_{ij}
成都	猪肉	1	50.1212	-4.7112	0.6604	0.1427	29.9900	25.9468	-2.4389	6.4821	4.0432
	牛肉	2	2.4679	-1.6679	1.5875	0.4524	1.2700	2.8014	-1.8933	0.3619	-1.5314
	羊肉	3	1.6985	-0.6885	1.3960	-0.5639	1.4100	3.3290	-1.3495	-0.5696	-1.9190
	禽肉	4	13.1597	7.0203	0.1516	0.0117	3.0600	1.8420	0.9827	0.2353	1.2180
自贡	猪肉	5	15.6238	0.4962	0.2984	-0.2193	4.8100	8.0882	0.2569	-3.5350	-3.2782
	牛肉	6	0.7693	-0.4893	0.6071	-0.5280	0.1700	0.8732	-0.5554	-0.1478	-0.7032
	羊肉	7	0.5295	0.3805	1.9670	0.0071	1.7900	1.0377	0.7458	0.0064	0.7523
	禽肉	8	4.1022	-0.4022	0.2027	0.0627	0.7500	0.5742	-0.0563	0.2321	0.1758
攀枝花	猪肉	9	3.2943	0.4957	0.3694	-0.1483	1.4000	1.7054	0.2566	-0.5620	-0.3054
	牛肉	10	0.1622	-0.0322	1.6923	0.5572	0.2200	0.1841	-0.0366	0.0724	0.0359
	羊肉	11	0.1116	0.0784	2.4737	0.5137	0.4700	0.2188	0.1536	0.0976	0.2512
	禽肉	12	0.8649	-0.5449	0.1250	-0.0150	0.0400	0.1211	-0.0763	-0.0048	-0.0811
泸州	猪肉	13	22.8743	1.3857	0.5144	-0.0033	12.4800	11.8416	0.7174	-0.0790	0.6384
	牛肉	14	1.1263	-0.4163	0.7324	-0.4027	0.5200	1.2785	-0.4726	-0.2859	-0.7585
	羊肉	15	0.7752	-0.0352	1.2162	-0.7438	0.9000	1.5193	-0.0689	-0.5504	-0.6193
	禽肉	16	6.0058	-0.9558	0.0990	-0.0410	0.5000	0.8407	-0.1338	-0.2069	-0.3407
德阳	猪肉	17	29.7678	-0.8078	0.1682	-0.3495	4.8700	15.4103	-0.4182	-10.1221	-10.5403
	牛肉	18	1.4657	-0.8457	1.1774	0.0423	0.7300	1.6638	-0.9600	0.0262	-0.9338
	羊肉	19	1.0088	-0.8188	1.8947	-0.0652	0.3600	1.9772	-1.6048	-0.0124	-1.6172
	禽肉	20	7.8158	2.4442	0.1131	-0.0269	1.1600	1.0940	0.3421	-0.2761	0.0660

续表

市（州）	产业	编号	b'_{ij}	$b_{ij0}-b'_{ij}$	r_{ij}	$r_{ij}-R_j$	G_{ij}	N_{ij}	P_{ij}	D_{ij}	S_{ij}
绵阳	猪肉	21	30.7048	-1.4648	0.3605	-0.1572	10.5400	15.8953	-0.7583	-4.5970	-5.3553
	牛肉	22	1.5119	-0.4419	1.4206	0.2854	1.5200	1.7161	-0.5016	0.3054	-0.1961
	羊肉	23	1.0405	-0.0505	2.2626	0.3027	2.2400	2.0394	-0.0990	0.2996	0.2006
	禽肉	24	8.0618	1.9282	0.1221	-0.0179	1.2200	1.1285	0.2699	-0.1784	0.0915
广元	猪肉	25	17.4383	1.2317	0.5688	0.0511	10.6200	9.0275	0.6376	0.9549	1.5925
	牛肉	26	0.8586	0.4814	0.1716	-0.9635	0.2300	0.9747	0.5464	-1.2910	-0.7447
	羊肉	27	0.5910	0.1290	1.1667	-0.7933	0.8400	1.1583	0.2529	-0.5712	-0.3183
	禽肉	28	4.5786	-1.8586	0.1434	0.0034	0.3900	0.6409	-0.2602	0.0093	-0.2509
遂宁	猪肉	29	16.8583	1.4917	0.8736	0.3559	16.0300	8.7272	0.7722	6.5305	7.3028
	牛肉	30	0.8301	-0.4401	4.4872	3.3521	1.7500	0.9422	-0.4995	1.3073	0.8078
	羊肉	31	0.5713	-0.1813	6.6667	4.7067	2.6000	1.1197	-0.3553	1.8356	1.4803
	禽肉	32	4.4263	-0.8863	0.2684	0.1284	0.9500	0.6196	-0.1241	0.4545	0.3304
内江	猪肉	33	14.9471	0.6029	0.8984	0.3807	13.9700	7.7379	0.3121	5.9200	6.2321
	牛肉	34	0.7360	-0.5760	3.1875	2.0524	0.5100	0.8354	-0.6538	0.3284	-0.3254
	羊肉	35	0.5065	-0.1665	1.8824	-0.0776	0.6400	0.9928	-0.3264	-0.0264	-0.3528
	禽肉	36	3.9245	0.1255	0.1259	-0.0140	0.5100	0.5493	0.0176	-0.0569	-0.0393
乐山	猪肉	37	21.1044	-0.5644	0.4158	-0.1019	8.5400	10.9254	-0.2922	-2.0932	-2.3854
	牛肉	38	1.0392	-0.0092	1.6019	0.4668	1.6500	1.1796	-0.0104	0.4808	0.4704
	羊肉	39	0.7152	-0.1252	2.0847	0.1248	1.2300	1.4018	-0.2454	0.0736	-0.1718
	禽肉	40	5.5411	0.6789	0.1801	0.0401	1.1200	0.7756	0.0950	0.2494	0.3444

续表

市（州）	产业	编号	b'_{ij}	$b_{ij0}-b'_{ij}$	r_{ij}	$r_{ij}-R_j$	G_{ij}	N_{ij}	P_{ij}	D_{ij}	S_{ij}
南充	猪肉	41	44.0680	3.5820	0.1977	-0.3200	9.4200	22.8132	1.8543	-15.2475	-13.3932
	牛肉	42	2.1699	-1.1199	1.2952	0.1601	1.3600	2.4630	-1.2712	0.1681	-1.1030
	羊肉	43	1.4934	-0.2734	2.4590	0.4990	3.0000	2.9270	-0.5358	0.6088	0.0730
	禽肉	44	11.5704	-2.2304	0.1574	0.0174	1.4700	1.6196	-0.3122	0.1626	-0.1496
眉山	猪肉	45	27.8864	-1.2164	0.0199	-0.4978	0.5300	14.4363	-0.6297	-13.2766	-13.9063
	牛肉	46	1.3731	-0.3931	-0.0816	-1.2167	-0.0800	1.5586	-0.4462	-1.1924	-1.6386
	羊肉	47	0.9450	-0.5350	3.8537	1.8937	1.5800	1.8522	-1.0486	0.7764	-0.2722
	禽肉	48	7.3218	2.1182	0.0816	-0.0584	0.7700	1.0249	0.2965	-0.5514	-0.2549
宜宾	猪肉	49	23.7220	0.9980	0.8341	0.3165	20.6200	12.2805	0.5166	7.8229	8.3395
	牛肉	50	1.1681	-0.9381	7.6522	6.5171	1.7600	1.3259	-1.0648	1.4989	0.4341
	羊肉	51	0.8039	-0.6539	8.9333	6.9734	1.3400	1.5756	-1.2816	1.0460	-0.2356
	禽肉	52	6.2284	0.5716	0.1882	0.0483	1.2800	0.8718	0.0800	0.3282	0.4082
广安	猪肉	53	34.9287	4.1213	-0.0105	-0.5282	-0.4100	18.0819	2.1335	-20.6255	-18.4919
	牛肉	54	1.7199	1.0901	-0.7011	-1.8362	-1.9700	1.9522	1.2374	-5.1597	-3.9222
	羊肉	55	1.1837	-0.3437	-0.0238	-1.9838	-0.0200	2.3200	-0.6736	-1.6664	-2.3400
	禽肉	56	9.1708	-4.9008	0.0843	-0.0557	0.3600	1.2837	-0.6860	-0.2377	-0.9237
达州	猪肉	57	18.6504	-7.8404	3.6198	3.1021	39.1300	9.6550	-4.0589	33.5339	29.4750
	牛肉	58	0.9183	0.0717	5.4646	4.3295	5.4100	1.0424	0.0814	4.2862	4.3676
	羊肉	59	0.6320	-0.2820	5.7429	3.7829	2.0100	1.2388	-0.5528	1.3240	0.7712
	禽肉	60	4.8968	8.0332	0.1036	-0.0363	1.3400	0.6854	1.1244	-0.4699	0.6546

续表

市(州)	产业	编号	b'_{ij}	$b_{ij0}-b'_{ij}$	r_{ij}	$r_{ij}-R_j$	G_{ij}	N_{ij}	P_{ij}	D_{ij}	S_{ij}
雅安	猪肉	61	20.1823	1.5677	-0.3655	-0.8832	-7.9500	10.4480	0.8116	-19.2096	-18.3980
	牛肉	62	0.9938	1.1562	-0.2047	-1.3398	-0.4400	1.1280	1.3125	-2.8805	-1.5680
	羊肉	63	0.6839	0.0161	0.6000	-1.3600	0.4200	1.3405	0.0315	-0.9520	-0.9205
	禽肉	64	5.2990	-2.7590	0.1575	0.0175	0.4000	0.7417	-0.3862	0.0445	-0.3417
巴中	猪肉	65	17.3193	2.1407	0.9039	0.3862	17.5900	8.9659	1.1082	7.5159	8.6241
	牛肉	66	0.8528	-0.5528	12.7333	11.5982	3.8200	0.9680	-0.6275	3.4795	2.8520
	羊肉	67	0.5869	0.1331	1.8889	-0.0711	1.3600	1.1503	0.2608	-0.0512	0.2097
	禽肉	68	4.5473	-1.7373	0.0996	-0.0403	0.2800	0.6365	-0.2432	-0.1133	-0.3565
资阳	猪肉	69	26.7263	1.7237	0.8721	0.3544	24.8100	13.8357	0.8923	10.0819	10.9743
	牛肉	70	1.3160	-0.9060	0.9756	-0.1595	0.4000	1.4938	-1.0284	-0.0654	-1.0938
	羊肉	71	0.9057	0.7043	2.3354	0.3754	3.7600	1.7752	1.3804	0.6044	1.9848
	禽肉	72	7.0172	-1.5472	0.2249	0.0849	1.2300	0.9822	-0.2166	0.4643	0.2478
阿坝藏族羌族自治州	猪肉	73	3.7256	-1.6056	0.3538	-0.1639	0.7500	1.9287	-0.8312	-0.3475	-1.1787
	牛肉	74	0.1834	2.0966	0.9342	-0.2009	2.1300	0.2082	2.3798	-0.4581	1.9218
	羊肉	75	0.1263	0.4437	0.4211	-1.5389	0.2400	0.2475	0.8697	-0.8772	-0.0075
	禽肉	76	0.9782	-0.9382	0.0000	-0.1400	0.0000	0.1369	-0.1313	-0.0056	-0.1369
甘孜藏族自治州	猪肉	77	4.1495	-3.0695	0.3981	-0.1195	0.4300	2.1481	-1.5890	-0.1291	-1.7181
	牛肉	78	0.2043	3.6257	0.6554	-0.4798	2.5100	0.2319	4.1156	-1.8375	2.2781
	羊肉	79	0.1406	0.4894	0.2381	-1.7219	0.1500	0.2756	0.9592	-1.0848	-0.1256
	禽肉	80	1.0895	-1.0495	0.0000	-0.1400	0.0000	0.1525	-0.1469	-0.0056	-0.1525

续表

市（州）	产业	编号	b'_{ij}	$b_{ij0}-b_{ij}$	r_{ij}	$r_{ij}-R_j$	G_{ij}	N_{ij}	P_{ij}	D_{ij}	S_{ij}
凉山彝族自治州	猪肉	81	20.3757	1.0043	1.0318	0.5141	22.0600	10.5481	0.5199	10.9920	11.5119
	牛肉	82	1.0033	0.3067	1.8931	0.7580	2.4800	1.1388	0.3482	0.9930	1.3412
	羊肉	83	0.6905	1.7735	1.8381	-0.1219	4.5400	1.3534	3.4878	-0.3011	3.1866
	禽肉	84	5.3498	-3.1098	0.1071	-0.0328	0.2400	0.7488	-0.4353	-0.0735	-0.5088

表 2-4　四川省水果产业产量 Shift-share 分析结果

市(州)	产业	编号	b'_{ij}	$b_{ij0}-b'_{ij}$	r_{ij}	$r_{ij}-R_j$	G_{ij}	N_{ij}	P_{ij}	D_{ij}	S_{ij}
成都	苹果	1	4.2	-3.9	13441.4	-12195.8	4435.7	107601.0	-99140.7	-4024.6	-103165.3
	柑橘	2	27.5	-5.1	19659.9	-6223.6	441560.5	712863.1	-131520.9	-139781.6	-271302.5
	梨	3	7.1	-2.2	27299.8	-651.0	134315.1	199771.1	-62253.3	-3202.8	-65456.1
	其他	4	13.5	11.2	19740.6	-15099.3	487396.3	470840.8	389356.2	-372800.7	16555.5
自贡	苹果	5	0.3	-0.2	-1.0	-25638.2	-0.1	7741.5	-5690.5	-2051.1	-7741.6
	柑橘	6	2.0	1.3	58361.2	32477.8	193175.7	51288.0	34386.2	107501.5	141887.6
	梨	7	0.5	-0.4	115260.5	87309.8	14983.9	14372.8	-10739.2	11350.3	611.0
	其他	8	1.0	-0.7	48615.0	13775.1	12153.8	33875.4	-25165.4	3443.8	-21721.6
攀枝花	苹果	9	0.2	-0.2	6999.0	-18638.2	210.0	6160.4	-5391.2	-559.1	-5950.4
	柑橘	10	1.6	-1.2	14230.7	-11652.7	5834.6	40812.8	-30200.6	-4777.6	-34978.2
	梨	11	0.4	0.2	23910.7	-2040.1	15546.4	11437.3	5333.2	-1224.1	4109.1
	其他	12	0.8	1.2	75868.9	41029.0	148703.0	26956.5	41329.7	80416.8	121746.5
泸州	苹果	13	0.5	-0.4	23774.0	-1863.2	1901.9	11869.0	-9818.0	-149.1	-9967.0
	柑橘	14	3.0	0.7	19127.5	-6756.0	70580.3	78632.6	16877.3	-24929.6	-8052.3
	梨	15	0.8	-0.4	33791.5	5840.7	13516.6	22035.8	-10855.5	2336.3	-8519.2
	其他	16	1.5	0.1	40413.3	5573.4	65065.4	51936.3	4156.0	8973.2	13129.1
德阳	苹果	17	0.7	-0.2	10472.9	-15164.3	4817.5	16674.0	-4880.9	-6975.6	-11856.5
	柑橘	18	4.3	-0.8	18448.7	-7434.7	63094.6	110466.6	-21945.2	-25426.8	-47372.0
	梨	19	1.1	1.2	21852.3	-6098.5	50041.7	30956.9	33050.4	-13965.6	19084.8
	其他	20	2.1	-0.1	27305.2	-7534.7	53245.1	72962.4	-5024.6	-14692.7	-19717.3

续表

市（州）	产业	编号	b'_{ij}	$b_{ij0}-b'_{ij}$	r_{ij}	$r_{ij}-R_j$	G_{ij}	N_{ij}	P_{ij}	D_{ij}	S_{ij}
绵阳	苹果	21	1.0	-0.7	8349.0	-17288.2	2671.7	25401.2	-17197.3	-5532.2	-22729.5
	柑橘	22	6.5	-1.1	18565.9	-7317.6	100812.6	168284.7	-27737.6	-39734.5	-67472.1
	梨	23	1.7	-0.2	20921.9	-7028.9	32010.5	47159.7	-4395.0	-10754.2	-15149.2
	其他	24	3.2	1.9	15091.5	-19748.4	76815.9	111150.8	66184.3	-100519.2	-34334.9
广元	苹果	25	1.1	-0.2	20268.3	-5368.9	17836.1	26920.8	-4360.0	-4724.6	-9084.7
	柑橘	26	6.9	-2.7	19054.0	-6829.5	80788.8	178351.8	-68606.0	-28957.0	-97563.1
	梨	27	1.8	3.6	27463.3	-487.5	149125.6	49980.9	101791.9	-2647.2	99144.7
	其他	28	3.4	-0.8	36221.3	1381.4	92726.4	117800.1	-28609.9	3536.3	-25073.6
遂宁	苹果	29	0.2	-0.1	12541.9	-13095.4	877.9	5215.8	-3421.2	-916.7	-4337.8
	柑橘	30	1.3	0.2	26210.3	326.8	39577.5	34554.8	4529.2	493.5	5022.7
	梨	31	0.3	-0.2	68367.4	40416.6	12989.8	9683.6	-4372.9	7679.2	3306.2
	其他	32	0.7	0.1	8397.7	-26442.2	6466.2	22823.2	4003.5	-20360.5	-16357.0
内江	苹果	33	1.0	-0.9	1476.8	-24160.4	132.9	24641.4	-22334.1	-2174.4	-24508.5
	柑橘	34	6.3	2.9	28825.1	2941.6	265190.8	163251.1	74876.6	27063.1	101939.7
	梨	35	1.6	-1.1	60891.2	32940.4	31054.5	45749.1	-31494.2	16799.6	-14694.6
	其他	36	3.1	-0.9	26565.4	-8274.5	58443.8	107826.1	-31178.4	-18204.0	-49382.3
乐山	苹果	37	0.8	-0.7	999.0	-24638.2	10.0	19261.4	-19005.0	-246.4	-19251.4
	柑橘	38	4.9	1.1	14248.9	-11634.5	85921.0	127607.9	28469.2	-70156.2	-41687.0
	梨	39	1.3	-0.9	23760.0	-4190.8	9741.6	35760.6	-24300.7	-1718.2	-26019.0
	其他	40	2.4	0.5	17839.5	-17000.4	52448.1	84284.1	18145.2	-49981.2	-31836.0

续表

市(州)	产业	编号	b'_{ij}	$b_{ij0}-b'_{ij}$	r_{ij}	$r_{ij}-R_j$	G_{ij}	N_{ij}	P_{ij}	D_{ij}	S_{ij}
南充	苹果	41	1.7	−1.6	19707.3	−5929.9	2364.9	44354.6	−41278.1	−711.6	−41989.7
	柑橘	42	11.4	7.1	21988.3	−3895.1	405464.6	293852.0	183438.8	−71826.2	111612.6
	梨	43	2.9	−1.2	24517.2	−3433.5	41679.3	82348.4	−34832.1	−5837.0	−40669.1
	其他	44	5.6	−4.2	60508.0	25668.1	80475.7	194087.1	−147750.0	34138.6	−113611.4
眉山	苹果	45	1.3	−1.3	12199.0	−13438.2	244.0	34128.4	−33615.7	−268.8	−33884.4
	柑橘	46	8.7	4.8	37346.0	11462.5	506411.4	226102.8	124876.8	155431.9	280308.7
	梨	47	2.3	−1.6	99271.5	71320.7	68497.3	63362.5	−44076.5	49211.3	5134.8
	其他	48	4.3	−1.9	100237.3	65397.4	235557.7	149339.2	−67465.5	153683.9	86218.4
宜宾	苹果	49	1.0	−1.0	7649.0	−17988.2	306.0	26633.3	−25607.8	−719.5	−26327.3
	柑橘	50	6.8	3.6	28867.6	2984.1	300511.6	176447.2	92999.4	31064.9	124064.4
	梨	51	1.8	−0.3	63649.3	35698.6	91018.6	49447.2	−9477.5	51048.9	41571.4
	其他	52	3.3	−2.2	79817.2	44977.3	87798.9	116542.1	−78218.2	49475.0	−28743.2
广安	苹果	53	0.8	−0.8	5699.0	−19938.2	57.0	21766.6	−21510.2	−199.4	−21709.6
	柑橘	54	5.6	4.1	15864.7	−10018.7	153729.3	144205.1	106605.4	−97081.3	9524.2
	梨	55	1.4	−1.0	34674.5	6723.7	16690.5	40411.7	−26715.8	3294.6	−23421.2
	其他	56	2.7	−2.3	46574.6	11734.7	19095.6	95246.4	−80962.1	4811.2	−76150.8
达州	苹果	57	1.2	−1.1	22184.7	−3452.5	3105.9	31397.3	−27808.1	−483.3	−28291.4
	柑橘	58	8.0	2.6	20138.3	−5745.1	213667.4	208009.1	66614.3	−60956.0	5658.3
	梨	59	2.1	−1.3	30594.2	2643.4	25393.2	58292.0	−35092.8	2194.0	−32898.8
	其他	60	3.9	−0.2	14898.5	−19941.4	55273.3	137388.5	−8132.5	−73982.7	−82115.2

续表

市（州）	产业	编号	b'_{ij}	$t_{ij0}-b'_{ij}$	r_{ij}	$r_{ij}-R_j$	G_{ij}	N_{ij}	P_{ij}	D_{ij}	S_{ij}
雅安	苹果	61	0.8	0.9	21972.3	-3665.0	37792.3	21047.9	23048.1	-6303.7	16744.4
	柑橘	62	5.4	-4.5	40604.5	14721.1	36950.1	139443.6	-115889.7	13396.2	-102493.5
	梨	63	1.4	4.8	19432.0	-8518.8	120089.8	39077.4	133658.5	-52646.0	81012.4
	其他	64	2.6	-1.2	45873.8	11033.9	65599.6	92101.5	-42280.4	15778.5	-26501.9
巴中	苹果	65	0.2	0.1	13984.7	-11652.5	4894.7	5667.5	3305.5	-4078.4	-772.9
	柑橘	66	1.5	-0.2	20027.2	-5856.2	24833.8	37547.7	-5452.3	-7261.7	-12714.0
	梨	67	0.4	0.3	16240.3	-11710.5	10231.4	10522.3	7086.7	-7377.6	-290.9
	其他	68	0.7	-0.2	21658.3	-13181.6	11695.5	24800.0	-5986.5	-7118.1	-13104.6
资阳	苹果	69	1.1	-1.0	-1.0	-25638.2	-0.1	27044.0	-24993.0	-2051.1	-27044.1
	柑橘	70	6.9	0.8	54867.0	28983.6	423573.3	179168.1	20652.1	223753.1	244405.2
	梨	71	1.8	-0.6	17248.6	-10702.2	20870.8	50209.7	-16389.2	-12949.7	-29338.9
	其他	72	3.4	0.8	15688.4	-19151.5	65263.8	118339.2	26594.8	-79670.1	-53075.4
阿坝藏族羌族自治州	苹果	73	0.3	2.5	22648.7	-2988.6	64775.1	8172.7	65149.7	-8547.3	56602.4
	柑橘	74	2.1	-2.1	—	—	0.0	54144.9	-54144.9	—	—
	梨	75	0.5	0.4	14538.4	-13412.4	14393.0	15173.5	12497.8	-13278.3	-780.4
	其他	76	1.0	-0.9	292077.6	257237.7	40890.9	35762.3	-30884.8	36013.3	5128.5
甘孜藏族自治州	苹果	77	0.1	0.6	12130.7	-13506.5	7642.4	1930.2	14221.2	-8509.1	5712.1
	柑橘	78	0.5	-0.5	12124.0	-13759.4	485.0	12788.0	-11752.7	-550.4	-12303.0
	梨	79	0.1	0.0	10649.0	-17301.8	1277.9	3583.7	-229.6	-2076.2	-2305.8
	其他	80	0.2	-0.1	18885.7	-15954.2	2832.9	8446.4	-3220.4	-2393.1	-5613.5

续表

市(州)	产业	编号	b'_{ij}	$b_{ij0}-b'_{ij}$	r_{ij}	$r_{ij}-R_j$	G_{ij}	N_{ij}	P_{ij}	D_{ij}	S_{ij}
凉山彝族自治州	苹果	81	1.8	10.2	30610.0	4972.8	364565.1	44991.2	260348.0	59225.9	319573.9
	柑橘	82	11.5	−11.1	55499.0	29615.6	23864.6	298069.3	−286939.4	12734.7	−274204.7
	梨	83	3.0	0.8	23581.3	−4369.5	89137.2	83530.3	22123.7	−16516.7	5607.0
	其他	84	5.7	0.2	94926.5	60086.6	551523.2	196872.6	5547.2	349103.4	354650.6

专题二　发达国家农业产业转型升级的经验及启示

党的十八届五中全会将"开放"列为五大发展理念之一，为了顺应我国经济深度融入世界经济的趋势，随着科技进步和经济全球化，我国农业既有的产业结构以及农业在国民经济发展中的基础性作用和重要地位，指出农业产业的转型升级是一个必然的趋势，也是我国当前面临的现实问题和挑战。本专题对发达国家农业生产的组织规模化、手段、科学技术、功能等方面做了比较分析和归纳，为四川省农业产业转型升级提供必要的和可借鉴的经验及启示。通过生产能力创新和农机设备升级，以此促进农业发展方式转变和现行农业产业结构优化升级。

一、典型发达国家的农业转型升级

由于西方发达国家在实现农业转型升级的过程中，各自所面对的转型升级背景、面临的具体困难，所处的历史阶段以及所采用生产组织、手段和方式、科学技术对农业转型升级的支撑和引领、转型升级过程中农业所应该承担的功能等都存在着一定的差异，这里选择美国、德国、法国、荷兰和日本作为典型参照，在具体分析这些国家的农业转型升级的有效做法、先进理念和政策保障等的基础上，总结各自的成功做法及其启示。

(一)美国

1. 转型升级的背景

美国农业早期发展存在的问题主要表现为农产品过剩，价格严重下跌，农场大量破产，农民失业。20世纪20年代到"大萧条"时期，一战后各交战国家不仅减少了对美国农产品的购买，严重影响美国农产品出口，导致美国大量中小农场破产。直到二战爆发美国农业才再次进入新的繁荣期，随着战争结束，战时扩大的生产力在战后得不到释放，加上外国廉价农产品的冲击、国际经济衰退、美元升值，使得农产品出口日益困难，低价的农产品倒流美国。21世纪以来，美国农业发展主要问题是依靠生物科技发展高产农业和消费者对食物安全偏好之间的矛盾、畜禽疫病等(庄岁林，谢琼，2006)。

基于这样的发展历程，在不同时期，对美国农业产业转型提出了不同的要求。

2. 主要做法

1)农业生产的组织规模化

随着科技和经济的发展，农业人口比例下降，加上美国地多人少，使得农业生产和经营容易获得规模效益。

美国农业生产在 20 世纪初已基本实现种植专业化，行业分工严格，各生产环节专业化分解，结合气候、地理等条件形成了各具特色的产业带，有利于发挥比较优势，降低生产成本，提高生产效率。

农业合作社在美国的农业一体化服务体系中占有重要的地位。合作社提供的服务和类型主要有：①销售和加工服务；②供应服务；③信贷服务；④农村电力和电话合作社；⑤服务合作社（蒙柳，许承光，许颖慧，2010）。

2) 农业机械化和智能化

美国农业机械化在种植业、工厂化畜禽饲养、设施农业、农产品加工等方面保持着世界先进水平。20 世纪 40 年代美国就实现了粮食生产的机械化，60 年代后期，粮食生产实现全程机械化，70 年代初完成了棉花、甜菜等经济作物的全面机械化（朱慧琴，2014）。

目前美国农机的生产和科研部门正在研究推广拖拉机等农机具和卫星通信、遥感技术、电子计算机等技术相结合，使各种农业机械能更准确、迅速地实现各类农业生产作业。生产的机械化辅之科学化的管理，将农业生产效率大大提高。

3) 科学技术创新驱动和农技推广

先进的科学技术是美国农业高生产率的坚实后盾。针对现代农业生产中面临的土壤流失、肥力衰竭、生物多样性减少、能源利用率低等诸多问题，美国大力提高农业生产的科技含量，积极发展绿色农业、精细农业、信息农业和生态农业（韩伟，2011）。

在大中型农场中推广使用沼气能、风能、太阳能、地热能等可再生能源和清洁能源，减少对石化能源的依赖，逐渐从以玉米为主的生物燃料产业向利用非粮食作物发展生物燃料产业转变。

美国充分利用生物技术培育优良品种和加强对农业病虫害的研究和控制，大大提高了农作物产量。目前基因工程、细胞工程、酶工程和发酵工程等农业生物新技术已得到广泛应用。

科技在美国农业生产中贡献率高的原因除了政府重视农业科研、教育，农民自身文化素质高外，另一个重要原因是其比较健全的农业技术推广体系。

美国的农业技术推广工作主要是由州立大学的农学院承担。大学教授从事教学、科研、推广工作的时间各占 1/3。为了能真正做到了科研、教育、推广和生产的结合，相互促进，增强了工作的有效性，大学与地方政府共同建立地方农技推广中心以负责本区的农技推广工作，同时组建一个由大学、政府、技术推广和农民代表多方人员组成的农业推广指导委员会并定期沟通各方意见，审定推广工作计划和经费使用并对农技推广中心的工作进行评估、监督、指导。

4) 多功能农业和农业产业体系

美国农业的发展过程，实际上就是农业产业体系不断延伸、完善、升级，使农产品的生产、加工、销售等各环节有机结合、相互促进，并与国民经济其他部门相融合，形成了美国的多功能农业。同时建立了由农业生产资料的生产、供应体系，农产品加工、销售体系，农业科研、教学、技术推广体系，家禽畜种的培育、农作物种子、繁殖、加工、销售体系，农产品质量检测、监督体系，农业信息服务等密切联系相互作用的庞大的农业产业体系，有力地支撑和促进了农业的发展。

3. 经验借鉴

美国现代农业体系以高资本投入、高科技含量、高产出和高商品率为特点，形成了高度社会化、现代集约化和国际化的农业形态，建立了以工商企业、农工综合企业和农业合作社等行业组织为主的产业化经营体系，打造出了一条农产品生产、加工、营销各环节紧密相连的产业链。美国农业是高度融合的农业产业体系，涉及诸如生物、地理、气象、生态等多学科和交叉学科的融合，同时将农业、工业、贸易、信息、金融等产业高度融合，形成了一套全产业链紧密结合的产业化体系，是多学科、多部门的系统化综合体。

(二)德国

德国位于欧洲中部，国土面积 35.7 万 km^2，地形南高北低，河流众多。德国的生态农业兴起于 20 世纪六七十年代，今天已成为当今世界最大的有机食品生产国和消费国之一。德国目前共注册生态农场 8400 多家，面积 40 多万 hm^2，占农用土地面积的 2.5%，有机农产品产量约占总产量的 2%。

1. 转型升级的背景

第二次世界大战之后，德国粮食紧缺，农业生产以粮食为主，农副产品的加工还处于初始阶段，经过深刻反思并重新审视农业的战略地位，认为农业除了提供食物外，还应具有其他重要的功能，即：保护自然资源，保护物种的多样性、地下水、气候和土壤；提供良好的生活、工作和休养的场所；为工商业提供原材料，并为能源部门提供能源。基于以上定位，德国各级政府始终把农业和农村的发展作为支持重点，通过法律、经济措施来保护农业和农村发展(李晓俐，2009)。

2. 主要做法

1)农业生产的组织规模化

德国合作社历史悠久，对内以服务为主，对外以盈利为目的，作为市场经营主体，有效地维护着合作社成员的利益。

许多合作社都加入了地区性合作社联盟、专业性合作社联盟和全国性合作社联盟，这些联盟在互通信息、控制市场方面发挥着重要作用。德国合作社分为三个层次：第一层次是农场主投资开办的合作企业；第二层次是地区联盟或专业性联盟开办的企业；第三层是全国联盟或跨国联盟。通过结合与发展这三个层次，真正体现了德国的农业经济结构和技术管理水平，是德国农业合作事业全面发展的结果(李钢，2008)。

通过农民专业合作社的各项服务，单个农民家庭可获得的好处有：提高了组织化程度，增强了农户抵御市场风险的力量；减少了产品交易活动中的损失并增加收益；有利融资；利于实现全面农业机械化提高了农机使用率；共享农产品加工带来的增值提高农业效益。

从总体上看，德国经济的发展，特别是农村地区的发展，在很大程度上要归功于合作社的作用和贡献。

2）农业机械化和智能化

20 世纪 70 年代以后，德国农业生产就基本实现了农业机械化。目前平均每千公顷农用地拖拉机的数量在欧洲排名第一。

为适应农业劳动力减少和农场土地规模经营的需要，德国十分重视发展农业机械化。20 世纪 50 年代中期以后，德国政府通过立法对农民用的柴油实行价格补贴；对农民购置农机具等农业生产资料给予低息贷款甚至无息贷款，加强了农业生产过程中的机械化，使农业生产迅速发展，劳动生产率成倍增加。尤其是德国通过发展农机合作社，不仅提高了全面农业机械化水平，而且有效提高了农机使用效率。

德国农业机械化发展的主要方向有：一是农业机械进一步向大功率、多功能方向发展；二是农业机械进一步向高科技、智能化方向发展；三是农业机械进一步向资源节约、环境保护方向发展。大型农业机械通过接收卫星信号，经计算机进行处理，可将土地精确定位，并按土壤营养状况，确定播种和施肥量，把 3S 技术用于农业资源和灾害的监测检测预报上。随着互联网的普及，官方鼓励通过电子信息网络实现产品统一调拨、供货和进行各种协作（李兴国，2006）。

3）科学技术创新驱动和良种化

为加强农产品市场竞争力，德国主要选择了以高新技术作为突破口。为解决温室效应和地球气候变暖对农作物生长及产量所造成的影响，培育出既能适应气温变化又能获得稳产高产的耐热作物新品种，德国科学家重视植物遗传育种和动物优良品种的培育，加强对植物基因的研究。对于粮食等食物采用转基因技术，态度慎重严肃，重视转基因生物安全问题（丁声俊，2001）。

4）多功能农业和体验农业

德国利用现代工业、现代科学技术、现代管理方式、现代科学文化知识等的综合运用，建立起优质高效的农业生产体系和可持续发展的农业生态系统。

（1）生态农业。在权衡经济和环境两方面利益的基础上发展农业生产，为了大力发展生态农业，德国政府规定在农业生产中要避免由于外源物质污染、经营措施不当等而造成的对农田内外群落的不良后果，注意对生态方面有价值的群落的保护，积极保护风景名胜和自然景观。

（2）休闲农业。德国的休闲农业模式主要是市民农园。德国人认为在市民农园里参与农业劳作是最高尚的休闲娱乐方式之一，很多家庭也为能拥有一个农园而感到骄傲和自豪。通过把城市或近郊农地划分成小块出租给市民，种植过程中，绝对禁用矿物肥料和化学保护剂。市民通过亲身耕种可以享受回归自然以及田园生活的乐趣。

德国都市农业的作用从宏观上看，市民农园促进了农业在都市的保存与发展，增加了城市的绿地面积并改善了生态环境；同时为市民的交流与沟通提供了场地，有助于改善居民邻里关系。

5）政策保障

（1）德国农业支持政策的法律依据。德国 1955 年颁布《农业法》，1969 年颁布实施《改善德国农业结构和海防共同任务法》《农业生产适应市场需求法》，20 世纪 90 年代颁布了《德国合作社法》《勃兰登堡州促进州农业结构发展》等一系列促进农业发展，推动农业管理体制改革的法律、法规，进一步推动了德国农业支持政策的调整（范芝和周国胜，2002）。

(2)德国对农业的金融支持。一是成立专门的政策性银行——德国农业养老金银行，为农业企业提供融资便利。二是对扩大生产规模、降低成本、引进环保措施等投资，提供补贴及贴息贷款。三是政府每年制定促进农业发展的框架计划，明确联邦和地方政府的责任，采取补贴、贷款、贴息、担保等形式支持具体农业项目（梁彦君和辛立秋，2009；李晓俐，2009）。

3. 经验借鉴

德国农业呈现的明显特点（张东兰，2007）：

(1)高度现代化。整个农业发展依托现代科学技术知识，科技成为强大的农业生产力。在德国普遍实现农业企业化、农民知识化、管理科学化、耕作机械化、结构合理化、发展持续化。

(2)功能多样化。德国农业不仅是提供粮食等食物和饲料的初级产业，而且是为工业提供大量生物能源的供应部门，还对保护自然环境与促进旅游业的发展有积极作用。

(3)产品优质化。各种食品必须符合严格的食品法规，消费者可以选择不同的质量等级、产品标识、企业优质标志、国家绿色标志等的食品，通过建立高效的食品质量可追溯体系，确保食品安全。

(4)生产高效化。在德国每个农业经营者可养活的人数约为140个，平均每个农业劳动力贡献的净产值在2万欧元以上。主要农产品的自给率较高，谷类、马铃薯、食糖和牛肉超过自给，牛奶和猪肉接近自给，禽肉需少量进口，禽蛋的进口量在30%左右。

(5)服务专业化。为农业服务的组织有多种，包括各类农业合作社、涉农科研机构等，可为农业企业提供包括科技、信息、机械和农资供应等生产方面的专业化服务。

(6)农村人文化。农业是农村的核心，农民十分重视保护农村自然环境和生物多样性，塑造了由多彩田野、美丽村庄、碧绿草地、茂密森林交织的充满人文氛围的乡村风光，成为居住和休养、旅游的理想场所。

（三）法国

法国是欧洲第一大农业生产国、世界第二大农业和食品出口国、世界食品加工产品第一大出口国。法国的小麦出口世界第二，玉米出口为世界第三，家禽和牛肉出口同为世界第二。农业和林业用地占国土面积的87%，农业和农产品行业产值在国民经济中占5%。法国农业取得上述成就，与法国政府一整套创新体制息息相关（张钦彬，2008；蒯强，2009）。

1. 转型升级的背景

法国农业直到20世纪50年代以前一直是发达资本主义国家中农业落后的国家，从未摆脱农业净进口国的局面。

二战后法国政府开始注重土地规模效益，从20世纪50年代起实行土地集中政策，大农场、大合作社逐步取代了小农经济，加快了法国农业现代化步伐。

20 世纪 60 年代中期，法国政府调整思路，把扶持农业的重点放在生产、加工和销售领域，到 90 年代中期，农业实现顺利转型升级，农产品进出口顺差为 240 亿法郎。

2. 主要做法

1）农业生产的组织规模化

由于农业机械化水平的提高，法国农场数量逐年减少，法国农业发展依赖于农业经营专业化。农业经营专业化可以分为地区专业化、农场专业化和工艺专业化三个方面以及农工商一体化。

（1）地区专业化（孙亚范和余海鹏，2012）。地区专业化，是在传统的基础上，随着技术革命和生产结构变化而形成的。农业地区专业化是根据最有利的自然条件、传统的种植经验和地区的经济特点形成的，因而可以提高单产、提高劳动效率、节省费用。同时由于生产专业化，科学研究、农业教育以及领导部门的中心任务等都可以围绕该地区的主要农业生产项目而展开，更有利于推动地区农业生产的发展。

（2）农场专业化。农业生产的日益社会化，导致社会分工越来越细。现代化农业要求生产专业化，而生产专业化又能促进现代化技术设备的生产和使用，从而提高劳动生产率，降低生产费用，增强市场竞争能力，越来越多的农场集中生产一种产品的一个品种。

（3）工艺专业化。商品生产的高度发展，许多原来属于农业本身的作业项目开始专业化外包。农民只管田间种植；育种、选种等工作由专业化的种子公司负责；化肥、农药等生产资料的供应和使用由相关的专业公司承担；粮食贮运公司负责运输、干燥、加工、贮藏直至销售。畜牧业也同样如此。

（4）农工商一体化。在"农工商综合体"中，家庭农场通过合同向规模大的工商企业出售农畜产品，并由这些企业向农场提供农业生产资料和各种服务。

法国农工商一体化可以分为三种：①农业公司：它是由国有或私有工业、商业和金融资本直接开办的，这种农业公司从事大规模的农业生产，将农业生产同农产品加工、销售、贮运及机器设备等生产资料的供应结合在一起，形成一个供产销一体的体系。②控股公司：它是由工业、商业、金融和农业企业互相控制股份的投资形式组成的联合企业。③以合同形式组成的综合体：是指垄断财团通过签订合同的形式把诸多农场直接变成自己的生产车间并加以指导、监督和管理，从而避免农业生产和农产品经营过程中的风险。"农工商综合体"可以很好地适应社会化发展的客观要求和专业化分工合作的趋势（彭安玉，2003；于强，2002；孙亚范和余海鹏，2012）。

2）机械化和智能化

二战以后法国政府把农业装备现代化摆在极其突出的位置。法国小麦、玉米等谷物生产、畜禽饲养等均已实现了全程机械化。粮食作物生产从整地、播种、中耕、病虫害防治、收获、运输、加工、储存等环节均有相适应和配套的农业机械。

法国加速实现农业机械化的主要措施（金攀，2010；刘玉静，2006；武辉和张传龙，2011）：

（1）政府通过制定法令扶持大农户或大农场、增加投资、提供贷款等一系列经济措施，推动农业机械化迅速发展。20 世纪 60 年代法国政府又通过法令限制 25 hm² 以下小农场的发展，使大农场的数量上升，土地相对集中，对促进农业机械化起到了积极的作用。政府还对购买农业机械的农场实行价格优惠和补贴政策，提供偿还期长达 5~6 年的低息贷款，实行农用燃油免税 15% 的政策，以促进农机销路的增加。所有这些，都推动了农业机械化的发展。

（2）及时把战时工业转向生产农业机械，发展本国农机工业。大农机公司之间因为竞争加剧，所以重视新产品的设计与推销，一般都设有配套齐全的研发中心。

（3）抓农机具的配套生产，搞好备件供应和服务工作。法国的农业机械化为了适应各种不同农艺的要求，农机具配套均比较齐全，注重全程机械化的配套。如平整土地使用的旋转耙、往复耙、自动调节喷雾器、厩肥撒播机、适应坡地使用的联合收割机，以及大型高效的甜菜联合收获机和蔬菜移栽机等。法国农机具的备品备件供应和服务工作做得十分周到。备件的供应和农机维修的商业网点遍布各地，服务质量不断改进，为方便客户的同时更好地发挥农机具有效能起着重要的作用。

（4）严格实行农机产品标准化、系列化、通用化。随着专业化和协作水平的不断提高，为了方便专业化流水作业和降低成本，生产多种型号拖拉机的企业，都力求零部件能通用互换某些通用部件和易损部件。

（5）重视引进先进技术和农机科研工作。法国政府非常重视引进先进技术，广泛进口先进农机具，并由"国立农机试验研究中心"进行试验比较，择优进口。这些措施的实施非常有助于农机技术的进步和农机制造质量的提高。

（6）全面实现农业电气化。实现农业电气化一方面是向农村供电，提高用电质量，另一方面是推广农业用电。农业电气化是实现农业现代化的重要内容，是发展农业、提高农业劳动生产率和减轻劳动强度的重要手段。

3）科学技术创新驱动和良种化

法国主张科技兴农，重视科学技术的应用。法国农业科技工作的特点是：基础研究由国家主导，技术推广则实行全民参与。通过建立农业联合体或农业科技集团把教育、科研、推广机密结合起来。在种子工程上，法国利用基因技术、生物杂交技术等开展育种研究；大力开发生物农药以防治病虫害；大力推广使用有机肥代替和减少化肥的使用。

4）农业教育和农技推广

法国积极推行"农民高学历"计划，1960 年《农业指导法案》颁布以来，农业技术教育发展很快。全国设立了农业教育定向委员会指导农业技术教育的发展。除高等农业院校和农业中学的正规教育外，还以农业中学为中心在其周围设立农业农民技术培训中心和短期专业技术教育班，形成了教育、科研和技术推广相结合，高、中、初等不同层次相配套的农业教育体系，规定只有取得农业职业培训证书如农业学徒证书(BAA)、农业职业结业证书(BEPA)、农业技师证书(BTA)、高级技师证书(BTS)才能成为合格的农业经营者，为普及农业科学技术知识和提高农业生产技术水平做出了积极的贡献（胡博峰，2011）。

5）政策保障

（1）土地集中政策。二战后，法国政府制定了土地改组政策，加速了土地的集中，促进了资本主义大农场的发展。与此同时，垄断资本通过农工商综合体和农业合作社，控制了大量的农场。通过一系列政策，加快农村社会福利事业的建设和保障，避免社会动荡影响垄断资本的根本利益，对农业生产的发展起了一定作用（张新光，2009）。

(2)农业信贷政策。法国政府采取了一系列的农业信贷政策，为农业现代化提供必要的资金。法国政府为了贯彻土地改组政策，扩大农场经营规模，鼓励机械化生产，促进农业专业化和农工商一体化，对上述农业资金实行低利贷款政策。因为农场自筹资金所占比例很小，法国农业现代化所需资金的主要来源是国家贷款，如一些生产规模较大的农业合作社其中国家贷款占比约为80％。

(3)价格干预政策。为了防止农产品价格起伏较大，法国政府对农产品价格实行干预政策。事先规定农产品的目标价格和干预价格。当市场价格下跌时国家予以价格补贴；当市场价格下跌至干预价格时，国家或有关机构按干预价格大量购进；当市场价格上涨至目标价格时按目标价格抛售，其亏损由国家补贴；鼓励农产品廉价出口，其与世界市场价格的差额，由国家予以补贴。这种价格政策，对于促进农业生产和调节供需矛盾起到了非常大的促进作用(姜松，2008)。

3. 经验借鉴

(1)高度重视，大力投资扶持。法国政府早就确定了发展农业的政策和目标。国家投入巨额资金向农民提供低息贷款、低价土地，实行税收优惠政策，建立农民社会保障体制，鼓励农民安心务农。

(2)加强农业教育，提高农民素质。为了适应农业现代化发展的需要，建立了以高等、中等农业教育和农民业余教育为主要内容的农业教育体系，有力地推动了农业教育，提高了农民素质，对发展本国农业起了决定性作用。

(3)重视农业研究，实行科技兴农。建立了数量众多的不同类型的农业研究机构和拥有大批的农业科技人员，其主要任务是为法国农业现代化提供基础研究和应用研究。

(4)推广农业机械化。凭借发达的工业基础和研发能力研制和生产各类农机具，农业机械品种齐全，自动化程度高，大大提高了农业生产效率。

(四)荷兰

荷兰是一个比较典型的人多地少、农业资源贫乏的欧洲小国，是欧洲人口密度最大的国家，全国有耕地与牧场199万km²，人均耕地面积(1.3亩)与我国基本相当(1.2亩)。但是，令人惊叹的是，荷兰农业却取得了举世瞩目的成绩，尤其在畜牧业、花卉市场和农产品加工等领域(程勒业，1996)。

1. 转型升级的背景

20世纪50年代还未解决温饱问题的荷兰，选择了将有限的土地资源用于发展高附加值的畜牧业和园艺业，走优化结构、发展高效农业的道路。经过几代人的不懈努力，现已一跃成为全球第三大农产品出口国，蔬菜、花卉等的出口量更是雄居世界第一，是一个农业高度发达的国家(郑秀芸，2000)。

2. 主要做法

1)农业生产的组织规模化
荷兰的农业生产多以家庭为主，集约化和专业化水平都较高。

(1)农业合作组织的形成与发展。荷兰的农业大多数农场均是家庭式经营,生产规模较小,市场竞争力弱。农户自发地结合建立互助互惠的经济合作组织,即农业合作社。通过农业合作社联合采购农业生产资料,加工和出售农产品以及筹集资金,降低投资成本,使农民通过激烈的市场竞争获取可观的经济收益(刘黎,2007)。

(2)农业合作社的类别和结构。荷兰农业合作社大体上可分为信用合作社、供应合作社、农产品加工合作社、销售合作社、服务合作社等。①信用合作社为农民购买生产资料、更新设备、发展生产提供及时的充足的资金保障,如荷兰著名的拉博银行(Rabobank)就是从农民信用合作社发展起来的农业信贷银行,也是农民自己的合作银行,现已发展成欧洲最具实力的银行之一。②供应合作社主要从事生产资料的联合批量采购和统一供应:包括各种农机具、种子、肥料、饲料等,合作社本身不营利而让利于农民,降低农民的生产成本。③农产品加工合作社负责农畜产品的加工及销售:如马铃薯合作社现已垄断了全荷兰的马铃薯生产与加工。④销售合作社专门负责组织农产品大批量地向外销售,最典型的销售合作社就是农民合作组建的拍卖市场:能将极易腐烂变质的新鲜农产品及时地推向市场,并在最短的时间内完成交易,如鲜花、水果、蔬菜等农产品80%~90%都是通过拍卖市场销售的。⑤服务合作社是农民合作组建的互助保险公司、农业机械公司、农业科技试验推广部、农产品仓储基地、救济服务中心、农业管理辅导站等,专门为农民提供各种各样的优质服务(刘黎,2007;皮国梅,2011)。

上述各种合作社,就其基本结构可分为简单型和复合型。简单型合作社由若干个从事同一种植或养殖的农户自由组合起来联合采购生产资料,或把自己的产品集中运到市场去销售。这种简单型合作社规模都比较小,依靠其参与的农户(会员或社员)缴纳会费并为同一组织内的成员服务,是非营利性组织。

复合型合作社由不同地区生产同类农产品的农户以社员(会员)的名义参与组成。主要的组织形式为董事会领导下的社员代表大会制,董事会负责重大事务或项目的决策以及合作社内部经费的审计,社员代表大会下设管理机构,为社员提供产前、产中、产后全程服务。

(3)农业合作组织的地位和作用。荷兰农业合作社都有自己的章程,确定合作社的名称、成员来源、组织形式、行为准则和责权利关系,具有独立的法人资格,独立自主开展生产和经营,农民(农户)自愿加入,通过缴纳会费确定与合作社的联盟关系,并从合作社获得个体户难以实现的帮助和服务,使自己的利益得到有效的保护(陈玉光,2010;陆咏梅,2007)。

在荷兰农民收入中,至少60%是通过合作社取得的。荷兰农业合作社还提供了大约8.5万个就业机会。因此,农业合作社为荷兰的农业和农村经济社会的发展做出了重要的贡献(唐敏和胡联,2003)。

2)特色现代农业

荷兰农业主要以畜牧业和园艺业为主,种植业占比较低。20世纪90年代后,荷兰农业产业结构的变化表现为种植业产值下降,畜牧业产值、园艺业产值稳步增加。荷兰的园艺作物以蔬菜、花卉为主,大部分供出口,花卉品种多达上千种,其中出口最多的是郁金香达到80%。荷兰畜牧业历史悠久,在农业中占有相当重要的地位,全国约有三分之一的地区是牧场,奶牛业相当发达,在畜牧业中奶牛及其奶制品占畜牧业产值的

70%以上，其次是猪、羊及家禽(程广燕，2002)。

(1)独具特色和生命力的设施农业。在荷兰没有专门规划和刻意建设的农业科技园区，也没有非农企业专门投资建设的农业科技园区，所有的成群连片的农业工厂都是随着材料设备的不断创新、科学技术不断进步和生产管理水平的逐步提高而逐渐发展起来的，前后经历了近百年的发展历程。在农业生产的装备发达程度、技术管理水平、经营规模和劳动生产效率方面，荷兰的设施农业是当今世界最先进的(吉红，2007；袁益明，2009)。

①花卉业。荷兰花卉生产主要集中在西部地区，用于花卉生产的总面积约为8000 hm²，其中70%为玻璃温室。在总的花卉生产中，近3/4面积种植鲜切花卉(尤其是玫瑰和菊花)，另1/4面积栽培观赏植物。

大型连栋玻璃温室在对温光水气及营养供给实现全面自动调控的基础上进一步改进设备与操作供应流程，全部采用自控控制和作业，无须人工介入，种植区不需要保留操作通道和人行过道，能更好地利用温室的空间并节省约40%的劳力，劳动生产率和单位面积产出率得到大幅度提高。

②蔬菜业。荷兰用于蔬菜生产的玻璃温室约4700 hm²，以种植番茄、甜椒、黄瓜为主，通常每一农户只栽培一种蔬菜，实行高度的专业化生产。这种专业化的生产方式不仅有利于种植者积累经验、提高技能，而且有利于稳定和提高产量与品质，促进专业设施设备的开发利用，实施温室的机械化、自动化控制，提高劳动生产效率和降低生产成本，同时蔬菜从种到收的生产全过程均实行无害化管理，保证产品质量，对周边环境也不产生污染。

③畜牧业。荷兰的畜牧业生产也主要是农户个体经营，规模不大，但其自动化程度和标准化水平均居于世界领先地位。如奶牛的饲养方式是半年圈养半年放牧，挤奶、罐装、冷藏及圈养时的喂料、喂水、清圈等过程全部是自动控制和管理。牧场的管理、牧草收割打捆以及玉米的种植、收割、粉碎、青贮等完全是机械操作。由于完善的农业合作组织和社会化服务体系的支撑和配备了先进的机械及自控设备大大节省了荷兰畜牧业的生产成本。

(2)荷兰的温室农业(高立鹏，2002；吉红，2007)。荷兰的现代设施农业从某种意义上讲是以温室农业为代表的现代设施农业。荷兰的温室主要为玻璃温室且多集中成片。在这些现代化的温室内，农业生产方式实现了高度的程序化、标准化和自动化，作物离开了土壤，农民离开了土地，生产摆脱了自然气候的束缚，农作物从种到收就是一条生产流水线，一栋温室就是一座农产品工厂。温室设施齐备，生产过程包括供暖、通风、降温、灌溉、施肥、喷药、土壤消毒等全部用计算机调控，机械化和自动化程度相当高。

高度集约化、专业化、工厂化的农业生产方式，大大提高了农业生产效率，使荷兰从一个农产品进口国转变为世界上农产品出口大国。荷兰温室蔬菜占本国蔬菜生产总值的3/4，86%的产量销往世界各地，同时又是世界上四大蔬菜种子出口国之一，占世界农产品贸易额的7%~10%，是世界上最大的温室农业技术输出国，温室农业技术的迅速发展极大地推动了荷兰农业的工厂化和现代化，实际上也自然而然地促进了农业的产业化发展。

(3)荷兰农业信息化。①信息投入多元化。政府有关部门定期向农民发布经营政策、市场方面的信息，同时收取信息服务费用。荷兰在农业信息化建设上，目前政府的投资占70%，体现对农业信息服务的重视与支持。基于这种支持，政府可以随时从1500个信息点上获取多达9万个农场的各方面信息。②信息研究市场化。荷兰的信息研究部门长期致力于同国际市场接轨，信息收集也主要以农产品国际市场为主，75%以上的信息采集来源于市场，服务于市场。③信息管理规范化。荷兰的农业信息收集、传递、加工、反馈，有一套自上而下、完善的管理规范。信息收集项目、类别、数据准确程度以及信息传输，都有明确要求，指标体系设定科学合理，不同的信息采集渠道职责明确。④信息服务社会化。荷兰的农业信息是个开放的系统，不仅服务于国内，而且面向全世界。通过阿斯梅尔花卉拍卖市场，可以随时浏览世界各地花卉市场行情。真正体现了信息资源和信息成果共享。⑤信息网络现代化。荷兰自上而下地建立了比较完善的电子信息网络并且全部接入互联网。使得信息能够快速收集、传递和反馈，沟通用户，满足需求（刘霞，2007）。

3）科学技术创新驱动和良种化

荷兰全国从事农业科研和教育工作的人员有5000多人，农业科研和教育布局比较合理，专业设置齐全（刘黎，2007）。从基础研究到实用技术研究，研究部门逐渐增加，这样保证了研究成果更适合实际需要。荷兰的研究、教育和推广通常由政府成立的专门机构执行。荷兰科学研究组织（NWO）是直接对教科文部负责的法定组织，与荷兰皇家科学院同样是欧洲科学基金会的成员（申茂向和徐顺来，2010）。

荷兰的农业研究工作相对集中在瓦赫宁根，共有25个研究所，如作物育种研究所，农业技术研究所（研究贮藏加工）以及农业工程研究所等。在海牙设有农业经济研究所。每个所负责农业的具体研究工作，如机械化、病虫害防治、育种、市场和加工等，分别担负基础研究、应用研究、实际研究等（何玉蓉，1993；纪韬，2009）。

荷兰的农业基础研究由全新的农业科教中心（Wageningen University and Research Center），对具体的农业科研和教学工作进行统一的协调和组织管理，按照学科门类重组为植物科学、动物科学、农业技术与食品科学、环境科学、社会科学等五大学科群，其基本宗旨是通过整合资源和集成优势，在营养与健康、可持续农业、环境变异、社会变迁等重要的科学领域进行开拓研究和教学革新，提高人民的生活质量（滕奎秀和杨兴龙，2007）。

荷兰的农业应用研究由农业部下属的37个专业研究所承担，主要从事农业新技术和新产品的开发与技术革新，其中包括植物病理学、环境管理、生物控制、土壤科学、畜牧学、机械化、销售和加工等领域的研究；应用研究则由实验站和实验农场进行，主要任务是解决实际问题和试验新的发展成果。

在农业科技推广方面，荷兰采用政府与地方或农民合办的方式，其中农业部负责农业的教育、科研、推广的宏观调控，重点是农业信息的发送与传递。私人推广机构主要是一些专业化的咨询公司或生产资料公司的技术服务部门。农民通过直接和间接的付费方式获得所需的服务或专业技术指导。农业科技推广为解决农业生产中出现的实际问题、示范推广新的研究成果和促进农业科研成果与农业生产相结合发挥了重要的作用（刘晓斌，2006；刘黎，2007；邢广智和李建军，2007）。

4）荷兰发展现代农业的经验

（1）充分运用集约高效的农业科技。荷兰高度重视农业科研并积极采用先进科学技术。荷兰农业高效益的产业结构、高科技的农业投入、高生产力水平及高附加值的农副产品生产都在不同程度和侧面反映了荷兰农业的集约和高效。

（2）建立高效运行的农技创新体系。荷兰的农业科研、教育和推广系统是荷兰现代农业的三个支柱。政府对农业科研、教育和推广非常重视，建立全国性的以农民为核心的农业科技创新体系是荷兰农业取得巨大成就的基本经验。荷兰农业政策的出发点是开发农业人力资源，造就世界一流农民。这使农民具有很高的科学素质和商业能力，大多数都能够跟上世界农业科技发展的步伐，造就了荷兰农业的核心竞争力。

（3）建立合作共赢的农业合作制度。荷兰的农业是以家庭农场为经营基础，农户与农户间形成利益共同体的载体是农业合作社及其联盟。合作社下连千家万户农民，上为议会、政府制定农业政策提供建议，是连通政府和农户之间的桥梁。合作社的业务覆盖了农业生产、供销、农机、加工、保险、金融等领域，为农户的农业生产提供各种周到的社会化服务，既解决了农户进入市场的问题，又保护了农民的利益，提高了农业的国际竞争力。

（4）提供因势利导的农业支持政策。荷兰农业政策的基本目标是建立人与自然的协调发展、可持续发展和具有国际竞争力的农业，并以此为中心制定政策措施。主要体现为结构政策和环境政策两部分。

为使有限土地得到高效利用，荷兰政府鼓励农民避开需要大量光照和生产销售价低的禾谷类作物的生产，充分利用地势平坦、牧草资源丰富的优势，大力发展畜牧业、奶业和高附加值的园艺作物。政府通过提供补贴、政策引导，扶持了一批专业化的咨询公司、生产资料公司、技术服务公司等。在市场体系下这些组织的作用日益明显，在促进技术推广、信息流通和社会化服务等方面起到了重要的补充作用。此外，政府还常常根据市场情况变化及时调整政策。

就环境政策而言，荷兰加强了对肥料用量、农药用量的控制。通过立法、政府计划和税收等手段强化对环境的保护，实行了相应的税收和财政政策，以未来的企业为发展目标，鼓励发展可持续的生产体系、动物福利和从事"绿色"的经济活动。由于环境政策已经成为农业生产的一个准绳，生产者及产销各环节都要在市场上通过环境质量认定来显示自己的特色，以提高其产品的身价。

（五）日本

日本是个岛国，国土面积 37.77 万 km²，人口 1.2 亿左右，居世界第 7 位，其中城市人口 1 亿左右，占总人口的 78.92%。日本是世界人口密度最大的国家之一的典型的人多地少国家（程宇航，2010）。

1. 转型升级的背景

1）农户经营规模小

日本原本就比较薄弱的农业基础在二战期间被彻底毁坏。二战后，由于农户经营规模小，布局分散，形不成规模效益，影响了农业集约化程度的提高。日本的农业机械化程度虽然很高，但由于土地细分、经营规模小，不能充分发挥现代化机械大生产的作用，降低了劳动生产率同时加大了农业的物化成本(赵世亮和郭建军，2002)。

2)农产品生产成本高

日本的农产品价格同国际农产品市场价格相比偏高，导致本国农产品的竞争力偏弱，日本政府为了保护国内农业的发展，对农业实行了过度的保护政策和过多的生产资料投入，加之人口老龄化造成农业劳动力的急剧减少，农产品生产成本远远高于其他国家(贺斌，2011)。

3)种植习惯与结构调整的矛盾

面对激烈的国际市场竞争，改变传统的种植习惯，大力调整农业内部结构，开发特色农畜产品，无疑是日本农业走出目前困境的一条捷径(赵世亮和郭建军，2002)。

4)农业组织化程度低

由于宏观环境的变化，农协经营面临着严峻的挑战。不少农协经营环境艰难，部分农协面临生存危机，对农业的服务功能弱化等。要增强农协的功能，提高对农业的组织化程度，必须深化改革，通过合并、改组、引入企业经营机制，创新管理体制，使农协真正适应新形势下农业发展的要求(王博，2006)。

2. 主要做法

1)农业生产的组织规模化

由于日本农户和农业劳动力减少，农户开始成立公司、组合、农协等团体，进行大规模生产。农协的业务主要有四项：生产指导、组织流通、信用服务和开展互助共济。为了帮助农民降低生产成本，国家、地方、基层三级农协联合开展生产资料订购业务。基层农协将农民的订单逐级上报，农协组织筛选厂家，以低价格批量订货，并专门建立了农技中心，对货物进行检验。农民从农协购买的生产资料，要求是质优价廉的产品。基层农协建起了农产品集贸所，负责当地农产品集中、挑选、包装、冷藏，然后组织上市(晓鲍，2004；程宇航，2010)。

因为农协的出现和其所起到的作用，日本农业才告别传统的经营方式，轻劳作、反季节、优品种、高收入，成了现代日本农业的典型特征。

2)农业机械化和智能化

(1)现状。日本的农业机械主要生产供应集中在久保田、洋马、井关、三菱四大农机公司。经过五十多年的发展，到目前为止，日本已经实现了高度的农业生产机械化，尤其是水稻生产，实现了全过程机械化，居世界领先水平(李俊，2006)。

(2)发展趋势。日本农业机械近年来为适应经营规模扩大的需要而发展大型高性能的农业机械，同时注重发展适用于小规模经营和老年农民和妇女操作的小型农业机械。日本农机产品的主要发展趋势如下(庚晋和百杉，2002)：

①开发新型拖拉机，操作性和舒适性高、保护性能好、排气烟度和噪声低、安全性能高的履带式和半链轨式拖拉机用于水田作业；②提高翻转犁操作性能、与履带拖拉机配套的激光平地机；③提高高速水稻插秧机械、免耕插秧机、施肥机使用的操作性能和自动化水平，产品规格多样化；④降低生产成本和减轻劳动强度、田间管理的植保机械；⑤大功率和高速度半喂入式联合收割机；⑥高品质、有碾谷功能、自动化循环式谷物干燥机；⑦开发适用于狭小地段的小型自走式简易草捆夹持机、卷压捡拾压捆机、小型青

贮塔的装卸装置等。

（3）信息化。日本政府提出，到 2020 年将农作物出口额提高至 1 万亿日元，农业云端计算技术的运用占农业市场的 75％，农户在电脑或者手机等终端上即可实现实时对温度、湿度和成长情况的确认与管理，方便制定销售安排与栽种计划，结合贩卖管理、市场流通与品质管理系统，更好地形成整体监控，农业 IT 化将达到 580 亿至 600 亿日元规模，普及农用机器人，预计 2020 年市场规模将达到 50 亿日元（杜银时，2014）。

3）科学技术创新驱动和农业推广

（1）农业科研体系。日本在全国建有由国立和公立科研机构、大学、民间等三大系统组成的农业科研体系。研究开发工作的骨干是直属农林水产省的国立研究机构，其中农业 19 所、林业 1 所、水产业 9 所，共计 29 所。国立机构的研究人员与科研经费都约占总数的 10％，地方公立机构的科研经费接近 30％，民间机构的科研经费占总数的 40％左右，大学的研究人员和科研经费分别约占 28％和 20％（杨传喜和张俊飚，2012；冯瑞林，2011）。

（2）农业推广体系。通过政府和农协实现农业的推广服务，从中央到地方形成了一套完整的体系。为了加强农业基础和向农村注入活力加强推广组织和提高推广人员的素质，农协的近 2 万名营农指导员与普及中心密切配合开展工作，同时还通过各种传播媒介开展农业推广工作。

4）日本都市农业

城市化进程蚕食了大量农地，为维护城市生态平衡，不少发达国家在 20 世纪就开始兴起都市农业，日本更是把资源用到极致，建成了镶嵌式"绿岛农业"和高科技农业等具有日本特色的都市农业。日本都市农业在地价和劳动力价格偏高的形势下，日本农业开始向设施型农业、观光型农业和加工型农业等类型发展。观光农业已渐渐成为日本农业的主要发展形式。其主要有两种形式（尹飞虎等，2005；凌耀初，2003）：

（1）市民农园。综合性的市民农园，指农家的土地除少量自己耕作外，大部分出租给城市市民业余耕种。市民农园比较注重参与性，购苗、培肥、种菜、浇水等市民均可以亲自从事，尝试农田管理；将自己种植的蔬菜、瓜果等农产品做成各种食品共同品尝；参加农业技术展评会，收获农产品进行展评。除综合性的市民农园外，日本三大都市圈的不少地方还专门为老人与儿童设立了专业性比较强的农园，如老人农园、学童农园等，在这里学校让学生温习科学功课，增进农艺知识。

（2）农业公园。总体来看，日本的农业公园特点有三个：第一是因地制宜，根据本地的实际，发展特色农产品；第二是广泛采用先进的玻璃温室、营养液栽培等技术，不少农业公园新奇独特；第三是发展农产品加工业，不少地方的农业公园把生产的农产品加工成食品、饮料、化妆品等，供市民选购。日本的农业公园内容丰富，菜、果、花、树均可入园。从种类来看，主要有生梨类、柑橘类、柿子类、葡萄类、芋芳类、草莓类、垂钓类和其他类等。

二、结论

1. 发达国家农业转型升级的具体经验和做法

发达国家在发展国家订单农业、休闲农业、都市农业、绿色农业、设施农业等具体的经营模式时，其主要的着眼点首先就是政府的扶持作用。一是依靠政府的资金扶持作用，农业计划必须切合本国的实际并符合宏观经济规律；二是标准限制、规范管理和完善农业标准化体系；三是加强政策引导和高素质团队建设，行业协会、非政府组织的指导作用，建立健全农业社会化服务体系；四是因地制宜规划农业的发展布局，提高科技含量，扩大都市农业园区的规模；最后是坚持以市场为导向，建设农产品市场体系，坚持重点突破与整体推进相结合。

发达国家的经验表明，机械化是农业生产的重要的手段，官产学研一体化、农业科技推广和职业教育体系为农业现代化升级提供了技术和知识保障，农业专业组织和农工商一体化为农业现代化提供了组织保障，政府、法律和金融支持提供了制度和资金保障，注重利益分配机制为农民从事农业生产提供了激励机制。

2. 对四川的启示

四川省地貌复杂，具有山地(74.2%)、丘陵(10.3%)、平原(8.2%)和高原(7.3%)四种地貌类型，山地地貌尤为突出。因此，四川省农业产业转型升级，既要有全国发展的共性，也要有自身的特点：四川省在发展农业现代化时，也应该根据四川的实际情况，根据不同的气候条件和地形地貌以及已经规划的产业带分布，积极利用省内农业科研院(所)的科技成果，从农业标准化、农业科技发展、农业信息化服务、金融支持农业产业、农业装备的机械化、农业合作组织的发展模式、产学研合作实践等方面，制定适宜的地方标准和制度。与此同时，坚持以政府政策为导向，引导民间资金进入农业产业，形成优良、丰产、精深加工的全产业链发展模式和路径。

三、具体建议

1. 加强政府主导和政策引导

发达国家在现代农业发展路径选择中，对于农业标准化、农业科技发展、农业信息化服务、金融支持农业产业、农业产业的机械化、农业合作组织的发展模式、产学研合作实践等方面，无一例外地都提到政府的扶持、政策的引导和法律的保障，加大经费投入和金融支持，强化科技支持和人力资源的投入，采用和制定相关标准，提高农民组织化程度，保护农民利益，促进农业发展，加速农业现代化进程。

2. 坚持科技引领和健全人才培养

重视农业科研和采用先进科学技术，高效益的产业结构、高科技的农业投入、高生产力水平及高附加值的农副产品生产上。

注重遗传工程的投资。优选适合于四川养殖的家畜家禽、农作物良种，依靠遗传工程进行改良，生物防病和遗传防病并举，替代对人体有害的各种化学药剂的使用。这样不仅能有效地保护自然生态环境，还能促进高效生态的现代农业发展。

重视对农业科研的教育和推广。以农民为核心，建立农业科技创新体系和网络，培养新型职业农民，建立健全农业教育体系，使农民尽快了解各种技术的最新进展和市场需求，培养农民的科学素质和商业能力跟上世界农业科技发展的步伐增强农业的核心竞争力。这一点在西方各国在农业转型过程中均具有重要的作用，值得我们学习借鉴。

3. 不断调整农业经济结构

农业发展的过程，实质上是农业结构不断调整的过程。就农业内部结构来看，四川省没有突出畜牧业的主体地位，结构调整的滞后，导致农业的产量和效益低下，食物自给率不高。要增强四川农业的国际市场竞争能力、提高食品自给率，必须不断调整农业结构。

我国提出以结构调整为主线，对农业结构实行战略性调整的决策是完全正确的，四川省应该对种植业内部进行调整，根据各区域产业带的土壤、气候、地形等条件，种植适宜的、高产的和相对具有市场竞争力的作物，开展设施农业和都市农业。这一点，可以借鉴德国、法国以及日本的经验。

对于养殖业内部的调整，应该从保证市场供应、稳定市场价格、改变膳食结构、注重环境保护、提高养殖户收入的角度切入，适度保持生猪养殖，扩大肉牛和水禽、蛋禽及特种养殖，改耗粮型养殖为食草型养殖。这一点，可以参考和借鉴德国和荷兰的经验。

4. 切实提高农业的组织化程度

农业的组织化程度是现代农业发展的标志。美国、德国、法国、荷兰、日本等国的农业专业化组织，对促进这些国家的农业转型升级、农业与市场的对接、农工商一体化、围绕农业产前、产中、产后提供的保障和服务、减少政府的社会管理成本等发挥了很重要的作用。提高组织化程度，大力发展各类专业协会，坚持民办、民营、民管的原则，发展合作经济组织，不仅要鼓励发展专业合作经济组织，还要重视发展为农民提供综合服务的社区性合作经济组织，只有这样才能促进现代农业的发展。

5. 农业生产方式转变——农业机械化和信息化

对于成都平原地区，可以考虑大机械作业，组建大型的农机专业合作组织，开展全程机械化联合作业，可以参照美国农业转型升级的经验；对于丘陵地区，组织适度规模的合作组织，农机投入也以大中型农机为主，尽量开展全程联合作业，可以参照德国、法国的农业发展；对于山地地区，则应以中小型农机为主，培育特色专业合作组织，可以参照荷兰和日本农业的发展经验。

对于农业机械的配套和研发生产，可以借鉴日本的农业机械化，利用四川省既有的农机科研机构和生产制造企业，研制生产可用于旱地和水田、坡地的各型先进节能的拖拉机，以及配套的耕整机械，施肥、种植和育苗机械，田间管理和植保机械，收获运输机械，干燥、调制加工机械，畜牧机械。在研制这些农业机械的同时，应该结合我国现有的科学技术，积极引入智能化设备，如北斗导航系统、物联技术、激光测量、无线传感和实时监控，配合气象卫星和灾害预报预警机制，更好地服务于农业生产。

同时培育产学研一体的龙头企业，加强政产学研的协作和互动，加大农业投入和农资及农机补贴，完善地方法规和金融支持制度，优化利益分配机制。

6. 合理利用土地资源

土地是农业发展最基本的生产资料，能否做到合理利用，直接关系到农业的效益和前途。四川省土地资源利用不合理，一家一户分散经营、小规模经营的现状，造成农业的高成本、低生产率，制约了农业的集约化发展。同样是人多地少，吸取荷兰和日本的经验和教训，在保证农民正当权益和社会保障制度建立的前提下，加大土地的流转力度，搞好适度规模经营，是提高土地利用率、促进农业发展的有效途径。

专题三 四川农业机械化发展研究

1959年，毛泽东主席提出了"农业的根本出路在于机械化"的著名论断。2015年8月，国家农业部印发《关于开展主要农作物生产全程机械化推进行动的意见》指出，到2020年，力争全国农作物耕种收综合机械化水平达到68%以上，其中水稻、小麦、玉米三大粮食作物耕种收综合机械化水平均要达到80%以上。可见农业机械化是农业转型升级的重要手段和重要标志。在当前经济进入新常态，农业发展面临新挑战的背景下，四川省农业机械化发展的内外环境正在发生深刻变化，农业机械化将在农村经济发展中发挥更大更重要的作用(侯天宝等，2013)。本专题首先简单介绍四川省农业机械化的基本情况，然后对各市州农业机械化效率有效性做了比较分析，接着从地形地貌、观念认识、资金、技术、装备制造水平和农民专业合作社等分析了影响农业机械化发展的因素，最后给出了有效实现四川省农业机械化可行的对策建议。

一、四川农业机械化发展现状

(一)基本情况

自2004年11月1日起实施《农业机械化促进法》和农机购置补贴政策以来，至今已有十余年，这也是四川省农机化飞速发展的十余年。

表2-7　2013年全国和四川省主要农业机械拥有量(年底数)

	农业机械总动力/万 kW	大中型拖拉机	小型拖拉机	农用排灌柴油机
全国	103 906.8	5 270 200	17 522 800	12 594 000
平均	3351.8	170 006	565 251	406 258
四川	3953.1	121 800	119100	307 300
全国排名	9	16	24	13

数据来源:《中国统计年鉴》2014版数据整理

由表2-7可以看出，2013年四川农业机械总动力拥有量处于全国第九位，超过了全国平均水平；大中型拖拉机拥有量全国排名第十六位，距离平均水平尚有不小差距；小型拖拉机拥有量全国排名第二十四位，距离全国平均拥有量有着非常大的差距；农用排灌柴油机拥有量处于全国第十三位，距离平均拥有量也有不小差距。

2010~2014年五年间中央及省级财政投入农机项目资金48亿元，平均年增长率达到12%。2014年四川省主要农作物耕种收综合机械化水平达到50.1%，全省农机总动力超

过 4300 万 kW，比 2013 年提高了 5 个百分点。完成机耕面积 6001 万亩、机播(插)面积
910 万亩、机收面积 2830 万亩。建成全程农机化示范区 150 个，其中万亩示范区就达
110 个。全省目前包括农机大户在内的各类农机作业服务组织 1.9 万个，其中农机合作
社 1100 个(牟锦毅，2015)。

2014 年，全国农业机械总动力预计达 10.76 亿 kW，同比增长 3.57%；装备结构持
续优化，粮食生产急需的大型拖拉机、水稻插秧机、玉米联合收获机、谷物烘干机保持
高速增长；农作物耕种收综合机械化水平突破 60%，预计达到 61% 以上(董洁芳和韩瑞
贞，2015)。

(二)各市州农业机械化效率有效性分析

1. 研究方法和数据

关于研究方法大致可以分为如下几类：第一类是运用 C-D 生产函数和项目有无比较
法，对农业机械化对农业生产的贡献率进行定量研究，并对两种方法的计算结果进行分
析比较(董洁芳和韩瑞贞，2015；唐波，2015)。第二类主要是以基于层次分析法的综合
评价法，构建指标体系、计算各级指标权重，收集数据然后计算综合得分(侯天宝等，
2013；陈进等，2014；武建设，2015)。还有一类就是利用数据包络模型(董洁芳和韩瑞
贞，2015；何俊峰，2015；房本岭等，2014；侯方安，2008；王术，2015；宋学平，
2014；李岩，2014)，选取不同的投入指标和产出指标，利用数据包络分析(DEA)方法以
及改进的 DEA 方法(何俊峰，2015)，计算农业机械化的综合效率、纯技术效率、纯规模
效率、规模收益及投入冗余率；农业机械化对农业生产的贡献率以及农业机械投入产出
效率的特征和区域差异；这类研究主要是以 CCR 和 BCC 模型，基于径向距离函数进行
计算和分析。

本专题在规模报酬可变(VRS)的情况下，结合 SBM 模型，将决策单元排除在参与集
之外，形成了可变规模下的 S-SBM 模型函数形式。

2. 指标选取及数据来源

从生产可能集考虑，DEA 模型的投入指标和产出指标之间，应力争满足投入指标能
生产出产出，同时，产出应该能有投入生产出来。假如选取的指标过多，可能导致计算
结果中较多的 DMU 有效，从而较难得出有价值的信息。基于这样的考虑，结合数据的
可得性，同时参考相关文献的指标选择，本文选择的投入指标为农机总动力 x_1，单位为
万 kW；机耕面积 x_2，机收面积 x_2，单位为万 hm^2；产出指标为农林牧副渔总产值 y，
单位为亿元。因为四川省部分市州 2008 年前的数据不全，所以选择的数据是从 2008~
2013 年的面板数据。这些数据均来自 2009~2014 年四川省统计年鉴。

随着近些年农业生产投入加大，农机化发展有了较大的进步，四川省由于山地、丘
陵地区比较多，更适合于小型农机的使用，其发展空间和潜力巨大。

3. 各市州农业机械化效率有效性分析

四川省农业机械化效率处于有效的市州有 8 个，其几何平均效率值从高到低排序依次

为内江市、成都市、达州市、宜宾市、南充市、攀枝花市、自贡市和阿坝州，余下的13个市州为非有效的，其中广元市排名最后；其中较为特殊的是雅安市和遂宁市，在大多数年份内为有效，只有一个年份为无效，雅安市是2013年，遂宁市是2009年(详见表2-8)。

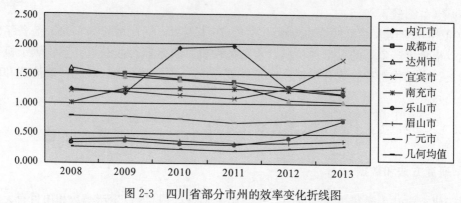

图2-3 四川省部分市州的效率变化折线图

表2-8 2008～2013年四川省各市州农业机械化效率值

排名	决策单元	效率(2008)	效率(2009)	效率(2010)	效率(2011)	效率(2012)	效率(2013)	效率几何均值(t)
1	内江市	1.234	1.170	1.932	1.972	1.243	1.161	1.412
2	成都市	1.519	1.502	1.412	1.365	1.274	1.170	1.368
3	达州市	1.599	1.450	1.401	1.320	1.068	1.039	1.297
4	宜宾市	1.216	1.203	1.141	1.085	1.264	1.743	1.259
5	南充市	1.010	1.252	1.256	1.246	1.231	1.262	1.206
6	攀枝花市	1.311	1.196	1.390	1.134	1.044	1.039	1.179
7	自贡市	1.149	1.304	1.094	1.044	1.280	1.083	1.155
8	阿坝州	1.050	1.038	1.193	1.132	1.219	1.287	1.150
9	雅安市	1.019	1.001	1.016	1.011	1.057	0.755	0.971
10	遂宁市	1.013	0.643	1.015	1.050	1.059	1.014	0.952
11	资阳市	1.081	0.801	0.893	0.846	0.836	0.873	0.884
12	泸州市	1.063	1.058	0.569	0.462	0.622	0.701	0.711
13	凉山州	0.634	1.390	0.571	0.499	0.562	0.682	0.677
14	广安市	0.873	0.780	0.628	0.499	0.538	0.568	0.635
15	绵阳市	0.480	0.456	0.414	0.419	0.485	0.612	0.473
16	德阳市	0.408	0.380	0.451	0.432	0.454	0.526	0.440
17	甘孜州	0.413	0.397	0.413	0.401	0.451	0.421	0.416
18	巴中市	0.574	0.447	0.415	0.337	0.335	0.337	0.399
19	乐山市	0.352	0.375	0.327	0.305	0.421	0.722	0.398
20	眉山市	0.396	0.421	0.374	0.331	0.340	0.382	0.373
21	广元市	0.271	0.258	0.230	0.212	0.251	0.292	0.251
	几何均值	0.788	0.774	0.738	0.684	0.716	0.758	0.742

综上所述可以看出，虽然四川省农机化发展速度很快，但是和全国其他发展相对较好的省区相比（详见表2-7），差距依然较大。通过对四川省农机化效率分析可以看出，各市、州的农业绩效效率并不均衡。从四川省各市、州的平均情况看，农业机械化效率值从2008年的0.788到2013年的0.758，在2011年处于最低值0.684，然后又逐渐回升，呈U型变化趋势，平均值为0.742，高于平均值的只有11个市（州），尚有10个市（州）农业机械化效率值低于全省平均水平，由此说明四川省农业机械化效率整体呈现为无效率。但是从各市、州的农业机械化效率值的变化看，大部分都经历了先降后升的变化；其中比较特殊的是内江市，是先升后降，呈倒U型变化（详见图2-3）。究其原因，以成都市和内江市为例，在2008～2013年，两者在投入指标和产出指标上，基本上都没有大的冗余量，使得其农业机械化效率相对更高，而处于效率最低的广元市，则存在着较大的投入冗余，或是产出不足，从而导致其效率相对最低。

根据上述研究分析，可以看出，影响四川省农机化发展的因素相对比较复杂和多样，只有在深刻认识这些因素的基础上，才能更好地解决四川省农业机械化发展的问题。

二、农业机械化发展的影响因素

1. 地形地貌

四川省地貌复杂，以山地为主要特色，具有山地、丘陵、平原和高原四种地貌类型；故四川省农机化发展，既有全国农机化发展的共性，也有自身的特点。因此四川省的农机化发展需要从自身的具体情况出发，研究适合四川省农业机械化的发展道路；这对推进土地适度规模经营、加快发展新型农业生产经营主体、促进农业生产节本增效、转变农业发展方式具有举足轻重的作用。

2. 观念认识

伴随着农业机械化的不断发展，农业生产效率也在不断提高，由于农民在传统农业中一直是主力，部分农民不能与现代农业机械化的发展保持同步。尽管近几年国家加大了对农业机械的资金补助力度，但仍然存在各种阻碍因素，导致农民的购机意愿不强。

四川在农业机械化发展问题上存在着一些错误的认识（刘基华，2007）：一是人多地少，农业生产主要靠精耕细作，不需要发展农业机械化；二是经济水平不高，没有能力发展农业机械化；三是地形地貌复杂，山区、丘陵比例大（侯天宝等，2013；陈进等，2014），农艺要求特殊，不适宜发展农业机械化；四是农村实行家庭承包经营责任制，不用发展农业机械化；五是在市场经济条件下，不应该由政府扶持发展农业机械化等。农民的小农意识，对农业机械化的接纳程度，都在不同程度的影响和制约着农业机械化的发展（陈进等，2014；何俊峰，2015；汪绪光，2015；武建设，2015；房本岭等，2014）。

四川省广大山区和丘陵地区经济发展相对落后，长期受传统思想的影响，山区、高原和丘陵地区农民以自给自足为主，小农经济的思想较为严重，小富即安，缺乏现代化大农业思想；大多数农民仍然运用人畜耕种，导致商品率低下、农产品质量较差、农产品价格较低、市场竞争力不强，给四川省农机推广运作带来了严重的影响。另外，因为土地确权之后，加上粮食直补政策是将补贴直接发放到户，导致在原来包产到户的农地，依然细碎化地掌握在农民手中(侯方安，2008)，只为换取微薄的补贴，或是在流转中漫天要价，严重制约了土地流转和适度规模的集中经营，还影响了农业机械化的发展和推广。

3. 经济水平

由于四川农村经济发展相对滞后(何俊峰，2015)，农民人均收入过低，地方财政投入不足(武建设，2015；王术，2015；李杰，2014)，资金投入方向、设备维护、更新、基础设施建设不完善(刘基华，2007)，严重制约了四川农业机械化的发展。

四川省大多数农村地区经济发展较为滞后，除了外出务工外，农民经济收入主要是以种植粮食为主，基本是自给自足的生产模式，农产品价格低，增产不增收，使得部分农民生活一直徘徊在温饱线。四川省的农村经济不发达，导致了农民购买农机具的能力低，这也就制约了农机具的推广，使四川省农机推广模式无法很好地运行。四川省虽然在农业机械化投入上有比较大的增加，但是在地方投入、投资方向等方面仍然存在比较突出的矛盾，大中型机械补贴比例较大，而适宜丘陵地区的小型机具补贴相对较少。上述因素制约着四川省农机化的发展不能满足改善农业机械装备状况、维修更新原有农业机械及其设施、建设机耕道和机电提灌站等基础设施的需要。

四川省农业机械化不能及时满足生产发展的需要，导致二、三产业劳动力转移困难，使得农民收入偏低或是出现负增长，大大影响了农民对发展农业机械化建设的投入，进而使农业生产出现萎缩现象，大量农民又会滞留在小块农田经营上，严重制约了四川农业机械化的发展。

4. 科学技术

实现综合农业机械化和大力提高农业机械化新技术在农业生产中的应用水平，是有效解决人粮矛盾的必由之路(权振国，2015；杨敏丽，2015)。四川农机生产企业规模小，绝大多数企业没有产品研发能力，缺少龙头企业支撑带动，缺少技术优势和创新能力，不能适应广大农村市场需求(刘基华，2007；唐波，2015)。农业机械化管理队伍不稳定，严重影响到四川农业机械化发展。尤其是乡镇机构改革中对农机站的撤销或者合并，使基层农业机械化技术指导和监督管理工作的开展更为困难。农机科研单位没有农机科研专项经费，没有农机公益性研究和服务的属性地位，农机技术创新和技术集成缺乏经费保证，农机的科学研究严重滞后于农机化的发展需要(侯天宝等，2013；李杰，2014，唐波，2015)。

5. 装备制造水平

农机产业是四川机械制造业的重要组成部分，省内一些农机企业已成为所在市县GDP增长的重要支撑(唐波，2015)。四川农机产业在装备制造方面存在的问题主要有：一是产品结构不合理，农用动力机械和农用运输机械占主体，四川农机产业不能提供农民集中土地发展规模经营所需的所有机械装备种类(宋学平，2014)。二是农机企业规模普遍偏小，川造农机的生产总量和品种均不能满足四川农机发展的需要。三是农机产业缺乏系统规划和优势整合。农机产品存在高端产品不足、低端产品过剩、大马力拖拉机进口依存度高、小型农机质量差等问题(侯天宝等，2013)。

农机制造企业还处在群雄逐鹿时代，整个制造业存在着高端产品不足、低端产品过剩的问题(侯天宝等，2013；李岩，2014)。农业机械装备的"六多六少"结构形式明显，即：小型机械多，大中型机械少；低性能机械多，高性能机械少；动力机械多，配套作业机械少；农业产中作业机械多，产前、产后作业机械少；用于平坝地区机械多，适合丘陵、山区地区机械少；旱地作业机械多，水田作业机械少。

6. 农机专业合作组织

四川省农机专业合作社存在着管理体制不健全、基础设施差、缺乏管理人才和专业技术人才、农机操作人员技术水平低(王新友等，2014；包丹丹，2013)，农机专业合作和服务组织过少，服务体系不够健全(汪绪光，2015)，服务能力弱等问题。

农机专业合作社基本上都存在规模小、场地小、设施简陋、机具管理不善，管理制度存在但是缺位。各式各类农业机具的不断增多，操作机手也大量增加，新增机手没有经过专业培训，技术操作水平低，而且存在作业安全隐患。农业基础设施建设还相对滞后，一些融合公益与经营及服务的维修中心相对较少，很多地方的农机服务组织，不能及时享受到工商、国土、税务部门等的优惠政策，或政策不能及时落到实处；导致农机专业合作组织发展在一定程度上受限，影响了农机及维修保养等方面的服务能力。

三、四川农业发展机械化的对策建议

随着科学技术的发展，传统的农业机械正在向大型化、精准化、智能化以及可持续农业方向发展(安琼，2013；耿端阳等，2004)。将围绕提高粮食单产、降低生产成本、促进农业节本增效和可持续发展，普及先进适用的农业机械(杨戈，2013)。面对国内外农业生产出现的新形势和新特点，四川省农业机械化发展也必须与之相适应。

1. 着手发展精细农业和智能农业机械

传统农业都是依靠人工生产，生产效率比较低，生产劳动时间较长，所产生的效益不高(宋学平，2014)。充分利用先进科学技术，引入大量先进的农业机械设备，以实现农业生产的机械化，提高农业生产效益。将高新技术应用到农业机械中，有利于提升农业机械的性能和水平，促进农机企业的发展，实现"精细农业"的目标(安琼，2013；段向敏和代荣，2013)。

农业机械的智能化和精确农业相对于传统农业而言具有如下优点：节约水资源，省工省时，优质高产，增加农业产量；能合理播种和施用化肥继而降低生产成本并减少对环境的污染；农作物的营养物质能得到合理利用，有利于保障农业产品的质量，从而解决粮食问题。采用了高度自动化的作业机械不仅可以提高工作效率、降低作业成本、提高操作员的舒适性，还能提高该农产品在国际市场上的竞争力。

基于农业机械自动化基础上的智能化农业机械的发展，必须加大对农业技术的投入，不断地开发和研究新技术，创新农业产品，充分利用先进的计算机电子技术。除此之外，还可加强对专业人才的培养，为农业机械化发展提供高素质的优秀人才，以推动农业装备自动化的发展。

2. 坚持农业机械的绿色化和低碳化发展

环境保护已逐渐成为世界各国广泛关注的重要话题（宋学平，2014）。人们对农产品的需求已经从过去的温饱型变为对农产品品质的追求，国内大量农产品需出口到国外，参与国际竞争，这就提高了对农产品品质的要求，如对农残、化肥等都有了较为严格的标准。当前，大多数农业机械设备以柴油为动力，碳排放较大，对环境污染较大。因此今后农业机械的设计、制造、操作、作业效率、动力效率、主机和辅助设备的配套等方面，都必须从农业生产的地区差异、气候条件、作物对象等因素综合考虑，发展资源节约型、环境友好型农业机械装备，增强农业综合生产能力。节能、低排放的拖拉机、保护土壤的耕作机械，节水的灌溉机械，节种的精量播种机械，节药、低残留的植保机械等已经成为农业机械发展的主流。

3. 农机农艺、农机化与信息化深度融合

随着农业现代化进程的加快，农机与农艺相结合将更加紧密，这也是世界农业科技进步的基本规律（杨戈，2013）。

农业机械化的发展水平将深刻影响作物品种选育方向、耕作制度变革方向、栽培模式改进方向。农业科技创新的方向日益从以生物技术为主转向生物技术与机械化技术并重。农机农艺深度融合，不仅有利于关键环节机械化技术的突破，也有利于先进适用农业技术的推广普及。通过着力打造功能完备、使用便捷的农业机械化信息交流平台和农机作业管理调度平台，促进政策高效实施、技术快速推广，引导农业机械合理配置、有序流动，农机使用效率和经营效益将显著提高。

不同规格激光控制平地技术设备以及安装带 GPS 定位系统和产量传感器的收割机已大量出现。具备产量传感功能的收割机不仅可以记录产量在地块中的分布情况，而且可以对产品内在成分（如蛋白质、脂肪含量等）在产品生产中的分布情况以及病虫害状况进行记录；这些信息经过处理，得到产品质量分布图，为获得质量较高产品的栽培决策提供支持，并精确地指导农场主进行耕种、施肥和植保用药，从而得到最佳的投入产出，最大限度地减少生产资料的消耗和环境污染。

4. 加快农业机械的全程化和全面化

农业机械化的发展，将由解决关键环节机械化为主向农业生产全程机械化模式快速推进转变，从产中机械化向产前、产后机械化全面延伸。农业机械化发展从粮食作物到经济作物，从种植业到养殖业，林、牧、渔业机械化全面发展，从平原地区向丘陵、山区全面推进，从陆地向水域全面发展，农业机械化与产业化协同推进。随着复式作业和联合作业机械的不断发展，复式作业和联合作业可以将几道工序合并到一种机具上，通过一次作业完成多项任务，能够充分利用功率、减少油耗、节约劳动时间以及减少对土壤的压实。同时，功能较多的高效联合收割机可以完成在同一区域内多品种作物的收获，提高在本区域内的工作效率，增加农业机械用户的收益。

5. 大力发展农业机械化专业合作组织

农机专业合作社的服务功能将显著增强，服务质量、能力和效益进一步提升，将成为农业机械化技术推广及其他公益性职能延伸的重要组成部分。农机销售、作业、维修市场不断规范，农机服务组织化程度不断提高，机具利用率、技术到位率不断提升，农机抗灾减灾作用充分发挥，农业机械化对农业持续稳定发展的综合保障能力进一步增强。

农业机械化服务组织的不断出现，农业机械作业服务市场化、专业化、产业化、社会化进程正在加快，农业机械社会化服务能力不断增强，为提高农业机械的利用率、推进农业机械化服务社会化、解决小土地与大机械作业的矛盾、增加农业机械化作业经营者的收益探索出一条有效途径。

6. 更加协调的农机区域化发展

四川省各区域进一步明确了适合当地农业产品特点的农业机械化技术路线和主要农作物生产机械化技术模式，地区间农机化发展水平差距逐渐缩小。粮食主产区以及平原地区，土地流转的速度加快，大马力、先进适用的农业装备应用更加广泛，农业机械化发展水平稳步上升。受国家产业政策和税收优惠的影响，一些劳动力成本较低和资源丰富的地区也逐渐开始农机产业的发展，小型适用农机的广泛应用，将地区之间的农机化发展水平差距逐渐缩小，丘陵山区机械化成为发展热点，先进适用的小型特色农机具广受欢迎，农业机械化水平加速提高。

专题四 四川智慧农业发展研究

以物联网和大数据为代表的现代信息技术的迅猛发展，智慧农业是今后一段时期内农业发展的方向。四川农业经济转型中也需要智慧农业管理机制与模式，发展以需求为导向的农产品市场和流通的信息合理储存、传递、处理，以配合四川农业经济的组织、功能和结构的基于物联网和大数据的跨时空合作（杨瑛和崔运鹏，2015）。本研究的重点是解决四川农产品卖难和质量问题，通过智慧农业在推动物联网、大数据等信息技术，为四川农业经济发展中的组织、功能和结构等战略转型与优化升级提供信息保障和技术支持。四川着手推行智慧农业与物联网相关技术的融合以及大数据的应用，符合我国国情和四川省农业经济转型的基本规律。

一、研究背景与研究意义

（一）研究背景

2015 年四川省农业厅提出，通过实施"互联网＋农业"模式，将信息化新技术运用到农业的生产、加工、流通等全产业链的过程，从而使其生产效率、产品质量、管理效能和种养效益等得到显著提升，实现真正意义上的"智慧农业"（张鑫，刘媛，2014）。由于四川各个地区之间的差异，专业化农业在规模和功能上各有不同。既有水果和蔬菜的细耕，又有水稻和小麦等作物的大面积种植，使用先进的劳动节约型机械化设备，如大型拖拉机、联合收割机甚至是飞机喷洒技术，大多数情况下能够实现单个种植大户耕种几千公顷的土地。因此，当前四川发展智慧农业总体上应更多从"新的管理理念"的范畴来理解和实施，不可生搬硬套其他地区的先进经验，不能仅仅依靠购买大量机械和信息设备，更多地应该重视机械和信息技术的生产力推动作用，因地制宜、按照四川的区域特点来面对传统农业向现代农业转型的机遇和挑战。

本专题研究着眼于深化推动四川农业经济组织、多功能和结构战略转化，用现代信息技术支撑传统农业产业转型升级，加强以电子商务为代表的销售模式的升级改造，以解决农产品卖难、质量安全溯源等问题。通过物联网、大数据等先进的信息技术的应用，提高四川农业经济转型中所需要的信息收集、处理和传输的能力，引导走适度规模化的道路，在自觉、自愿的基础上按照市场需求联户经营，逐渐发展为家庭农场等形式的规模化经营。四川农村信息化技术相对薄弱、能力有限，对于现代农业的支撑还显得很单薄。通过在调研基础上建立试点，深入到城镇社区、乡镇、农民合作社和种植养殖大户，探索适应四川特色农业经济转型要求的智慧农业管理机制和模式（张叶，2015）。

（二）研究意义

1. 理论意义

智慧农业支撑四川农业经济转型适合市场经济发展的需要，具有资本集聚和智力集聚的双重特性，信息技术是一种生产力因素。深入推动四川农业经济组织多功能和结构战略转化，用现代信息技术支撑传统农业经济的升级，加强以电子商务为代表的销售模式的升级改造以解决农产品卖难、质量安全溯源等问题。使四川的现代农业发展更加注重效率、安全性、资源节约率和环境保护作用，推动四川农业由传统农业向现代农业发展并不断改进。

2. 实践意义

通过智慧农业有效地解决销售和农产品质量问题是智慧农业辅助四川农业经济转型的关键。智慧农业发展有助于全面提升四川当前农业经济体系的水平以适应市场经济发展的步伐，并且通过组织、功能与结构的升级，寻找和开拓四川农业经济的价值链，通过手段创新实现四川农业产业转型升级。在产、供、销方面实现改革，推进农产品电子商务的发展，保证农民的收益。

国内智慧农业越来越成为农业转型发展的新方向，其突出了传统农业的转化过程，在理论上将孤立的生产与经营过程系统化。智慧农业在中国的应用领域也越来越多，其前景将是一片光明。

二、智慧农业发展中存在的问题

（一）经营主体及农业新品种新技术相关问题

1. 现代新型农民素质要求与现实差距较大

四川省地处我国西南腹地，所辖宽阔，物产丰富，人口密集，是一个名副其实的人口大省、农业大省。截至 2014 年年底，四川省常住人口 8140.2 万人，其中，城镇人口 3768.9 万人，乡村人口 4371.3 万人。截至 2010 年，四川省具有初中水平的农民比例占 50.6%，低于全国平均水平（52.7%）；具有高中以及中专文化水平的农民只占 11.1%，而全国平均水平是 14.6%，低 3.5 个百分点；具有大专及以上文化水平的农民仅有 1.1%，全国平均水平是 2.1%；而小学及其以下文化水平的农民占 37.2%，全国平均水平只有 30.6%。四川农民初中及以下文化程度达到了 87.8% 的比重，高于全国平均水平，而占 12.2% 比例的较高文化水平农民又少于全国平均水平（16.7%）。虽然四川省这几年各层次文化水平的人数都有所提高，但其所占比例却增长缓慢。文化程度的高低严重制约了新型农户的培养。由于城镇化等因素，我国农村劳动力，尤其是具有较高素质的农民正逐渐转变成农民工，进入第二、三产业，使得在实质上进行农业生产的农民综合文化程度偏低，而农民的文化素质会直接影响他们对新技术的认同感，对技能培训的态度。在农业内部，作为农产品市场主要参与者的农户更加看重从种植到收获整个过程中的投入产出比，对新技术带来的预期利润更为敏感。另外，农村存在着年龄结构不合理现象。近年来，农村出生人口不断减少，老龄化程度明显，四川省 2011 年相比上年农村老龄化情况就有 3.6 个百分点的涨幅。农村大量青壮年劳动力外流，导致留守在农村的劳动力，大部分以老弱妇孺为主，如留守儿童、留守妇女、留守老人等，他们对于农业新技术、新方法的接受能力弱甚至是抵制。现代农业的产生得益于现代工业和农业科学技术的发展。以农业科学技术发展为理论依据诞生的农业新技术运用于现代农业，使农民增收、农业高效、农村发展更具现实意义，这样的技术需要培养更多的能够掌握和运用这些先进技术的现代农民。四川省农村人口文化程度偏低及农村劳动力人口老龄化现象持续加大影响了政府对新品种、新技术的推广，农户也不情愿浪费时间接受相关培训（王罗方，2015；陈茂顺，2014；张桃林，2012）。

2. 龙头企业的带头作用不明显

截至 2014 年，四川省各类农业产业化龙头企业 8506 家（国家级 60 家，省级 589 家；销售收入 500 万元以上的 3040 家、上亿元的 765 家、上 10 亿元的 34 家、上 30 亿元的 8 家、上 50 亿元的 6 家）；其中，新希望、泸州老窖、通威股份、四川特曲、成都濛阳农副产品综合批发交易市场这 5 家龙头企业销售收入上 100 亿元。农业产业化组织带动农户 2133.7 万户，产业化经营组织带动农户面达到 63%，龙头企业在其中的作用举足轻重；但小型农业企业特别是个体经营的私人企业的带动作用就不是很大。在农业的各个领域中，特别是农产品的种植及生产阶段，所属农业企业相对较少，很多地区的农业生产方式仍然是传统的耕种，由于受四川地形的影响，机器耕种的面积所占比例不是很大。因此龙头企业须在种植、生产环节起到更好的带头作用（吴晓，2014；张森等，2012；王会彬和纪晓丽，2014）。

3. 各经营主体之间的合作欠缺，新品种、新技术推广乏力

虽然四川省的龙头企业有八千多家，农民专合组织也在不断壮大（截至 2014 年，全省农民合作组织达 5.5 万多个；其中在工商注册的农民合作社达 4.7 万多个，出资总额达 1085 亿元）；但是农户与龙头企业、农业合作社的联系却不是十分紧密。"公司 & 农户"的经营方式在发展中也遇到很多问题，尽管公司在一定程度上带动了农产品生产的发展，但公司资本投入和技术投入方面的不足也同时阻碍着其规模的进一步发展。而农民合作社虽然对农村经济起到了拉动作用，但合作模式单一成为阻碍其发展壮大的重要原因。家庭农场是以家庭为单位，自己承担风险，所以在资金、技术方面的投入也有所欠缺。由此可见，这种以合作为主的经营主体之间欠缺保障风险和收益的体制，因此在现阶段合作还是存在一定的问题。农业是我国经济发展和社会稳定的根基，要促进农业的发展就要依靠于农业新品种、新技术的推广和发展。农业新技术能够有效地提高农业生产力，提高农业效益，达到农民增产、增收。出现了农业新技术后，人们所面临的最大难题就是农业新技术的推广工作（刘永红，2014；李丹和孙学安，2013）。

(二)政府政策方面的问题

1. 缺乏系统的规划

我国政府部门高度重视农业的发展，先后出台了《农业科技发展"十二五"规划》《关于加快推进农业科技创新持续增强农产品供给保障能力的若干意见》《全国农垦农产品质量追溯体系建设发展规划(2011—2015)》等政策。2011 年发布的《全国农业农村信息化发展"十二五"规划》(以下简称《规划》)透露，物联网技术有望在农业部指定企业获得专项资金补贴。四川省紧跟国家农业发展规划步伐，制定了相关政策。2002 年开始启动四川省省级农业标准化示范项目，2009 年四川省质监局起草通过了《四川省地方标准管理办法》，首次将区域性标准以制度的形式固定下来，同时明确了市(县)农业地方标准的地位；2011 年四川省农业厅制定了《四川省农业标准化创新型人才培养计划(2011—2020)》，提出采取分类、分级培训的形式，在 10 年内建立健全标准化的农业人才培养体系。在农产品质量安全方面，四川省颁布了《四川省人民政府办公厅关于加强农产品质量安全监管工作的意见》；在物联网方面，印发了《四川省 2015 年"互联网＋"重点工作方案》；并且还颁布了关于现代农业发展的相关规章制度。由此可见，智慧农业适用范围广阔，如何确定发展重点、发展方式、政府角色和如何解决产业链协调等问题至关重要。比如从补贴政策发生的机制来看，中国财政对农业的补贴缺乏事先的规划与安排，补贴对象与补贴数额随意。没有相应立法规定和年度预算，缺乏可预期性和自觉性(费威，2015；卜庆国，2013)。

2. 政府的扶持力度不够

农业是经济发展和社会稳定的重要保障，农业的基础性地位和弱质性特征决定了农业健康有序高效的发展与政府政策偏向息息相关。财政支农政策在一系列支持保护农业的政策中独树一帜、意义独特。2014 年，四川省"三农"财政支出 2863 亿元，比上年增长 10.7％；落实中央"四项补贴"资金总量达到 88.34 亿元(粮食 6.53 亿元、综合 61.82 亿元、良种 9.99 亿元、农机购置 10 亿元)；省级财政安排下达村级公益事业建设"一事一议"财政奖补资金 23.3 亿元(含美丽乡村建设试点补助资金 4.3 亿元)；已开展中央财政补贴农业保险品种 11 个，包括水稻、玉米、能繁母猪、育肥猪、奶牛、油菜、马铃薯、青稞、牦牛、藏系羊、森林保险，涵盖了主要粮食作物和畜牧产品；具地方特色的农业保险产品有烟草、食用菌、淡水养殖、中药、水果、小家禽、蔬菜、家畜、价格指数保险等 9 大类 31 小类，保费总额 27.4 亿元。这些补贴虽是成绝对上升的态势，但总量大，分量少。四川的农村人口在人口比例中所占份额较重，而且对于种植户来说，补贴特别是保险补贴有时并不能解决资金困难，特别是在出现自然灾害的时候，很多农户还是坚持"种粮不赚钱，甚至亏本"的观点。由于中国的人均补贴力度与欧美等发达国家相比差距仍大，四川亦是如此，这就不能很好地解决发展农业的资金、技术等困难，其达到的效果也不明显，不能改变农户"种地不赚钱"的想法，更多农村人口选择了外出打工。

3. 政府政策信息宣传不够，农民不能及时了解相应信息

虽说政府通过各种宣传渠道传播农业相关政策信息，但是经过层层的传递，到农户接收到时，其信息已经失去了原有的价值，成了滞后的信息。比如四川省农业厅在主页上或者其他农业网站上发布了最近产品质量检查的标准，可是农户并未关注过，也不知晓此事，当政府开始进行质量安全测试时，很多农户不清楚自己需要干些什么，特别是四川省农业厅发布质量安全、农业机械化、现代化、信息化、产业扶贫、专业合作等相关专题，并有针对于土壤肥料、种植技术、养殖技术、疫病防疫等具体操作的细则，可是农户很少用智能手机或者电脑进行网页访问，更别说了解这些知识了。政府通过村镇行政部门向农户说明，可是农户却还是不知道具体怎么操作，导致出现沟通不畅，信息传播受阻。当然政府也没能充分利用便利可靠的渠道加大宣传，不能让农民充分利用广播、会议、宣传栏等媒介了解农业相关信息，这就使得很多政策不能深入民心。

（三）资金方面的问题

农业特别是智慧农业的发展必须得到政府的支持和企业的认可，现有的农业公司很多，但其规模、资金有限，不能积极参与相关项目。虽然物联网科技公司纷杂，但其中涉及农业物联网的企业却寥寥无几。智慧农业目前在信息采集、自动化控制和智能化决策支持等方面不完善的地方较多，十分需要一些先进技术及平台建设，特别是物联网技术及大数据平台建设，这些都是高成本、高投入的项目，新建的农业公司可能不愿意冒着风险投入资金来完善这些平台。这就导致了智慧农业在四川的发展进程缓慢。此外，智慧农业需要研发人员对四川当地的天时、地理特征等都有深刻的了解，需要积极培养相关人才，这也是一笔必要的支出，所以企业、个人对智慧农业相关建设的积极性较差。最后，政府虽大力提倡发展智慧农业，可是四川的地形多样，平原占 5.3%，丘陵占 12.9%，山地占 77%，高原占 4.7%，主要以山地为主，大部分海拔在 1000～3000m，这为发展规模化的农业提高了难度，也为发展智慧农业增加了成本，导致智慧农业的建设中更缺乏资金，阻碍了智慧农业的发展进程（喻林和张明林，2013）。

（四）农户对于新技术采纳方面的问题

1. 从经济环境来看

当前农村科学技术的推广应用，主要表现在良种、良法普及和化肥、农药使用环节上，农户购买良种、化肥、农药、实践良法都需要投入，2014 年，四川省农民人均纯收入为 8803 元，在全国农民人均纯收入排名中，排第二十一位，过低的收入决定了他们无法有效践行相关技术的推广应用。四川省农村居民恩格尔系数为 43.2%，城乡居民收入比为 2.77:1，可见我省农户的收入主要用于满足自家的物质生活需要，而且城乡收入还是存在很大差距，农户的收入相对较低。农户的交换能力低下，缺乏资金去研究和应用新技术，直接阻碍了农业新技术的普及推广。而较低的农产品比较收益，也阻碍了农户采纳新技术的积极性。2014 年，四川省农业产值 3078.6 亿元，比上年增长 3.9%，而全省农产品生产价格却比上年降低了 0.1%，所以农户生产农产品的成本高，农户更没有资金接受新技术(代云云等，2015)。

2. 从自然环境条件来看

农业生产受自然环境条件的制约，对气候的变化依赖性很强，农业生产是一种生物性生产，需要建立在一定生态适应性的基础上。因此，只有考虑了当地实际状况、依托于区域基础优势的农业新技术才具有推广和被应用的可行性。相反，那些不会因地制宜、经营风险高的技术，只能面对被农民拒之门外的结局。四川省地形以山地为主，气候以亚热带湿润气候为主，平均气温较高，无霜期长，雨量多，日照少；而川西南山地冬暖夏凉，四季不分明，但干湿季明显，垂直变化大，年均气温 16.0℃，而攀枝花一带年平均气温 20.9℃，可满足一年三熟，与南亚热带水平接近；西部高山峡谷高原水热不足、夏凉，冬天寒冷，但日照充足，气候垂直变化大，年均气温 9.1℃。针对这三地区不同的自然环境，农户就会选择对自己有利的科学技术，比如攀枝花一带的农户就不会选择光照技术、温室大棚技术等；而西部高原地区就不会采用规模化生产，不会采用机耕等技术，这样的地形不适合像平原地区那样发展，农户就不予采纳。此外，农户采用农业相关新技术的自愿行为，与技术本身的特点密切相关，其中包括新技术的风险、繁简、效益、投资多少等多项因素。效益好、风险小、农户能轻易掌握的新技术更容易被农户采纳。从整体上看，四川农耕土地的狭小经营范围，不适合农机作业技术、大型喷灌技术、病虫害同防统治技术等，这也阻碍了农户对农业新技术的接纳行为(姜松等，2015)。

3. 从社会环境来看

农户在社会中生活，他们就一定会受到社会网络系统的影响，还会受到社会文化环境、相关政策、法律的约束。这些对农户采纳新技术具有很大的指引作用。如果政策的制定和调整不及时，这也会影响农户采纳新技术。那些依法做事、帮助百姓真正解决问题、大力宣传政策、法律的社区，就会具有很强的号召力，农户采纳新技术的积极性就会更高。反之，农户采用农业新技术的积极性就会偏低。此外，农户的思想和行为会受到其当地传统民俗的影响。传统民俗对农户采用新技术的影响，主要体现在农民的认知能力上，会影响他们对新事物判断；如邻里交谈、农民协会、当地农业推广组织等，都会对农户整个认知过程产生影响。倘若农户了解得多，周边跟他讲得比较多，他就会采纳，反之亦然。那些有过外出经历、参加了农民协会、善于与外界沟通的农户，接受农业新技术的意识会更强，了解农业新技术的机会也就会越多。最后，农户的科技文化素质也大大影响了其采纳新技术的行为。农户的科技文化素质高，其采纳新技术的可能高，但是我国农村中从事农业生产的大多为老人及妇女，他们的文化素质不高，接受新技术的可能性低(温泉，2015)。

(五)农产品销售模式方面的问题

1. 物联网体系不健全，缺乏商业销售模式

2014 年，四川省形成了以农产品批发市场为主，以社区菜店、农贸(菜)市场、连锁超市为辅的农产品流通体系。截至 2014 年，四川省已有 550 个农产品流通对接体系，不

仅有超市实现农超对接，还有农民合作社实现与流通企业的对接。超市的农产品供应 45％来自于基地生产，农产品销售额增加了 28.52 亿元，促进基地农民人均增收 3000 元，这不仅提高了基地农民的生活水平，同时也解决了 7250 人的就业问题；有 119 个农产品批发市场，实现批发交易额达 1410 亿元，相比 2013 年增长了 10.9％；已有 3782 个农贸市场，零售买卖总额达 1496 亿元。由此可见，四川农产品的流通渠道还是以线下为主，农产品收入主要来自农贸市场、批发市场、超市等，而以物联网为主的网络销售平台却寥寥无几。"政府＋企业""企业＋合作社"等模式在我国少部分地区试用，四川也很少。近年来，社区支持农业(CSA)的模式虽然在我国得到了初步发展，但是缺乏能与买方和卖方建立联系、能有农民合作社为基础、能有全面的有机认证制度的 CSA。四川缺乏以物联网建设为平台的销售模式，阻碍了四川智慧农业的发展；但四川农业方面有很强的基础，对于推广智慧农业容易得多。因此四川建立农产品销售新模式对智慧农业的发展尤其重要(姜松，2015)。

2. 农村电子商务起步较晚，信誉成为发展的瓶颈

2014 年，四川省已是全国电子商务进农村综合示范省，渠县、安岳县、仁寿县、西充县等 7 个县也成为全国电子商务进农村综合示范县。电子商务已经成为农产品流通体系的重要一员。截至 2014 年，四川省已有 10 个国家级农村商务信息服务试点县、31 个农村商务信息服务试点县和县级农村信息服务站、586 个乡镇农村信息服务点。实现电子商务交易额 12 367 亿元，比上年增长 40％。且四川省通过电子商务，实现销售总额超过 126.2 亿元。但由于电子商务发展时间短，其发展也存在问题。首先，有的农户一心采用线上销售，没有做到线上线下结合，脱离了实际。其次，电子商务自身也存在问题。电子商务体系的不完善，导致农户和消费者不能正常的沟通，在销售互信上存在隔阂。特别是线上农产品的质量得不到保障，消费者对农户的信誉存在质疑，而有的农户更是投机取巧，欺骗消费者，使电子商务发展受阻碍。再次，四川农户多为小规模经营，农户很难改变传统的销售习惯，喜欢在农贸市场进行销售，农户拒绝接受且阻碍了农产品电子商务在农村的发展。最后，在各种风险的影响下，传统农业经济是很脆弱的。一是它受季节影响大，农民靠天吃饭。二是对现代生活来说，农产品必不可少，但"丰产不丰收"的现象屡见不鲜。三是农产品所带来的收入低。总体而言，电子商务作为近几年的流通渠道，很多农户并不了解更不会通过这个渠道去销售，导致产品滞销，收入惨淡(藏波等，2015)。

(六)农产品质量安全方面的问题

1. 农产品质量安全标准管理方面的问题

农产品安全溯源系统可以实现农业全流程的透明管理，保障农产品整个过程的安全溯源，提升农产品的附加值。四川省在农产品质量安全管理体系中还存在对管理人员的激励不足，执法方式落后的问题。首先，工作人员的业绩不能直接真实地反映在结果上。在目前的政绩评价体系中，对工作人员的考核存在考核不连续、不实效与不开放的问题。年终考核的机制不利于整个评价体系的动态适应性发挥，而且考核的结果也未能真正实

现收入与晋升的挂钩，同时在整个评价过程中忽视了市场主体的意见。其次，执法缺乏有效监管，在执行过程中经常出现看重事后打击而放松事前防范。这在很大程度上导致管理人员的工作积极性低下，管理工作流于形式，执法走过场，甚至玩忽职守，滥用职权，无法真正发挥政府管理部门在标准管理体系中的监管效力。特别是针对一些不好管理的蔬菜等，很难调动管理者的积极性。这妨碍了农产品竞争力的提升(雷玲等，2015)。

2. 农产品质量安全标准检验体系方面的问题

在整个农产品质量安全标准检验体系中，每个环节都十分重视，投入大量经费，进行相关的建设，但这种机构的建设发展缺乏统一的规划，质检机构之间硬件设施雷同现象严重，检测的项目也趋同，未能实现有效的分工合作。比如，对蔬菜安全标准的检测，主要是检测对我们身体危害较大的一些项目，特别是相关农药的检测；但对于腌制品的检测，这些检测项目就不能满足其要求，无法判别安全是否达标。同时，还存在着标准检测体系不健全的弊端。有关检测项目的机构管理权限分散，各主管部门自成体系，没有统一的领导，导致农产品检测项目速度慢等问题。还有的检测机构及检测项目未被大众所认识，农产品生产经营者无法做出选择。

3. 农产品质量安全标准认证体系问题

农产品质量安全标准认证体系根据不同品种，采用不同的认证体系；并且根据所属部门不同，又采用不同的认证体系，这样的行政色彩严重阻碍了其形成。此外，认证工作人员素质不高、农产品生产经营者缺少培训、认证过程缺少监管，这也是认证体系中出现的问题。整个认证过程一般由对应的机构确定一段时间对当地各种农产品进行自查，然后将工作总结上报农业部农产品质量安全中心，最后再由相关检查小组实行抽查和核实，这样容易造成监管上的失效。

四川智慧农业在发展的过程中虽然存在很多问题，但是我们可以借鉴前人经验，分析国内外智慧农业的发展历程，取其所长来解决四川智慧农业发展出现的问题，为四川智慧农业的进一步发展打下坚实基础。

三、国内外智慧农业进程和经验的系统分析

(一)美国和加拿大智慧农业进程和先进经验

1. 美国智慧农业进程及经验

(1)美国智慧农业进程。20世纪80年代初，美国提出智慧农业的构想，而推动其监控技术发展的是微电子技术。20世纪90年代初，农业生产领域开始运用先进的定位系统。在现代技术的快速发展中，智慧农业紧随其后，有了飞速的发展，并形成了高科技的、智能化的农业发展道路。在生产环节，全程化、自动化大大提高了农业劳动生产率。随之数学农业开始发展起来。数学农业更是一种智能化、数字化的生产方式，可以提高农作物的产量并同时降低其成本，达到改善作物生长环境，推动农业的健康发展。在加

工环节，智慧农业采取的是精准测试，并渐渐发展成为精确农业。改变了原来传统的靠经验管理及分散经营，使农业更趋向于规范化和集成化。在销售环节，农业电子商务促进了智慧农业的发展，以一种崭新的商务模式来挑战传统农业商务。农业电子商务的工作原理区别于传统的销售模式，使传统非网上销售业务受到严重冲击；买家和卖家都可利用互联网这个虚拟市场，形成全世界的农业营销网，从而获得更多的发展机遇和机会。这样的机遇对中小农场更是可遇不可求。它们不断地学习电子商务的相关事情，了解世界市场的需求，积极寻找合作机会，从而扩大自己的经营规模，提升企业的竞争力（刘林森，2011）。

(2)先进经验。第一，重视政府在智慧农业建设中的主导作用。以市场为中心，建立起了强大的政府支撑体系，为智慧农业发展创造良好环境，通过政府提供一些税收方面的优惠政策，促进智慧农业的创新、发展。政府根据不同地区不同发展情况确定补贴幅度、财政转移支付，不再直接用于补贴农产品生产，而是以加强农业信息化建设的方式，让农民受益增收。第二，必须形成完整的数据库，实现农业相关信息资源的分享及共同利用。在这个信息飞速发展的时代，整合和利用高质量、快捷的信息，靠单一的企业是很难完成，需要集合社会资源，改变现有的资源情况。利用相关的农业网络信息中心联盟的一些门户网站，所有用户均可获取足够且准确的农业信息。

2. 加拿大智慧农业进程及经验

(1)加拿大智慧农业进程。加拿大拥有广阔的地域、丰富多样的资源，对发展农业有着很好的地理条件。加拿大农业机械化程度高，农业排在世界前列，在20世纪40年代，其就已基本实现农业机械化。20世纪六七十年代，加拿大开始运用3S技术，其在农业生产的整个流程中发挥着举足轻重的作用。3S技术的运用不仅有利于生产过程中的检测，更为农业决策者提供可靠的信息，为其做出准确的决策提供依据。遥感技术主要侧重于对空间数据的收集并进行分类，地理信息系统则侧重于对空间数据的管理并进行分析。加拿大也在不断发展中形成了精准农业，并在GPS和GIS集成系统支持下进行信息化现代农业。当然加拿大的智慧农业也在不断发展，通过完善的农业法规法律体系来规避农业生产的相关风险，且加拿大政府对农业的宏观调控主要通过专门的职能机构进行管理。加拿大重视农业发展的科技支撑，加大对农业的科技投入，提高农业生产科技含量。加拿大重视农业科技的推广和应用，不断推进科技创新（杭东，2011；龙熹和于慧梅，2003）。

(2)先进经验。第一，健全农业信息服务体系。农业信息服务涵盖农业产前、产中、产后各个环节。在每个环节都有信息服务体系为其服务，不仅为政府更为农业生产者提供服务，这样就建立了各方力量共同参与的深度化和广度化的信息服务体系。第二，健全并完善了农情调度系统。它在农业的整个发展过程中至关重要。不仅要承担农情，更要采用现代技术，完善技术的整合，并向上汇报相关情况及整理各种突发情况。这样一个全方位的系统与其他的系统交相辉映，相辅相成，共同推动现代技术发展，更推动智慧农业的快速发展。第三，不断促进3S技术在农业中的运用。在农作物的生长方面、灾害的检测、人工方面都运用了地理信息系统遥感技术、全球定位系统，可见其发展前景广阔，前途一片光明。推进3S技术的引进、运用，不断加快3S技术在智慧农业中推广的步伐，提升智慧农业的发展水平。

（二）德国和荷兰智慧农业进程和先进经验

1. 德国智慧农业进程及先进经验

（1）德国智慧农业进程。德国是西方最发达的工业国家之一，农业也先人一步。德国农业从注重增加产量的传统农业到以机械化、科技化为特征的智慧农业，并开始进入生态农业、能源农业、安全农业的新发展阶段。德国农业代表着未来农业发展的方向，20世纪就提出了把有机农业带入现代农业；并且指出必须在当下环境承受能力下从事相关农业产业。在生态农业方面，首先必须加强生态立法。德国的农业有一套较完善的法律法规，并提出了关于有机农业的相关法案，用严格的法规制度保障有机农业健康的发展。其次是生态农业保障和扶持政策。世界各国的农业都需要大量的资金支持，需要政府不断伸出援助之手，制定各种保障政策，德国也不例外。特别是随着德国有机农业的发展，其高成本、高投入、低产出的特点更是突出，因此德国政府对其制定了专门针对有机农业的政策，形成了多渠道、多方面、多形式的政策保障，确保了有机农业的顺利发展。最后，加强对农业生态环境保护，建立各种保护措施，保护了德国农业生态的多元化发展。此外，德国拥有完善的社会保障制度。一百多年来社会保障制度紧跟德国农业结构的脚步，不断前进，形式和内容也不断丰富和完善，逐步成为现代、完善的社会保障制度。德国智慧农业的发展还离不开其实施积极的农业支持政策。从20世纪50年代起德国政府对农业采取投资补贴、拨款、农产品价格支持、低息贷款等措施，加快了传统农业向现代农业的转变。首先，采取政府财政补贴的手段刺激农业生产，即使价格高于国际市场价格也在所不惜；其次，对收入较低的企业给予了补贴，并出于公平原则，德国实行了平衡收入的做法，缩小了收入差距，保证了收入的稳定。正是因为有正确的政策指导和保障，德国农业的质量才得以不断提高（梁齐伟，2011）。

（2）先进经验。第一，高度重视农业和农村发展，进一步加大扶持力度。国家财政加大对农业发展的支持力度，重点投入农业和农村发展建设中关系重大、需要迫切解决的以及投资较大民间资本无力或不愿介入的项目或领域，用财政、信贷等多种手段推动智慧农业建设，带动农业战略性结构调整。第二，鼓励土地流转，扩大经营规模。德国的农场发展快，是由于政府大力扶持的结果。德国农业发展的经验表明，土地经营规模的大小是与生产率成正比的。我国应贯彻落实《农村土地承包法》，允许土地转包，适度扩大经营规模。政府应利用经济手段推动农户"依法、自愿、有偿"流转土地，引导并促进土地使用权的转让，减少土地资源的浪费和无效配置。第三，加强生态农业建设和农村环境保护，保证食品安全。一方面需要政府制定农业环境相关标准，保护农村环境；另一方面要通过立法鼓励科研单位研究农业生产废弃物的无害化处理。从生产源头抓起，对农产品整个生产流程进行监督。并且借鉴德国的做法，各级部门把农产品质量与食品安全作为主要职能，重质量、重监督，把握好每个关口，保证生产出优质、放心的农产品。

2. 荷兰智慧农业进程及先进经验

(1)荷兰智慧农业进程。荷兰是一个只有 1600 万人口的国家，国土面积狭小，农业劳动力更是不足 5%。荷兰农产品净出口居世界第一。荷兰发展现代农业，是时代所趋，也是农业进程的重要体现，更是全面现代化的体现。荷兰农业的发展，不仅有良好的基础设施、高的劳动生产率、健全的合作组织，还得力于政府的相关政策扶持。首先是实行有生命力的农场政策。荷兰政府对农业的支持，是以增强农业的活力著称，这体现的是荷兰政策的结构性。在 1980～1999 年，荷兰农场数量从 14.5 万个减少到 10.2 万个，同期农产品的净出口值却从 44 亿美元上升到 142 亿美元。其次是形成了集成农业。集成农业并不是追求产量，而是重视农业与环境、自然的协调发展。集成农业的最大目标不是追求产量的最大化，而是更加重视农业的可持续发展。集成农业重视科学技术在农业中的推广与应用，使农业生产朝机械化、智能化发展。提高农业装备在农户中的普及率，国家给予农户 50% 以上的农业装备补贴，减少规模化农业成本，降低农业风险。这就为荷兰形成绿色生产力打下了一个很好的基础。最后是推行了"大进大出"的策略。几百年来，荷兰一直以"贸易立国"而闻名于世。荷兰作为一个外贸大国，农业是其外汇收入的主要来源之一。早期，荷兰为了大幅提高农业产量而大量利用肥料和农药，对环境造成了重大的影响。随着环境问题越来越多地受到关注，20 世纪后期荷兰加大了对农用肥料、农药的控制。1989 年，荷兰制定了"国家环境政策计划"，从结构调整、总量控制、畜粪排放处理三方面进行控制，减少对环境的破坏(曹金臣，2013；王丹丹等，2014)。

(2)先进经验。第一，形成高度的产业化。农业产业化是以市场为导向，将各种生产要素以及各个生产环节有机地整合起来，进而实现产供销、农工商一体化经营体系。第二，形成了市场、企业、合作社和农户的对接模式。减少中间环节，大量提高农产品销量，真正增加了农户收益。第三，高度重视市场体系建设。荷兰拥有非常完善的市场体系，建立了先进的农产品交易系统，形成了农产品产前、产中和产后的各项活动浑然一体的农产品营销链。同时，为了维护市场交易秩序，荷兰建立了严格的市场准入制度和公平交易制度，让农业产业的发展拥有更加良好的外部效应。第四，强大的金融保障。荷兰农户的信贷资金 90% 以上来自农业合作银行，政府利用政策调整整个宏观经济环境，并不直接提供资金支持。第五，实行农业一体化管理，提高农户收益。荷兰农业部作为农业产业的专门监管机构，监管范围涵盖了"从农田到餐桌"的全过程，并积极推进农业发展中的环境保护工作、技术推广工作、质量监督工作等，建立了完善的农业社会化服务体系。

(三)日本智慧农业进程和先进经验

(1)日本智慧农业进程。日本农业现代化始于第二次世界大战后，大体上可分为战后恢复期和经济快速增长期两个阶段。在 20 年的时间里，日本农业水平快速发展，基本实现农业现代化。目前，日本已经成为农业大国，机械化水平、信息化水平均居于世界前列，并拥有发达的农产品质量安全追溯体系和完善的农村基础设施。日本农业现代化开始时存在着"三利三不足"情况，但经过一系列改革，使日本智慧农业发展不断前进。

首先，特殊土地禀赋基础之上的机械化。日本借鉴美国农业的成功经验，因地制宜，设计出适合山地的小型机械及普及了一家一户独自耕作的小型农机。其次，以行业协会和农民合作经济组织建设为重点，大力推进体制机制创新。大力发展农业行业协会，采用农户与企业对接的方式，加强科技推广、提高农产品质量、发挥品牌效应，把单个农户结合在一起形成产业化经营，真正达成惠民目标。最后，以推行"一村一品"建设为重点，突出发展区域特色经济。"一村一品"运动开始于 20 世纪 70 年代，其宗旨就是在当地现有的资源禀赋下，因地制宜，发展每个村庄的特色产品。采取比较优势，不断开发具有当地特色的农产品是"一村一品"模式的基本内涵(周顺增，2009；杨莉，2014；陈晓乐，2015；李筱琳和李闯，2014)。

(2)先进经验。第一，实行农业生产直接补贴政策，加大农业技术推广力度，达到改善农业生产、农村生活条件的目的。改革农业技术推广体系，理顺管理体制，坚持公益性定位，不断创新运行机制和服务方式。加强农产品质量安全过程的监督，从只抓农产品销售环节的监督转变为对生产全过程的监督。第二，以"两个体系"建设为重点，着力发展设施农业和养殖业。利用高新技术提高农产品产量，预防蔬菜供应短缺的问题出现。第三，实行优质、优量的农业生产，攻破国外贸易壁垒，增加农业外汇收入。相较于中国而言，日本拥有较高的劳动力成本。因此提高产量、优化质量才是提升国际竞争力的关键。日本出台了以提高质量检测标准、推广综合技术等保护性措施。第四，转变政府服务观念，提高农民生产积极性。在日本，不管哪一级公务员，对农业、对农户都有一种精益求精的服务思想和观念，这一点非常值得我国学习借鉴。

(四)江浙沪鲁等智慧农业进程和先进经验

(1)江浙沪鲁等智慧农业发展进程。我国的农业信息化起源于 20 世纪 80 年代，1994年农业部首次提出"金农工程"，2000 年农业部制定了《农业信息化"十五"发展规划》，农业信息化正式进入快速发展阶段(罗明，2014)。随后我国将 RS、GIS 技术应用于农业发展中，使中国传统农业向现代农业转变，走上了智慧农业的道路。而江浙沪鲁等地更是身先士卒，智慧农业的道路越走越远。素有"鱼米之乡"美誉的江苏无锡，智慧农业正借助电信光网、天翼业务大行其道。农户们引入信息化管理技术，只需拥有一台电脑，就可以对农作物进行浇水、施肥等工作，极大地提高了工作效率；并且构建了先进的为农服务"云平台"，整合社会各类主体间的核心资源，实现信息共享。江苏大力发展园区农业、智慧农业等新型模式。无锡市更是率先应用智能农业物联网，创建了国家级感知农业示范区。淮安市、盐城市、徐州市、常州市等地积极推进农村信息化基础设施建设、农村科技综合信息服务体系建设，利用先进的物联网技术，大力推动了农业的规模化、机械化、信息化发展。2005 年浙江率先启动并完成村村通工程，并积极采取智慧农业模式，利用本地优势资源，大力发展现代农业，农业市场体系日趋完善。2011～2013 年，浙江累计完成省级智能化农业示范园区 2 个，实现了温室大棚的智能检测和灌溉智能化，农业经营活动由个体经营到合作经营再到企业经营的发展路径趋于明显。上海作为另一个智慧农业示范区，利用先进的物联网技术，加快促进农业生产方式转变。上海作为一个国际大都市，发展智慧农业，对确保城市食品安全具有重大意义。上海以政府为主导，大力建设农产品安全溯源系统，创新管理模式和商业模式的理念，实现农业生产的"可看、可用、可推广、可持续"。另一个智慧农业示范基地山东，利用其独特的地理优势及国家政策优势，大力发展果蔬、生猪等优势产业，建立了大田物联网运营与服务平台、温室物联网运营与服务平台（任丽娟和张要杰，2014）。淄川区是山东省首个建成并使用畜产品质量监控系统的地区，利用物联网技术，实现了全区养殖场、屠宰场实时监控（吴凤娇和周宇驰，2014）。

（2）经验借鉴。第一，制定智慧农业战略规划。科学合理的规划是智慧农业成功的基础，应该从全区整体布局出发，不仅制定区域智慧农业发展的总体规划，还应该具体到每个小地方，因地制宜地制定各县发展规划。其次制定相应配套政策，支持本地智慧农业的发展。第二，加强农业信息化建设。建立完善的农产品信息平台，实现各主体间信息共享，有效整合各方核心资源，建立农村公共信息资源数据库，形成多部门联动、一站式服务模式。第三，加强基础设施建设，推进关键技术发展。集合相关领域专家构建智慧农业规划管理小组，提高农业的机械化应用率。第四，引进专业技术人才。完善农业公共服务体系建设的各项政策，提高工作人员薪金待遇，留住人才。并且通过继续教育提高农民素质（董杭杰等，2014）。

（五）台湾智慧农业进程和先进经验

（1）台湾智慧农业发展进程。1945年前的台湾农业生产方式十分落后，是简单的"米糖农业"，经过不断改革，现在台湾的农业发展已居世界前列，台湾农业的改革政策对大陆推进农业现代化建设也有重要的借鉴意义。台湾地区经历了两次土改运动，不仅提高了农业对台湾经济的贡献率，还将台湾农业推上了高速发展的现代农业之路。究其原因主要有以下几点：第一，发挥政策的激励作用。台湾出台了如主要农产品实行高保护价收购、对进口农产品实行贸易壁垒、实行低息贷款和担保及财政贴息、实施福利政策等政策，减小了农民的生产经营风险，极大地提高了农户的生产积极性。第二，着力发展优势农业，促进品牌的形成。台湾因地制宜，发展"一乡一品""一县一品"的特色农业，出品了如阿里山的高山茶、峨嵋乡的东方美人茶、池上乡的稻米等著名农产品品牌。第三，发挥中间组织的组织作用。在政府的带领下，建立起一大批专业的合作社，例如著名的云林县汉光果菜运销合作社，进一步保障了农户收益。第四，实行严格的农产品质量安全管理。建立质量可追溯制度，建立从"田间到餐桌"的全程质量安全控制。从组织生产到餐桌，全部实行农业 ERP 管理自动化。第五，建立高效的农产品营销体系。主要包括批发市场、农贸市场、直销店、产销班，实现了区域内的产业化运作，支撑和推动了区域农业的发展。第六，进行规模化生产，努力建立国际化大品牌。例如台湾具有百年基业的知名企业联米集团，突破了传统农业模式，成立了亚洲首家由民间企业成立的集生产、加工、展示、观光于一体的稻米博物馆。提升了品牌效应，为企业带来了巨大的商机和发展空间，并获得了一系列的殊荣（梵小鹏和李旭丰，2013；申芸萍和刘永靖，2014）。

（2）先进经验。第一，整合土地资源，强化国有土地的使用功能，发挥土地使用价值。要进一步完善土地管理制度，规范土地经营行为，确保农场土地依法、有序、合理开发利用。第二，因地制宜，发展特色产业，做大做强农业项目。根据本地区的地理特点、供需情况等因素，由政府为主导，农合社为纽带，组织农户生产与本地区相匹配的农产品。第三，大力发展中间组织作用，提高管理水平。充分发挥如农民专业合作社、农业协会等中间组织的积极作用，推广先进农业技术，提高农业机械化水平，拓宽销售渠道，增加农户收入。第四，加大投入力度，实现集约化、规模化、产业化经营。加大资金投入，利用各类国家优惠政策，形成产业化经营，发挥规模效应。

美国、德国、日本等国的智慧农业发展经验，有很多是我们可以借鉴的。比如政府的重视、加强法律的监管、建立适合本国国情的各类体系等都对四川智慧农业发展有积极的引导作用。而江浙及台湾等地区的发展经验更是丰富了国外的经验，让我们在发展过程中有更好的借鉴价值。因此四川智慧农业的发展必须借鉴国内外先进发展经验，并具体问题具体分析，做出符合四川省情的策略，以此来推动四川农业产业的转型升级。

四、对策与建议

1. 大力培养新型农民，各经营主体做好带头作用

发展智慧农业，需要十分专业的人才，不仅要有丰富的农业生产经验，还要具备先进的物联网知识（刘自强和李静，2105）。专业人才稀缺成为当下智慧农业发展的瓶颈问题。要想解决此问题，应当做好以下几点：第一，著名高校应该设立相关专业，运用优惠的政策吸引学员进行培养。第二，分派优秀学员到国外进行交流学习，汲取外国先进技术与成功经验。第三，可以对现有农民进行培训，提高农民使用先进技术的能力，提高农民的个人素质，形成专业人才。第四，发挥企业的带动作用，鼓励我国企业进行自主创新，培养专业员工，研发专业技术。第五，鼓励民间资本涉足智慧农业领域。尤其是要在四川省内培育一批农业物联网基础技术研发、设备制造和服务提供的龙头企业，以此提高生产技术、减少生产成本。

2. 加大扶持力度，制定发展计划和行业标准

智慧农业的发展应该明确政府的主导地位，政府应该充分发挥其宏观调控能力，不仅需要制定智慧农业发展规划，各地方政府还应结合本地实际，制定相应的配套政策，以支持智慧农业的发展。例如江苏省，积极响应国家号召，出台了《江苏省物联网产业发展规划纲要（2009—2012年）》，根据本地实际情况，安排专项基金用于"加快传感、通信、计算机技术在农业上的应用"，极大地促进了区域内智慧农业的发展。此外，各地方间应加强交流，借鉴彼此成功经验，实现成果共享。四川也应紧随国家步伐，制定出具体的发展计划和地方标准。政府要从多方面加大对智慧农业的扶持力度，制定出四川省智慧农业发展总体规划。各市县（州）智慧农业发展实施规划和各区（县）的智慧农业项目布局规划都要依照省智慧农业发展总体规划而定。因此，科学合理的顶层设计至关重要。首先是建立智慧农业综合服务总平台，全面推广其应用，让其覆盖所有相关产业及乡村；其次是与示范点的结合，形成上下有机结合，产生应用的实效；最后，与农业企业、龙头企业、合作社等互助发展，使农业成产业化、专业化、智能化发展（柳平增，2015）。

3. 大力宣传新品种、新技术，发挥企业主体作用

阻碍农业生产采用新品种和新技术的因素有多种，其中宣传渠道、内容是较为重要的因素。政府不仅需要在网站上宣传和解释新品种、新技术，还要通过各级部门人员、农机站的工作人员亲自到农户家中——说明，有必要的话可以进行一个小的实验来证明。这对于推进智慧农业具有很大的促进作用。从长远看来，发展特色智慧农业，可以应用于四川八大农业产业，同时还可以加大智慧农业在乡村旅游、农业品牌推广、农产品电子商务网络营销、都市农业试验田数据采集、精准农业、数字农业等方面的推广力度。因此，好的宣传效果有利于农户更好地理解，更能改变农户对新技术的偏见，才能更好地推动四川省智慧农业发展进程（张伟等，2015；马荣才，2015；庞春辉，2015）。

4. 创新商业模式，线上线下结合

智慧农业的产业链由农业物联网基础技术研发行业、设备制造行业、相关服务提供行业、个人或企业用户以及政府五大主体组成。目前我国智慧农业发展以政府为主导模式，但随着各地智慧农业的蓬勃发展，各种弊端也逐渐凸显。未来，智慧农业可根据具体应用领域的不同，在服务商主导、用户主导、软硬件集成商主导以及多方合作运营等多个商业网模式进行探索创新。电子商务作为时下最热门的销售渠道，不断地带动我国农业产业的发展。随着京东、淘宝进入农村，我国的农村电子商务开始起步。农村电子商务不仅拓宽了农产品的销售渠道，增加产品销量，还降低了农户的交易成本，真正达到惠民目的（黄超琼等，2015）。而且在另一方面也可以确保农产品质量安全，随着电子商务越来越法律化、精准化，农产品质量就能得到保障。而农户做好线上线下结合，有利于解决农产品滞销的问题，并能更好地了解市场。与此同时，加强硬件服务设施建设，建设智能农业管理控制平台、农业技术专家远程支撑平台、农产品质量安全追溯平台三大平台，让其相互协助，使农业的产、供、销、加工等多个环节形成一体，改变过去的孤立发展模式。并通过示范区形成辐射圈，带动周边地区、周边企业、周边农户加入其中，以点带面，逐步扩大其试用范围，加快四川农业产业转型的步伐（郭小粉等，2015）。

5. 建立农产品质量安全标准体系

政府应该建立科学、统一、权威的农产品质量安全标准体系。第一，优化农产品质量安全标准的结构，取消与现行理念不相匹配的标准，争取制定一批合理、实用的农产品质量安全标准，尤其要关注有害物质限量及其检测方法的研究（袁小平等，2015）。同时，在标准制定的过程中，应坚持有理、有据的原则，用科学的方法验证标准的科学性和可用性。第二，完善安全标准的综合配套，逐步形成包括农产品质量安全、生产技术操作规程、产地环境要求、农产品标签包装等内容的农产品质量安全及其配套的标准体系。进一步提高农产品质量安全标准制修订工作的系统性、针对性、实用性和先进性。第三，加强政府各部门间的交流、协作，提高管理水平。明确各部门职责，实行责任追责制，明确权力边界，实现各部门信息共享，提高办事效率。第四，政府应建立农产品质量安全标准检测机构能力评价体系，重点扶持基础好、实力强、潜力大的质检机构，优先支持其检测技术与国际水平接轨，以便保证其能够承担政府的行政仲裁复议与应急

检测工作。第五，整合民间资源，发展民间检测机构，促进现有的检验检测机构的改革转型。提高质检部门的资源利用率，避免大量检测仪器设备的空置与人力资源的浪费。第六，政府应简化农产品质量安全标准认证的烦琐程序，降低申请成本，加强与国际认证机构的互认程度，致力于构建过程规范、符合中国国情又与国际接轨的农产品质量安全标准认证体系。与此同时，应尝试将部分农产品试行强制性认证，以此取得实践经验，并进行归纳总结；在大力推广与宣传后，逐步把无公害农产品的标准认证纳入强制认证的范畴，同时加大绿色农产品与有机农产品的标准认证力度，从而实现城乡居民农产品消费的基本保障。目前，全国已有86％的地市、71％的县市、97％的乡镇建立了监管机构。在农产品质量安全检验检测体系建设方面，在国家发改委的支持下，农业部组织实施了"十一五"和"十二五"全国农产品质量安全检验检测体系建设规划，我国农产品质量安全检测体系初步形成，设施装备条件明显改善，为农产品的安全监管提供有力支撑。这也为四川建立质量安全标准体系提供了可靠的依据(孙晓梅，2015)。

专题五　四川休闲农业发展研究

休闲农业是在我国国民经济发展水平不断提高和国内产业结构不断升级过程中出现的一种新型的产业形态，它以大农业领域的景观资源和生产条件为产业发展基础，并通过农业与旅游业深度融合而产生。基于产业培育角度大力推动休闲农业发展，对实现农业发展、农民富裕、农村稳定，进而对建设美丽乡村、统筹城乡发展、实现全面建设小康社会和满足民众日益增长的休闲消费需求具有重要的意义。2011 年农业部颁发的《全国休闲农业发展"十二五"规划》指出，我国旅游资源丰富，有 70％的旅游资源集中在广大的农村地区，因此我国发展休闲农业具有较好的条件，潜力巨大。作为中国"农家乐"的发源地，四川休闲农业在改革开放以来得到了长足发展，且已呈现集聚态势。为进一步加快休闲农业发展，2012 年四川省人民政府出台的《关于加快发展休闲农业与乡村旅游的意见》提出，"按照'夯实基础、突出特色、提升水平、规范发展'的思路，突出区域特色和比较优势，整合资源，融合发展……，全面提升全省休闲农业与乡村旅游的发展质量和水平。"因此，在休闲旅游快速发展的时代背景下，探讨四川休闲农业转型升级发展问题具有重要的理论价值与实践意义。

一、四川休闲农业发展历程与现状

(一)四川休闲农业的发展历程

依据休闲农业的发展特征和发展水平，自 20 世纪 80 年代以来四川休闲农业发展经历了自发发展、规模发展、规范发展和转型升级发展四个阶段。

1. 自发发展阶段(1987～1991)

自发发展阶段的特点是规模小，较分散。主要是一部分农民利用自己的庭院和责任田从事旅游接待活动。这一时期休闲农业的典范是郫县友爱镇农科村的"农家乐"。

2. 规模发展阶段(1992～2002)

规模发展阶段的特点是规模逐渐增大，分布点也越来越集中。受郫县农科村"农家乐"的影响，成都周边其他乡村也纷纷开始发展"农家乐"旅游。成都乡村旅游的快速发展，为省内农村经济的发展树立了榜样，带动了省内其他地区乡村旅游的发展。各级政府看到乡村旅游带动乡村经济的发展，出台了相关政策，加大对乡村旅游地区基础设施建设的投入力度，从政策上保障了四川乡村旅游的大力发展。

3. 规范发展阶段(2003~2008)

规范发展阶段的特点是乡村旅游氛围浓厚、特色凸显,乡村旅游体系逐步得到完善。新时期出现了如休闲庄园、家庭农场、现代农业科技园、农业主题公园等新的形态。随着休闲农业的蓬勃发展,一些市、州制定了"农家乐星级评定标准",有的还对乡村酒店、乡村古镇等进行规范。在一些乡村旅游地还成立了乡村旅游协会,乡村旅游协会在管理和约束农户发展乡村旅游方面发挥了较大的作用。目前,四川已形成100家省级示范休闲农庄、2000个休闲农业景区。

4. 转型升级发展阶段(2009~至今)

四川休闲农业在快速发展的同时,存在着产品同质化的现象,以农家乐为例,大多提供"吃农家饭、住农家屋、干农家活"的旅游体验活动,较少开展深层次的休闲娱乐体验活动。这种现象将导致四川休闲农业缺乏个性,进一步影响休闲农业的持续发展。2008年全国旅游工作会议将"转型升级""转型综效"上升到国家层面的旅游发展战略,旅游业发展的转型升级已成为旅游业界和学界的关注焦点。四川休闲农业的发展自此也拉开了转型升级的序幕。

(二)四川休闲农业的发展现状

受乡村旅游市场供需合力的驱使,政府政策的大力引导,四川休闲农业取得了长足发展,走在了全国前列。四川休闲农业对促进农民就地就业、增加农民收入、提升城市居民幸福指数、促进城乡交流等发挥了积极作用,已经成为四川现代农业和乡村旅游的重要组成部分;也是建设美丽乡村的产业基础,农民就业增收的重要载体,统筹城乡发展的重要手段。

1. 休闲农业产业规模不断壮大

截至2014年,四川休闲农业与乡村旅游经营单位发展到3万家,接待游客3亿人次,综合经营性收入750亿元。依托休闲农业和乡村旅游,全省农民人均增收77元,成为农民增收新的增长极。

2. 休闲农业类型日益丰富

依托区域自然资源、特色产业、区位优势、生态环境以及文化底蕴,四川逐步发展形成了类型多样、功能多元、特色各异的休闲农业。主要有农家乐、田园农业、休闲农庄、现代农业科技园区、农业观光体验园、农业主题公园、农耕文化体验园、乡村度假酒店、古镇风貌、民俗风情等。

(1)现代农业科技园。现代农业科技园主要发挥了传统农业向现代农业转变的典型示范作用,目前,四川共有国家农业科技园区6个,分布在内江、南充、乐山、广安、雅安和宜宾,总数保持在西部第一。

(2)休闲农庄。休闲农庄是以农民自身为经营主体,乡村景观、民俗文化为吸引物,城市居民为消费者的一种休闲旅游形式。目前,四川已开展休闲农庄培育工作,按照统一标准，评选出郫县"妈妈农庄"等100家首批省级示范休闲农庄。

（3）农业观光采摘园。农业观光采摘园主要是依托地方资源优势，让地方资源优势与现代农业产业有机融合，通过科学合理的规划设计，从而形成的集观光、教育、采摘等休闲娱乐功能为一体的综合园区。如开江县红花山生态农业观光园，已建成占地6000 m² 的生态养鸭小区、13500 m² 的生态养鸡场、1300 m² 的生态酒厂以及800亩生态果林园和3000 m² 的生态农庄主体。目前，农业采摘观光园成为人们休闲、旅游、观光的好去处。

（4）农家乐。农民以自家庭院或责任田为场地、自己生产的土特产及田园风光为吸引物，以低廉的价格为促销手段吸引游客前来进行的旅游活动。如成都郫县农科村农家乐。

3. 集聚程度不断提高

依托农业优势资源，四川休闲农业已逐步从单一产业向第一、二、三产业融合发展，延长休闲农业产业链；同时休闲农业从单一农户分散经营向连片化、集群化、区域化发展。四川休闲农业已形成以成都平原为核心的平原风光产业带，如成都市郫县创办西部花乡、田园时代葡萄主题农庄、战旗现代农业产业园、天府玫瑰谷——现代农业创业园等12个现代农业观光园区；以甘孜、阿坝、凉山三州为重点的民族风情产业带；以巴中、达州、广安等为重点的红色故里产业带，以乐山、宜宾、泸州等为重点的川南田园风光产业带；以德阳、绵阳、阿坝等为重点的灾后重建新貌产业带（罗燕梅，2014）。

4. 休闲农业品牌影响力不断提升

近年来，四川努力通过各种渠道、措施突破休闲农业同质化的现状，现已形成了一批颇有影响力的休闲农业品牌。成都市蒲江县通过举办中国采茶节、成都樱桃节等主题活动，全面推介了蒲江良好的生态农业与旅游资源，有力提升了蒲江县休闲农业的知名度；成都市安仁古镇举办蓝莓采摘节，打造安仁古镇休闲农业品牌，提升了大邑现代农业的发展水平。阿坝汶川县致力于将浓厚的藏羌文化、民俗文化、高原特色全面融入休闲农业，着力打造汶川三江生态旅游景区、汶川水墨古镇景区、汶川映秀"5·12"纪念地景区、汶川大禹文化景区四个国家AAAA级旅游景区。此外，成都的"五朵金花"、雅安的上里古镇等休闲农业与乡村旅游的产业品牌效益也日趋彰显（吴建强，2012）。

二、四川休闲农业发展的主要特点

1. 以农业为基础不断拓展产业链条

休闲农业是以大农业为基础发展起来的，如果没有大农业作为支撑，休闲农业将不可持续，也就是说没有发展基础。以位于江油市的中国百合国际博览园来说明这个道理。2012年，通过流转征集土地5000余亩金康百合种植专业合作社打造了中国百合国际博览园。在博览园里，合作社开发药材百合花新品种、研发百合花种植新技术，建设标准化生产基地，与此同时建设加工设施，这样就拓展了农业的休闲观光功能，比如观赏、采摘、休闲产品销售，这在很大程度上促使百合花种植的相关产业链在前向、后向和侧向得到了极大延伸，从而提升了产业综合效益，探索了第一、第二和第三产业之间的协调发展、融合互动的新模式。

2. 注重创意性项目开发

将创意设计融入农业资源开发中，不断丰富农业的多功能性，拓展休闲农业的观赏性，从而实现"一种作物、两种收获"的休闲农业发展实践效果。近年来，在成都郊区县等地的"春花节"就是这一发展模式的典型案例，桃花节、梨花节、油菜花节等，都取得了良好的经济效益。然而，随着我国国民经济水平和人均收入水平的不断提高，人们的旅游消费需求也在日益提升，简单地看看花、吃吃饭的"春花经济"已经难以满足人们与日俱增的休闲消费愿望。因此我们应当利用创意手段，着力提升农业的观赏价值和文化品位，使之成为提升农业综合效益的重要途径。比如，在有"北有寿光、南有彭州"之称的彭州市，以蔬菜产业为依托，近年来相继开发了几个以蔬菜主题的公园，这些公园以二十四节气、春夏秋冬四季、十二生肖、古蜀杜宇劝农故事为艺术载体，呈现出用蔬菜打造的园艺景观。颇具特色的蔬菜园艺景观对来自大城市的游客很有吸引力，很多游客都到这里体验农事活动中的快乐，或是进行休闲观光，取得了不错的经济效益。2014年接待游客超过60万人，其中为期5天的蔬菜园艺博览会接待游客达30万人。

3. 坚持以农业文化为灵魂

中华传统文化博大精深、内容丰富，历史悠久的农业文化就是其重要组成部分。可以这样说，农业文化不仅是休闲农业发展的文化之魂，也是休闲农业发展的趣味之魂，更是休闲农业发展的灵魂所在，如果没有农业文化，休闲农业发展就没有可持续性。成都邛崃市，是全国最大白酒集散地，农耕文化体现为丰富的中华酒文化，其底蕴十分深厚。其中的一个典型是大梁酒庄，他们以"田园耕种、收获酒粮、酿制琼浆、品尝佳酿、斗酒踏歌、休闲娱乐"为主题，充分利用农业资源优势和丰富的酒文化资源，利用流转的土地集中种植了2671亩高粱，通过开展市民认种、认收高粱和大力发展古法酿制的高粱酒等传统酒饮料，不仅极大地拓展了高粱的单一价值，延伸了高粱的产业链，提升了高粱的产业效益，而且通过开展"种酒粮、醉酒窖、事酒艺、兴酒礼"活动，让游客深度感知了中国酒文化的博大与精深，初步实现了"业兴、家富、人和、村美"，仅2013年就接待游客近23万人。

4. 不断完善休闲农业景区的设施条件

推动农业发展方式的转变过程是加快现代农业建设的核心环节，它要求加强农业发展条件建设，增强农业生产设施保障能力，从而提高农业的综合效益。只有这样，农业这个产业才会留住人，才会可持续发展。四川在现代农业建设过程中，更新理念，创新发展，增加投入，加快建设，优化设施，美化环境，将"产区变景区、田园变公园"。在成都市蒲江县，猕猴桃和茶叶是优势农业资源，但是长期处于较为低级的农业生产状况，仅仅是采摘加工后运出去销售，经济效益非常低。为了改变这种状况，蒲江县投资1.3亿元建设休闲观光设施，极大地改善了游客观光休闲条件，打造成了远近闻名的万亩猕猴桃核心生产基地和万亩茶园，促进了农产品优质优价和就近就地热销。如今，蒲江县的茶园和猕猴桃生产基地，已经变成一个集生产体验区、生态观光区、生活保障区、人文创意区为一体的大景区，产业效益大幅提升。2014 年，蒲江县休闲农业接待游客 40 余万人，仅旅游收入就达 6138 万元。

上述所讲到的四川经验，在一定程度上代表了当前我国部分地区休闲农业发展的先进理念，体现了较为科学的发展思路和正确的发展方向，值得以适当的方式加以完善和推广。

三、四川休闲农业发展困境

近年来四川休闲农业发展迅速，休闲农业旅游游客的消费需求日益多样化和高标准化，而休闲农业供给则存在着诸多不足之处，诸多问题也逐渐显露出来，概括起来主要表现为以下几个方面。

1. 休闲农业经营水平不高

四川休闲农业经营水平不高，总体表现在经营模式单一、从业者素质较低和经营管理不规范三个方面。

在四川省休闲农业发展中，形成了三类经营模式：家庭式经营、政府主导型经营与企业经营。家庭式经营模式是以家庭为单位的独立个体经营，如"农家乐""采摘果园"等，其优势在于灵活方便，易于操作；缺点是缺乏资金支持，规划不到位，产业优势难以凸显，阻碍其长远发展。政府主导型经营主要是由政府或村委会集体投资，结合本地农业特色与标准农田建设，促进农业规模化、集聚化发展，其优势是信息灵敏，统一规划，政策上易受到扶持；缺点是经营体制僵硬，管理体制混乱，决策难以统一。企业经营主要是企业集团投资开发，依托农户、农业产业优势与自然村落生态环境，自主经营发展起来的以自然村落为中心、特色产业为依托的休闲观光农业发展模式，其优势在于规划好、产业链完备，具有管理优势；缺点是公司在市场中处于绝对优势地位，有可能在利益分配时损害农户的利益。随着世界休闲农业的迅速发展，其可借鉴的经营模式也越来越多，四川休闲农业可以结合自身实际情况探索更多更好的经营模式来弥补现有经营模式的缺陷。

四川省休闲农业的经营模式以家庭经营为主体，从业者的平均受教育水平仅停留在初中教育水平，加之经营者缺乏必要的相关培训，组织管理能力和必备知识技能不能满足休闲农业的发展需求，经营者通常凭着自身经验及家属的意见对项目的建设及经营管理做出决策，明显与市场对其发展的要求脱节（王瑞红，2013）。从休闲农业服务内容看，讲解、住宿、安全、卫生、消防、休闲娱乐、餐饮等软硬件服务水平都很低，完全不能满足游客的要求，从业人员的素质与休闲农业标准化服务之间存在很大的差距。

2. 四川休闲农业产品缺乏特色

服务产品具有特色是休闲农业最重要的核心竞争力，但是四川休闲农业产品雷同，缺乏特色，难以满足游客的多样化需求。其原因在于四川实施"一村一品"战略大力推动休闲农业的发展，但主体定位依旧不够鲜明，休闲农业经营者缺乏打造精品、树立品牌意识，忽视休闲农业的形象策划与包装，缺乏必要的宣传手段和品牌效益来吸引更多的消费者，休闲农业没有做到精、特、奇，规模小、档次低。同时销售品雷同单一，并没有发挥地方资源优势创新旅游产品和农作物产品，导致娱乐购物活动的缺乏，这是游客购物消费水平低的主要原因之一。

3. 四川休闲农业文化内涵有待提升

文化内涵是休闲农业最具生命力的源泉，但四川休闲农业文化内涵有待提升。经营者往往从自身的角度去揣测游客的需求，休闲农业旅游产品基本上停留在照抄照搬地设立采摘园、开展农家乐、建设休闲农庄等。另外，把城市化作为发展休闲农业的目标，照搬城市旅游的发展模式，常常把极具地方特色和区域特色的东西改造成普通的东西，将原汁原味的农村本土生活丢失，削弱了休闲农业旅游核心竞争力和吸引力。

4. 四川休闲农业产业链不完善

在基于农业所构筑的产业链中，农业专业合作组织是发展休闲农业的重要辅助机构。据了解，在四川休闲农业发展中，大多经营者都有意加入休闲农业专业合作社，获取相应的信息与服务，但是专业合作社并没有发挥其职能满足经营者需求，导致供需脱节，第一、二产业与第三产业相脱节，最终致使休闲农业不能发挥连接三大产业链的职能作用。

5. 四川休闲农业缺乏科学规划

四川休闲农业缺乏科学合理的发展规划，严重制约了其持续健康发展。首先，政府主管部门或相关行业缺乏对休闲农业进行科学的规划、引导和专业指导，没有分析当地的资源优势和客源市场，只要有利可图，便一哄而上，导致其盲目开发，出现同质产品恶性竞争的状况。其次，在区位布局上，部分休闲农业不符合景观生态理论，没有紧密依托大城市，没有充分发挥城市周边的地理优势，资源开发的空间布局不合理，休闲农庄周边的交通网络、旅游线路不畅，违反旅游"易达性"这个基本原则，未能实现休闲农业规划与农业整体规划、旅游规划相协调统一的目标。此外，在休闲农业开发过程中，并没有得到充足的资金支持，也没有行政管理机构的引导，最后结果是休闲农业没有相应的配套设施和安全保障措施，空间布局也呈现出杂乱现象，其原因在于缺乏科学合理的规划。

四、四川休闲农业的发展思路

在大力发展休闲旅游时代背景下，休闲农业转型升级的总体思路是：转变休闲农业的产业定位与产业功能，在发展过程中将休闲农业的产业定位从农业层面提升到服务业层面，从旅游业视角推动休闲农业发展，将休闲农业的产业功能由解决"三农"问题提升到满足日益高涨的国民休闲消费需求之上，通过景观化、多样化、集群化、特色化、差异化、创意化、品牌化发展，促进四川休闲农业实现层次分明、功能多样、特色突出、规划科学、部门联动、管理规范的目标，呈现平原风光、民族风情、红色故里、田园风光、灾后恢复重建新貌等特色休闲农业旅游产业带纷呈的休闲农业发展格局。

1. 发展业态多样化

休闲农业是为满足市民的需要而出现的，鉴于市民需求的动态性和多样性，休闲农业的发展也应该是开放的，发展业态是丰富多样的。作为"中国农家乐发源地"，四川省乡村旅游和休闲农业经过三十多年的发展壮大，效益不断上升，在富裕农民、改造农业、建设农村和促进城乡统筹发展等方面发挥着日益重要的作用。但随着人们生活水平的提高和消费习惯的变化，四川省休闲农业游客，尤其是来自城市的游客，已不满足于传统的观光旅游，个性化、人性化、亲情化的休闲、体验和度假活动等乡村旅游特色业态成为发展趋势。

虽然近几年四川省，尤其在成都、绵阳、德阳等大城市周边，乡村旅游已呈现出多样化的趋势，从"吃、玩、钓"等传统方式向科普、教育、养生等内容拓展，呈现出良好发展前景的租赁农园、市民农园、教育农园等，但仍不能完全满足游客多样性的休闲农业旅游需求。因此，四川省休闲农业应以现有休闲农业旅游资源为基础，结合丰富的森林、温泉、滑雪等资源，发展现代农业示范园区、休闲农庄、观光采摘园、民俗旅游村、农家乐等农业旅游新业态，形成多层次、多方位的农业旅游产业体系，满足不同消费偏好旅游群体的需求。

2. 开发项目创意化

休闲农业因创意而精彩，把休闲农业开发与文化创意相结合，发展创意农业，提升休闲农业文化内涵，将是休闲农业发展的方向之一。从发达国家和地区的经验看，休闲农业价值链中延伸出来一些富有文化内涵的活动，通过不断丰富休闲娱乐活动内容，定向培育农业观赏、农事体验、疗养度假等具有较高文化内涵的服务形式，培育创意休闲农业精品，可以克服采摘形式单一、游客滞留时间短、消费力弱的问题。

四川休闲农业要想获取更多市场，就要彰显农耕文化和民间文化的魅力，由观光游向深度体验游转变，让产品充满时尚，让文化富有品位，让一切吸引元素变成可以销售的产品。因此，就需要一些突破，需要创意发展，需要研究休闲农业各种各样的创意方式，需要在休闲农业项目开发中加入创意要素，实现项目创意化。比如，可以通过和文化企业，诸如广告公司、文艺公司和电视台合作，通过外包形式，从策划、研发、设计等方面的文化资源，以及产品宣传和销售加入文化元素。为了打造更多的休闲农业产品，应通过技术改进、产品开发和业务组织融合，实现休闲农业的新业态和新增长方式。这种新的文化融合模式，不仅可以推动休闲农业转型升级，而且也在激发文化创作生产力方面发挥作用。同时，促使农业文化内涵化，深度挖掘四川农业文化，使之成为休闲农业发展的文化之魂、趣味之魂（王瑞红，2013）。

3. 景区（点）布局集群化

为解决休闲农业产品供需信息不对称、游客逗留时间短、经营季节性强、产业结构小散低等问题，推动休闲农业发展走集群化、规模化之路，是四川休闲农业转型升级的必然选择。虽然四川省已形成了以成都为首的"五朵金花"、郫县农科村、雅安上里古镇、汶川水磨古镇、西昌"乡村八景"、广安华蓥山黄花梨度假村、乐山夹江天福观光茶园等为代表的休闲农业集群,但从省域范围看,还远远不能满足日益增加的休闲农业旅游消费需求。

通过推动休闲农业集群化,使四川省休闲农业产业功能在一个更大区域内满足游客在"旅游六要素"的需求;在空间布局上从最初的景区周边和个别城市郊区向更多的适宜区域发展,产业集聚程度不断提升,产业规模化效益日趋明显;从经营规模上,由一家一户一园的分散状态,向园区和集群发展转变。

4. 产业发展融合化

休闲农业发展融合不仅指旅游产业内部六大要素(食、住、行、游、购、娱)相互联系、相互渗透而形成的内部融合,也指休闲农业与第一、二产业中任何一个产业进行融合,最终形成一个新的产业形态的外部融合。休闲农业的内部融合为休闲农业旅游企业发展提供了良好的机遇,它可以让企业迅速对旅游产业六大要素进行整合重组,形成了一个有机的旅游产业链,从而获得更多更广的发展市场,并且不断地发展壮大自己,提高核心竞争力。休闲农业的内部融合可以推动传统休闲产业的优化升级,使农业向着多元化方向发展,从而提升整个行业的竞争力。

四川省休闲农业发展应推动农业与文化创意、农产品加工、农村服务业、信息产业、教育产业等诸多产业相融合,实现多产业融合化。大力发展休闲农业观光游览、农事体验、科普示范等功能,促进农业结构调整和优化,延长休闲农业的产业链,有效地提高农业综合效益。如果要想实现休闲农业和文化创意产业之间的融合发展,就应该以大农业、大旅游、大文化为导向,建立有效的政策引导体系和规范管理体系。

五、四川休闲农业发展的对策建议

为推动四川休闲农业转型升级,促进休闲农业的持续、健康发展,提出如下对策建议。

1. 提高休闲农业经营水平

提高休闲农业从业人员的素质,是改善服务质量、规范服务行为的前提与保证。依托旅游服务类职业院校、行业协会和产业基地,多层次、多方面开展管理人员和专业服务人员培训,以此提高行业服务的总体水平。围绕休闲农业旅游市场需求,科学设置培训内容,创新培训机制,强化培训效果。省、市两级开展多种形式的休闲农业旅游培训,培训经费列入同级财政预算中,保证培训效果,实现未来休闲农业旅游从业人员持证上岗。

2. 强化休闲农业品牌培育

通过示范基地、示范村、示范点的创建,打造一批有影响力的休闲农业知名品牌。鼓励休闲农业园区参与国内外标准体系认证,争创名牌。通过品牌培育,形成一批品牌休闲农业,达到合理引领休闲消费热点,提升产业影响力、社会认知度和产品知名度的目的。依托四川农业厅的"5111工程",打造省级农业主题公园、休闲农业景区和休闲农业精品线路。搞好休闲农业示范基地的创建工作,以自然生态、田园文化、农耕文明为基础,以诚信经营、提升内涵、保证质量为重点,创建一批优势产业突出、发展潜力大、带动能力强的休闲农业示范基地。加快培育一批经营特色化、管理规范化、服务标准化的休闲农业示范点，形成一批休闲农业特色品牌。

3. 提升休闲农业发展的文化内涵

注重农村文化资源挖掘，强化休闲农业经营场所的创意设计，推进农业与文化、科技、生态、旅游的融合，提高农产品附加值，提升休闲农业的文化软实力和持续竞争力。按照"在发掘中保护、在利用中传承"的思路，加大对农业文化遗产价值的发掘，推动遗产地经济社会的可持续发展。加强农村文化遗迹和传统村落、传统民居的保护，发展具有文化内涵的休闲乡村，加快乡土民俗文化的推广、保护和延续。创新农业观光园、休闲农庄、农家乐、农业示范园等发展模式，增强新颖性、趣味性、文化性、体验性，使内容更加丰富，特色更加鲜明。以提档升级为目标，以完善基础设施、注入文化元素、规范服务方式为手段，对老化的休闲农业经营场所进行改造。积极引导"农家乐"向具有地域特色和文化性格的"巴蜀人家""山水人家"升级换代，提升休闲农业的接待档次和整体品位。

4. 拓展休闲农业发展产业链条

进一步拓展休闲农业的多种功能，积极开发休闲农业的生活性功能和文化性功能，延长产业链条，打破休闲农业产业链更多地属于服务配套或被动延伸的局面，打造生产标准化、经营集约化、服务规范化、功能多样化的现代农业休闲产业，充分实现休闲农业的"接二连三"，推进一、二、三产业融合发展。另外，推动创意休闲农业发展，充分发挥其特有的关联效应以拓展休闲农业产业链，实现产业融合，构建多个产业部门的跨越式发展，完成休闲农业的价值体系，提升区域整体价值。

5. 优化休闲农业发展区域格局

通过机制创新，积极推进休闲农业资源、项目、产业在空间上的相对集中。突出区域特色和比较优势，重点打造以成都平原为核心的平原风光休闲农业旅游产业带，以甘孜州、阿坝州、凉山州为重点的民族风情休闲农业旅游产业带，以巴中市、达州市、广安市等为重点的红色故里休闲农业旅游产业带，以乐山市、宜宾市、泸州市等为重点的川南田园风光休闲农业旅游产业带，以德阳市、绵阳市、阿坝州等为重点的灾后恢复重建新貌休闲农业旅游产业带。

6. 加强休闲农业发展的组织监管

各级政府要建立以农业、旅游部门牵头，相关部门参与的休闲农业联席会议制度，专题研究、及时协调解决休闲农业发展过程中的重大问题。各个地级市应该结合当地实际情况，研究制定并切实执行各个地区的休闲农业发展规划，并纳入本地经济社会发展总体规划之中，此外农业主管部门应指派专人对休闲农业进行管理，有条件的可设立休闲农业管理科室。加强对行业协会和中介服务组织的监督管理和政策支持，引导这些组织为休闲农业有序发展和规范经营搞好服务。鼓励设立各级休闲农业协会，促进规范管理，增强行业自律。

专题六　四川湖滨经济发展研究

　　人类从古至今就利用湖滨建设城市，利用湖滨资源发展经济、发展社会、发展文化等，创造了江河、滨海人类文明。如世界最负盛名的都江堰水利工程，享誉全国的"天府之国"的上千万亩农田自流灌溉。中国黄河人类文明，以及正在建设的"长江经济带"等都是人类利用湖滨的杰作和创举。四川是湖滨资源大省，是长江上游生态屏障，就江河流域而言，从东到西或从北至南，拥有渠江、嘉陵江、涪江、沱江、岷江、青衣江、大渡河、金沙江等长江上游主要水系，是四川城市建设、工业发展集聚区域，为四川九千多万人民带来了福祉，为四川的城镇化、工业化、信息化作出重大贡献；在四川省利用湖滨资源发展社会经济的同时，也为渠江、沱江、岷江等水系带来了严重的污染问题。因此，湖滨资源大有过度开发、无序开发、盲目开发之状态。20世纪六七十年代四川同全国一样大兴水利，造就了"千湖万库"，但都处在广大农村地区，有的还处在贫困地区，很大程度上湖滨资源处于闲置状态，如何开发与保护好四川这部分湖滨资源既是当地人民脱贫致富的关键，又且创新农村发展经济的增长点，同时也是对接国家"长江经济带"和世界"一带一路"伟大战略重点之大计。然而，大量学者更多关注城市经济，对于农村地区湖滨经济系统理论研究较少，特别是以区域经济发展、农业经济结构调整、产业转型等视角研究农业湖滨经济的更少。研究湖滨经济不仅具有重要的理论价值，更具有特别重要的实践意义，尤其是在经济发展新常态下，如何使农村湖滨资源禀赋充分利用，如何使粗放型农业产业转型升级，农村创新发展、协调发展、绝色发展、开放发展、共享发展，使四川如期全面建成小康社会。

一、湖滨经济的内涵及特征

1. 湖滨经济的内涵

　　湖滨经济，从自然属性上来讲，应该是属于水系类经济的一个分支；从社会属性上看，可称为特色经济或者是区域经济的一个分支，是农村经济的一部分。本研究把湖滨经济界定为利用江河、湖泊、水库及其他水域进行资源优化配置发展区域经济的总称。

　　湖滨经济具有六个特点：一是以水为媒介；二是以"边"或"山"为依托；三是以创新开发利用保护生态为出发点；四是以调整种养结构发展生产为抓手；五是以盘活城乡资源为节点；六是以发展区域性经济社会生态为目的。由于理论支撑不够，往往人类在利用方面强调它的单一特性。湖滨经济其实是一个自然、社会、人类、生态的大系统，它的存在彰显人类改造自然、战胜自然的伟大文明。

湖滨经济主要功能与作用：发展农村经济，增加农民财产性收入，促进城乡要素双向流动，减轻城市建设用地的压力，缓解城市病等。湖滨经济发展方式：湿地公园、农家乐、休闲中心、康养中心、体育活动以及农户出租房屋等。发展湖滨经济目的就是要牢固树立山水林田湖是一个生命共同体的理念；牢固树立"望得见山，看得见水，记得住乡愁"的农耕文明；牢固树立"水利是农业的命脉"和水是生命的起源的真理。

湖滨经济是基于湖泊水体所产生的一切经济行为。无论是传统的对农业灌溉，还是一些以"矿泉水"为首的第二产业，还是在本文中会主要讲到的第三产业。湖滨经济行为自古以来就有小渔村，围绕水的利用不仅在于对湖水里的鱼、水等天然使用，还有对滨岸盖房的双重利用。而如今人们不仅已开始人工养殖鱼类等进一步的利用，更是从普通渔村小屋延伸到了湖滨高端别墅的打造。从前把鱼拿出去卖，现在可以提供别人来垂钓。从前渔村的船只是自己网捕用，现在的船可以给游客用。从前人们对湖滨利用从平面的延伸到了立体的，现在进一步延伸到了抽象概念的。四川湖滨经济要以此转变农村经济增长方式，加快城乡要素双向流动，全面推进小康社会的建设思路。将原有的一、二产业为主的结构体系向第三产业转移，达到一个互动的湖滨价值优化体现的综合经济特征。这也应该是湖滨现代经济发展结构的趋势。当然过分发展第三产业也是泡沫经济的体现，而当今社会明显在量上一、二产业的区域、结构上存在产能过剩问题，农村经济增长质量没有得到根本改变，这里研究的湖滨经济最终目的就是达到湖滨经济体系的结构动态平衡。

2. 湖滨经济的特征

从自然属性上看，湖泊相对于江河来说是一个相对静止封闭的形态。从自然属性上就决定了水质本身，以及沿岸土壤品质地溶地貌等的不同，自然属性上的不同决定了整个生态环境的不同，延伸到湖畔的经济形态就会有所不同。湖滨经济相对于其他水域经济来讲，地域性更强，特点更突出，比如一条河流流经几个城市，那么围绕河流的经济特征就大同小异。因为湖泊形成的多样性，湖滨经济对于一个地区的特色经济更为不同。相对于其他非水系地貌来说，湖滨经济的水地结合更有多样性的变化，比如世界各地一些星级酒店的水底旅馆，水底餐厅，水上城市等。

从社会属性上看，相对于江河，湖泊很多不仅仅是自然形成的，还有许多是人工开凿的。比如一些水库，人工湖，大型水上乐园等；从开发利用上比江河更具有价值，比如一个开发商承包某某湖整体打造一个农家乐，水上乐园等。但没有听说一个开发商承包一条河，只有在某流域借势为之。这就意味着湖滨经济人为主导更甚。湖滨等水系相对于其他区域经济体系来讲，有一定的自然环境支撑，现在对于土木好开发的地形已经开发过度，并且现在在城市环境较于湖滨环境等来说就是地狱与天堂的区别。因为，人类生存的三大要素：水、空气和食物还有安全吗？特别是水。

二、四川湖滨经济发展现状分析

(一)四川湖滨资源概况

江河是地球表面较大的天然水流的通称,具有航行、安全、自然、引用、旅游、农业、冷却水、矿物的作用。湖滨是以水为载体,联系自然、经济、社会和生态的一个复杂系统。湖滨资源具有涵养水源,保持生物多样性、防洪、灌溉、供水、发电和养鱼等功能(梁菁等,2009)。湖滨在人类发展史中也扮演重要的角色,很多古代的城市都是依河而建。就目前而言,江河湖泊不仅发挥着传统的功能,还有新增的功能。

1. 主要江河

四川河流众多,主要分为黄河水系和长江水系。其中,黄河水系流域面积占全省土地面积的 3%,长江水系流域面积占全省土地面积的 97%(详见图 2-4)。从流域面积来看,四川省境内有 2816 条河流流域面积在 50km² 以上(含 50km²),其中,有 1229 条河流流域面积在 100km² 以上,345 条河流流域面积在 500km² 以上,2 条河流流域面积在 1000km² 以上。

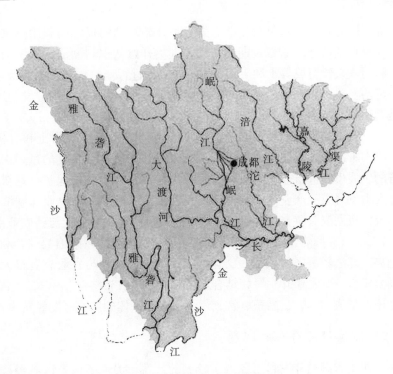

图 2-4　四川省水系分布状况

2. 主要湖泊及水库

四川的天然湖泊有近千个,主要分布在西部高原山地地区。较大的湖泊有邛海、马湖等，其中邛海是四川省最大的湖泊。此外，四川省还拥有近万座人造湖泊、水库，且不少人造湖泊、水库已开发为旅游点，如黑龙潭、邛海、升钟水库等，都已成为休闲娱乐为一体的主题景观，具体情况详见表2-9。

表 2-9　四川省主要湖库状况

湖库	地区	水面面积/km²	蓄水量/亿 m³	主要用途
二滩水库	攀枝花市	101	58	发电
邛海	凉山州西昌市	31	—	旅游、生态保护，饮用水源
升钟水库	南充市南部县	56	13.9	灌溉、旅游
大洪湖	广安市邻水县	30	—	辅助水电站、旅游
黑龙潭	眉山市仁寿县	23	3.6	灌溉、旅游
老鹰水库	资阳市雁江区	—	1.38	饮用水源
三岔湖	简阳市三岔镇	27	2.27	灌溉、旅游
紫坪铺水库	成都市都江堰	—	11.12	发电、灌溉、供水
鲁班水库	绵阳市三台县	—	2.78	灌溉、旅游

资料来源：由原始资料整理得出。

(二)四川湖滨经济发展现状

湖滨资源利用的方式从简单到复杂。先祖最开始对湖泊资源的利用，只是简单地捕采湖中的鱼虾及水生植物。随着长期的劳动，人类开始认识到湖泊水资源的重要性，逐步进行开发利用，兴建芍坡等水利工程，对湖泊滩地进行垦殖，对盐湖资源进行开采等。随着社会经济的发展，人类大规模围湖垦殖，对湖泊进行了各方面的开发利用。

四川是湖泊相对较多的省份，对湖泊开发研究尚处于初级阶段，即属于粗放开发形式，目前正处于转型初期。当前高强度的围湖垦殖，导致了表层水土和有机质的流失，粮食作物的收入难以弥补生态损失。因此，在对湖滨经济转型开发的过程中，要对原有的湖滨经济的发展模式进行改革和完善，加大对湖滨周边生态的保护，退耕还绿、还湿地、还林，大力发展第三产业，转变传统的发展模式和观念。把农业与湖滨经济区的风俗习惯相结合，将湖滨旅游与当地农业一起开发利用，让旅游者参与到农业活动中来(周玲强和林巧，2003)。目前，湖泊的旅游观光功能被广泛应用，湖泊的综合利用已经成为一种发展趋势。湖滨经济区的风俗、文化、习惯的形成往往与农业有着很大的关系。因此，将"湖滨旅游——农业开发"相结合，发展特色"农旅结合"模式，结合田园风光，发展农家休闲，形成"垂钓、品茶、赏景、食宿"为一体的"农家"经营模式。

(三)四川湖滨经济存在的问题

近年来，四川省湖泊开发利用取得了较大的效益，促进了该省区域经济的发展。但是由于过分强调经济效益，规划不合理，忽略了生态环境的保护，工农业生产和人民群众的日常活动日益成为四川湖泊污染的重要来源。

1. 湖滨资源开发利用处于无序状态

湖滨资源在管理上存在着过度开发与闲置并存的状况。部分湖滨资源由于过度开发导致环境恶化。如人类不正当的活动加速了湖泊的演化和消亡过程，导致湖泊总量的不断减少。根据四川省 2014 年的水体状况调查得知（详见表 2-10），水系方面，四川省长江干流、金沙江、岷江、沱江、嘉陵江五大水系总体水质为轻度污染，干流水质达标率为59.6％，支流水质达标率为 67.4％。此外，2014 年四川省 25 个大于 100hm² 的湿地总面积，比 2000 年减少了 617.79hm²，湿地年萎缩率为 0.55％，68％的湿地都呈萎缩退化状态。人们对湖滨地区盲目且不科学地开发以及生产生活，直接或间接地影响着湖滨的生态环境。同时，部分湖滨资源由于地理位置、交通、资金等原因被闲置，或者重复建设现象普遍，浪费了湖滨资源。

表 2-10　2014 年四川省主要水系污染状况

水系		水质状况	水质总体达标率	主要污染物
长江干流		优		—
金沙江水系		优		—
嘉陵江干流		优	干流达标率 59.6％；支流达标率 67.4％	—
岷江水系	干流	轻度污染		总磷、氨氮、化学需氧量
	支流	中度污染		
沱江水系	干流	轻度污染		总磷、氨氮
	支流	中度污染		

资料来源：2014 年四川省环境状况公报

2. 发展模式单一，产业配置不合理

现阶段，我国对于湖滨的开发尚处于初级阶段，思想观念落后且发展模式缺乏创新。人们只片面强调自然资源，自身的历史和文化不突出，品牌不鲜明。所以湖滨区域开发模式比较单一，单纯以旅游为主，而不注重旅游相关产业的开发，如观光农业、养老宜居、湖滨农业产业带等。如四川的九寨沟、海螺沟、泸沽湖等都是以自然风光为前提，打造观光旅游。而大型水库型湖滨资源，如黑龙潭、三岔湖等多数以休闲、钓鱼为主。在思想观念落后的情况下，人们在开发利用过程中大多只顾及眼前利益而忽视长远利益。因此，湖滨周围的产业比较混乱，没有规划。产业配置不合理，不利于湖滨资源的综合开发，形成产业集聚效应。

3. 空间规划混乱，区域发展失衡

湖滨旅游开发初期没有统一规划，存在把不同功能性区域糅杂在一起，空间规划混乱的情况。许多人盲目修建宾馆、招待所等，在修建前没有进行反复的论证，合理的布局。旅游配套产品少，不能满足游客的需要。同时受到资源约束，区域发展极不平衡。生产力发展水平基本处于未开发状态，更没有形成一定规模、能够辐射和带动周边地区的旅游景区。

4. 缺乏政策支持，协调管理机制弱

政府没有相关的政策文件对湖滨经济进行界定扶持，管理制度也不完善，不能对湖滨旅游业的开发方案等进行严格审核；同时湖滨地区旅游业的开发利用得不到保障，缺乏相关的质量标准、从业资格认证等制度法规的指导和规范的作用，导致生态环境得不到有效的保护。一个地区的经济发展，最重要的就是政府政策、资金的支持，湖滨地区经济发展同样如此。当前四川湖滨经济开发没有形成统一管理，水利、林业、农业、环保、国土、旅游等部门各自为政；每个部门负责一部分，没有形成合力开发湖滨资源，发展湖滨经济，这不利于湖滨经济的可持续发展。

三、国内外湖滨经济发展案例分析

中国江河湖泊虽然较多，但是在江河湖泊发展中，我国却处于一种相对初级的阶段。在产业转型升级的过程中，我国湖滨经济的转型升级也是一种必然趋势。通过对国内外湖滨经济发展情况的总结和对比分析，可以发现自身的不足，也可以找到差距，然后借鉴可行的经验促进四川湖滨经济的发展。本节将从国外、省外和省内三个大的方向，比较分析湖滨经济发展的成功经验，最终希望能为四川湖滨经济的发展提供借鉴和具有可操作性的启示。

（一）国外典型案例分析

国外对于湖滨经济的研究开始得较早。国外大多采用旅游开发形式，集中表现为以休闲度假为雏形，逐步形成各具特色的发展模式，实现了湖滨经济发展方式的多元化、全面化、集中化。

1. 挪威峡湾

挪威峡湾是由哈当厄尔峡湾、吕瑟峡湾、盖朗厄尔峡湾、松恩峡湾组成。其中，哈当厄尔峡湾地势最为平缓，其山坡两岸主要种植果树，同时该峡湾结合沿线的瀑布、公园、冰河等景观建立了乌托内和洛夫特胡斯的乌伦斯旺地区峡湾旅游休闲区。挪威峡湾就是通过它奇特的地理特征，利用自然风光，打造旅游项目，形成了世界著名的旅游景点，带动了国家和地区的经济发展。

2. 多伦多中央滨水区

湖滨经济发展是一个城市重要的发展途径。加拿大利用多伦多的中央滨水区，创造了一个相对稳定的居住区，建设了发达的公共交通系统。它利用了自然和人工，创建了一个公共生活空间；利用城市以前拥有的工业设施来作为一种新的城市符号，具有城市自己的特色（张惠良和胡玎，2003）。结合滨水区的自然属性，把住、行、娱乐功能融合在一起（赵云龙等，2013）；有利于吸引游客，让滨水地区更有生活气息。这给四川省的湖滨经济发展提供了一个借鉴，对于滨水型模式应该进行综合开发，强调功能配置的复合性，囊括商务、居住、商业、旅游和文化特色。

3. 日内瓦湖

日内瓦湖是欧洲阿尔卑斯山区最大的湖泊，外形酷似新月，湖水最深处为 310m；该地区气候温和，温差小，拥有山峰、冰河、岩架等优势资源，经过一系列的开发利用，逐步形成了极具特色的地方休闲旅游模式，即：综合开发模式，以休闲度假、运动探险为主。该模式集观光、休闲、度假、疗养、运动等功能为一体，能满足不同年龄阶段游客的需求。

(二)我国其他省份典型案例分析

很久前，湖滨旅游开发已经初步形成，开发模式也从简单的观光旅游发展到度假旅游，但并没有衍生出详细的湖滨经济理论。国内对于湖滨经济的发展，明显重视不足。转型升级是我国经济发展的必然趋势，而发展湖滨经济便是重要渠道。湖滨经济应该从旅游、休闲、康老、农业产业等多个方向发展。

1. 千岛湖

千岛湖位于浙江省淳安县，属人工湖，湖区总面积 982km²，湖面面积 573km²。千岛湖共有 1078 个岛屿，因此命名为千岛湖。千岛湖发展的乡村体验民俗活动，备受游客喜爱，实现旅游收入 837.9 万元。千岛湖是以保护自身资源为出发点而开发的旅游模式和资源保护发展模式，因此形成了独特的品牌文化；其充分发挥自身资源优势，开发如节事活动等多种类型的旅游项目。这种模式不仅保护了自身的生态环境，而且促进了区域经济和当地文化的发展。千岛湖的发展模式给我们的借鉴在于它对于品牌文化的塑造和文化活动的宣传。我们在发展湖滨经济的时候一定要注重与经济、生态和文化的结合。

2. 鄱阳湖

鄱阳湖位于江西省，是我国最大的淡水湖泊，也是国际六大重要湿地之一。鄱阳湖湖滨地区居民从以捕鱼、猎鸟维生转变为向游客提供餐饮、住宿、旅游商品、仪器租借、解说等旅游服务，以此带来了较为稳定的经济收益。鄱阳湖的旅游人数从 2009 年到 2013 年的接待游客量逐年翻番，从 10 万人次上升到 201.8 万人次。截至 2014 年，鄱阳湖已有宾馆 165 家，其中星际饭店和旅游饭店 23 家；农家乐 280 余家，其中四星级农家乐 1 家、三星级农家乐 2 家；旅行社 13 家；旅游商品生产和销售公司 50 余家。鄱阳湖经济发展形成了一定产业格局，具有规模经济的特征。当鄱阳湖的发展是与政府的支持密切相关的，这样也有利于经济的长期发展。在鄱阳湖经济发展模式中，它对周边房地产和危房改造作用值得我们去学习和利用，这样有利于缓解城市用地。

3. 北海银滩

北海银滩位于广西北海市，宽度为 30～3000m，陆地面积 12km²，其总面积约 3812km²。独具特色的广西北海银滩在发展过程中因地制宜，打造为集娱乐、休闲、教育、文化为一体的综合滨水旅游模式，为建设成为国际一流标准的旅游经济带奠定了坚实基础。北海银滩的成功之处在于政府的规划。在发展过程中，银滩区政府不断根据新的要求改变规划方案，统一开发建设，形成了规模化发展。这样既美化了环境，又节约了成本，同时形成了联动机制促进了区域经济的进一步发展。

4. 泸沽湖

泸沽湖位于四川省凉山州与云南丽江市交界处，泸沽湖面积五十多平方千米，海拔2690m，平均水深45m，最深处达93m，透明度高达11m，最大能见度为12m（赵云龙等，2013）。2005年到2013年，泸沽湖景区游客规模从47.8万人次上升到216.8万人次。随着交通的改善，游客数量还在持续上升。2014年1月31日至2月6日期间，泸沽湖景区共接待游客15.3万人次，旅游综合收入1.32亿元，与2013年同期相比，游客人数增长了11.8%，综合收入增长了13.2%。2015年春节期间，泸沽湖景区共接待游客82 664人次，自驾游车辆达15 864辆。泸沽湖拥有一级水体，湖水清澈透明。湖心岛和周围的山色优美，吸引了大量的游客。泸沽湖地区还拥有丰富的文化资源——摩梭文化。摩梭文化是泸沽湖旅游开发所依赖的最重要的资源。这种发展模式利用文化资源为依托，让游客参与和体验摩梭族的文化氛围，感受走婚等多种形式的活动。

（三）四川省内典型案例分析

1. 鲁班水库

鲁班水库，是四川省第三大水库，位于绵阳市三台县鲁班镇。20世纪70年代初修建，拥有2.78亿 m³ 湖水，一共有6沟、12弯、89座山头，是涪江一条支流，绿豆河的发源地。鲁班水库的鱼类资源十分丰富，对垂钓爱好者来说是一个好去处。鲁班水库风景十分美丽，秀丽的湖光山色吸引了大量的游客。鲁班水库主要是结合水库优势，以垂钓为手段进行旅游开发。这是一种休闲的旅游方式，可以缓解大城市病。它为居住在城市的人提供了一种休闲娱乐的方式，同时也增加了水库周围居民的收入。

2. 三岔湖

三岔湖地处简阳市，是四川最大的人工湖之一，水域面积27km²，蓄水量2亿多立方米，共有113个岛屿。三岔湖在不断的发展过程中，逐步成为集会议、度假、休闲、旅游、居住为一体的国家级度假区。2013年，简阳市全年旅游收入48.01亿元，同比增长26.98%；接待游客659.07万人次，同比增长36.69%。三岔湖风景区不仅是简阳市重要的旅游收入来源之一，还带动了当地区域经济的发展。三岔湖的发展创新了湖滨经济的发展模式，集商务与旅游相结合，提高了发展层次。

3. 升钟湖

升钟湖地处四川省南部县，在阆中、南部、剑阁三县的交界处，水域面积约为56km²，蓄水量约13.4亿 km³，湖面最宽处为3800m，湖水最深约处为170m。旅游业是南部县的重要产业，发展旅游业是提升南部县经济发展质量，改善南部县产业结构的重要抓手（陈刚和白廷斌，2012）。升钟湖旅游景区开发以来，"中国钓鱼城"和"中国桂花城"便成为南部县吸引各方游客的名片。每年接待的游客数量和旅游收入都在不断上升。

四川正处于经济转型发展的重要时刻，升钟湖的发展提升了南部县的旅游竞争力。升钟湖是典型的通过旅游发展带动农民脱贫致富的典型案例，实现了旅游开发的多层次发展。

4. 眉山市黑龙滩

黑龙滩水利风景区位于四川省眉山市仁寿县，被誉为"川西第一海"的省级旅游景区，蓄水量 3.6 亿 m^3。黑龙滩水利风景区水域宽阔，山形奇特，岛屿错落有致，形成了千岛一湖的壮丽景观。水库型水利风景区一般距离城市较近，有防洪、灌溉、供水、发电、养殖、旅游等功能。在 2014 年国庆期间，黑龙滩水利风景区接待游客量 14.38 万人次；目前年接待游客量已经突破 100 万人次，其中境外游客约 3 万人次，旅游收入达到 6.5 亿元。黑龙潭周边还有特色饭店、农家乐共 50 余家，可以品尝黑龙滩全鱼席等特色菜肴。在旅游观光发展的大背景下，这种模式为城市居民缓解城市病，提供了一个周末游、休闲游的场所。

四、四川湖滨经济发展模式

(一)发展思路

以科学发展观、全面建成小康社会、实施"一带一路"等重要战略思想为指导，依托湖滨水域风光，突出当地旅游资源优势，实现区域经济增长方式由传统农业为主向"特色农业—旅游"相结合的发展模式转变。因地制宜，统筹规划，集约管理，将原有粗放型农家乐转型升级，不断梳理功能发展定位，整合湖滨流域自然资源，促使四川基础设施更加完善、社会经济更加繁荣、生态文明更加彰显，将湖滨经济与农业经济、生态经济、养老(康老)经济、休闲农业经济和城乡经济相结合，实现特色产业在旅游业的撬动下，促进滨湖区域"经济、社会、生态"的全面协调可持续发展。

(二)发展模式

1. 湖滨旅游模式

休闲式观光游。在不宜进行大规模开发或人为开发难度较大的湖滨区域，由于生态脆弱和敏感等原因，所以不能设计大量使用水体的旅游项目；但是可以结合其良好的生态环境和较高的观赏价值，可发展休闲观光旅游。湖滨休闲观光旅游是为了满足现代都市人群追求个性、情感、休闲以及美的生活需求，以农事体验、垂钓竞技、品尝水鲜为附属产品，开展具有观光、体验功能的旅游项目，重点强调参与的趣味性和科学性，使游客获得亲水、亲自然的满足感；此外，要以乡村自然景观为依托，配合农家乐、民俗文化展示厅进行科普教育式开发，充分挖掘当地资源禀赋，打造临水乡村主题游、文化特色乡村游、民族风情浪漫乡村游等特色产品，打造以农业休闲、特色餐饮为经济增长点，集观光、休闲、拓展训练为一体的乡村旅游，促使湖滨旅游业的发展与观光农业相互渗透。坐落在四川南部县西北部的升钟湖就是以特色垂钓和乡村旅游发展闻名，当地淳朴的民风民俗和优越的垂钓休闲环境吸引了大量外地游客，既带动当地旅游的发展，又实现了当地经济的持续增长，使其成为川东北旅游线上的"休闲观光胜地"。广元市的白龙湖、攀枝花的二滩水库以及位于川西高原和云贵高原的高山湖泊新路海等因具有良好的自然生态环境和较高的观赏价值，均可直接利用江河湖泊自然水体，发展以观光、娱乐、休闲为导向的旅游经济。

教育式生态游。生态文化旅游发展模式主要是从生态的角度出发，充分挖掘当地特色文化，将地域文化标签嵌入到生态旅游项目中，实现经济发展与民族文化良性互动、文化生态与自然生态的相互融合，以旅游生态经济促进流域经济的转型升级。因具有独特和不可替代的文化资源，对当地旅游产品的开发和挖掘就应站在文化的层面，从生态可持续的角度出发，寻找生态——文化——经济三方协调发展的利益支撑点。教育式生态游能为环境保护和文化推广提供支撑，它既能优化流域内传统农业的生产结构，培育和发展生态农业，达到保护水土资源的目的；又能满足现代旅游者多元化的价值需求，为流域生态环境建设提供资金和技术支持，实现生态文化旅游的可持续发展。四川泸沽湖的母系氏族文化，"走婚"风俗非常具有特色，在国内外都掀起了民族文化旅游的热潮，这种以水为主题的生态文化旅游发展模式最为重要的是具有厚重的历史积淀和人文特色，川江河段上大禹治水的神话故事以及都江堰的水利工程都具有丰富的历史文化。

体验式度假游。随着旅游度假市场的兴起，体验式度假游主要以开发长线休闲度假旅游产品为主，江河湖泊型旅游度假在长三角地区尤为盛行。宁波东钱湖旅游度假区就以湖泊休闲论坛、东钱湖龙舟赛、东钱湖美食擂台赛等活动为载体，承载着游客游览观光、休闲度假、风情餐饮、水上运动、会议考察等功能，让游客在秀美的湖光风景中，体验湖滨生活的独特魅力。在四川以简阳三岔湖为代表的旅游度假区的兴起，以及西昌邛海、大英死海等旅游度假区，均融合了商业、旅游、地产的开发模式，兼观光与休闲度假的功能优势。在适宜的天然湖泊、人工湖泊、人工水库等周边开发，对于开发商而言，不再是简单地"盖楼＋卖楼"模式，它既满足当地人们的基本居住，还满足游客的观光、休闲、娱乐、度假需求；通过打造符合不同层级需求的居住环境，比如酒店式公寓、宜居生态地产、创意地产，既集聚了人气和资源，又改善了当地人居环境，并且带动了湖滨流域产业的发展。

2. 湖滨康疗模式

湖滨康疗模式主要是依托自然的森林植被、独特的水资源、清新的空气和完善的养老配套设施，从疗养者的衣、食、住、行、娱乐、社交等物质和精神层面需求入手，结合先进的设备配套和专业的运营管理，开发以康复治疗和疗养健身为目的的特色水疗、理疗康复、健康管理、体检鉴定、预防保健、美容美体等多种形式的健康服务产业；同时还承载着部分有着养老和健康需求的旅游消费者的度假功能，它是基于养生、养老、康疗、旅居这四大市场需求，以度假疗养为主，娱乐、观光为辅，达到水-人-健康高度融合的一种发展模式。

位于日本箱根的芦湖温泉以及黑龙江讷谟尔的药泉因具有很高的疗养价值，成了度假旅游和休闲疗养的胜地。在国内，随着人口老龄化的不断加剧，以海南岛为代表的康复疗养基地及养生养老地产备受欢迎。四川峨眉山的氡温泉、自贡的盐温泉等因具有对疾病康复、强身健体的特殊功效，就可以在其周边开发养老旅游社区、养老康疗基地或是打造高品质的康体养生项目，通过灌输一种特色康疗的健康养老理念，加之有着自然资源、养生配套硬件和康体运动设施的独特优势，能吸引大量异地游客的涌入，这一方面可以使得当地养老产业链规模逐步扩大，从而丰富养老产品、提高产品服务的质量、规范养老设施；另一方面也能盘活当地特色资源，开发养生度假产品，增加政府收入、拉动当地人口就业。

3. 湖滨农业模式

湖滨水域通常都是渔业和水生种植业发展的重要场所，但一直以来传统的农业发展方式经济效益低，农业面源污染严重，使湖滨水域生态系统遭到不同程度的破坏。为促进湖滨地区农业与自然和谐发展，应调整湖滨地区的农业产业结构，引导农户从传统农业的发展方式中脱离出来，根据不同的地貌和土壤条件，设立湖滨流域农业综合开发区，因地制宜发展特色农业产业。可借鉴美国、英国的湿地公园和日本农业公园建设经验，探索复合农业、立体综合农业的发展路径，依托湖滨水域优势带动生态农业、旅游农业的发展。

四川雷波县的高原湖泊马湖就以种植春茶和莼菜闻名，其春茶有"马湖清泉水，黄琅雨前茶"之称，而莼菜是我国特产的一种珍贵水生蔬菜，全国仅杭州西湖和雷波马湖出产，而马湖莼菜的生态环境大大优于西湖莼菜，常年供不应求。此外，简阳市龙泉湖的桃树、蒲江县石象湖的花卉、合川区双龙湖的竹叶菜等兼有观赏和经济价值应大力发展。在水域发达，交通可进入性好的环湖农业带，可加大农业投入，通过采用现代科学技术，综合利用立体空间，分别扩种蔬菜、瓜类、牧草、绿肥以及水生经济作物，部分低洼农田可改为特色水产品养殖，旱地可用作果园或花卉种植，重点发展特色农庄、特色渔业、水上种植等都市现代农业，建立农林牧渔业综合利用的现代生态农业模式，推动生态环境保护与湿地农业协同发展。

五、四川湖滨经济发展的对策建议

1. 加强水土资源保护，构建生态安全屏障

湖滨流域生态环境极为脆弱，提高资源的适应性管理，实现资源与经济同步优化，是对环境有较高依存度的湖滨区域经济必须坚持的经济发展方式。首先，应突出加强水源保护的重要性，要以预防为主，坚决治理会产生较大污染的各类旅游设施，加大生态环境保护以及水体污染管理的工作力度。其次，完善湖滨生态带的建设，改善周边居住环境，大力推广使用清洁能源，不断提升农民生活质量，提高农村文明程度，加强水土资源保护以及生态环境修复工作，注重湖滨流域生态屏障建设，有利于实现水土资源的可持续利用。

2. 优化流域产业结构布局，提高资源与经济协调度

湖滨资源的复合性决定了产业优化升级是提高资源与经济协调水平的核心。根据区域资源的分布情况，优化农业产业、构建园区新型循环生态工业以及生态旅游服务业，

以"三位一体"产业优化布局带动城镇化建设。首先，应合理调整农业生产结构，转变传统农业生产方式，逐步减少湖滨周边及其相关流域的粮食生产，注重挖掘生态农业发展、可持续农业发展模式，大力发展林、渔业和休闲观光农业。其次，围绕生态、绿色主题，把极具地区文化特色的旅游产品的开发作为第三产业发展的优势产品，实现一、二、三产业联动发展。再者，制定符合实际的湖滨发展规划。从宏观层面布局湖滨产业的发展：在成都周边地区发展湖经济滨综合体；在川西高原等自然环境优美的地区发展湖滨观光旅游业和湖滨特色生态农业；在自贡、都江堰等具有特殊自然资源的地区开发湖滨康疗养生产业等。最后，适度转移城市产业，通过税制或地方优惠政策引入无污染企业进入"湖滨区域"，使湖滨区域从旅游城市向新型绿色高新城市发展。

3. 完善配套保障措施，打造现代湖滨产业链

要提高湖滨区域、滨水资源的适应性管理，实现资源与经济同步优化。通过对土地用途、价格等加以扶持，交通、电力、网络、医疗、教育等基础建设加以投入，控制城市高成本投入，投入湖滨地区以提高国民资金利用效率。甚至可通过增收限制性城市污染税、拥堵税，反向引导一些不必要在城市中建设的高科技产业转移到自然条件好的湖滨地区，带动湖滨产业链的发展，打造相互关联的卫星城。配套重点是保障制度的关联性、科学性，以此达到对国家增收、促进社会发展、提高人均日常生活面积和接近区域性贫富差距的目的。

4. 加大政策扶持，完善湖滨发展保障体系

从可持续发展的角度出发，针对湖滨发展落后区的薄弱环节，制定完善的政策法规，并加大支持和引导力度。首先，完善财政、税收、金融制度。加大对湖滨区域基础设施的投入，多渠道筹集资金，创新社会资本参与政府投资规划机制，出台信贷、税收等优惠政策，理顺投资渠道，形成多元化投资机制，解决湖滨地区基础设施建设不配套、要素资源短缺等基本问题。其次，完善产业支持政策。对湖滨相关产业、特色禀赋经济的产业实行促进性政策，针对非禀赋型投入要提高税收，宏观调控资金、人力等要素的流动。再者，建立人才引入机制。湖滨经济现阶段并未形成较为规范的概念，缺乏相关的专业性人才，人才流动性差，信息交流不对称，人才软实力不够，要建立和完善管理性、技术性等人才引入机制，并合理引导农民有序进入第三产业来转移农业中的富余劳动力，扶持城镇周边下岗职工进入湖滨产业就业，在从业人员再就业培训、资金贷款、经营条件的限制上提供较为宽松的政策环境。

专题七　四川高原特色农业发展研究

　　"十三五"时期是四川省全面建成小康社会的决胜阶段。四川高原地区占全省辖区面积的 60% 以上，是少数民族集聚区，也是全省经济发展的洼地、集中连片特殊困难地区。因此，四川省实现全面小康社会的重点难点都在高原地区。四川发展高原特色农业便是高原地区发展农村经济、促进农牧民脱贫致富的主要路径。在当前中央提出加快转变农业发展方式、着力推进农村改革步伐的大背景下，四川高原特色农业产业发展面临新的形势。如何科学把握四川省高原特色农业发展新趋向，深刻认识高原特色农业发展面临的挑战和问题，合理开发利用高原地区的发展优势，探索四川高原特色农业发展的战略思路和建设重点，构建全方位支持高原特色农业发展的政策支持体系，就成了一个关键而紧迫的课题。

一、高原特色农业的科学内涵

(一)高原特色农业的内涵

1. 特色农业概念

　　特色农业是指按照消费市场的客观要求，运用特色工艺和高新技术，将区域内独特的农业资源在政府主导下进行大规模合理开发，进而将名优产品转化升级为区域特色产品。特色农产品具有相对收益高、市场竞争力强、替代性弱、可复制性低的基本特征，并且拥有持续性的潜在优势。随着特色农业的发展，资源和区位优势得以转化为产业和经济优势，并在此基础上进一步将比较优势升级为竞争优势。当特色农业发展到具备上述优势时，就可被称为优势特色产业，具有生产规模化、产业高效化、竞争优势强的特征，以及具备通过聚集效应和联动效应促进产业内和产业间协调发展的特性(余丽霞和张志英，2010)。

2. 高原特色农业内涵

　　在高原地区，高原特色农业多指未在其他地区普遍开展并具有本地独特优势的农业产业，一般包括：品质上有绝对优势的品种、有消费需求却尚未被大面积开发推广的稀缺品种、依托于先进科学技术的高收益品种、本地资源丰富又有市场前景的品种以及虽不是稀缺品种，但却有规模优势、销售网络优势的农产品。对此，邹冬生指出高原特色农业是以市场为导向，以效益为中心，借助科技创新和资源优化，在推动主导产业和品牌建设过程中实现高效持续发展的新型农业运作模式(邹冬生,2001)。韦文珊在此基础上进一步提出高原特色农业必须是一项兼备区域优势和产品优势,并通过一定的规模化、产业化发展,以实现将高原特色优势有效转化为经济效益的社会生产活动(韦文珊,2003)。杨晶照等则更关注于高原特色农业的"特",指出高原特色农业应立足于本地自然资源和农业资源优势之上,围绕"特"字来建设支柱产业、生产主打产品,由此达到特色区域性的农业产业化目标(谭鑫,2012)。秦光荣认为发展高原特色农业就是要充分利用当地在自然环境、物种资源和开放政策等方面的优势,通过科学技术和现代生产经营组织方式,生产具有地方特色的农产品(张天柱等,2010)。

因此,我们可以概括出高原特色农业必须具有三个特点,即区位特点、优势特点、市场特点,三者缺一不可。也就是说,高原特色农业必须是建立在当地独特的自然、经济、社会等资源基础上,依据特定消费市场需求,产出具有鲜明区域特色和高附加值、有持续优势产品的农业产业。

(二)四川高原特色农业的科学内涵

1. 四川高原地区的范畴

(1)区域范围及地形地貌。四川高原地区多指川西高原,该区由川西高山高原及川西南山地组成,地域辽阔,面积占四川省总面积的一半以上,包含四川省西北部的甘孜藏族自治州、阿坝藏族羌族自治州、西南部的凉山彝族自治州和攀枝花市。区域内地势西高东低,高低悬殊大,地形复杂多样;北部高原辽阔、地形平坦;南部河谷幽深、高山与大河并列、地形陡变;极高山山峰林立;冰川地貌与冰缘地貌广布。

(2)气候自然条件。四川高原以寒温带气候为主,海拔高差大,气候立体变化显著,昼夜温差大,冬干夏雨,北部高原常冬无夏,南部河谷全年无冬,是四川的一个特殊气候生态区。区内天气晴朗,光照充足,属全国光能丰富区之列(郭洁等,2008)。典型的气候特征和充足的光能资源在一定程度上弥补了四季不分明、热量不充足的缺陷,因而发展林牧业上限均高于省内其他地区。如四川高原南部明显的立体气候造就了丰富的物种资源,中药材、高山蔬果等产业都极具地方特色。而北部草场广阔、水草丰茂,是纯天然无污染畜牧业养殖的最佳环境,不仅是四川省的牧业基地,也是中国五大牧区之一。

(3)人文环境。四川高原地区分布着众多少数民族(详见表2-11),阿坝州是我国羌族的主要聚居区,甘孜州是川内第一大藏区,凉山州则是全国最大的彝族聚居区,攀枝花市共分布着42个民族。截至2013年年底,四川高原地区共有藏族人口128.6万人,彝族人口240.1万人,羌族人口20.5万人。在少数民族传统文化观念的影响下,四川高原地区仍然保留着较为原始落后的农业生产方式。

2. 四川高原特色农业的内涵界定

结合高原特色农业的内涵及四川高原地区的基本特征,我们把四川高原特色农业定义为:在四川高原地区气候资源丰富、自然环境优美、民族文化多元的基础优势上,挖掘具有地方特色、市场潜力大、竞争力强、附加值高的稀缺的产品,通过政府主导下的规模化产业化发展,将特色产品有效转化为生产效益、生活效益和生态效益的产业(刘玉来，2004）。

由此，把握四川高原特色农业的内涵重点应关注两个方面。一是在区域特色的基础上挖掘独特产品。这是指利用四川高原得天独厚的自然资源条件和多元的民族文化等，开发出具有四川高原优势的药材（玛卡等）、高山蔬果（会理石榴等）、烟草（攀西地区的烤烟）、畜产（牦牛）、旅游（文化观光游）等产品，并将四川高原的多种特色优势有机结合起来（例如：将自然旅游资源和少数民族文化、大熊猫文化相结合）（肖旭明，2010），从而将传统意义上的名优产品升级为定位鲜明的区域特色产品，打造四川高原的特色品牌。二是规模化市场化运作。四川高原地区大多保留着自给自足的原始生产方式，总体经济效益低。因此必须根据消费市场的需求，通过现代化的组织管理经营方式，广泛运用高新技术，培育当地的龙头企业，实现规模化高效化生产经营，进而推动当地农业向优势特色产业转化，以增强四川高原特色农业的竞争力，提高"三生"效益。

（三）推进四川高原特色农业产业发展的重要意义

一是加快发展四川高原经济的重要内容。从四川高原地区国民经济主要成分来看，农牧产业仍然占较高的比重。2013年"三州"（甘孜、阿坝、凉山）第一产业在地区国民生产总值中的占比分别为23.52%、14.97%、19.26%，与全国（10.01%）和全省（13.04%）的平均水平相比，"三州"地区第一产业仍占有重要的地位。从第一产业内部结构来看，土豆、中药材等特色种植业以及牦牛等特色畜牧业对农林牧渔业总产值的增长贡献大，如阿坝州和凉山州特色种养殖业占比达到了80%以上、攀枝花市特色果品产业占比达到50%，对促农增收、增加农村就业起到了积极的作用。因此，四川高原地区农业在整个地区国民经济中仍占据主导地位，对促进整个高原地区的经济增长有着重要的意义。

二是缩小高原地区与其他区域发展差距的重要路径。四川高原地区除攀枝花市以外，"三州"地区经济发展水平均落后于四川省其他地区。2013年，甘孜州、阿坝州、凉山州分别实现地区生产总值201.22亿元、233.99亿元、1214.40亿元，分别占全省国内生产总值的0.77%、0.89%、4.62%，与成都（34.69%）、绵阳（5.54%）、德阳（5.32%）等成都平原地区地区生产总值占全省国内生产总值比相比，"三州"地区的比值均低于上述地区。同年，甘孜州、阿坝州和凉山州农村居民人均纯收入分别为5435.1元、6793.1元、7359.1元。与全省农村居民人均纯收入7895.3元相比，均低于全省平均水平，并落后于四川平原和丘陵地区。同时，在全省88个贫困县中，阿坝州占13个、甘孜州占18个、凉山州占11个，共占全省的47.73%，"三州"地区经济发展水平落后。近年来，在农业发展新形势下，四川高原各地积极推进农业产业结构调整，着力发挥自身优势，突出地域特色，带动农民增收。高原特色农业发展正呈现良好态势，已成为缩小四川区域发展差距的重要抓手。

三是促进民族地区全面奔小康的重要举措。四川高原地区是四川少数民族集聚区，传统产业和基础产业是四川民族地区农牧民赖以生存发展的农牧业。据统计，民族地区部分地方农牧业助农增收的贡献率已经超过了70%，可见，农牧业在经济社会发展中具有举足轻重的地位和作用（李昌平，2015）。当前，四川省民族地区农牧民收入还处于全省最低水平，2013年甘孜州、阿坝州、凉山州农牧民人均收入均低于全省平均水平

（6844 元/人）。民族地区是扶贫攻坚的主战场，是全面建成小康社会的重点和难点（郎维伟和庄万禄，2005）。四川要全面建成小康社会需重点推进民族地区建设，而四川民族地区要建成小康社会离不开农业的发展（易巧君，2014）。高原特色农业是四川民族地区广大农牧民增收致富的支柱产业，应大力发展，这样既有利于改善农牧民生产生活条件，又有利于创造就业岗位，也是推进四川民族地区全面建成小康社会的重点建设内容。

二、四川高原特色农业发展的现状

1. 农业产业结构不断优化调整

改革开放三十年来，四川省特色高原农业产区逐步实现从传统的游牧农业转变为农林牧渔业和服务业全面发展的新局面，产业结构发生了显著的变化。2013 年，四川高原地区农林牧渔业总产值为 544.6 亿元，1996 年为 73.45 亿元。农业比重由 1996 年的 55.08% 下降到 49.95%，林业比重由 5.7% 下降到 4.36%，畜牧业比重由 38.71% 上升到 42.38%，渔业比重由 0.53% 上升到 1.55%。种植业和林业所占比重下降，畜牧业和渔业所占比例上升，由此可见四川高原地区农业产业结构得到优化，体现在当地退耕还林、还草，保护生态环境。四川高原地区要结合自身优势区位条件、市场需求和有比较优势的产业，除了大力发展自然资源旅游外，还应拓展农业多功能，积极发展具有地方高原生态特色和浓郁民族风情的休闲观光农业，部分适宜地区推进"农田变公园、农区变景区、农产品变旅游商品"。同时，充分挖掘农耕文化，开发本地特色旅游农产品，促进民族地区农业转型升级，让农户成为农旅结合的最大受益者。2014 年四川高原地区旅游收入达到 661.74 亿元，占 2014 年地区生产总值的 27.03%。

2. 农业优势产业的区域化布局初步形成

由于高原地区生态环境脆弱，四川高原地区十分重视农业资源高效合理利用，以市场为导向，加快推进四川高原地区有竞争优势的高原特色农产品区域布局规划，使之能够让高原马铃薯、中药材、荞麦、烟草、高山蔬果、畜牧业、观光旅游业七大主导产业向区域化布局、专业化生产、集约化经营方向发展。凉山州的高原马铃薯、荞麦、烟草、高山蔬果，甘孜、阿坝的中药材和特色畜牧业，在全国范围内都有比较优势。按农业优势产业形成的布局，实施由粗放型农业向集约型、专业化农业的转变，这样有助于实现农业经济发展方式转变，走可持续的发展路子，在促农增收的基础上，更能够保护高原地区的生态环境。

3. 农业产业经营化水平不断提高

在当地政府的不断努力下，四川高原地区通过不断发展农业产业化，各类市场主体快速成长，以龙头企业、农民合作组织、种养大户为主的新型农业经营和服务主体不断壮大，农业产业化水平不断提高。2014 年甘孜州培育专业合作社 495 家、现代家庭农（牧）场 86 户、省级龙头企业 3 家；凉山州培育农民专业合作社 23 家，农业产业化龙头企业 15 家，有机产品企业 3 家；阿坝州培育新型职业农民、农民专业合作社、农业产业化龙头企业等新型农业经营主体 2438 个，产业化、规模化的新型农业经营体系加快形成；攀枝花培育农民专业合作社 959 户，市家庭农场达到 225 户。为了进一步实现农业产业化发展，"三州"地区还大力开展农产品市场营销以及强化农产品品牌宣传。例如组织龙头企业参加西博会、农交会等农产品展示展销活动，加大农产品品牌的宣传力度；创新利益联结机制，坚持基地与市场和龙头企业对接，大力发展农民营销大户、营销经理人，壮大农产品营销队伍，推广农超、农企、农贸、农餐等对接模式，确保稳定增收。

4. 现代农牧业保障体系不断完善

经过多年的建设，四川高原地区的农业基础设施得到了很大的改善。2013 年，四川高原地区的机耕面积达到 37.32 万 hm^2，其中机播面积 5.66 万 hm^2，机收面积 10.41 万 hm^2；农村用电量达到 11.74 亿 $kW \cdot h$；化肥施用量达到 17.71t。同时，农业生态环境不断得到改善，养殖场排泄物治理得到有效推进，农药减量增效且多使用农家复合肥，使农牧业污染源得到有效控制。

三、四川高原特色农业发展的问题

1. 发展观念落后、生态意识淡薄

发展观念落后，缺乏特色农业发展理念是制约高原特色农业产业发展的首要因素。首先，缺乏推进高原特色农业发展的战略思维。四川少数民族集中分布在川西高原，民族数量比较多，长时间处于奴隶社会，平均受教育程度相对较低，对新的发展理念接受比较慢，不具备农业产业化发展的战略性和前瞻性发展理念。其次，对高原特色农业没有科学定位。目前高原特色农业产业化发展正处于发展初期，地方政府没有准确把握特色农业产业的发展阶段、存在的问题、建设的重点、未来发展的走势，造成了农业产业化发展中存在盲目模仿的现象，搞小而全的低水平重复建设，产品结构和布局趋同，特色不明显。在农业发展中重视农产品数量增长忽视农产品质量建设，对农产品品质、质量安全重视不够；重视对农业产业化生产中初级农产品供应，对农产品深度加工、农产品市场等的开发力度不够。

农业环境建设不够与农业产业化发展不足相互影响，造成农业生态循环性减弱。政府作为该项建设的中流砥柱，没有对农业发展中的环境问题给予足够的重视，也就导致了农户对此问题的疏忽。农民在种植过程中过量使用农药、化肥、地膜等有损生态的物质，造成生态环境的破坏和动植物物种的减少，例如个别地方急功近利，乱挖滥采药材，已造成生态破坏和资源破坏。部分农村干部认为农业生态环境投入大，见效周期长，因而人们对农业生态不重视，只考虑开发现存资源，很少考虑到农业资源的保护和利用，只重视经济利益和眼前利益，对于提倡和实施生态农业不重视(乔桂银，2009)。

2. 基础设施建设滞后

交通通达性是保障四川高原地区农业产业化建设最根本的要素。四川高原地区受地形障碍的影响，村落内部、村落与城镇、城镇与外部的交通建设受到很大的制约，这在很大程度上制约了农业生产资料的运入和农产品的运出，严重影响了农产品产、供、销环节的正常运转，增加了特色农产品加工企业的运营成本、削弱了其市场竞争力，严重阻碍了农业产业化进程。如四川部分高原地区农业生产自然条件优越，光热条件充足，农产品产量、质量均比较高，但是由于当地公路里程少，运输能力不足，农产品不能及时运出去，不利于产品后续环节的深入拓展，最终妨碍产供销一体化的实现。交通运输建设区域间布局不合理，部分地方有重复兴建、农业基础设施不能满足农业生产发展需要，甚至有些地方还在靠人力运输，严重阻碍农业产业化进程。

农业信息化建设滞后。一方面，受四川高原区域发展历史、地形地貌、基础建设等因素的影响，高原地区大多数县比较偏远，加上交通条件制约，信息化设施设备安装不足，各种信息难以及时被生产经营主体获得，从而影响他们的生产经营决策；另一方面，信息化人才短缺，又反过来影响当地的信息化进程，与农业产业相关联的涉农部门的政务管理、农产品市场流通体系建设、农产品质量安全监管等，都将受到影响。

3. 自然环境制约明显

生态环境比较脆弱，农业抵抗自然灾害能力不强。一方面四川高原地区以高原山地地形为主，具有山高、坡陡、谷深的典型地貌，地势起伏大，极易产生水土流失、滑坡等地质灾害，同时海拔到了一定高度气温比较低，局部地方甚至白雪堆积，形成了农业发展的天然障碍。另一方面地势起伏大，地质灾害频繁，同时也限制了农业机械化发展，农业生产效率比较低。如凉山州土地面积的 80% 是山区，最高海拔高达 5958m，最低海拔仅 305m，山地、高原占全州辖区面积的 90% 以上，其中 61.3% 的土地平均坡度大于 20°，很少一部分土地适宜农业生产，只有 5.2% 的土地坡度在 10° 以下，农业发展基础条件比较差。

季节性气候灾害多发，农业生产受气候影响大。一方面，四川高原地区特殊地理位置，加上特殊的地形地貌，经常发生白天放晴晚上大雨的天气，昼夜温差大，对农作物的生长不利，这在一定程度上增加了农业生产的自然风险，也说明了四川高原地区的农业生产受到气候条件的制约，农民很大程度上还是靠天吃饭；另一方面，四川高原地区不仅自然灾害频发，而且自然灾害的种类多且波及范围大，冬春交替时节出现低温、秋季出现干旱、夏季出现洪涝暴风、冬季时常有冰雹冰雪天气等。这些自然灾害给农业生产来了极大的威胁，使得农业生产的不稳定性增加。

4. 经济开放度不高，制约产业化步伐

四川高原地区开放程度不够。首先是受地理条件影响，缺乏对外交流的交通基础。川西高原地区以山地地形为主，交通建设受到严重限制，在一定程度上制约了经济的对外交流。其次是受传统历史文化的影响。川西高原地区少数民族聚居，进入社会主义的历史时期比较短，历史上漫长的奴隶制度使得他们的思想观念落后，对开放的新事物接受能力比较低，造成了经济建设和社会发展落后，导致了高素质人力资源、农业生产技术传播等方面的严重不足，从而制约了经济对外交流。最后是受经济条件制约。改革开放以来，四川东部地区大量引进外资和国外先进技术。大量的资金流入东部市场，相对而言在西部比较少，尤其是在川西高原区农业这一块就更少，进入少数民族地区的外资

总数不到在川外资总数的 5%，加之民族区域占全省利用总额比例小，地区分布不均，且主要集中在非农领域，对农业产业化建设带动力度不够。

四川高原地区在经济开放度不高的大环境下，农业产业化经营的步伐明显受到制约，主要表现在：第一造成市场机制缺乏灵活性。川西高原农产品市场存在市场机制有但不规范、法律法规有但不健全、农产品市场不规范等问题，农户对市场认识不足，还停留在简单的初级农产品加工阶段，农业生产缺乏依据市场导向进行调整的意识，盲目性和传统性明显。第二农业生产从初级产品到加工成品一体化建设有待提高。初级农产品主要以农户种植为主，种植规模比较小，初级农产品生产不稳定，制约了产供销一体化的产业链。第三品牌打造还很不够，品牌的影响力比较低，市场竞争力比较弱。第四农业产业化相关的市场制度、法律、法规还不够健全，各项土地、价格、财政、信贷、外贸等扶持政策制定得还不够具体。

四、四川高原特色农业发展的重点产业

农业主导产业是地区农业分工的体现。原则上主导产业包括三方面：一是生产资源密集度原则，就是以自然资源为基础，发展具有区域优势的产业，促进区域分工和产业结构专业化；二是市场潜力原则，针对市场需求量大和极具发展潜力的产品；三是关联带动原则，推动农业产业上中下游一体化，促进农业产业集群发展（张莲，2007）。依据上述原则，结合四川省高原农业发展比较优势、产业基础和产业结构演变趋势，应优先发展马铃薯产业、中药材产业、荞麦产业、烟草产业、高山蔬果产业、特色畜牧产业、观光旅游业等产业。

1. 马铃薯产业

四川高原马铃薯以凉山州为主要种植区域。凉山州是四川省最大的马铃薯生产基地，西南最大的脱毒种薯产值区域，鲜薯面积、产量居四川省第一（李佩华等，2012）。马铃薯种植主要集中在高二半山区、沟坝河谷地区。科技支持力度明显，依托政府、科研机构、高校自主育成并推广了一系列马铃薯产品，马铃薯生产加工初步形成规模，培育了一定数量围绕马铃薯生产种植的新型经营主体。目前，四川马铃薯产业发展主要面临规模化生产、市场化经营程度都不高，后续精加工能力有限，产品结构单一，销售市场狭窄等问题。因此，四川高原地区马铃薯产业的建设应注重以下几点：

一是着力保证种薯品质。完善与农林科研院所的合作机制，培育、引进具有产量高品质好的马铃薯新品种，保证原种生产，引进龙头企业建设原种、生产种基地。

二是着力提高种植规模化水平。推进土地经营权有序规范流转，培养新型经营主体，实行适度规模经营和相对集中连片开发，提高生产效益。

三是着重发展产业化经营体系。加快马铃薯专业批发市场的建设以及产地市场的培育工作，狠抓鲜薯分级、定量、包装出售，加快推进产、供、销等一系列环节的连锁经营。

四是着力开发特色产品。以市场为导向，依托先进生产技术，生产出更多满足消费者个性化需求的产品。

五是着力拓宽销售渠道。运用现代物流管理技术和网络技术，建立完善的交易信息管理系统，为凉山高原马铃薯走向全国乃至世界提供条件，奠定基础。

2. 中药材产业

四川高原中药材产业主要分布在阿坝藏族羌族自治州，阿坝州素有"天然药库"之称，其道地药材资源丰富，品种类型多。目前全州已建立了10余个中药材规范化种植基地，基地规模不断扩大，种植农户不断增加。2011年，全州藏药产业工业产值达到1.5亿元以上。目前，四川中药材产业发展主要面临缺乏统筹规划与监管，技术、资金、人才等缺乏，产业化程度低，规模小，附加值低，销售渠道不畅等问题。因此，四川高原地区的中药材产业建设应着重做好以下几点：

一是科学规划，积极引导，统筹发展。加强组织领导和协调服务，构建"政府引导、企业主体、科技支撑、农户参与"的有效机制。完善以企业为主的药材种植。坚持"企业主体"的原则，积极引进和培育壮大药业企业并因地制宜引进畅销的外地药材。

二是建设道地药材规模种植基地。立足阿坝州独特的自然资源优势，坚持以高原道地药材为主，突出重点和特色品种，积极开展人工种植驯化、示范和推广研究，培育大宗优势品种。

三是提高国内市场运行效率，大力开拓国外市场。加大引导中药材专业市场的发展力度，背靠西藏、川西高原，立足四川盆地，面向全国。利用现代网络技术，充分结合电子商务，突破地域限制。

3. 荞麦产业

四川高原苦荞麦以凉山彝族自治州为主要种植区域，此地区所种植的苦荞麦分布范围广，且主要产区比较集中。苦荞麦分为春苦荞麦和秋苦荞麦。苦荞麦的生产发展得到凉山州政府的高度重视，依托农林类院校及相关科研机构进行育种、推广，并取得了明显成效。目前，四川苦荞麦产业发展主要面临商品化程度较低，产业化水平不高，产品结构不合理，人才缺乏、交通不便、龙头企业带动能力不强等问题。因此，四川高原地区的苦荞麦产业建设应注重以下几点：

一是大力拓展市场。利用现代物流及网络技术，拓展网络营销渠道，实现苦荞麦销售线上、线下齐头并进，企业在外地市场上要加大投入进行开发，积极探索新形式的营销方法，力争打响凉山苦荞麦品牌，不拘于凉山甚至是四川，更要走向全国乃至世界（肖诗明，2006）。

二是大力开发苦荞麦食品。苦荞麦企业要提高产品深加工能力，在保持苦荞麦原有药用价值的基础上，开发、生产出更多的能满足消费者个性化需求的荞麦产品。

三是加强苦荞麦品牌建设。引导苦荞麦企业申报绿色、有机产品认证。

4. 烟草产业

四川高原区烟草种植主要集中在四川凉山州和攀枝花市，少部分集中在阿坝州。凉山州有烟叶生产县(市)14个，年产10万担烟叶以上的有9个，并且其产生的"清甜香"烟叶是国家地理标志保护产品。攀枝花市有着优越的发展烤烟的自然生态条件，其所产的烟叶在名优卷烟品牌中占有重要地位，全国有 6 个品牌卷烟工业在攀枝花市建立了原料生产基地。攀枝花市烤烟产业的特点是生产布局范围广，涉农人数多，生产能力强。目前，四川烟草产业主要面临规模生产设施较弱、全面管理水平不高、信息化管理不健全、优秀人才资源不足等问题。因此，四川高原地区的烟草产业建设应注重以下几点：

一是加强烤烟种植的基础建设。在总结本区域烤烟产业发展的优势和不足的基础上，借鉴其他地区烟草业发展的成功经验，在坚持因地制宜、综合开发的原则下，逐步建设形成符合攀西地区气候条件、地形地貌条件、市场建设条件的配套设施。

二是构建高原原生态特色烟叶生产组织管理体系。结合实际、因地制宜、适度规模发展，尊重农民意愿，发挥其主体地位作用。

三是构建高原原生态特色烟叶人力资源管理与培训体系，加快人才引进策略。积极引进烟叶产业的高水平管理人才和专业人才，完善教育培训体系，建立山地原生态特色烟叶队伍收入分配机制。

5. 高山蔬果产业

凉山州独特的自然条件是形成高山蔬果品种多样性的前提条件。凉山州利用独特的自然地理条件，加强蔬果产业建设，蔬果产业逐渐成了凉山州经济的支柱产业，也成为农民增收的重要来源。2000~2012 年，凉山州的水果种植面积不断增加，其产量提高了3 倍，产值增长了 10 倍，建立了多个水果种植优质基地。甘孜州、阿坝州在国家农业扶持政策的支持下，蔬果产业快速发展，已经具备了明显地域特色的产业优势，并逐步向名、优、稀、特、新方向发展。目前，四川高山蔬果产业主要面临规模效益不高，产业化程度低，科技含量不高，覆盖面窄，名牌不多，包装混乱等问题。因此，四川的高山蔬果业建设应注重以下几点：

一是培育蔬果产业新型经营体系，实现蔬果产业规模化建设。借鉴其他农产品专业合作社和股份合作社建设的经验和不足，建设四川高原地区蔬果产业多样化的农业生产合作社，并在技术、技能、经营方式、市场化运作等方面进行引导，实现蔬果产业的规模化经营。另外，通过蔬果产业合作社联合经营，实现蔬果产业集群规模，引导农户参与蔬果产业的生产、管理、销售等环节，提高农户的参与意识和能力。

二是发挥蔬果企业的模范带动效应。以提高四川高原地区蔬果产业经济效益为目标，以提升蔬果农产品品质为手段，以发挥蔬果企业模范带头效应为战略，重视其产业基地建设和产品深加工建设，加快其产业化进程，保证产业多环节增收增效。

三是培育蔬果产业市场品牌，拓展特色产业增值空间。创建蔬果农产品品牌，是特色农业发展不可逆转的趋势，通过整合已有的品牌资源，达到大品牌带动小品牌，小品牌促进大品牌的互促共进局面，坚定不移地把四川高原地区地理标志性蔬果品牌做大、做强，使之成为引领全川生态特色产业发展的一面旗帜。

6. 特色畜牧产业

作为独特地理气候孕育出的稀缺物种，牦牛是建设四川高原特色优势畜牧业的重点品种。四川省的牦牛主要分布于甘孜、阿坝两个自治州的 10 个纯牧业县，"三州"的半农业半牧业县占据了一小部分(李华德，2006)。2009 年，四川省共出栏牦牛 108 万头，牦牛肉产量 11.46 万 t，牦牛奶产量 19.07 万 t。四川省现拥有 5 个牦牛地理标志产品，4 家规模较大的牦牛产品加工企业。目前，四川的特色畜牧产业主要存在优良品种品质退化，商品经济不发达、投资不足，生产效益不高、经营管理粗放，生态环境脆弱等问题。因此，四川高原特色畜牧产业建设应注重以下几点：

一是改良品种，建设区域基地，强化龙头企业示范带动作用，促进规模化产业化发展。在政府主导下建立杂交改良基地，分别从产肉性能和早熟性、产奶性能和成活率四个方面入手，加强选育功能，对九龙、麦洼牦牛进行品种改良（何明珠，2012）。以杂交改良基地为基础，建设种牛生产示范基地，将阿坝和甘孜牧区从九龙、麦洼牦牛主产区升级为开发区。并扶持、引导龙头企业带动当地牦牛乳、肉加工企业向产业化标准化发展，充分发挥龙头企业的示范带动作用，推动形成阿坝、甘孜牦牛生产加工销售三位一体的产业格局。

二是提升加工水平，增加牦牛产品的附加值、增强市场竞争力。以市场需求为出发点，综合开发利用牦牛，运用特色工艺与新兴技术完成精深加工，造就品质优良的高附加值产品，提升产业的核心竞争力。如利用牦牛裙毛与人发相似的物理组成和化学性能，及其光泽度更佳的特性，制作高档假发；将纺织性能优于山羊绒的牦牛绒制作成高级围巾、帽子、手套等。

三是强化宣传推广，打造地域特色。牦牛作为稀缺物种，并未在全世界范围内形成消费习惯。对此，无论是政府还是企业，都必须进行大力宣传推广。在充分突显四川高原独特的环境优势和牦牛的物种特色基础上，结合四川高原旅游业，将牦牛产品定位于高端产品，以"大美四川、生态高原、雪域牦牛"为宣传重点，从而增强四川高原牦牛产品的知名度和市场竞争力。

7. 观光旅游业

川西高原是目前中国自然景观资源和观光产品等最为丰富、最为集中的区域之一：拥有 3 处世界自然遗产、3 个国家 5A 级景区、19 个国家 4A 级景区，以及众多红色旅游景点。目前，四川高原观光旅游业主要存在客源结构不合理，旅游产品开发程度低，资源未被有效整合，旅游线路相对较少，旅游旺季和淡季相差悬殊的问题。因此，四川高原地区观光旅游业的建设应注重以下几点：

一是发挥好当地独特的资源优势，将文化融入旅游中，打造精品主题旅游。以特色主题文化旅游为立足点，利用已有的旅游载体搭建文化和旅游相融合的特色平台，并延伸到旅游营销和开发旅游商品中，由此建成一系列不可复制的旅游项目。如可以重点打造以卧龙和四姑娘山为依托的大熊猫故乡国际生态旅游区，以感受灾后巨变和中华大爱为主题的汶川（映秀）地震遗址旅游区。

二是加强对国际旅游市场的开发，改善客源结构。通过对国际客源市场的研究，根据其旅游需求，挖掘本地资源优势，做到"按需定制"的品牌旅游。例如，欧美游客大都热衷于探险旅游、注重参与和体验；阿坝州、甘孜州的独特的地理环境就很具备优势，应加大对相关景区的深度开发，同时扩大对欧美市场的宣传力度；而对于日、韩客源市场，则应以商务、自然文化旅游为主，另外，对两国的青少年修学旅游市场也应予重视。

三是整合旅游资源，打造红色旅游精品线路。充分挖掘红色文化内涵，结合民俗文化旅游、农牧业旅游等，并加入相应的参与体验元素，升级为新型复合红色旅游。如依托阿坝州丰富的红色资源和农牧产业，在重走长征路的过程中加入做酥油茶、住帐篷、牦牛放牧、吃藏餐等体验牧民生活的趣味项目，打造"雪山草地红色游"精品线路。

五、促进四川高原特色农业发展的机制和政策

基于上一节的分析，提出四川高原特色产业发展的总体思路是：以科学发展观统领四川高原地区特色农业发展全局，围绕全省农业发展方式转变和农业转型升级的总战略，从高原地区自然地理和人文环境出发，以优势和特色为主线，着力培育马铃薯、中药材、荞麦、烟草、高山蔬果、畜牧业、休闲观光农业等七大主导产业，不断提高高原地区特色农业的综合生产能力、核心竞争力和可持续发展能力，为农牧民增收致富、地区经济社会协调发展做出重要的贡献。

（一）促进机制

1. 产业化经营推进机制

（1）积极推进农地、草场土地确权和流转。继续推进草场的确权登记。要在全面完成农地、草场确权登记的情况下，推进"承包权"与"经营权"的分离，建立完善市场化运作的土地经营权流转机制，积极引导，规范管理，促进土地资源、草场资源向新型经营主体集中，促进农业的规模经营。引导创新土地承包经营权流转机制，要在依法、自愿和有偿的基础上，采取转包、出租、转让、互换、入股等多种方式流转土地。积极培育乡镇流转服务组织，完善流转中介服务机制、价格形成机制和纠纷调处机制。要认真探索土地、草场流转与地力培育挂钩的流转机制，以促进农业资源的可持续利用（陈佩忠，2009）。

（2）构建农牧业全产业链经营体系。在马铃薯、牦牛、中药材、烟叶等产业的发展中，要充分发挥龙头企业的示范带动作用，稳步提升其精深加工能力，鼓励其与合作社、家庭农场主建立订单农业，扩大标准化基地规模，形成产加销一体化经营格局。蔬果等种植业产业，要着重培育家庭农场、专业合作社，鼓励他们减少中间物流环节，通过电子商务、净菜配送、农场对接等方式直接销往消费者手中。支持形成"公司＋合作社＋农户/基地"等各种形式的产业化经营模式，推进产业集群式发展，提升主导产业的整体效率和竞争力。

（3）大力创新农产品流通体系。要根据高原特色农产品的流向、仓储设施、交通条件等，合理布局一批农产品市场网络，把农产品批发市场和销售市场建设纳入土地利用总体规划和城乡建设规划，尤其是要充分考虑偏远地区农户购物便利问题（王金水，2012）。加快发展专业化的农产品流通企业，引导生产者与批发市场、农贸市场、超市、宾馆饭店、学校和企业食堂等直接对接，建立直供直销网点，形成稳定的农产品供求关系，让高原特色农产品"走出四川、走向世界"。

2. 人才培育机制

（1）积极引进和培育高层次创新型人才或者团队。针对高原地区农业高新技术产业发展需要，从全国甚至全球视野引进相关人才，认真审核人才引进后的工作规划，并着力提供各项支持，确保能建成一个企业，带动一个产业，搞活一方经济。要充分发挥现有创新人才的作用，建立"三州"地区农业高级专家库和专家工作制度，实施一批重大科技项目，着力推动科技成果转化，提升科技创新驱动能力。大力实施中青年新型人才培养项目，针对有志返乡创业的民族地区中青年科技人才设立专项资金，为年轻人搭建创业创新的平台。

（2）多形式培训农业技术服务人员。积极开办农技推广培训班，科学引导现有的农业科技推广人员积极主动更新和改善他们的知识结构。鼓励省内大中专农业院校、科研院所、农业科技企业及其他有关组织通过专业培训、定期进修、继续教育等多种形式，广泛开展对基层农技人员的培训（田殿章，2005）。

（3）多渠道提升新型职业农民综合素质。逐步推进职业农民培训从普及式教育培训向定向式、强化式方向转变，从大众教育向专业教育转变。在整体上提高职业农民从事现代农业生产的素质和能力的基础上，着力提升企业家、合作组织带头人、农场主、专业大户等新型经营主体的综合能力（李素琴，2015）。要充分发挥职业培训体系的作用，以职业教育、专业培训、技术讲座、远程教育等多种形式开展培训，并通过资格认定和管理、奖补政策等，助推新型职业农民的成长（王海龙，2004）。

3. 科技支撑机制

（1）加快推进高原特色农业技术路线创新。要充分发挥高原生态环境好、无污染的优势，按照经济高效、产品优质、生态安全的要求，加快推进农业技术路线创新。既要大力推广应用农业高科技，同时也要结合高原传统农牧业种养殖中的长期经验，注重传统技艺与高新技术的有机结合；既要挖掘优质、绿色、安全、特色的高原农产品和兼具营养、特殊功效的农产品，同时也要注重结合地形地貌、古建筑及文化遗产资源，积极开发农牧业旅游产业和休闲产业，注重农业技术开发与农业多功能拓展的有机结合。

（2）加快推进农作制度和生产模式创新。农作制度和生产模式的创新是将技术路线创新落到实处的有效途径，也是转变高原特色农业粗放发展方式、实现集约化经营管理的有效途径。在坚持耕地、水源、气候等资源合理开发利用的基础上，着力推进以农林牧结合的立体种养、有机废弃物的循环利用和现代化设施设备的采用，重点发展设施农业、休闲农业、循环农业、有机农业等高效生态的现代农业发展模式，把经济效益、社会效益、生态效益融为一体。

（3）加快发展农业高新技术基地。依据产业发展需要和产业链各环节的技术难题，积极引导形成特色主导农产品的技术研发和转化基地。依据四川省马铃薯脱毒种薯分中心的建设模式，着力建设荞麦、烟草、玛咖、牦牛四大产业的科技集成与转化示范中心，积极开展新品种、新技术的研究、引进、示范、推广工作，并推进产后精深加工、保鲜储藏以及快速物流阶段的技术支撑，延伸产业链和价值链。联合培养人才、成果共享等途径和方式，将企业、科研院所、推广机构以及农业生产经营主体紧密联结起来，形成科技纵向一体化联结的格局。

(4)加快建设配套的科技服务体系。要针对高原地区独特的气候状况、土壤条件和人力资源状况，充分发挥当地科研单位、农业龙头企业、专业大户、科技示范户和农民技术员、"土专家"在农业实用技术推广应用中的示范带动作用，并积极鼓励他们创办民营的专业技术协会、专业合作组织、科技咨询和中介服务实体，在农业技术推广中发挥更大作用(赵顺法，2004)。积极探索各种科技服务机制，采取政府购买"服务"、农资企业办"服务超市"等多种形式，以家庭农场、种养大户、农民合作社、农业龙头企业等新型农业生产经营主体为重点，多种途径推进农业技术向农村渗透。

4. 品牌创建机制

(1)科学确定品牌建设目标。要根据四川高原地区不同主导产业产品的规模、品质和优势，分门别类的确定品牌的建设目标。虽然高山蔬果、中药材、畜产品等主导产业产品种类分散，但具有各方面优势，主要消费者为中高收入群体或产品以出口外销为主，对此要进一步加大市场营销力度，走精品品牌和名品品牌之路(例如"川藏高原""圣洁甘孜""大凉山"等区域品牌)。对尚未开展品牌建设但有一定规模的优质农产品，要坚定不移地鼓励和支持相关生产经营主体注册商标、培育品牌，形成有一定知名度的大众品牌，提升市场份额和产品效益(郑德祥，2008)。

(2)科学把握品牌运作节奏。将品牌建设作为四川高原地区七大主导产业建设的长期任务和战略重点，界定建设目标之后，就要根据不同产品的市场知名度合理进行品牌运作。可聘请有丰富市场营销经验的中介机构，对处于不同市场知名度的产品进行科学诊断，制定阶段性目标、任务，有重点地突破薄弱环节，加快品牌建设的步伐。科学分析精品品牌和知名品牌无形资产的塑造潜力，适当投入，提升效益。对带动面广、知名度高的名牌产品要树立大基地、大企业、大集团、大宣传的一体化运作，不断提升品牌的无形资产(郑德祥，2008)。把品牌建设变成四川高原地区企业、基地、行业的生产要素和文化。

(3)不断提高品牌产品的知名度。要立足产品现有的品牌知名度，结合近期和中长期的品牌培育目标，借助"互联网+农业"，以市场为导向，将产前、产中、产后紧密结合起来，对产品的产地、品质、功能、价格优势等进行广泛宣传，利用人们对高原地区生态环境的信任度，注册地理标志集体商标，不断提高消费群体对高原特色产品的认同感，通过"O2O"线上线下交易平台，抢占市场份额。要积极参与国内外各种农产品展销活动，尽可能创造机会宣传品牌产品，树立高原特色农产品的高品质形象，充分利用各种平面和立体媒体，寻找和构筑适合品牌产品自我发展壮大的传播平台(郑德祥，2008)。要充分利用现有农产品市场流通途径，从四川向全国辐射，尤其是向中部、东部大城市延伸，塑造销地市场的窗口形象，增加消费者的满意度和产品知名度。

(二)政策建议

1. 强化公共财政支持政策

(1)加强基础设施建设。加强高原地区农村公路建设养护。对高原地区农村公路的大、中修工程由省实施专项补助；对高原地区的农村公路安保工程和桥梁改造工程实施特殊倾斜政策，由省级交通资金进行专项补助。除道路等基础设施建设外，政府应着重建设高原地区物流网络，建设好与省内外各中心城市之间相衔接的高速通道，加强跨区域联合与协作，延伸鲜活农产品运输"绿色通道"，改善农产品流通环境。加快农产品市场信息网络建设，及时向农民提供农产品价格、生产、库存等相关信息，注重中期市场和长期市场状况的预测分析。

(2)实施规模化经营补贴。通过土地确权登记颁证，引导农民采取互换、入股、托管、并地等方式实行农业产业适度规模经营。在此基础上，要完善地方财政税收政策补贴农业发展，有条件的地方应由地方财政出资设立现代农业专项发展资金，引导农业适度规模发展，同时也要调整部分地区资金扶持过度且多偏向扶持龙头企业的做法，应将有限的资源倾向于家庭农场、农民合作社及专业大户等群体。农业规模化经营应按 30 亩及以上进行补贴，具体补贴为种植 30~100 亩(不含 100 亩)，每亩补贴 40 元；种植 100~500 亩(不含 500 亩)，每亩补贴 60 元；种植 500 亩以上(含 500 亩)，每亩补贴 100 元(肖大伟和胡胜德，2010)。

2. 强化金融支持与金融服务支撑

(1)拓宽农业融资渠道，创新融资模式。政府要积极引导社会、企业、个人对农业进行投资，逐步建立起政府投入为先导，企业、个人投入为主体，信贷投入为驱动，外资投入为补充的农业融资体制(赵瑞芬等，2007)。政府应鼓励实施民间借贷，降低新型经营主体贷款难度，完善支农资金管理机制的创新，提高资金的使用效率，使资金投入后能产生良好的效益。完善、推广林权抵押、农村土地抵押(例如承包农地抵押)、农房抵押等特色贷款业务，建立、规范农房、林权、集体土地等抵押登记及流转平台，力争满足四川高原地区农业产业发展多元化的金融需求。加快设立"四川高原地区发展投资基金"，满足该地区特色农业产业发展的资金需求。规范并做大市县政府投融资平台。

(2)强化金融组织对高原特色农业发展的资金支持。各级政府、监管部门要加强对四川高原地区各金融机构的协调和指导，合力做好高原地区的资金保障工作。辖区内的商业银行(如中国农业银行，地方商业银行等)需要降低农业经营主体贷款抵押门槛及利率，为农业经营主体提供更多的融资渠道，减少贷款成本，重点支持特色农业产业和龙头企业；推动邮政储蓄银行做大农村信贷业务规模，促进高原地区邮政储蓄资金回流。不断整合各种支农惠农的政策资源，不断探索支农新方式，要较大幅度地增加高原地区小额贷款公司、村镇银行、扶贫资金互助组织等农村新型金融组织，并不断地探索新型合作金融扶贫的新模式(唐小凤，2011)。

(3)强化农业保险支持。在政策性农业保险补贴支持的基础上，实行商业性农业保险补贴支持。四川省政府应根据高原地区农业产业实际情况，在原有相关政策制度的基础上，通过减免税收、财政贴补等措施，鼓励和推进商业性保险公司扩大农业保险覆盖面(贾利平，2015)，创新农业保险险种，例如设立新型经营主体保险险种、特色农业产业保险险种，并加大农业保险理赔力度。针对在商业保险不愿介入的农业领域，设立政策性农业保险专门机构，为高原特色农业提供政策性保险服务。

3. 强化产业支持政策

(1)扶持高原特色农业产业发展。加大现代农业园区和特色农业产业村的建设力度。省级现代农业园区等项目及相关产业项目的五分之二要放到高原地区。新建和改造一批农业产业发展基地，培育一批特色农业产业专业乡(村)。加快培育新型农业经营主体。适当放宽高原地区家庭农场、专业合作社的认定标准，在信贷、设施建设等方面给予优惠，对从事农产品加工流通的合作社，给予地方所得税退税的优惠政策；鼓励发达地区的农业企业到高原地区投资开发特色农业，可在税收、贷款等方面享受省级骨干农业龙头企业的优惠政策。此外，建立专项产业改造扶持资金，对耕地、牧场、林地、山地流转设立专项奖励资金。

(2)扶持高原特色农产品品牌建设。在四川省高原特色农产品中，结合高原地区七大特色产业，实施名牌培育免费指导和规划，争取在"十三五"期间培育出全国、全省特色农产品名牌。加大高原地区农业产业品牌扶持力度，对于现有和正在培育的高原农产品品牌，要从增加财政支持力度、降低税收等方面实施区域品牌优惠政策。四川省政府应鼓励农产品绿色认证、有机认证，有选择性的免费提供特色农产品地理标志品牌认证指导，对农产品相关认证申报成功的龙头企业、家庭农场、农民合作社等给予一定奖励。此外，各地政府应联合当地宣传部门积极推进特色农产品品牌宣传，鼓励企业等参加农产品世博会等相关推广会，并报销一定的费用。

4. 强化人才与科技支持政策

(1)健全产业人才培养制度，提高产业管理水平。实施高原特色产业发展人才培养制度，落实高原地区特色产业专项人才培训计划。基于四川高原七大特色产业，因"产业"制宜，因"产业"用人，由财政建立专项资金扶持，针对四川高原地区特色农业产业发展需求，有目的性的培养相关产业技术人员，组建具有懂管理、懂技术、懂研发的专业科技团队。同时加大农牧民自身科技素养的培养，加大对高原特色产业如马铃薯、荞麦、中药材、高山特色水果、烟草、畜牧业等各类产业人才的培训，努力建设好农村实用人才队伍，使农牧民在拥有科技实践的基础上，能合理有效的管理相关产业的发展。

(2)加强科技创新和科技推广。加大科技研发经费投入，落实高原特色农业发展研究。建议每年省科技厅、农业厅等相关部门单列高原特色农业发展课题研究项目，适时更新研究动态，切实把握高原特色农业发展状况，保障高原特色农业合理协调可持续发展。创新农产品加工技术，注重提升农产品附加值。政府应抓紧制定和完善高原特色农产品质量安全的各类标准，同时鼓励企业积极推进绿色农产品、有机农产品和农业生产环境等方面的质量认证。实施高原地区特色产业专项农技推广计划。健全完善乡镇农技推广机构，以农村科技特派行动为抓手，全力构建多元化的农业科技推广新模式，组织农业科技人员服务基层，联合省内农林院校和科研院所开展农业科技人员的培训活动，免费培训、结对帮扶。

5. 强化生态激励与补偿

(1)加大绿色有机认证，完善农业生态补偿机制。结合四川省高原地区生态环境建设的实际情况，明确农业生态补偿环节、补偿主体，其中，补偿环节应该贯穿于农业生产产前、产中、产后，特别应注重产中和产后环节的补偿，补偿主体应倾向于新型经营主体和特色农产品。制定或完善农业生态补偿标准和操作规范，在四川省高原农业生态发展的基础上探索符合各地实际需求的农业生态补偿机制。紧密围绕保障粮食安全、生态安全、农产品质量安全等重大要求，按照"特色产品、重点区域、先进科技"的原则，采取直接补贴与间接补贴相结合的方式，探索农业生态补偿资金"补"改"投"机制。

(2)强化高原草场保护力度，保障资源可持续利用。在已有成果的基础上，将四川高原地区作为全省人工种草试验区，充分利用四川高原发展人工种草的有利条件，科学制定人工种草发展规划，加大良法推广力度，加强技术服务体系建设，大力推广人工种草、牧草青贮技术，建立越冬度春打储草基地，通过围栏封育、施肥补播、除杂灌溉、灭鼠治虫等多种方式健全防疫减灾体系，加快改良天然草地，并在甘孜州、阿坝州、凉山州等地选择一些基础条件较好、干群积极性较高的牧区或地区进行试点(李昌平，2015)。

表 2-11 川西高原少数民族分布表

川西高原少数民族分布表	
藏族	主要分布在甘孜州、阿坝州、凉山州木里县
彝族	主要分布于凉山州、攀枝花市、甘孜州九龙县
羌族	主要分布于阿坝州的汶川县、理县和茂县
回族	主要散居于阿坝州的松潘县、阿坝县，凉山州的西昌市、德昌县、会理县
苗族	主要分布于凉山州
土家族	散居于各市州
蒙古族、纳西族	主要分布在凉山州的盐源县、木里县
白族、栗粟族	主要分布在凉山州、攀枝花市
布依族	主要分布在凉山州
傣族	主要分布于凉山州会理县、攀枝花市
壮族	主要分布在凉山州宁南、木里、会东等县
傈僳族	主要散居在凉山州、攀枝花市

专题八 四川农业转型升级的农地制度创新研究

土地是社会经济发展的基础，四川作为农业大省、人口大省和粮食主产区，既有的农地制度安排为保障四川粮食安全、维护农村地区稳定和实现农民社会保障提供了坚实基础。但随着国内外经济形势的变化，尤其工业化、信息化、新型城镇化和农业现代化的不断深入发展，现有的农地制度安排已无法适应全面建成小康社会、增加农民财产性收入和保障农业转型升级等多重改革目标的需要。为此，在维护公有制、维护农户权益以及保护耕地的前提下创新农地制度就成为四川农业转型升级中必须要面临的重大问题。本专题首先阐述了现有农业制度安排及其对农业转型升级的影响，然后论述了四川农业转型升级下农地制度创新的四大目标，接着从所有制实现制度、使用制度、建设用地流转制度以及统筹城乡土地市场制度等方面分析了四川农业转型升级下农地制度创新的重点。鉴于农业转型升级中的农地制度创新是一个系统改革，不仅涉及制度本身，还涉及农地制度运行的环境。因此本专题从农地金融制度、城乡户籍制度、农地开发权制度以及不动产登记及税收制度等方面阐述了四川农业转型升级中农地制度创新的外部环境重构。

一、农地制度安排现状及对四川农业转型升级的影响

（一）四川农地制度安排现状

1. 农地所有制实现制度安排

农村土地的集体所有制是传统农业下的基本农地所有制实现制度安排。我国《宪法》规定："农村和城市郊区的土地，除由法律规定属于国家所有的以外，属于集体所有；宅基地和自留地、自留山也属于集体所有"，从而在法律上明确了农村土地的集体所有制实现制度。现行农地所有制实现制度为三级制，《土地管理法》规定："农民集体所有的土地，依法属于村农民集体所有的，由村经济组织或者村民委员会经营管理，已分别属于村内两个以上农村集体经济组织的农民集体所有的，由村内该农村集体经济组织或村民小组经营、管理，已经属于乡（镇）农民集体所有的，由乡（镇）农村集体经济组织经营、管理"。尽管法律规定农民集体为农地所有权主体，但其内涵却存在较大模糊性，导致当前农村基层政权中的乡（镇）政府、村委会等行政主体代替农民集体行使了所有权（张云华，2010）。而农地所有权也并不是一种完整的权利，仅拥有占有、使用及部分收益和处置的权利。

农地所有制实现制度是整个农地制度的核心，是农地关系的基础（温锐，2013）。现行农地所有制实现制度安排尽管与社会主义公有制的基本国情相适应，也符合当前农村生产力的客观要求，但传统农业下的农地所有制实现制度安排仍存在制度规定不尽明晰等问题，在一定程度上制约了土地要素在农业生产中的功能发挥，也进一步制约着传统农业向现代农业的转型。

2. 农地使用制度安排

现有农地使用制度是以农地的承包和经营制度为核心的一系列制度安排。《土地管理法》规定，农村集体所有的土地可以由集体或个人承包来从事各项农业生产和经营活动，从而在法律上明确了农地的承包和经营制度。这一制度安排通过农地所有权与使用权的分离，将农地经营权以承包的方式转给了农户，从而使农户成为基本的生产组织单位，农户可以按照法律规定享有对所承包土地的各项权利。农地承包一般是在考虑土地质量的前提下，按照人口、劳力、人劳比例等形式在农户之间平均分配，其核心是在村集体成员之间平均分配土地（卞琦娟，2011）。土地承包具有期限性，《农村土地承包法》对各种农业用地的承包期做了规定，如耕地为 30 年；而为了保障农村土地承包关系的长期稳定，法律还规定承包期内发包方不得随意调整承包地，承包期满时承包经营者可依法继续承包。除此之外，在符合相关法律规定的条件下，农户可以将其承包土地的经营权依法进行流转。

现行农地使用制度在维护农地集体所有制的前提下，实现了统一经营与分散经营相结合，在四川传统农业生产中劳作工具较为落后、劳动力素质不高、劳动生产率偏低的背景下，极大地激发了单个家庭农户的生产积极性。但随着近年来四川省农村人口流动的加剧、农户家庭结构的变化以及农业生产装备水平的提升，传统农地使用制度下所形成的对农地细碎化利用和家庭小规模经营方式已与现代农业生产经营所需要的专业化、规模化等要求相背离，在很大程度上制约了四川农业的转型升级。

3. 建设用地制度安排

现行集体建设用地制度安排是以集体土地所有制为基础的。集体建设用地是农村集体土地的重要构成部分，其所有权主体也为农村集体。根据法律规定，集体建设用地使用权的取得，主要包括以下几类主体：乡镇企业、乡村公益事业单位以及取得宅基地使用权的农民等，其他主体不能独立地原始取得该权利。其中，宅基地在集体建设用地中占据的比例最大。集体建设用地所有权是一种受限的权利，主要表现在对集体建设用地流转方面的严格限制（赵亚莉和吴群，2010）。依照法律规定，集体建设用地使用权原则上不能流转，即便是在法律允许的如乡镇企业破产、兼并等个别情况所引发的土地权利变化，其流转的详细规则也并不明确。而在集体建设用地中占据最大比例的宅基地，其使用权也仅限于在村集体内部进行流转。在现有的制度安排下，集体建设用地不仅流转的范围十分有限，其流转的条件也十分苛刻。

传统农业下的集体建设用地制度安排满足了农民的基本生活和生产保障等的客观要求。但在由传统农业向现代农业的转型升级过程中，外部社会经济条件的变化使得集体建设用地的资产属性不断显现，农民集体对集体建设用地的财产权利等诉求日益突出，现行集体建设用地的制度安排无法通过增加农户的财产收入来为其积累发展现代农业所需的资金，因而成为农业转型升级的障碍。

4. 农地转用制度安排

现行农地转用制度是建立在城乡分割的二元土地所有制实现制度基础之上的，主要依靠土地征收制度来实现。政府凭借法律所赋予的征地权，可以对农村集体土地进行征收，再通过招、拍、挂等方式将转用的农地进入城市土地市场进行流转，并获取农地转用的增值收益。在这一过程中，农地的所有权性质发生改变，其用途也由农用地变成建设用地。农民集体失去了依附于农地上的各项权利，而获得了一定数额的经济补偿，主要包括土地补偿费、安置补助费、土地附着物和青苗的补偿费；其补偿的数额则主要依据农地的原用途确定，而与农地转用后的市场价值无关。在严格的土地用途管制制度下，农地转用必须符合相关规定的要求，并经过严格的审批程序。在具体的农地转用程序上，应由国土部门按照法律规定拟定征地方案，并由上级政府机构审核通过，然后将审核通过的方案向社会公布，经相关机构批准后即可施行。

传统农业下的农地转用制度主要是建立在政府的公权力之上，基本排除了市场机制的作用。这种资源配置手段造成了农地大量流失、农民土地权益受损等问题，难以解决人地关系紧张、经营资金匮乏等制约传统农业向现代农业发展的矛盾（曲福因和田光明，2011）。因此，完善现行农地转用制度，促进城乡之间土地、人口、资金等要素的合理流动，是实现农业转型升级的客观要求。

（二）现有农地制度安排对农业转型升级的影响

1. 农地所有制实现制度安排对集体经营的影响

四川农业的转型升级要求完成从传统农业下的零散化、细碎化生产方式向产业化、规模化、集约化的农业经营方式转变，这一过程仅仅依靠单一的家庭农户是难以组织和实施的，必须充分发挥集体经济组织的功能，通过集体经营等途径来促进传统农业生产经营方式转变。但是，传统的农地所有制实现制度安排却使集体经营的作用难以有效发挥出来。

在传统农地所有制实现制度下，随着农地使用权从所有权中分离出来，相应的农业经营体制也由集体统一经营与农户分散经营这两种方式相结合而组成。相对于农户分散经营这一层次下，农户的生产积极性和土地利用效率得到极大提升，集体经营这一层次却由于其经营主体的缺位而面临诸多困境。尽管我国在立法上明确了集体经营的主体为农民集体，但是对其的定义、内涵、构成要素及运行规则等却并没有做出清晰的说明。也即在传统农地所有制实现制度下，由于农民集体的模糊性，导致集体经营的主体缺乏有效的组织形式和运作程序。农民集体作为农地所有权的主体，应当是受权力制约和平衡、具有独立的行事能力且能够承担法律责任的实体形式组织，并通过对农地的经营、管理来实现农地所有权。而现行农地所有制实现制度安排在将农户的农地经营权从所有权中分离出来并加以明确之后，却由于所有权主体的模糊性而导致农地所有权缺乏具体的实现形式，在土地作为农业生产经营的主要生产资料的情况下，集体统一经营也就难以实现，从而产生了"分"有余而"统"不足的困境（邵彦敏和冯蕾，2014）。传统农地所有制实现制度安排，在将农户家庭经营的活力释放出来之后，却由于农地所有权主体的虚置而使得集体统一经营趋于弱化。这与现代农业生产的产业化、规模化和集约化要求相矛盾，造成农业生产方式粗放、效率低下等问题，在很大程度上阻碍了传统农业向现代农业的转型升级。

不仅如此，传统农地所有制实现制度下的集体经济组织尽管拥有农地的所有权，但在农村社会经济转型过程中，四川许多地区的集体经济组织已仅是在名义上存在，实际中很难发挥组织起集体生产和经营的作用。而在长期的地方管理实践中所形成的行政主导惯性，使得农村基层政权中的乡（镇）政府、村委会等事实上行使着农地的所有权。由于这些行政主体在农业生产经营中的利益导向不同、科学性不足等原因，往往导致其对集体经营的干预存在诸多偏差，从而影响了农业转型升级中的集体经营的功能的发挥。现行农地所有制实现制度下集体统一经营的重要功能弱化，使得农业经营主要依靠农户自身来进行，绝大部分的集体统一经营无力为农户提供各种所需的服务。统一经营与家庭经营并存的两层经营体制在事实上仅剩下家庭经营的单一层次，从而使集体经营处于十分弱化的地位。

2. 农地使用制度安排对适度规模经营的影响

四川农业转型升级下的农业生产组织方式转变，需要以适度规模经营为基础。而增加农户所经营的土地面积，就成为促进农业规模经营的先决条件。在传统农地使用制度下，农户所经营的土地面积偏小，具体见表 2-12，无法满足规模经营的要求。因此，推动农地使用权在不同农业种植单位间的流转就成为促进适度规模经营的主要途径。但是，传统农地使用制度对农地流转的安排存在诸多缺陷，从而阻碍了农业适度规模经营的发展。

表 2-12　2006～2013 年四川省农业人口人均占有耕地面积

年份	2006	2007	2008	2009	2010	2011	2012	2013
耕地总面积/万亩	5874.0	5918.9	5939.3	5964.1	6016.1	5975.1	5987.3	5990.7
农业人口数量/万人	6651.7	6675.2	6704.4	6698.4	6646.1	6595.7	6585.4	6500.3
人均耕地面积/亩	0.88	0.89	0.89	0.89	0.91	0.91	0.91	0.92

数据来源：根据《中国统计年鉴》、《中国农业统计年鉴》（2001～2014）计算整理.

一是农地承包权的不稳定性，制约了农户进行农地流转的积极性和主动性。现行农地使用制度安排，是将集体土地以平均分配的方式分配给本集体的所有农民来承包经营，它主要以本集体的人口数量为依据，但由于人口数量始终处于变动之中，因此这一制度安排在使农户的土地经营规模不断细分的同时，也使得土地的分配需要不断进行调整。据农业部对全国 6 省（市）的抽样调查显示，曾经调整过农地的农户占样本总数的 91%，平均调地次数为 2.31 次，四川省的农户平均调地次数达 1.7 次（赵光南，2011）。尽管国家相关法律政策规定农地承包权长期不变，但由于人口变动条件下土地的定期或不定期的调整不可避免，加之存在规定不完善、执行有偏差等问题导致的土地调整不规范，使得土地承包关系在不稳定的条件下农民的合法权益得不到有效保障。除此之外，由于农地产权不清而导致的政府行政力量过度介入的现象日趋严重，也在很大程度上破坏了农民土地承包经营权的稳定性。地权的不稳定，导致农民无法产生稳定的经济预期，从而会影响其进行土地流转的主动性。

二是农地使用权流转机制不健全，制约了农地经营规模的进一步扩大。具体表现：首先，现行制度下农地的权利边界并不明确，而且农户手中所拥有的仅是一种残缺不全的使用权。产权明晰是流转的基础，农地使用权的内涵不充分、不明确，一定程度上制约了农地使用权的流转。其次，农地流转的价格机制缺失。由于传统农地制度下，农村土地市场的发育十分缓慢，远远滞后于城市土地市场，使得农地使用权的交易机制不够健全，市场机制难以在其中发挥有效作用；很多交易通过不规范的途径进行，交易价格仅由双方协商确定，使得农地的流转交易价格存在较大的随意性，往往无法体现出土地所具有的真正价值，一定程度上影响了农户进行土地流转的积极性。最后，缺乏农地使用权流转的交易平台。农地经营权的流转大多处于自发状态，通常采取口头协议的方式，没有签订流转协议来对流转各方的行为做出约束，或者所签订的合同内容不规范、法律效力不足等，从而造成农地使用权流转的随意性大、盲目性强，操作无序、形式单一，如当前农地流转的期限短期化以及不定期等情形占据了相当大比例，据叶剑平等人对2008年中国农村土地使用权调查研究显示，有52.4%的农户转出土地未约定期限，82.6%的土地转出未签订书面合同，81.8%的土地转入未签书面合同（叶剑平，2010）。农地流转机制不健全，使得农地流转的范围较小、规模不大，制约了农业适度规模经营的发展。2010~2014年四川省农地流转情况详见表2-13。

表 2-13　2010~2014 年四川省农地流转情况

年份	农地流转面积/万亩	占家庭承包经营耕地面积的比重/%
2010	975.83	9.1
2011	1074.4	18.4
2012	1195.8	20.5
2013	1360.7	23.3
2014	1482.3	25.4

数据来源：四川省农工委. 四川省农业农村经济基本情况(2010~2014).

3. 建设用地制度安排对农户财产权的影响

四川农业的转型升级要求提高农业生产的专业化和产业化水平，并积极拓展与农业相关的上下游产业，通过加大农业生产的资金等要素投入来发展具有高附加值和高经济回报等特点的现代农业。而这需要农户充分运用手中的土地、房屋等资产来获取发展资金。但传统农地制度下，农民的土地权益并没有得到尊重和承认，农民尽管拥有宅基地等土地资产，却难以转化为财产性收入，无法为实现传统农业向现代农业的转型升级提供发展资金等生产要素。

一方面，集体建设用地的严格流转限制导致农户的土地财产权益难以显现。随着经济快速发展及城市的快速扩张，城市建设用地由于供求矛盾加剧而使其价格急剧攀升，这为集体建设用地带来了潜在的获利预期。但是，传统农业下的建设用地制度安排，却将城乡建设用地的用途、流转机制等人为地割裂开来，集体建设用地不仅在用途上受到严格限制，其流转范围也极其有限，使其缺乏作为可流通资产的基本属性(陶然和汪晖，2010)。而在市场经济条件下，集体建设用地对于农民集体来说除了生产资料和社会保障功能外，还是一项重要资产。农户不能以土地资本参与到农村经济以及各项事业的发展中，集体建设用地的市场价值无法显现，农户也无法从中获取相应的财产收益。即便对于法律规定的少数可以流转的情形，也面临土地财产价值难以显现的问题，如宅基地使用权可以依法在村集体内部流转，但由于本集体的农民能够分配到宅基地、一户一宅等限制，实际中要想完成宅基地使用权的交易十分困难，农户的土地财产权利也相应很难实现(饶永辉，2011)。不仅如此，现行制度安排下集体建设用地使用权也不得用于抵押，当农户因进行农业生产等缺乏资金时，也无法通过土地财产权利的实现来获取资金扶持(张金明和陈利根，2012)。因此，随着市场经济的不断完善以及现代农业的不断发展，传统农业下的集体建设用地制度安排已无法适应农民实现自身土地财产权益的利益诉求。

另一方面，严格的法律法规限制下集体建设用地的隐性交易泛滥，造成农民的土地财产权益受到侵害。市场经济条件下集体建设用地价值的攀升，使得集体组织和农民在面对巨额经济利益的驱使时，私下违规地进行集体建设用地流转的行为十分常见(常敏，2013)。由于这种隐形流转行为不能得到法律的支持和保护，往往使农户的土地财产权利受到了严重侵害，具体表现在：其一，这种隐形流转行为由于脱离法律监管而使其交易安全无法得到保障，而且随着流转规模的扩大无疑会导致集体土地资产的不断流失，这将对农户的长远的土地财产权益带来无法挽回的损失；其二，在农村土地市场尚不完善的情况下，私下的土地交易往往导致交易价格的扭曲，而农民集体在这一过程中又大多成为利益受损的一方，损害了其土地财产权利；其三，在村集体主导的一些集体建设用地的违规流转中，流转收益的分配存在较大主观性和随意性，这为村干部以及部分乡镇官员等少数主体的腐败行为提供了可能，使农民不能获取合理的流转收益，这对农户的土地财产权构成了严重侵害。

4. 农地转用制度安排对集体及农民权益的影响

增加农民收入、促进农民生活水平持续提高是农业转型升级的重要目标，而这有赖于农业的长期、持续、稳定发展，从而为实现这一目标提供长期保障。土地作为农业生产经营中的最主要生产资料，只有充分维护集体组织及农民的各项土地权益，才能为农业的持续稳定发展提供保障。但传统的农地转用制度，在很大程度上忽略了对农民集体及农民土地权益的保护，从而影响了农业的转型升级。

首先，农地转用的范围过宽侵害了农民的土地所有权益。现行农地转用制度安排，使得政府能够凭借自身所拥有的行政权力，以极低的价格征收农村集体所有的土地，并在转换土地的性质及用途后以远远高出收购价的价格在城市土地市场出让。因此在城市建设用地需求日益旺盛的情况下，地方政府有足够的冲动来动用自由裁量权而大范围地进行征地，从而造成农地转用的范围不断扩大。不仅如此，现行法律规定的内在冲突也为地方政府肆意扩大农地转用的范围提供了空间。尽管法律规定只有为了公共目的才能进行征地，但由于现行制度下只有城市建设用地才能在土地市场上进行交易，导致非公益性项目要使用集体土地时，也只能通过征地的方式来进行。法律规定的内在冲突，客观上将农地转用的范围扩大到了包括非公共利益性质建设在内的所有用地项目。这就导致除法律规定的公共目的之外的其他用地需求，也必须通过征收农村集体土地的方式来实现，农地转用的范围远远超出了公共目的的需求，难免出现由于政府过度使用自由裁量权而侵犯集体及农民土地权益行为的发生。

其次，农地转用的补偿标准偏低损害了农民的土地财产权益。农地转用的过程中土地的用途发生了变化，由于土地在不同用途下的价值差异巨大，现行农地转用制度下给予农民的补偿实际上远低于农地转用后的价值。不仅如此，补偿范围也较窄，仅包含与被转用的农地有直接关联的损失，其他诸如经营损失补偿、重新安置的困难补偿等均未做出明确规定；不仅没有体现被征土地的非生产性收益或其他潜在收益，也没有体现土地对农民所承载的就业保障、养老保障等多元化价值。农民集体尽管拥有农地的所有权，但却无法获取农地转用后的增值收益。据测算，在农地转用增值收益分配中，政府、开发商等利益主体占 80%~85%，而作为土地所有者和使用者的农民集体和农民仅占 15%~20%(朱一中和曹裕，2012)。这是现行农地转用制度安排对农民权益的极大侵蚀。

最后，农地转用的程序失范致使农民缺乏有效途径来维护自身土地权益。现行征地程序透明度较低，缺乏必要的公众参与和适当的征地争议救济程序，导致农民缺乏有效途径来维护自身土地权益。现行征地程序下，基本排出了农民集体参与进来的可能性，往往是由政府部门及其相关机构自身来独立地制定方案而忽视了广大农民的诉求，剥夺了农民应有的参与权；同时也缺乏有效的公告程序或者是程序的可操作性不足，致使集体组织和农民的知情权得不到保障。参与权和知情权的缺失不仅导致农民与政府之间缺乏必要信息的沟通，也使整个征地过程缺乏必要的监督，很难保障农民土地权益的合理实现。与此同时，征地救济程序也处于事实上的缺位状态。尽管《土地管理法实施细则》设置了行政裁决这一救济方式，但政府在征地中集审核职能和仲裁职能于一身，在处理相关的征地问题时难免会产生自利倾向而较少顾及农民的权益。而在征地纠纷的司法救济程序上，司法机关在处理案件时不仅缺乏法律依据，还容易受到各级地方政府的强力干预，实践中能够进入司法程序并得到救济的情况很少，从而导致集体组织及农民在农地转用中缺乏有效途径来维护自身土地权益。

二、四川农业转型升级农地制度创新目标

1. 归属明晰

四川农业转型升级中的农地制度创新，必须以土地产权归属明晰为基础。现行农地集体所有制实现制度是一种具有自身特色的公有产权形态，是一种主体模糊、权能不清的制度安排，通过这样一种模糊不清的产权结构来规范土地利用中的各种权利关系，必然产生巨大的交易成本(黄鹏进，2014)。而主体的虚无性、权能的不确定性以及国家对集体产权的终极控制，已经使农地集体所有制实现制度难以适应农业转型升级的现实需求。具体而言：其一，四川农业转型升级，需要在有限的土地资源上投入比传统农业下更多的技术、资金、劳动等要素；而土地产权归属明晰是保护农地利用者利益的首要条件，传统农业下农地产权的主体模糊造成农民的土地权益缺乏保障而难以在土地上进行

大量投入，只有产权归属明确才能使土地利用者对未来的农业经营收益产生足够信心，才能进行稳定、高效的土地投入。其二，四川农业转型升级，需要进行农地流转以推动适度规模经营；而农地流转是以农地产权制度为立足点的，产权归属明晰是前提条件，只有产权主体足够明确，才能够降低农地流转中所产生的交易费用，获得高效率的交易，从而通过将生产要素配置给更有效率的农户来增加农业经营的收益（罗必良，2014）。

在四川农业转型升级过程中，只有土地产权归属明晰，才能更好地实现农民集体所有权，从而发挥土地产权的功能，使土地资源的利用方式趋向于重视质量和效率。农地产权主体归属明晰，有利于阻断乡（镇）政府、村委会等行政主体侵犯农民土地权益的制度根源，使农民在事实上获得相对稳定的地权预期；而且为市场经济条件下农地这一重要生产要素按市场化方式进行流转提供了基础。因此，归属明晰既是发挥农地产权功能的保障，也是农地市场化流转的现实要求。

2. 权责明确

四川农业转型升级中的农地制度创新，要求农地产权的权责明确。土地作为一种稀缺性资源是在一定的财产制度下使用的，围绕土地的各项权、责、利的明确界定直接影响着土地利用的方式以及土地收益的分配。现行农地使用制度安排虽然实现了农民收入水平与自身劳动努力程度的相协调，解决了农业集体劳动下的劳动监督困境，调动了农民的生产积极性，但这主要是局限于土地经营体制方面的改革，未能触及适应农业转型升级内在需要的土地产权结构的改革。其一，四川农业转型升级，要求创新农地经营方式，提高单位农地经营的效益。而从土地产权的权能和利益的统一关系来看，一定的产权权能就对应一定的利益，明确的土地利益界限就要求与之相应的权利边界要能够得到清晰的界定，相互之间不能交叉兼容，否则土地产权就无法具有排他性，土地利益也无法得以保证；清晰界定、权责明确的农地使用权能够通过交换实现不同的权利组合，促成农地经营形式的多样化，提高土地经营的收益。其二，四川农业转型升级，要求一定范围内的规模经营来提升农业的比较经济效益；而在现有农业生产技术水平下，规模效益的提升更多的要依靠各种生产要素的聚集，尤其是土地这一基础性生产要素，因此必须通过高效的流转机制来实现对农地的规模利用。而农地的高效流转又以农地产权的明确界定为基础，只有明确了依附于农地之上的各项权责，才能制定出高效、合理的交易规则，对交易双方的行为产生有效约束和规范，并最大限度地降低交易费用，为农地流转的顺利进行提供可靠保障，充分发挥农地产权在这一过程中的激励和约束功能。

四川农业转型升级下的农地制度安排，要求农地产权的各项权能不断细化，农地产权要具备可以单独存在的占有、使用、流转等价值。如果农地的各项权责不能得到明确界定，就会使得对农地的投入、经营、流转等面临大量的不确定性，从而造成交易成本的提升，带来农业生产效率的损失。因此，四川农业的转型升级，其重要前提是立足于现代产权的功能，实现农地产权的权责明确。

3. 保护严格

四川农业转型升级，需要对土地产权进行严格保护。巴泽尔认为，产权收益是人们自己直接努力加以保护、他人企图夺取和政府予以保护程度的函数；产权收益与其受到的侵害强度呈反比，与其受到的保护程度呈正比（巴泽尔，1997）。对产权的保护越完备，则产权的排他性就越强，产权激励功能就越充分。传统农地制度缺乏对农地产权保护的有效安排，从而制约着农业的转型升级。其一，四川农业转型升级，需要改变传统的较为落后、低效率的生产方式，从过去大量依靠人力、自然条件等要素向现代不断增加科技、技术要素的含量来转变，从而实现农业效益提升。这种先进的、现代化的生产方式需要在土地上进行长期的投入。而当农民的土地产权无法得到有效保护时，就难以形成稳定的收益预期，从而呈现出短期利润最大化的一系列行为，包括对土地的掠夺性使用、减少在土地上的投入等，因而土地产权的严格保护对维护农业生产的长期投入具有重要意义。其二，四川农业转型升级，实现农民收入的增加是其应有之义。土地作为农民手中最重要的资产，不仅是实现用于发展农业生产、进行家庭经营的基础性要素，也是通过其拥有的各项土地权利来获取相应财产收益的来源。土地作为一种稀缺性和有价值的资源，如果农民所拥有的各项产权无法得到保护，就会为其他相关主体凭借行政权力等来攫取租金提供操作空间，从而造成农民的各项依附于土地之上的收益的损失，因此，农民的土地权利需要得到强有力的保护。

在四川农业转型升级过程中，只有对农户的土地产权加以严格保护，才能增强农户在土地上进行长期、稳定投入的积极性，避免在农地上进行短期性、掠夺性的生产经营行为，这是实现由传统粗放农业向现代高效农业转变的基础条件，也是提高农业生产的比较效益、增加农民收入的重要途径。因此，对农地产权进行严格的保护，能够促使农户的生产经营行为由低效向高效、粗放向集约的方式进行转变，从而最终促进四川农业的转型升级。

4. 流转畅通

四川农业转型升级，实现农地产权的流转畅通十分必要。农地的合理流转可以充分发挥市场机制在资源配置中的作用，促使农地资源在不同效率的劳动者之间能够自发地转换，以使资源得到充分的利用，在一定程度上解决了传统农业下土地和劳动力不能有效结合、农业劳动效益低下等问题，对实现农业转型升级具有重要作用。其一，四川农业转型升级，需要加快农地向现代农业企业、特色规模基地和专业种养大户等实力较强的经营主体的适度集中，以促进规模经营。而传统农地制度安排下的细碎化、零散化土地利用方式，并没有随着农村劳动力的转移及农业生产的发展而实现相应调整，因此当前需要通过有效的流转机制来解决农地的集中问题，为促进农地的规模经营提供条件。其二，四川农业转型升级，需要提高土地产出率。随着我国农业人口向非农业人口转移，农村土地抛荒与低效利用问题日益突出，劳动力资源与土地资源已难以实现有效结合（孔祥智和刘同山，2013）；而流转不畅使农地价格难以反映其稀缺性，导致土地既是农业生产中最稀缺的资源，但同时也是利用效率最低的资源；如果农地产权不能进行有效流转，就无法实现土地利用效率的提高。

四川农业转型升级下的农地制度创新，只有实现产权的流转畅通，才能促进土地资源在不同生产效率的使用者以及不同类型的农业经营者之间的合理流动，从而在资源约束趋紧的背景下有效提高农地资源的利用效率。这不仅可以解决当前城乡人口流动加剧背景下，部分地区农村劳动力数量与农地资源数量不相匹配的矛盾，使农业生产中的劳动力要素与土地要素相协调；而且能够促进有条件的地区从小农户的细碎化生产向规模化、集中化生产的转变。农地要素的流转畅通是四川农业转型升级的重要土地制度基础。

三、四川农业转型升级农地制度创新重点

1. 农村集体土地所有权实现制度创新

四川农业转型升级下的农地所有权制度创新，必须立足于现阶段的基本社会经济制度(邹秀清，2010)。农地的集体所有制是适应当前整体的农业生产力水平的，因此农地所有权制度的创新应在坚持土地集体所有的基础上对现行制度加以完善，也即通过明晰所有权主体、强化所有权权能等途径，来探索农村集体土地所有权的有效实现形式。

农地所有权制度的创新，应首先将当前虚置的农地所有权主体明晰化，并通过股权量化改革等方式来落实农民对农地的所有权。由于农民集体作为一个法律上的概念，在事实上缺乏相应的实体组织，因此使得农地所有权的行使主体往往落入村委会或乡(镇)政府等行政主体手中，而这些主体由于自身利益导向的偏差，无法在真正意义上代表农民集体的利益。因此农地所有权制度的创新，应构建起与农民集体具有一致利益诉求的实体化组织，而且这些组织必须具有独立、完备的组织架构和功能，有能力行使对农地的所有权利。考虑到制度变迁的路径依赖及所需的交易费用，可以根据不同地区农村生产力的发展状况，探索建立农村资产公司、股份合作社、土地合作社等各种农村集体经济组织，并赋予其作为集体所有土地产权主体代表的资格(谭峻和涂宁静，2013)。这些实体组织的法人代表和管理者可由全体村民投票产生，并接受农民集体的委托来行使对农地的各项权利。在此基础上，可通过农村集体土地的股权化改革等方式来落实农民对集体土地的所有权。其具体运作模式为，将集体所有的土地平均分为若干股，在明确集体组织的成员范围、准确界定成员资格的条件下，再将股权量化分配给集体的每个成员，并由股份合作社等组织给入股的农民颁发统一的股权证书，农民可以据此行使其对农地的各项权利，从而使原来抽象化、模糊化的农地所有制实现制度具体化、清晰化。

农村集体土地所有制实现制度的创新，还应不断扩充农地所有权的权能，确保农民集体的各项土地权益的实现。农地所有权权能的完善应该围绕其各项分属权能，给农民以更充分的、合理的权利，充分发挥产权的激励作用。在使用权上，应当在坚持国家农业政策、耕地保护政策、土地用途管制政策的约束的前提下，赋予农民集体充分的自主经营权；对于农民集体自主选择的农地经营形式，例如规模经营、反租倒包、农地股份合作经营等经营方式，国家应予干涉，而是应做好相关的配套服务措施。在收益权上，可通过适度拓宽土地用途的方式，允许农民集体探索与农业生产相关的其他土地利用方式，其收益也由农民集体获得；此外还应通过农地股份合作社等土地资本化的方式，探索实现农民集体对土地的收益权。在处分权上，应在符合规划的前提下，充分肯定农民自由流转土地和有条件地进行土地开发的权利。

2. 农村集体土地经营权制度创新

四川农业转型升级下的农地经营权制度创新，应在坚持农村土地集体所有的前提下，

促使承包权和经营权的分离，形成所有权、承包权、经营权"三权分置"的格局。所有权要主体明晰、权能明确，以发挥其基础性作用；承包权要稳定，要在确认集体成员条件和范围的情况下遵循长期不变的原则，使农民获得相对稳定的地权预期；经营权则要放活，即引导农户将分散的土地经营权通过流转等方式向新型农业经营主体集中，以解决小农户分散经营的传统生产模式对农业转型升级的制约。

在"三权分置"基础上，农地经营权制度的创新主要应通过进一步放活农地经营权来实现多种形式的规模经营。发展农业规模经营是实现四川省农业转型升级的重要途径（张社梅等，2014），而在农地集体所有制、承包地平均分配等制度约束下，鼓励农户承包地的经营权向专业合作社、职业农民、农业龙头企业等新型经营主体流转，则是发展多种形式的农业适度规模经营的基本途径。农地经营权的流转需要与一定时期的农业经营主体结构相适应，基于四川省当前大量小规模农户、兼业农户等传统农业生产者与新型经营主体多元化并存的格局，农地经营权的流转可主要采取以下模式：

其一，土地股份合作制。也即由政府引导、农民集体筹备组建以土地为纽带的合作社，农民可申请以自己的农地经营权来参股，根据农民入股的土地面积由合作社来为其分配一定数量的股份。合作社在聚集起一定规模的农地之后，通过自主经营或委托给其他经营者的方式来获取农业生产收益，再将收益按股份分配给农民，从而实现农地经营权的流转以及农地的财产权利。其具体运作可采取如下多种方式：农户自主联合经营管理的股份制经营模式，即按照入社自愿、退社自由、利益共享等约定的规则来组建土地股份合作社，入社的农户可以参加董事会选举、农业生产经营、财务管理以及利益分配等事项，实现对合作社生产经营活动的直接控制；"公司＋农户"的股份制经营模式，由集体组织负责引入农业生产公司，农户仅以农地经营权入股而不直接参与农业生产经营，公司负责对转入的土地进行开发利用，并按照事先约定的分红比例给予农民相应的经济收益。

其二，有条件地允许农地经营权以租赁等方式向工商资本流转和集中，发展适合进行产业化经营的农业项目。其运作模型为：先由农户将其手中持有的农地经营权转让给村集体，再由后者将农地予以调配和集中，以便于成片成规模地利用；再由集体组织将农地租赁给有用地需求的单位来进行规模化、集约化、产业化经营；集体经济组织在获取了用地单位所付出的报酬后，再按照事先与农户约定的规则将其分配给农户，从而使农户获得农地经营权的流转收益；在将农地流转之后，农民还可以在用地单位的农业生产项目中就业来获取工资性收入；用地单位则可以进行土地的规模经营，以发挥其人、财、物的综合优势，提高农业生产的整体效益。

其三，在农地流转市场较为发达的地区，探索农地经营权的信托等新兴流转模式。农地信托即由农民将其承包土地的经营权在一定期限内委托给土地信托机构，由信托机构对土地进行经营管理或者再次转让给有技术及有意愿的企业进行生产经营，企业或信托机构则按约定的报酬将其一部分经营收益给予农地的承包者。这些机构或企业由于具有较强的专业技术及管理水平，从而可以在提高农地产出效率的同时也使农民获得较高的收益回报。在这一过程中实现了农地经营权从农户手中向用地单位的市场化流转，农户作为委托人则可以获得由信托机构提供的经济收益，从而使其农地经营权在经济上得以实现。农地信托通过专业机构对农地的规模化经营管理，不仅有效提升了农地经营权的收益，还拓宽了农业经营的融资渠道，从而成为一种重要的农地经营权流转创新模式。

3. 建设用地使用权流转制度创新

四川农业转型升级下的集体建设用地制度创新，应以提高集体建设用地的利用效率、突显农民集体的土地财产权利等为基本原则，通过流转制度的创新来充分发挥市场机制对城乡建设用地资源的配置功能，从而为农业转型升级中壮大集体经济实力、促进农村劳动力转移等提供支撑。具体的制度创新则主要应从以下两方面进行：

一是要进行集体经营性建设用地入市的制度创新。首先，要明确集体经营性建设用地入市的范围和条件。在对集体经营性建设用地予以确权颁证的前提下，应根据相关的各项规划，并结合土地的区位条件及自然、经济等外部环境，以"先存量，后增量"的原则，将集体建设用地入市的规模和速度控制在一个合理水平，确保市场运行的有序、稳定。然后，要制定集体经营性建设用地入市的一系列规则，包括交易的形式、期限、程序与交易方式等。集体经营性建设用地的流转可以采取与城市建设用地相同方式进行；流转期限则可在对最高流转年限和最低流转年限加以控制的基础上，由交易双方自行商定；其交易方式可以参照城市建设用地，采取招标、拍卖、挂牌出让等方式；而在流转价格上，除了充分发挥市场机制的作用外，还应完善集体经营性建设用地的估价机制，以便于在市场发育尚不健全的情况下为双方的交易提供科学依据。除此之外，为了保证交易双方信息的畅通，还要搭建起交易的平台，完善相关技术手段来使供求信息能够快速、便捷地得以登记和公布，确保农村集体经营性建设用地的入市交易遵守规则、程序规范。最后，要建立起能够兼顾到集体、农民以及政府等各方利益诉求的收益分配机制。政府由于对土地利用的外部环境如基础设施、生态环境等进行投资，才使土地的价格产生了升值，只有获取适当收益才能保持对土地的持续投入，为集体经营建设用地的增值及流转提供有利条件，因此可通过确定合适的税率对土地增值收益的分配进行调节。而在集体组织内部，流转收益的大部分应由农民个体获得；对于留给集体经济组织的部分，则应在严格、规范的管理下用于发展公共事务、农业生产等事项。

二是要探索宅基地流转上的制度创新。实现农村宅基地流转制度创新，首先要完善宅基地的确权发证工作并提供交易的平台。产权明确是宅基地流转的基础，而为了保证流转的规范性，还要为宅基地使用权的交易提供平台，并制定一系列的交易规则，使其置于相关规章制度的规范之下，以保证农民的各项土地权益不受侵犯，同时也有利于形成公平、合理的市场交易价格。其次，对宅基地流转的流转期限应做出相应的制度安排。为巩固宅基地所有权，其使用权的流转应该是有期限的，否则流转也会架空所有权。在具体的可流转年限上，由于宅基地主要是承担农民的住房保障功能，因此可借鉴城市住宅用地的规定来设置最高流转年限。除此之外，在城乡人口结构变化加剧的情况下，宅基地的有偿退出也是农民获取土地财产收益以及发展集体经济的可行路径，应对这一宅基地流转的特殊形式做出制度安排。具体包括以下方式：①通过完善现行城乡建设用地增减挂钩政策，扩大指标交易的范围，来为农村宅基地的退出提供补偿资金，从而使集体经济组织及农民能够从宅基地的流转中获取土地收益。其运作过程如下：将经复垦并验收合格后的宅基地，按增加的耕地面积来给予相应的城市建设用地指标；然后将这些指标在农村产权交易所等机构进行交易，用地单位以所购得的这些指标通过征地等途径在城市落地使用。通过拓展农村宅基地与城市建设用地指标的置换范围，不仅使大量闲置和低效利用的宅基地得到更高效率的利用，也使更广泛区域内尤其是偏远地区的农民能够从宅基地的流转中获取土地收益。②在经济发达地区以及城市边缘地区，通过土地整理项目，将农户原有的宅基地退出后集中整理为集体经营性建设用地。集体经济组织既可以以此发展二、三产业来壮大集体经济组织，并获取用于对退地农户进行补偿的资金；也可以依照相关政策和程序将其入市而获取土地收益。

4. 统筹城乡建设用地市场制度创新

四川农业转型升级下的农地转用制度创新，应通过统筹城乡建设用地市场来优化土地资源在城乡之间的配置，从而在缓解城市建设用地需求压力的条件下不断缩小农地转用的范围，达到减少农地占用并维护农民土地权益的目的。而统一建设用地市场的构建，则应逐步实现城乡建设用地各项权能的一致，使城乡两种土地的产权最终能够在同一个市场交易。

统筹城乡建设用地市场，应使农民集体在符合相关规定的条件下能够自主地将集体建设用地进入市场交易，从而充分发挥市场机制对城乡建设用地资源配置的调节作用，切断地方政府在行政公权力驱使下肆意扩大农地转用范围的利益链，也避免了现行农地转用模式下政府低价补偿对农民利益的侵蚀。在具体的制度安排上，对于非公益性建设需要进行农地转用的，应摆脱过去主要依靠土地征收的方式。政府可在土地利用规划和城市规划等规划控制范围内，出台一系列集体建设用地入市的明确规则，用地单位和个人进行建设需要使用土地的，可以直接通过与农民集体的交易来获得土地使用权。而进入市场交易的集体建设用地的用途也需相应放宽，以适应城市建设项目的需要，从而摆脱了非公益性项目建设也需通过征地这一途径来解决。对于公益性建设需要进行农地转用的，也可以先行通过城乡统一土地市场这一途径来解决用地需求，然后再考虑土地征收的方式，从而不断缩小农地转用的范围。与此同时，政府对城乡统一土地市场的管理和调控则应通过法律法规、规划和税收等手段来进行，如以税收的方式而非低价征地高价出让的方式来对土地的增值收益进行调节。

统筹城乡建设用地市场应完善其运行的配套体系。市场的运行需要一系列良好的外部条件的协同（杨继瑞等，2011），具体包括交易平台、中介服务体系、信息发布制度的构建等（详见图2-5）。相对于城市土地交易市场，农村土地交易场所的建设相对落后，因此应加强农村土地交易机构的建设，以利于同城市建设用地市场的对接。各地区应因地制宜，设立由国土局等职能部门牵头组建的农村土地产权交易机构，如农村产权交易所、土地交易所等；并在区、县设立分中心，在乡镇设立服务站，构建起市、区县、乡镇三级互联互通的土地交易服务网络，实现三级交易联动运作。在此基础上，还要完善市场中介服务体系，建立如土地评估机构、土地开发机构、土地法律咨询机构等，提高交易双方的信息对称度。除此之外，土地市场上的相关供求信息和交易信息也应该及时面向社会公众发布，以提升市场交易的透明度，促进农户参与规范化的市场交易的积极性，这不仅有助于加强政府对土地市场的宏观调控，也能使农民集体和用地单位等交易主体准确把握土地供求状况、土地使用权价格等市场信息，从而有助于保护自身土地权益。

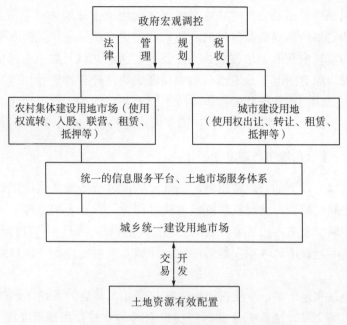

图 2-5　统筹城乡建设用地市场的基本框架

四、四川农业转型升级农地制度创新的外部环境重构

1. 农地金融制度

四川农业转型升级，需要有长期稳定的资金来源来形成有效的农业投入渠道。而市场经济条件下，土地是一种稳定且不断增值的资产，为了充分发挥这一资产的最大效用，应通过构建合理的农地金融制度，增加对农业投入的金融支持，为农业生产提供长期而稳定的资金来源。

根据四川省当前的金融环境以及农地金融现状，应从机构建设、运行模式、金融产品开发等方面来重构农地金融制度。首先，构建合理的农地金融组织体系。现行农地制度的特点决定了当前的农地金融制度更大程度上是一种农村政策性金融与市场化金融相结合的方式；与此同时，农地利用具有分布面广、分散性强、地域性突出等特点，这要求开展农地金融服务的机构也要与农地利用的这种特点相适应，在农村有广泛的网点分布格局等。而从当前的农地金融组织体系来看，商业性金融机构以盈利为主要目标的经营性质使其不愿意过多承担政策支农金融业务，难以单独提供农地金融服务，而且当前各大商业银行在农村的网点呈日益减少的趋势，无法与农地利用的特点相适应。因此，开展农地金融业务应首先构建起多元化的金融机构体系。由于农地金融的发展尚处于起步阶段，当前应以政府引导下成立的政策性土地银行为主，同时出台一系列政策来调动商业银行、涉农金融机构参与的积极性，共同构建起能为农民集体提供高效服务的农地金融机构体系。其次，创新农地金融制度的运行模式。在农村经济发展水平相对较好的地区，可以由地方政府组建政策性的农地抵押银行，并联合已有的金融机构，共同为有需求的农户提供农地金融业务；基层还可以在政府引导下建立农地抵押合作社，由农户将土地使用权折价入股，合作社获得贷款后再为农户提供发展资金。各金融机构的主要业务则应涵盖以土地相关权利为抵押的中长期、周转性贷款等。在农村经济发展水平相对落后的地区，可通过政府的先行介入，以政策性银行为主体开展农地金融业务，再循序渐进地开发农地金融市场。最后，科学设计农地金融产品。在农地流转市场尚不完善、经济发展水平相对落后的地区，农民由于缺乏有效抵押品而无法获得贷款，以土地收益或使用权为抵押的贷款有助于丰富农村融资手段；在这些地区，应主要为农户提供土地使用权的抵押业务。而在农地流转市场较为完善、经济较发达的地区，则可进一步探索土地资产证券化、土地流转收益保证贷款等新型农地金融产品模式。

2. 城乡户籍制度

户籍制度与农村集体土地制度在制度形成、制度功能等方面具有密切的内在关联。现行城乡分割的户籍制度对农村劳动力转移、土地资源利用产生了最直接和最根本的影响，它通过不平等的权益分配影响农村剩余劳动力和城市知识型劳动力的自由流动；更重要的是，由于农地的取得、使用、流转等是与城乡二元的户籍制度紧密相连的，从而使现行户籍制度通过对劳动力和土地这两个重要的基础性生产要素的影响，也即将农民束缚于农地之上而使传统的小农生产模式得以固化和延续，不利于充分吸收资金、设备、农技等要素来发展现代农业，从而对农业的转型升级产生了阻碍。由此可见，加快户籍制度改革，促进农村剩余劳动力向城镇、向非农业转移，是实现四川农业转型升级的重要条件。

四川省城乡户籍制度改革的核心是要建立城乡统一的户籍制度，主要包括两方面内容：一方面，打破"农业人口"和"非农业人口"的户口界限，允许有迁移意愿的农民进入小城镇和中小城市落户，并逐步放宽大城市对农民的准入标准。针对四川省现有农村人口数量庞大、不同规模城市人口承载力差异较大等实际情况，以及城乡差距、区域发展水平等外部条件制约，应采取渐进式、分类化的创新改革举措，也即通过由易到难、区分不同规模城市落户条件等方式来将城乡人口流动控制在一个合理水平。在放开小城镇和中小城市的户口迁移限制，让农民可以在进城进行务工、经商等活动的同时，规定凡在小城镇和中小城市有购买或者租赁的房屋、有稳定的职业与收入的农民，均可申请在小城镇和中小城市落户；进一步放宽大城市准入标准，使农民可以通过劳务市场等途径进入大城市工作，并且根据其在城市的就业年限、缴纳社保年限、纳税水平等设立在大城市落户的条件，不断放松对农民迁入大城市的限制，使农民的户籍状态能够与其实际的生活状态相匹配。在此基础上，逐步取消"农业"与"非农"两种户口类型，在全省推行统一的户籍登记制度，促进人口在城乡之间的合理、自由流动。另一方面，实行与户籍制度创新相适应的城乡统一的就业、医疗以及教育等一系列相关制度，使城乡人口的流动不因依附于户籍制度上的各种待遇差别而受到阻碍。现行户籍制度阻碍城乡人口流动的本质原因在于依附于城乡户籍上的巨大的福利待遇差别。因此改革城乡户籍制度，就要改变过去户籍和社会福利待遇紧密联系的做法，逐步弱化甚至取消城市居民不同于农村居民的一些优惠待遇；政府职能部门要通过改革就业、住房和社会保障等制度，不断剥离附加在户口制度背后的利益关系，缩小城乡户口所负载的诸如养老、住房、医疗、教育等方面的差别化待遇，缩小城乡居民的身份差别，使户籍制度回归到协助执政者统计决策和社会管理的基本职能，推动城乡人口和劳动力的合理流动。与此同时，政府应从统筹城乡国民经济体系和布局的角度出发，通过政策引导和财政支持，促进农村居民社会生活条件大幅度改善，使农民能够享受良好的养老、住房、医疗、教育等待遇，有效减少因户籍分割所带来的不平等现象，为实现城乡一元户籍制度创造有利条件。

3. 农地开发权制度

农地开发权不仅是基于保护农地而对土地用途转变所建立的经济约束，还是农民集体的一项重要财产权利。传统农业下，农地的主要收益来自于农业生产；而随着传统农业的转型升级，农地作为一项重要的生产要素，应通过各项权利的完善来发挥其最大效用。基于农地资源用途的多样性以及不同用途下产出的巨大差异性，需要建立合理的农地开发权制度来实现农地收益的最大化。

重构农地开发权制度。为此，一要明确农地开发权所属的主体。农地开发权是围绕农地的权利束中，可以单独分离出来的一项权利。由于农地开发权源自于所有权，因此这项权利的主体理应为农民集体，其在获取了由政府所设立的农地开发权之后，可以在一定条件和范围内决定农地开发权的使用、流转等事宜。对于单独取得开发权的单位或个人，也需要从农民集体手中购买这项权利。二要建立农地开发权的配置与流转制度。由于现行制度安排对农地开发权缺乏明确的规定，而权利的原始配置应当是一种政府行为。因此农地开发权的配置，应首先由政府根据相关法律法规及各种规划的控制，在一定区域范围内明确农地开发指标，农民集体则可以根据政府确定的指标安排来获取农地开发权，同时还可以将农地开发权进行转让。而政府在对农地开发权进行配置时，则需要考虑社会经济发展的需要，统筹安排农地开发权的数量、结构与时序关系。在农地开发权的流转上，农村集体经济组织作为农地开发权的所有者，可以按照相关规定，在一定条件下把农地开发权有偿出让给个人或单位，也可以出让给地方政府，农村集体经济组织在此过程中获得农地开发权的收益；而其他主体在取得农地开发权后，也可以按照相关规定及相应的程序，将农地开发权再转移给其他有需求的单位或个人。三要明确农地开发权的收益分配。农地开发权的收益应由集体、农民以及国家这三者共同享有。农民集体作为农地的所有者理应占有这项收益，但农地开发权所带来的土地增值收益的大部分应分配给本集体的农民，集体组织只能获取部分收益用于本集体内的经济发展和公共建设等事务；对于农民来说，其本身就是集体的构成者，土地也是其生活的主要来源和保障，理应获得最大部分的收益；而国家作为整个社会的管理者，农地开发权之所以能在经济上得以实现并产生较大幅度的增值，也是因为国家对各项社会事务及基础设施的投入，因此应获取部分农地开发权收益来实现对整个社会的持续投入。

4. 不动产登记及税收制度

传统农业下的不动产登记制度，农地、房屋等不动产由各相关机构按照各自部门的规定来进行登记，存在登记重复、纰漏、资料分散、不利于交易人查阅等问题；与此同时，与不动产相关的税收也需要以完备的不动产登记制度为基础。因此四川农业转型升级中应重构不动产登记及税收制度，为农业相关不动产的产权明晰、流转畅通及合理分配收益等提供保障。

　　不动产登记制度的重构应遵循城乡统一登记的原则，着重健全对农村不动产的登记。首先应在全省内的各级国土部门成立不动产登记机构。这一方面是由于国务院目前已将统一不动产登记职责交由国土资源部门承担；另一方面土地是各项农业设施和房屋等的载体，其本身作为一项不动产的同时也是多数不动产存在的基础，由国土部门统一登记不动产符合不动产的自然属性。在此基础上，应依据《物权法》及相关法规，明确不动产登记的一系列条例，使具体的登记工作有章可循，提高登记的规范性。在登记范围上，应将涉及不动产的农村各项资源以及依附于这些资源上的权利都纳入登记范围。如土地产权、农房所有权等。登记机关在依法给不动产申请人颁发登记证书后，还应通过不动产登记信息平台等技术手段做好相关备案工作，为相关信息的查询、使用等提供服务。

　　不动产税收制度的创新，应改变过去与不动产相关的各项税、费的繁杂、混乱局面，将其统筹安排并设立统一的税种，使政府能够通过不动产税这一明确而又简易的方式来获取持续、稳定的收入。具体而言，在房产保有税上，应以拥有不动产所有权或使用权的单位和个人为纳税主体。征税范围则应实现城乡税制的统一，也即应包括农村的各种不动产，但需要根据不同地区农村经济的发展状况实行较低的保有税税率；这样不仅可以通过增加乡镇财政的收入来为农业转型升级筹集发展资金，同时还加强了政府对农村集体土地及房屋等不动产的管理。在对不动产价值的评估上，由于四川多数地区的农村不动产交易市场发育滞后，应根据实际情况采用收益现值法、重置成本法或市场价格类比法等来确定。在不动产流转环节，可设置不动产有偿转让税，主要以整合过去涉及不动产转让的契税、印花税以及土地增值税等为基础，以此来改变流转环节税种繁多、征收繁杂等问题，通过简化和降低不动产流转环节的总体税负，为各项不动产的合理流转创造条件。而不动产税收制度的完善应在总体上起到提高保有成本、促进流转、合理配置资源的目的。

第三编

调研报告

调研一　四川粮油类家庭农场发展调研报告

2015 年中央一号文件提出要加快构建新型农业经营体系，创新土地流转和规模经营方式，积极发展多种形式的适度规模经营，鼓励发展规模适度的家庭农场，完善对粮食生产规模经营主体的支持服务体系。2015 年四川省委一号文件提出要进一步放开农村土地经营权，加快农业发展方式转变。为了解四川省家庭农场在农业产业创新和转型中的现状和发展中面临的问题，项目调研组于 2014 年 11 月至 2015 年 2 月到达了乐山市夹江县、广元市苍溪县、遂宁市射洪县、泸州市泸县、广安市岳池县、重庆市梁平县，选取大、中、小三种规模共 15 个家庭农场进行了实地调研。此次调研主要采用与政府官员和专业人员座谈、入户访谈、问卷调查相结合的方式，现将调研情况报告如下。

一、调研区概况

四川地貌复杂，以山地为主，具有山地、丘陵、平原和高原 4 种地貌类型，分别占全省面积的 74.2%、10.3%、8.2%、7.3%。地形西高东低，气候区域表现差异显著，气候垂直变化大、类型多，有利于农、林、牧业的综合发展；气象灾害种类多，发生频率高，范围大，主要是干旱，暴雨、洪涝和低温等也经常发生。四川东西部地区地形气候条件对比情况详见表 3-1。

表 3-1　四川东西部地区地形气候条件对比

	地形	气候	适宜发展的农业类型
川西地区	高原、山地，海拔多在 3000 米以上	寒冷、冬长、基本无夏、日照充足、降水集中、干雨季分明	高原多为草原，适合发展畜牧业；山地适合发展粗放型畜牧业
川东地区	盆地、丘陵，海拔多在 500~2000 米	冬暖、春旱、夏热、秋雨、多云雾、少日照、生长季长	盆地湿热多雨，适合发展种植业丘陵多发展经济林果木

二、四川粮油类家庭农场发展现状

四川省各地按照中央、省委省政府的部署要求，把发展农户家庭农场作为培育新型农业经营主体的重要抓手；与此同时，四川省各市结合当地情况为农户家庭农场制定了相关扶持政策，例如：泸县工商局和农业局联合下发了《关于认真做好家庭农场登记管理工作的通知》；遂宁市农业局颁布了《遂宁市农业局关于开展家庭农场调研的通知》并在遂宁市各地展开详细调研工作。

(一)粮油类家庭农场发展相对较慢，比重略微降低

四川省 2013~2014 年农户家庭农场基本情况如表 3-2 所示。从纵向来看，2014 年四川省家庭农场总数比 2013 年增长了 121.4%，其中种植业家庭农场比上年增长了 113.2%，低于畜牧业家庭农场、种养结合家庭农场的增速。从横向来看，2014 年，粮食种植类家庭农场占所有家庭农场的比重约为 23%，与 2013 年相比，比重略低 1%。因此，总的来说，四川省粮食种植类家庭农场发展比较快，但与其他类型家庭农场相比，发展相对较慢，占整个家庭农场总数的比重较低。

表 3-2   四川省 2013~2014 年农户家庭农场基本情况

	2013 年/个	2014 年/个	比上年增长/%
家庭农场总数	6267	13 873	121.4
畜牧业家庭农场总数	—	4287	120.2
渔业家庭农场总数	—	729	39.2
种养结合家庭农场总数	—	1488	272.0
其他家庭农场总数	—	565	174.3
种植业家庭农场总数	3192	6804	113.2
粮食产业家庭农场总数	—	3178	111.9
经营土地 50~200 亩	—	2760	107.8
经营土地 200~500 亩	—	319	177.4
经营土地 300~1000 亩	—	77	67.4
经营土地 1000 亩以上	—	22	100.0

来源：四川省农业厅经管处

(二)农场主以青壮年居多，文化水平普遍在初中以下

由表 3-3 的调查结果显示，农场主年龄在 40 岁及以下的占 26.6%，40~50 岁的占 33.3%，50 岁及以上的占 40%，可见农场主以青壮年居多。而农场主受教育年限为 9 年及以下的占 53.3%，9~12 年的占 33.3%，12 年以上的占 13.3%，初中以下文化水平的农场主占多数，大学文化水平的农场主占少数，平均受教育年限为 10.64 年，可见农场主文化水平普遍在初中以下。

(三)平均经营规模大，接近一半的农场有长期雇工

由表 3-3 的调查结果显示，农场经营规模平均为 708.40 亩，粮油类农场年均收入为 28.36 万元，土地流转年限平均为 6.59 年，有长期雇工的农场占 42.8%。

表 3-3 家庭农场基本特征调查表

特征值	年龄/岁	受教育年限/年	家庭劳动力数/人	注册资金/万元	经营规模/亩	年收入/万元	土地租期/亩	长期雇工/人
最大值	55.00	16.00	12.00	700.00	3350.00	60.00	15.00	6.00
最小值	28.00	6.00	2.00	3.00	50.00	1.50	3.00	0.00
均值	45.53	10.64	4.50	126.91	708.40	28.36	6.59	1.38

（四）土地流转价格不统一，流转规模大部分在 100 亩以上

由表 3-4、3-5 的调查结果显示，土地流转价格最低为 0 元，最高为 1000 元，土地流转处于无政府状态，流转价格还没有统一标准，平坝区土地流转价格高于丘陵地区。除去缺失数据的 4 户农户，仅 1 户的流转年限为 5 年以下，其余均为 5 年以上。流转面积在 100 亩以下的占 13.3%，100～200 亩的占 40%，200 亩以上的占 46.3%。

表 3-4 丘陵区粮油类家庭农场 2014 年土地流转情况

农场名称	土地面积/亩	土地租金/元	流转年限/年
射洪县大榆镇衡发家庭农场	515	500	—
射洪县昊禄家庭农场	90	400	5
射洪县弘欣家庭农场	110	500	3
梁平县兴旺家庭农场	146.8	350	—
岳池县阖家欢家庭农场	1800	690	5
泸县嘉明家庭农场	120	400	3
泸县云龙超越家庭农场	460	250	5
泸县清泉家庭农场	200	500	—
苍溪县鸳溪家庭农场	540	60—80	7.5
苍溪县食为天家庭农场	258	300	5
苍溪县五龙家庭农场	103	0	10

表 3-5 平坝区粮油类家庭农场 2014 年土地流转情况

农场名称	土地面积/亩	土地租金/元	流转年限/年
夹江县华青农场	2800	1000	15
夹江县海滨农场	3350	1000	9.5
梁平县坤平水稻种植家庭农场	150	620	5
梁平仁贸方志应家庭农场	50	300	—

来源：调研数据　注：—表示数据缺失

三、典型案例分析

案例主要以丘陵和平坝两种地区农场为对象。四川省粮油类家庭农场的发展势头较

好，平坝区的以夹江县华青农场为代表，大力发展传统粮油作物种植业；丘陵区以苍溪县鸳溪瑞农家庭农场为代表，将林下养殖和果蔬种植融入粮油作物种植业。本节主要采用比较分析法进行分析。

(一)丘陵——苍溪县鸳溪瑞农家庭农场

1. 基本概况

瑞农家庭农场位于苍溪县鸳溪镇清明村，成立于 2014 年 3 月，注册资金为 35 万元，类型为个人经营，农场主为王锐，经营范围主要为稻谷种植及销售。2014 年，瑞龙家庭农场共种植 540 亩粮油作物。鸳溪瑞农场家庭农场 2014 年粮油作物产量及销售利润详见表 3-6。

表 3-6　鸳溪瑞农家庭农场 2014 年粮油作物产量及销售利润表

粮油作物种类	亩产/kg	售价/(元/kg)	利润/(元/亩)
水稻	600	2.5	330
小麦	350	2.4	300
油菜	150	5.0	320

来源：苍溪县农业局

2. 主要经验

(1)农场主综合素质较高。农场主是高中毕业生，头脑灵活，并自学了农机、农技的相关知识，懂修理农业机械，还为其他农户的机械化生产作指导。

(2)分工明确，管理有序。鸳溪瑞农家庭农场劳动力共有 8 人并有明确分工，农场主王锐负责整地、播种、收割、农机修理等工作；妻子罗青华负责农场财务核算管理；4 个长工负责农机作业，工资根据农忙或农闲情况进行分别核算。农忙时聘请临时人员 22 人左右。

(3)土地租金按租赁期限分梯度支付。鸳溪瑞农家庭农场经营耕地面积 540 亩，流转耕地涉及 4 个村 12 个组 126 户 533 亩(其中 250 亩为农户撂荒地)，全部签订了土地租赁合同，其中租期 5 年的有 295 亩，租金为每年 60 元/亩；租期 10 年的有 238 亩，前 5 年每年 60 元/亩，第 6、7、8 年每年 80 元/亩，第 9、10 年每年 100 元/亩。土地租金以 5 年为限，按 5 年、6~8 年和 9~10 年分梯度逐期提高租金，促进了土地流转期限的长期性。

(4)农业机械化水平高。①农机利用率高。鸳溪瑞农家庭农场机耕率达到 90%、机播率 70%、机收率 90%，农业机械的使用保障了该农场的运转，并且还为当地农户提供作业服务，收取作业费。机械作业利润 15 万元，农场年利润 49.4 万元以上。②农机类型齐全，种类丰富，数量适中。(详见表 3-7)。

表 3-7　鸳溪瑞农家庭农场拥有农业机械情况表

农业机械	台数/台	价值/万元
东方红旋耕机	2	19.6
插秧机	2	11
久保田牌收割机	1	14
农舟牌收割机	1	5
浙江三联牌收割机	1	4
农用车	1	8
机动喷雾器	4	—
充电式喷雾器	5	—
抽水机	2	—
打米机	1	—
磨面机	1	—

来源：苍溪县农业局

(5)与农户合作的形式多元化。一是全家外出的农户将土地租赁给鸳溪瑞农家庭农场，由家庭农场自主经营、自负盈亏，农户定期收取土地租金。二是有一定经营能力的农户自己经营，与农场签订农业机械作业服务合同，农场按市场价 80% 的标准收取服务费。三是有老年人在家，但无力经营的农户将其土地入股，由农场统一安排生产经营，农户在农场务工，收取务工费，当年收获的农产品，扣除经营成本后(该种经营方式中鸳溪瑞农家庭农场提供的农机作业费按市场服务费的 70% 计算成本，如对外地的水稻收割 150 元/亩的价格，但对入股农户计算水稻收割价格时按 100 元/亩的标准计算)，农户和鸳溪瑞农家庭农场按 6∶4 的比例分成，分成可按当地市场价折算为现金兑现。

(二)平坝区——夹江县华青家庭农场

1. 基本概况

华青家庭农场位于乐山市夹江县青州乡，主要从事优质水稻、小麦种植以及油菜种植，经营范围是粮食和油料种植及销售、农业生态观光、垂钓以及其他娱乐服务。农场主刘树华是青州乡本地人，过去一直经营粮油加工，积累了较多资金和丰富的管理经验，于 2013 年 8 月成立华青家庭农场。

2. 主要经验

华青家庭农场将粮油作物种植和生态观光农业相结合，农副产品也是主营范围之一，这为农户家庭农场发展提供了一个新方向，脱离小农经营的本质，充分利用农副产品，提高农场的经营效益，减少化肥的使用，大力构建生态农业，将农业和旅游业、休闲业相结合，使农业的产前产中产后都更有价值。

(1)以粮油作物种植为主业。华青家庭农场的水稻、油菜等种植面积占 80%，其他蔬菜种植面积和鱼塘面积占 20%。该农场共有土地约 2781 亩，2013~2014 年水稻均种植了 2000 余亩，亩产约 800~1000kg，每年的总产量约 1500 吨。粮油作物种植是华青农场的主要收入来源，是进行加工销售、发展生态观光和娱乐服务（垂钓、农家乐）的基础。

（2）资金雄厚，经验丰富。华青家庭农场注册资金为 700 万元，全部是自筹资金。农场主过去一直经营粮油加工，积累了较多资金的同时，也积累了丰富的管理经验和建立了宽泛的人际关系网。

（3）加工销售延长了生产链，增加附加值。华青家庭农场由夹江福乐粮油加工厂发展而来，家庭农场成立后，直接利用原有设备进行加工，生产出"口口香""家乡米"系列大米，还比一般种粮大户多了许多副产品，如米糠和谷壳，全部被饲料加工厂收购。

（4）农业技术指导生产。华青家庭农场经常邀请技术专家指导发展，例如邀请四川农业大学的任万军教授作为技术指导专家，就工厂化育秧中心建设、规模化种植品种选择、提高产量的技术措施和品牌经营战略等方面进行了具体指导。

（三）小结

由于地形的不同，丘陵山地和平坝区家庭农场发展方向也有所不同。对山地丘陵地区家庭农场发展影响较大的因素是崎岖的地形，导致农业机械化水平低、土地规模小、交通不便造成的成本费用增加等问题，所以在山区可以发展林业、林下养殖业等，将农业种植业和这些产业相结合，利用地形，增加效益。而对平坝区家庭农场发展影响因素较大的是资金，因为该地形区农户家庭农场规模较大，发展势头较好，对后续发展资金的要求也就较大，应该因地制宜利用地形平坦的优势，发展生态观光农业和休闲旅游业。丘陵山地和平坝区家庭农场发展对照如表 3-8 所示。

表 3-8　两地形区农场发展对照表

丘陵山地	平坝区
农场规模小，土地面积多在 200 亩以下	农场规模大，土地面积基本在 200 亩以上
农业机械化水平较低，机械化率为 60% 左右	农业机械化水平高，机械化率达 100%
交通不便，运输成本高，农机成本高，年支出 3~4 万元	运输成本低，但规模大，消耗多，年支出 6 万元左右
生产效益较低，年收入 8 万元，纯收入 5 万余元	生产效益较高，年收入 13 万余元，纯收入 7 万余元
水利设施不完善，灌溉率为 70%	水利设施较多，灌溉率 100%

来源：调研数据

四、粮油类家庭农场发展中存在的问题

（一）机械化水平有限，尤其是机播率低

从完备性看，大多数粮油类家庭农场拥有的农业机械不齐备，调研样本数据显示，粮油类家庭农场多数拥有耕作机械，但缺乏播种机械、田间管理机械；从操作方便度看，多数地段还无专门的机耕道，不方便部分机械的操作；从数量上来看，样本家庭农场平均机械拥有量为 2.6 台，但实际分布不均，例如射洪县大榆镇衡发家庭农场仅拥有播种

机 1 台，其种植面积约 520 亩；从质量上看，调研的 10 个家庭农场的农业机械质量一般或者较差，每年要维修多次，原因在于：一是农场贪便宜，以价廉为首选；二是农场主自身因为知识缺乏导致无从鉴别机械质量优劣，并对整个农机市场产品缺乏深入了解。

调研的 15 个家庭农场中，66％的家庭农场是人工播种，机播率低至零。由于四川部分地区水田泥土底层土壤较软，插秧机器等设备容易陷入田中。因此机插秧操作难以实施，不得不雇工插秧，增加了家庭农场的人工开支。

（二）政策性保险需求得不到满足

农业保险不能真正保险，表现在覆盖作物有限，覆盖作物赔偿难和赔付标准低。访谈中农民普遍反映受灾后赔付难度大，仅政府给予少量受灾补贴；赔付标准低主要是因为现行农业保险保额的计算方法是将规模化经营主体在土地租金、机械和用工方面的主要成本考虑在内，通常最高是 400 元，即便全额赔付，也达不到"保险"的目的。例如华青农场 2014 年受虫害影响，水稻产量下降很大。在这种情况下，农场每年都要交保险费，大面积种植的小麦没有买到保险；买到保险的稻谷，保险额又过小，保险赔偿金额发放时间又长。

（三）家庭农场与合作社两者经营混乱

在调研的粮油类家庭农场中，普遍存在着家庭农场与合作社牌子共存。合作社"先成立后规范"，造成合作社盲目发展且存在假大空现象。农场正门挂了两个门牌，一边挂家庭农场，另一边挂专业合作社的牌子。农场主对两者概念区分不清晰，专业合作社和家庭农场都是特殊的农业企业，两者最大区别是合作社追求成员利益最大化，家庭农场则追求个人利益最大化。这利用了政策漏洞享受着家庭农场和农业专业合作社的双重补贴。业内人士表示，相当一部分人看重的是国家对家庭农场的支持政策，为了享受国家项目扶持政策而成立家庭农场，从而造成了同时挂家庭农场和合作社两个牌子的现象。

（四）粮食销售价格偏低，收益无保证

在调研的粮油类家庭农场中，70％的家庭农场的粮食被"二道贩子"收购，或者运到农产品市场销售。尽管商贩收购的价格大多低于国家粮食最低收购价，但因为国家每年出台粮食最低保护收购价的时间约在八九月份，此时农场的粮食大多因存储不便等问题直接销售给了"二道贩子"。也有一些家庭农场卖了部分粮食给国家粮仓，但实际收购价往往达不到最低收购价，原因在于收获后简单堆放的粮食质量不高。

（五）融资出现"马太效应"

在调研的粮油类家庭农场中，有90％的家庭农场出现资金周转困难的问题，尤其缺乏后续发展资金，其后果主要表现在缺乏足够资金去建设基础设施和完善农业装备结构。融资出现"马太效应"，即发展好、规模较大的家庭农场往往能得到更多的资金放贷和补贴，而发展较差的农场则很难获得补贴。如夹江县华青农场发展规模大，有专门的金融机构找上门给予贷款，资金充足，但众多小规模、发展基础薄弱的家庭农场无人问津，对金融机构而言，此类家庭农场既无可抵押资产，又无风险承受能力，担心放贷的资金

有去无回。

(六)基础设施建设不完善

调研结果显示，有90%的粮油类家庭农场反映农业基础设施建设有待完善，需要政府大力支持。具体表现在附属用地不足；大多未建设机耕道路，不方便机械操作；在晒场建设和粮食仓储设施方面，以苍溪鸳溪瑞农家庭农场和射洪衡发家庭农场为例，其主要表现为缺乏晒场，而购买质量好的烘干机又太贵，一个100吨的烘干塔需要50万~60万元，晒干后的粮食仓储设施大多简陋，不利于粮食质量的储存。尽管政府实行了粮食直补政策，但没有达到国家预期的调动农民种粮积极性的目的，所以政府的资金投入不应集中在粮食直补方面，应该以其他的补贴方式，对粮食生产的经营主体进行扶持。

致　谢

感谢乐山市夹江县、广元市苍溪县、遂宁市射洪县、泸州市泸县、广安市岳池县、重庆市梁平县等六县相关政府部门给予的协助和配合，同时对受访的15个家庭农场表达诚挚的谢意，让我们能顺利完成课题组的调研工作，最终形成此调研报告！

调研二　成都市都市农业发展调研报告

成都市长期以来大力推动现代都市农业的发展，取得了突出成就，但随着近年来居民的消费结构逐渐改变、消费方式趋于多元化，传统的都市农业根本无法满足市场需求；以及经营成本攀升、土地规模难以扩张、资源制约日益凸显等问题的显现，实现都市农业的转型升级显得越来越紧迫。为了全面摸清成都市都市农业发展现状及存在的主要问题，本课题组于 2015 年 3 月对成都市农委、双流区农业局、邛崃市农林局、蒲江县农业局、彭州市农发局、金堂县农业局等部门的领导和专家就都市农业发展问题进行了面访，并对所属区县的家庭农场、农民合作社、龙头企业等负责人进行了问卷调查。本次调查共发放了 50 份问卷，回收有效问卷 46 份，有效问卷回收率为 92％（详见表 3-9）。参与问卷调查者中，年龄在 30～50 岁之间的人数占 71.7％；高中及高中以下文化水平的占 67.4％；仅有 8％的经营主体从事养殖业，其余调研对象均从事种植业。现将调研情况报告如下。

表 3-9　调查样本分布情况一览表

地区	双流区	邛崃市	蒲江县	金堂县	温江区	彭州市	崇州市	大邑县	青白江区	新都区	都江堰市	合计
家庭农场	5	0	4	0	3	5	3	2	1	5	1	29
农民合作社	5	6	1	1	0	0	0	0	0	0	0	13
种植大户	0	0	1	0	1	0	0	0	0	0	0	2
龙头企业	1	0	1	0	0	0	0	0	0	0	0	2
合计	11	6	7	1	4	5	3	2	1	5	1	46

一、成都市概况

成都市是四川省省会，位于四川盆地西部、成都平原腹地，下辖锦江区、青羊区等10 区，代管 5 县 4 市。全市地势呈现西北高、东南低特点。截至 2014 年年底，成都市有常住人口 1442.8 万人，地区生产总值（GDP）10 056.6 亿元，一、二、三产业占比为 3.7∶45.3∶51；先后被国务院确定为全国统筹城乡综合配套改革试验区，国家重要的高新技术产业基地，商贸物流中心，综合交通枢纽以及西部地区重要中心城市。

二、成都市都市农业发展基本情况

（一）成都市都市农业发展历程

1. 传统农业发展期（1978~1988 年）

1978 年，家庭联产承包责任制推行后，成都农业产业开始全面发展。20 世纪 80 年代初，成都市政府根据当时粮食供应情况提出调整农业生产结构，坚持以鲜活农副产品为主、农牧渔业全面发展的方针，全市城郊农业开始萌芽，但限于当时的经济条件和城市化水平，本阶段农业发展的目标是"以粮为纲"，农业生产的主要目的是解决居民的温饱问题。

2. 城郊型农业发展期（1989~1994 年）

为缓解初级农产品供应紧缺的现状，成都市政府提出"服务城市，富裕农民"的城郊农业发展思路。1989 年随着"菜篮子"工程的实施，城郊农业加大了对城市的蔬菜供应力度，促使农业生产结构不断深化，生产效益开始提高。同时，城郊农业还开始呈现出"规模化、专业化、商品化"发展趋势。

3. 城郊农业向都市农业的过渡期（1995~2004 年）

自 1995 年起，成都市开始实施新一轮的"菜篮子"工程。围绕城乡携手共建"菜篮子工程"的目标，成都市进一步调整农业结构，逐步推行农业产业化经营。2001 年，成都市政府出台系列优惠政策，全面促进重点龙头企业发展与都市农业的产业化运作。2004 年，成都市农村工作会议强调要重点发展产品农业、加工农业、设施农业、生态农业等。由此，成都市都市农业的发展思路基本形成。

4. 都市农业全面推行期（2005 年至今）

随着城市化和社会经济的快速发展，建设可供居民休闲娱乐的自然生态园的都市农业发展的方向逐渐达成共识。庄园农业、观光农业、旅游休闲农业等新兴业态得到快速发展，逐步成为发展热点。2012 年初，成都市政府提出突出发展农产品精深加工业、有机高效农业和高端种植业。2012 年 4 月，成都市第十二次党代会对全市都市农业工作进行了部署，标志着成都市都市农业步入全面推进时期。

（二）成都市都市农业发展现状

1. 都市农业产业总体分布

1）产业结构分布

成都市地处成都平原腹地，受惠于都江堰水利工程的灌溉功能，"水旱从人，沃野千里"，特别适合都市农业发展。自发展都市农业以来，根据城镇居民消费需求和区域资源条件，结合日益完善的城市市场和流通体系，成都市不断调整优化都市农业产业结构，逐渐发展起粮食、蔬菜、畜牧、瓜果、苗木花卉五大主导产业以及优质粮食、花卉、猕猴桃、柑橘、草莓和生猪等特色产业区域。

从产业结构来看，2007~2013 年成都统计公报显示，成都市第一产业占总产值的比重逐渐降低，但产值却呈增长趋势（详见图 3-1）。2013 年，成都市全年实现农业总产值 584.6 亿元，比上年增长 3.5%，其中，种植业 308.2 亿元，增长 6.9%；牧业 235.1 亿元，下降 0.9%；全年农作物播种面积 75.9 万 hm^2，比上年减少了 1.0 万 hm^2。成都市农业发展呈现出以种植业为主，畜牧业为辅的产业结构特征；种植业占农业生产主导地位，这与大部分都市农业发达国家和地区以种植业生产为主的基本情况相对一致。总体来说，成都市农业结构相对稳定，都市农业发展基础稳固。

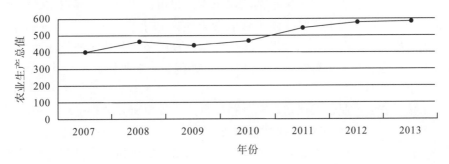

图 3-1　2007~2013 年成都市农业生产总值变化图

2）圈层分布

目前，成都市农副产品生产基地主要集中在城市近郊区域。随着城市居民消费需求的日益多元化，成都市对都市农业的内涵持续进行完善，不断赋予其乡村旅游、休闲娱乐、文化体验等更多功能，都市农业逐渐呈现出圈层式分布特征（详见图 3-2）。

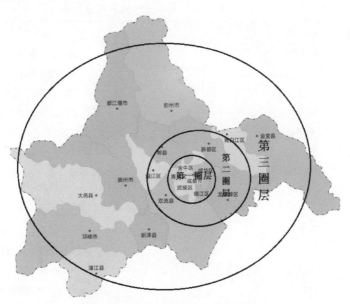

图 3-2　成都市都市农业圈层分布图

第一圈层是城市农业圈层，包括锦江区、青羊区、金牛区、武侯区、成华区、高新区六区。该区域依托于主城区的发达经济和科学技术，主要以改善生态、优化环境、服务城市为农业的主要功能，利用建设间隙（如庭院、屋顶阳台、立体围墙、屋檐下等）发展"插画式""镶嵌式"或"零星式"农业，常见的有景观农业、森林公园、主题公园等都市农业类型。

第二圈层是近郊农业圈层，包括龙泉驿区、双流区、温江区、新都区、青白江区及郫县五区一县。该区域农业以生产和辐射功能为重点，兼顾生态和生活功能，以现代农业示范园区为载体，重点发展优质粮油、绿色蔬菜、高档苗木花卉、休闲观光农业和农产品加工等产业，在承接第一圈层的技术、资金、资源的同时，带动远郊农业圈层的发展。

第三圈层是远郊农业圈层，包括都江堰市、彭州市、邛崃市、崇州市、金堂县、新津县、蒲江县、大邑县四市四县。该区域农业以生产和生活功能为主，兼顾休闲功能，重点发展优质粮油、猪禽、特色水果、绿色蔬菜、食用菌、名特水产等产业，主要有绿色有机农业、设施农业、生态农业、特色农业、休闲观光农业等农业类型。

3）产业空间分布

成都市按照农业产业发展规划，充分利用自然资源禀赋和地理优势，积极打造优势产业和特色产业。2014 年成都农作物播种面积达 1190 万亩，基本形成了优质猕猴桃、绿色蔬菜、食用菌、高档苗木花卉、茶叶、特色水果、粮油和中药材八大优势产业和生猪、生态休闲观光旅游等特色产业，形成了粮油深加工、蔬菜果品深加工、食用菌深加工、茶叶深加工、杂交水稻种子深加工五大农业产业化发展带。培育出了美好、通威、棒棒娃等本土知名品牌。全市有大型农业物流市场 13 家，年交易额累计 300 亿元以上。从总体上看，成都市的都市农业产业化经营规模相对比较大，发展势头好，带动了农户增收。成都市各区县农业产业分布详见表 3-10 及图 3-3。

表 3-10　成都市各区县农业产业分布统计表

区县名称	产业类型
新都区	蔬菜、粮油产业
龙泉驿区	水蜜桃产业
双流区	枇杷、冬草莓、葡萄、设施农业产业
温江区	粮油、花卉产业
郫县	精品蔬菜、粮油、花卉产业
彭州市	猕猴桃、外销蔬菜产业
都江堰市	猕猴桃、茶叶、粮油产业
崇州市	花卉产业
大邑县	食用菌产业
邛崃市	茶叶、中药材、生猪产业
蒲江县	柑橘、猕猴桃、茶叶产业
新津县	粮油产业
青白江区	食用菌、早熟梨产业
金堂县	食用菌、柑橘、设施农业产业

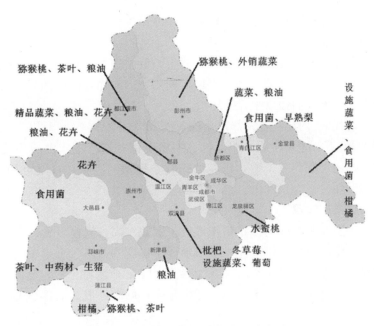

图 3-3 成都市都市农业产业分布图

2. 都市农业发展模式

1)设施型都市农业

20 世纪 90 年代,成都市通过不断引进和吸收国内外先进农业科学技术,使得设施农业逐渐发展,并呈规模扩大态势。近年来,成都市设施农业的经营主体不断壮大,许多有实力的民间资本纷纷投资设施农业,涌现出一大批设施农业的优秀代表,如都江堰孙桥农业有限公司、双流久天家庭农场、彭州商品蔬菜基地、温江友庆现代农业示范园等。日前,设施农业已成为成都都市农业的一大亮点,其科技化水平位于我国西部地区前列,规模化、标准化、集约化和品牌化程度逐步提高,引导成都农业从传统方式向现代农业转变,这对成都市统筹城乡发展和建设世界现代田园城市有着重要意义。成都市设施农业发展情况详见表 3-11。

表 3-11 成都市设施农业发展情况统计表

设施类型	面积/hm²	复种面积/hm²	主要经营类型
智能温室	14.45	30.56	种苗培养,高档花卉和珍稀蔬菜
设施大棚	17 223.72	36 208.6	花卉,反季节蔬菜
砖混菇房	513.57	821.33	蘑菇

成都市彭州市自然条件极其适合蔬菜生长,蔬菜产量高、质量优,蔬菜年销售收入超过 15 亿元,被誉为成都市设施农业发展的典范。多年来,彭州市以打造成都市无公害"菜篮子"为目标,大力发展设施农业,包括钢架屋棚设施、温室、智能操控等多种科技农业设施的投入,使得彭州蔬菜产业发展如虎添翼。例如,设施最完善、管理最好的彭州蔬菜科技博览园拥有优质蔬菜种苗智能化育苗车间 16 000m²、气调和加工物流配送中

心 6000 m^2、标准化设施蔬菜生产示范基地 45 000 m^2。

2)生态型都市农业

成都市生态型都市农业发展以"自然、再生、可循环"为基本原则,强调农业产业结构优化和自然环境资源与社会资源的多层次利用,形成稳定高效的复合群体,提高生态系统的生产力,改善人们赖以生存的环境。

崇州市丰丰现代农业园区是成都市生态型都市农业发展的典型代表,该园区占地4000 余亩,共投资 1.3 亿元,从事鸡、鸭、牛规模化养殖,将产生的粪便进行蚯蚓养殖,而养殖的蚯蚓用于喂养鸡、鸭,蚯粪用作牧草种植的肥料,牧草再用来喂养牲畜,真正实现了生态循环。

3)观光休闲型都市农业

成都观光休闲型农业发展至今,初步形成了效益较高、规模较大、布局合理的总体态势,并引发了一定的集聚规模效应。基本形成了以花卉苗木、瓜果蔬菜、特色养殖为主的观光休闲农业带以及以"农家乐"、星级乡村酒店、旅游特色村、全国农业旅游示范点以及旅游古镇为特色的乡村旅游产业,特别是乡村旅游已成为成都市都市农业的一大亮点。

4)体验参与型都市农业

体验参与型都市农业是将农业综合所在区域的地域特色,构建融园艺习作、农副产品传统加工、农产品采摘等农事体验的一种新型农业发展模式,其代表形式不仅为果园、菜园、民居、池塘等乡村田园景观休闲观光,还包括吃农家饭、住农家院等乡村体验,露营、草地足球等文体娱乐,民族节庆、婚俗、赏花节等民俗活动,让城市居民在体验农事中舒身舒心、享受田园之乐。目前,成都市体验参与型都市农业才刚刚开始发展,主要发展的是采摘型体验,如双流冬草莓采摘节、夏季葡萄采摘节和龙泉驿的水蜜桃、枇杷采摘节等。

5)特色精品型都市农业

特色精品型都市农业则是在农产品生产过程中按照无公害、绿色、有机农产品(食品)生产技术规程(标准),从生产、加工、包装、运输到销售实行全程质量控制,组织生产具有地域特色的安全、营养、优质、鲜活的农副产品,为适应城市居民的生活对食品消费要求不断提高的背景下发展起来的。目前,成都市按照无公害的、标准化的生产技术标准,共建有优质蔬菜生产基地 105 万亩,错季或反季蔬菜生产基地 40 万亩,并对生产、加工、运输和销售等一系列过程进行全程监控,确保了农产品优质、高效、安全。

3. 都市农业发展特征

1)经营主体多元化

在成都市现有的新型农业经营主体中,家庭农场占 60%,农民合作社占 28%,龙头企业占 6%,种植大户占 4%,其余占 2%;由此可见,家庭农场占到新型农业经营主体总数的近 2/3。这些经营主体之间并非完全独立,彼此之间也存在相互联系,形成不同的经营模式。如家庭合作联社、"家庭农场+农产品体验店""家庭农场+农民合作社+农户"或者"农民合作社+种植大户+公司"等更加新型的农业经营组织,但这些更能迎合市场、适应市场的群体发展并未得到广泛认可和推广。

2)产业结构单一

在实地调研中发现,成都市都市农业所涉及的产业较为单一。经营主体一般都根据组织自身特色及区域特点,种植农业产品或养殖牲畜,销售方面由经营主体直接与固定顾客签订协议。据调研数据显示,只有少部分经营主体会花时间及精力来对自己生产的农产品进行更好的宣传推广;此外,也只有5家被调查的经营主体涉及餐饮、旅游等行业,仅占总数的10%。如一些采摘园、农家乐等场所提供了餐饮旅游等服务,其种养殖规模、产量等指标则远远赶不上专一的农业经营组织。由此可见,成都市都市农业经营组织在产业结构上分离严重,第一、二、三产业间互动性小。

3)产品加工率低

农产品加工主要包括对农产品升值加工(包装)、深加工(酿造、提取等)、贮藏和保鲜类加工等。农产品加工的方式也有许多种,例如自行加工、委托加工等。在调研的新型农业经营主体中,参与农产品加工的组织共7家,其中对农产品进行升值加工的经营组织占7%,进行深加工的占9%,进行贮藏、保鲜类加工的占1%,剩下83%的经营者无任何售前加工,都是直接将农产品进行销售。

4)品牌及商标数量少

调研发现,成都市周边农业经营主体在经营过程中创立品牌、拥有商标的较少,其中拥有品牌的24家,占52%;无品牌的22家,占48%。拥有注册商标的18家,占39%;无注册商标的28家,占61%。大部分经营主体没有选择创立自己独特的品牌或注册商标的原因是品牌创建过程中存在很多困难,比如生产要素缺乏,无法达到认证标准,组织内人员品牌意识薄弱等。

(三)成都市都市农业发展的影响因素

1. 耕地面积

由于城市的扩张和基础设施的修建,成都耕地面积在近郊减少明显,远郊地区耕地质量也在下降。成都人多地少,农业发展环境、空间受限已成为不争的事实。从事都市农业生产经营活动的各类主体大多是以租赁的方式流转农村集体所有的土地进行经营活动,虽然根据土地所处方位不同每年平均成本不尽相同,但租赁土地的费用支付方式基本上都是采用按年度以现金支付或一定粮食支付。在土地流转方面让经营者觉得最大的问题在于土地成本逐渐增高,在调研的六个区县中,每亩土地年流转成本折算成市场价值,最高的蒲江县达到6300元,最低的彭州市也有1600元。此外,农村土地流转程序、纠纷处理等制度设计还需完善。

2. 融资渠道

资金是都市农业发展的重要影响因素。通过走访我们发现,都市农业经营主体的资金来源大多数为自筹资金,少部分会选择银行贷款这条途径(占调研总数的30%),其主要原因在于缺乏抵押物且贷款利率较高,在这少数贷款人中,最高利息支付可达50万元/年。

3. 技术供给

农业技术的使用在都市农业发展的过程中起到不可或缺的作用。目前，在成都都市农业发展中，多数经营组织所运用的技术都为自有技术，与高校及技术公司的合作相对较少，经营主体们通常通过网络、咨询服务等方式获得自己所需的技术信息；此外，都市农业的经营者对于技术培训的积极性非常高，愿意接受培训的人数占总数的93%，大家普遍接受的技术培训方式为现场指导，以获得更适合本组织发展及具有现实意义的技术。

4. 政策扶持

都市农业发展还需要政府的政策支持与规范化管理。都市农业经营者面临的自然风险、市场风险等较高，政策是经营者规避风险强有力的后盾，但目前我国在这方面的政策扶持与都市农业发展不相匹配。调研数据显示，有33家经营主体接受了国家、省、市不同级别的扶持，占总数的71.7%，但扶持力度较小，还存在政府扶持错位的现象产生，并未实实在在给农业经营主体们提供切实的资助。同时，经营者反映政府所提供的公共服务也并不全面。

本课题组对成都市都市农业的五个重要影响因素目前的状况做出了满意度的调查（详见表3-12），数据显示，都市农业经营主体对于土地使用状况及技术信息来源方式两项的满意度较高，对于公共服务满意度相对较高，而对于资金来源及政府扶持方面满意度低。

表3-12　成都市都市农业影响因素满意度调查表

满意度%＼分类	非常不满意（1分）	不满意（2分）	一般满意（3分）	比较满意（4分）	非常满意（5分）	平均值
土地使用	0.07	0.22	0.20	0.29	0.22	3.37
资金来源	0.23	0.31	0.15	0.31	0	2.54
技术信息来源	0	0.19	0.29	0.40	0.12	3.45
政策扶持	0.29	0.26	0.32	0.03	0.10	2.39
公共信息	0.12	0.22	0.27	0.34	0.05	2.98

三、成都市都市农业发展存在的问题

（一）都市农业经营模式创新不足

在都市农业发展过程中，成都市通过土地流转等系列政策，以标准化的农业生产基地为依托，培育出了大批龙头企业、家庭农场、种植大户等新型农业主体，但总体上这些主体之间联系并不多，仅有"公司+农户""合作社+农户"等多种简单的农业经营模式，创新性不足，使经营组织出现实力不强、规模不大、运营交易费高、利润小等一系列问题。以温江普遍存在的花木家庭农场为例，这些以花木种植为产业的家庭农场，都是以散户的形式进行花木种植与交易，其经营模式传统古板，并且单一的经营组织实力薄弱，使各方面问题层出不穷，进而导致经济效益低，风险大。

(二)都市农业产业化程度不高

当前，尽管成都市农业生产方式已由粗放型走向了精耕细作型，但仍然面临产业结构调整缓慢，生产规模小，产业化、社会化程度低的问题。在成都市都市农业发展中，虽然各地区都具有特色优势和长期发展基础，并且形成了相对应的产业发展区。但是，其生产方式大多还是散户经营，产业规模化、集约化程度不高；其农业产业结构主要还是以种植业为主，第二、三产业比重小，经营组织在产品加工环节上意识薄弱，使得三大产业间的经济联动作用未能很好发挥出来，尤其对"2.5产业"(介于第二和第三产业之间，以服务性为主，附加值较高，污染较少的产业)的规划和布局还不够。如双流区胭脂脆桃专业合作社，其社长为西南农业大学毕业生，从事农业工作六十余年，对于水蜜桃种植有着丰富的经验。该合作社重点在于技术培育、新品种研发，主要采用差异化战略，准确把握市场动向，可在大量水蜜桃上市前后满足市场需求，避开高峰，以此来获得更高的经济利益，但其仅仅涉及水蜜桃种植及批发这两项基础产业，而忽略了与其他产业的结合，以致其发展十分缓慢。

(三)都市农业品牌发展战略滞后

品牌战略是提升都市农业竞争力的重要手段。成都市蔬菜、水果等产业以其规模种植和优良品质在国内市场已享有一定的美誉，但作为农产品，其同质性较高，若在销售中不实施人为的差别化策略，将无法实现优质产品应有的价值。成都市农产品品牌战略的实施起步较晚，生产、销售人员品牌意识淡薄，农产品注册力度不够，包装粗放简陋，差别化经营能力弱。品牌战略不仅在农产品方面作用大，在休闲旅游农业中，品牌宣传的作用更是不可或缺的，因而品牌效应影响着都市农业的竞争力。蒲江水果产业在全国属于佼佼者，其主要以柑橘、猕猴桃种植为主，蒲江县政府也积极通过申请"三品一标"认证、参加国内外农产品展销会、举办农产品推荐会等方式为其水果品牌进行宣传，但其品牌建设发展缓慢，至今柑橘产业打造品牌3个，猕猴桃产业打造品牌2个，但知名度均不高。

(四)都市农业参与者素质偏低

经实地调研结果显示，成都市都市农业的经营主体负责人总体素质偏低，基本都来自从事传统农家乐经营的农民，文化程度整体不高，高中以下学历占总数的67.4%，农业经营主体所雇佣的劳动力大多为"留守"的老人和妇女，而具有现代化经营理念、管理能力的高素质经营管理人才和拥有较强技术开发能力的技术人才普遍缺乏，这些都大大限制了都市农业的发展。如双流区四友葡萄农庄在农忙季节雇用当地留守老人、妇女进行农业劳作，其只能从事最基础的剪芽、套袋等工作，技术指导又需要另外雇佣人，参与劳动者的低效率既增加了人力成本，又制约了农庄更好的发展。

(五)都市农业基础设施相对落后

据课题组实地调研表明，基础设施的不完善是制约成都市都市农业发展的主要瓶颈。

邛崃市黑水村专业养殖合作社是以村长为合作社负责人建立起的水产养殖专业合作社，其养殖总面积达四百多亩，由于丘陵地区地形地貌的特征，该合作社采取沿白渠养殖的方法，投资巨大，每亩可达 20～30 万元，但由于资金紧缺，政府对于基础设施建设的投入较少，部分社员并没有修建适合地形地貌的鱼池，造成合作社整体产量不高，效益较低。邛崃市云槐猕猴桃专业合作社同样遇到类似的困难，该合作社 2009 年成立，如今种植规模已达五千多亩，猕猴桃产量二千多吨，产品远销广州、深圳、北京等地区，但由于基础设施落后，缺乏大型冷冻仓库，造成合作社在收货季节投入大量的人力物力来保障水果的新鲜，对合作社的利益影响较大。

（六）都市农业生产效益较低

由于成都市的人均耕地面积相对较少，私营企业较多，工业发展较快，用工量大，同时农民又不愿意放弃土地承包权，造成了越来越多的农民选择在就近打工经商的同时种起了"懒庄稼"。此外，农业经营主体在发展上存在的困难，例如资金不足、规模不大、风险较高等问题得不到很好的解决。长时间处于这种态势，必然会影响成都市都市农业的健康发展。

致　谢

本次调研得到了成都市农业委员会、双流区农业局、邛崃市农业和林业局、蒲江县农业局、彭州市农村发展局、金堂县农业局领导和专家的大力支持，同时也得到了四十多家新型农业经营主体负责人的积极配合，在此一并致谢！

调研三　南充市现代农业发展调研报告

四川省南充市作为丘陵地区农业大市，近几年来按照省委、省政府加快发展现代农业的战略部署，将建设国家现代农业示范区作为促进农业转型发展、建设丘陵区现代农业强市的强大引擎，走出了具有丘陵地区特点和优势的现代农业发展新模式、新方法、新方向，并积累了丰富的经验。为进一步了解总结南充市发展现代农业的现状和成功经验，并为四川省现代农业发展提供一些启示，调研组于 2015 年 8 月 4 日至 7 日前往南充市调研其现代农业发展情况和现代农业物质条件、现代农业科学技术、现代农业产业体系及现代农业经营形式进行了详细的了解；11 月 16 日至 18 日再次重点考查了南充市国家现代农业示范区情况，并与南充市农牧局部分领导、负责人、专家进行了详谈，收集了南充市关于现代农业的发展概况、发展规划等相关资料。现将调研情况报告如下。

一、南充市现代农业发展概况

(一)南充市发展现代农业的社会经济情况

南充市位于四川省东北部、嘉陵江中游地区，东边与达州市相邻，北部与巴中市、广元市为邻，南接广安市，同时与遂宁市、绵阳市接壤，辖 3 区 1 市 5 县，辖区面积 1.25 万 km²。南充市地形以低山区和丘陵区两部分为主，区域内气候温暖湿润，雨热同期，农作物生长所需条件较好。辖区内河流较多，主要为嘉陵江所属各大支流，生物资源丰富。

南充市是四川丘陵地区的农业大市。截至 2014 年南充市总人口达到 759.02 万人，其中农业人口 579.95 万人，非农业人口 179.08 万人。2014 年南充市全年生产总值 (GDP)1432.02 亿元，比上年增长了 7.2%；人均 GDP 为 22 639 元，比上年增长了 7.0%；第一产业增加值 313.86 亿元，比上年增长了 4.2%，三大产业对经济增长贡献率分别为 10.8%、51.4% 和 37.8%。2013 年南充市全年农林牧渔业总产值达 499.7 亿元 (详见表 3-13)。

表 3-13　南充市 2013 年农林牧渔业产值情况

指标	产值/亿元	比重/%
农林牧渔业总产值	499.7	
农业	217.7	43.6

续表

指标	产值/亿元	比重/%
林业	12.6	2.5
牧业	250.7	50.2
渔业	14.4	2.9
农林牧渔服务业	4.3	0.9

数据来源：《2014 年四川省统计年鉴》

南充市粮食、生猪及蚕桑种植面积和产量均居全省第一位，果、蔬种植面积和产量居全省第二位。截至 2013 年，南充市现代农业示范区内适度规模经营率已达 50％，特色产业基地面积达 120 万亩，已全面建成 4 个"百公里丘陵山地生态立体循环农业示范带"。南充境内沿主要河流区域已形成柑橘产业、伏季水果产业及特色蔬菜产业三个主要产业带，并且形成了规模化的生猪和食用菌生产基地，现代农业发展势头较好。

南充市处于"成渝两小时经济圈"范围内，区位优势明显，其交通条件极为有利，航运、水运基础设施建设稳步推进，南充机场可直通北京、上海等大城市；嘉陵江贯穿其中，逐渐渠化后有助于港口码头的建设，总体上交通较为便利。

（二）南充市现代农业发展现状

1. 农业生产物质条件现代化

南充市处于丘陵地区，山地多、平地少、土地零碎，发展适度规模经营较为困难，但该市抓住国家现代农业示范区建设的机会，推进重点项目建设，农业生产的物质条件不断优化和提高，并向现代化农业迈进。

南充市高标准基本农田建设的逐步推进，有效地整治了农村土地，村道、耕作道等，通过调整田土、修筑田地埂、配方施肥、秸秆还田等措施，改善了耕地的质量状况，实有耕地逐年增加，各村基本都配套了相应的蓄水池、提灌站、排灌渠，耕地有效灌溉面积率较稳定（详见图 3-4）。

图 3-4　南充市实有耕地面积及有效灌溉率

数据来源：《2014 年四川省统计年鉴》

截至 2014 年南充市高标准农田示范区内机械化率可达 65％，示范区内近 90％的稻田可实现机耕、机播、机收，积极引进和应用先进种养设备，智能化水平全面提升，农业机械总动力不断提高，2014 年农业机械总动力达 253.37 万 kW，较上一年增长 4.7%（详见表 3-14）。

表 3-14　南充市农业机械动力增长情况　　　　　　　　　　　　　　单位：万 kW

	2009	2010	2011	2012	2013
运输车动力	14.53	14.31	13.94	13.78	27.69
大中型拖拉机动力	1.35	1.61	1.71	2.12	2.39
小型拖拉机动力	1.39	1.42	1.50	1.51	1.58
排灌动力机械动力	48.77	51.21	48.19	49.48	61.62
其他机械动力	113.46	121.01	137.39	152.24	148.71
农业机械总动力	179.50	189.56	202.73	219.13	241.99
农业机械总动力增长/%	7.8	5.6	6.9	8.1	10.4

数据来源：《2014 年四川省统计年鉴》

南充市还特别注重农产品生产安全问题，通过减少化肥用量、生物防治病虫害、可降解农膜使用等，保证农产品质量安全；修建农户沼气池并建立村级服务网点，提高了清洁能源利用率，重视省级集中供气工程的推进；农村地区基础设施建设逐步完善，各村基本实现了村村道通路，交通基础设施建设稳步推进，农村居民生活环境得到有效改善。

2. 农业科学技术现代化

南充发展现代有机农业、现代特色生态农业取得的成果离不开国家现代农业示范区"一心两园三基地"布局中科技研发与孵化中心提供的强大的农业科技作支撑。

在农业实用技术的推广中，南充市现代化农业示范区建设的农业科技成果试验与推广应用基地做出了典型示范，基本实现了良种、良法、良壤、良灌、良制、良机"六良"配套，为农作物、桑蚕、畜禽的栽培、植播、养殖技术推广以及资源循环利用技术推广等提供了极大支持。示范区内注重现代物质条件对农业的装备，种植地实现全程机械化，养殖基地实现设施设备智能化、自动化。龙头企业先行先试，为现代农业科技成果转化和运用提供示范。在南充现代农业发展中，"高坪本味""嘉陵天兆""西充龙兴"等龙头企业在科学技术创新和运用上敢于先行先试。

南充市通过加强科技合作，引进先进技术以提升科技的集成与运用。积极与中国农业科学院、浙江大学、西南大学、四川农业大学等各大科研院校进行科研合作；积极开展国际合作，与法国香槟—阿登大区政府合作，推进港航园区、西充园区两个中法农业科技园区建设；与台湾签订农业科技合作协议，全面引进台湾精准农业科学技术，引进火龙果、日本甜柿等优良品种。

进一步完善基层的技术推广体系使农业科研技术更好地得到了应用。南充市现代农业示范区创新推广的新方式，采用实名制农业科技推广方式，实行农技人员定点联系种植大户、种养大户。同时在示范区内开展农民培训，提高农民的农业科学素质。推广应用水肥一体化、"三诱"绿色防控、避害栽培等标准化高效种植技术，现代农业示范区科技贡献率为73%以上。农业科学技术进入现代化。

3. 农业产业体系现代化

南充市农业产业培育已初具规模，特色产业带基本形成。按照"一年布点、两年连线、三年成面"的工作步骤，建设"八园一带"，建成四个"百公里现代循环农业示范带"，形成"一心两园三基地"的产业布局（详见表3-15）。

表 3-15   "一心两园三基地"产业布局

产业布局	具体布局		农业产业化企业
一心	科技研发与孵化基地		广绿台湾农业科技孵化园、星河生物科技有限公司等
两园	农产品加工园		多扶园区、嘉陵园区
	农产品物流园		小龙农产品物流园
三基地	现代种业繁育基地	现代畜禽业	绿科禽业、天兆猪业、本味农业等
		标准化蔬菜生产基地	南充农望农业开发有限公司、南充市广丰农业科技有限公司等
	标准化生产基地	标准化粮油生产基地	四川省航粒香米业、南充市大唐农业开发有限公司等
		标准化水果生产基地	嘉陵柑橘合作联合社、广绿台湾农业科技孵化园等
	观光农业旅游基地		锦绣田园风景区、百科有机园

资料来源：四川省南充市国家现代农业示范区建设规划（2011~2015年）

南充市以农业新型经营主体为示范区建设的主力军，通过招引龙头企业、引导和培育农民合作社、创建农民产业园等举措培育多种形式的新型经营主体，密切各方利益联结，有力吸引和带动近5万农户进入产业园区。农业龙头企业基本建立了生产基地，加工包装体系，物流上采取冷链设施，销售上建立直销店和直销车等网络体系，并形成了现代农业开发的完整产业链。农业产业化龙头企业集成整合资本、技术及人才等农业生产要素，进一步提升了产业水平。龙头企业、农民专业合作组织、种养大户及家庭农场等各类新型经营主体的发育和壮大，基本构建起为现代农业生产提供技术、农机和物资配送服务的产业服务体系。

南充市农产品的质量管理能力和标准得到提高。紧扣生产、销售两个关键步骤，严格监督和管理农产品投入阶段、销售阶段，生产阶段实现信息监控化、可视化管理，严格检测各项指标，实行农产品质量可追溯，农产品的检测实现动态化。

积极探索农产品品牌建设，创建了具有南充市地区特点的农业品牌。区域内利用极具地方特色的产品，建成一批通过有机认证基地、地理标志产品认证基地、无公害农产品整体认证的县（市）；拓宽地区特色农产品销售市场，建成地区特色农产品专卖店，在部分城市设立了具有南充特色的农产品展销中心；注重打造具有县域特色的优势产业，创建县域特色品牌，如高坪区已授牌为"中国甜橙之乡"。

南充市农产品市场营销体系进一步完善，农产品直销店建设持续推进，电子商务网上销售额逐步增长；产业发展所需农业科技水平不断提高，生态立体循环农业新模式得到进一步推广；农业投（融）资体系不断创新，农业金融产品不断丰富，政策性农业保险全面推进，创新保险种类，比如果蔬特色产业保险、生猪价格指数保险等，产业参保率达到95％以上。

4. 农业经营形式现代化

南充市在推进现代农业发展中，各类新型经营形式不断出现、壮大，为农业生产提供技术、农机和物资配送服务的社会化服务。农村地区的土地相关改革，包括土地承包权在内的农村"七权"颁证工作稳步跟进，有助于土地流转的顺利进行，整合农业资源以吸引社会投资，同时也有助于培育和发展家庭农场、专合组织等新型经营主体。2014年全年各新型经营主体流转5年以上的占总流转面积的78.05％，有效整合了农业资源。

表 3-16　2014 年南充市新型经营主体统计

新型经营主体	数量/户	人均年收入/万元
种养大户	4910	0.91
家庭农场	2303	2.53（户均）
农民专业合作社	3486	0.9

数据来源：南充市农牧局

由此 3-16 可见，2014 年南充种养大户共 4910 户，带动农户 3 万多户；家庭农场2303 个，且 93％经营土地面积 50～200 亩；农民专业合作社 3486 个，年经营收入 152617.4 万元，人均纯收入 8971 元；龙头企业方面，各类涉农企业 610 家，其中国家级 1家、省级 35 家、市级 210 家，2013 年共实现销售收入 280 亿元，其中销售收入 500 万元以上的龙头企业 207 个；各类新型经营主体发展势头较好。农业适度规模经营需要新型经营主体的多样化和持续发展壮大。家庭农场在种植业、养殖业、乡村旅游业一体化开发中极具潜力；龙头企业通过"公司＋基地＋合作社＋农户"等运作模式发展社员，辐射带动周边农户，可以推动适度规模经营。

二、南充市现代农业发展经验总结

根据南充市现代农业发展现状和基本情况，可以从中总结一些经验。本调研主要从政府作用与发展模式两方面进行总结与归纳，认为南充市主要通过抓住国家现代农业示范区建设的机遇走上现代农业发展道路，通过产业带动、科技支撑，找到自身发展路径。

（一）政府对南充市现代农业发展的引导

1. 南充市现代农业发展规划

南充市现代农业发展取得丰硕成果离不开符合发展实际、遵循客观规律的现代农业发展规划的指导，现代农业发展规划是对南充市现代农业的发展方向和模式的总体布局。

南充市颁布的《南充市总体规划(2010—2020年)》中指出，要大力发展现代农业着重突出优势产品和特色农产品基地建设，培育农业龙头企业，推进产业化经营；2012年颁布的《南充市"十二五"农村经济和现代农业产业化发展规划》进一步对现代农业发展提供了方向，指出特色产业基地建设、国家现代农业示范区建设、农产品加工业发展和农业产业化经营要持续推进，农产品质量安全体系建设要不断加强和完善；2013年发布了《四川省南充市国家现代农业示范区建设规划(2011-2015年)》，全面规划了国家现代农业示范区的建设细节，充分利用国内外的成功经验，促进农业产业体系、农业经营组织方式、金融服务体系、物质生产条件、科学技术的现代化，培育和壮大现代新型农民，重点打造经济和示范二大核心功能。

南充市现代农业依赖于科学的规划和安排，至2015年示范区在集约化、标准化、市场化、产业化、品牌化程度上有了很大提升，基础设施逐步完善，主导产业逐步形成，示范带动作用日益明显，其农业综合生产能力显著提高，农民收入显著增加。

2. 南充市现代农业发展的政策支持

南充市抓住国家现代农业示范区建设的契机，重视现代农业示范区建设，出台了多个支持现代农业示范区的政策性文件，有力地支持、推进了南充市现代农业的发展。

(1)增加农业农村的投入。南充市对农业的财政扶持力度大，财政支出主要向农村地区基础设施建设、优势产业项目、农业科技创新能力提高方面倾斜。加大对支农资金的整合监管力度，保证了资金的安全高效使用和强农惠农政策的有效落实。加大了对农机具购置的补贴，提高了农业生产机械化水平；增加对农民培训的补贴，以增强农民的现代化生产技能；针对特色产业基地实施贷款财政贴息政策，并对种养大户和重点农业龙头企业进行了相应政策扶持；农村金融服务有效支持现代农业，进行了金融贷款项目创新，并扩大小额信用贷款和农户联保贷款覆盖面，探索农村土地经营权、林权、房产等抵押贷款的新机制。政策性农业保险覆盖领域进一步扩大，惠及了更多生产经营主体。

(2)创新体制机制。农村经营机制的创新。在坚持家庭联产承包经营的基础上，加快完成土地承包经营权的确权、颁证工作，并积极探索土地经营权、林权、房产等要素抵押贷款机制。引导土地的有序流转，支持有利于农户长期受益的经营机制，如以土地经营权为基础发展的股份合作，推进农业的适度规模经营；农村综合性改革稳步推行，农村义务教育管理体制改革基本完成，进一步落实新型农村社会养老保险制度，积极推进城乡社会救助体系建设；借鉴成都、重庆成功户籍改革经验，推进户籍制度改革，放宽落户条件。

(3)不断推进农业科技创新。不断为农业发展提供科技支持，用现代物质条件对农业进行装备，发挥龙头企业对科技新成果的及时转化和推广能力，提高农产品科技含量，推进农业产业化发展。对现代农业示范区内采用农业高新技术研发、从事农产品深加工的企业，在土地、税收等方面给予最优惠的政策；通过与科研院校、国际高技术公司加强合作，引进先进技术以提升科技集成与运用；创新农业科技推广的新模式，大力培育新型职业农民，为现代农业发展提供人才支持。

(二)南充市现代农业发展模式

南充市现代农业主要依靠科技、龙头企业带动发展,其发展模式以科技支撑、龙头企业带动为主,并呈现多种发展方向,还包括高效生态型及休闲观光型。

1. 科技支撑型现代农业

南充市建立国家现代农业示范区"一心两园三基地"产业布局,以科技研发与孵化中心为核心发展生产、加工、物流基地,引进、运用现代农业的科学技术和管理方式,总体达到现代农业发展水平。

南充市通过建设农业科技成果试验与转化基地,在积极探索新品种,引进新技术,推广新模式,建立新机制中做出了典型示范,并基本实现了良种、良法、良壤、良灌、良制、良机"六良"配套。设施设备机械化、智能化、自动化,极大提高了农业生产效益。在现代农业发展中,"高坪本味""嘉陵天兆""西充龙兴"等龙头企业在科学技术创新和运用上敢于先行先试,为现代农业科技成果转化和运用提供了示范作用。通过加强科技合作,引进先进技术以提升科技集成与运用,积极与科研院校、农业发展先进国家和地区合作,学习精准农业科学技术和引进优新品种。与此同时南充市现代农业示范区还大力创新农业科技推广模式,在示范区内开展农民培训,提高农民农业科学素质。调查表明:南充市现代农业示范区科技贡献率达73%以上,为现代农业发展提供了强有力的科技支撑。

2. 龙头企业带动型现代农业

由龙头企业作为经营主体,通过"公司+基地+合作社+农户"的形式,企业与农民专业合作组织进行对接,进行农业科技成果推广和适度规模产业化发展,提高企业经济效益,促进农民增收,推动现代农业发展。

四川省绿科禽业作为南充市的重点农业龙头企业,在科技水平方面达到了国内一流。该企业在技术设备上不断探索,采用现代化综合养殖产业体系。由企业发起成立合作社,通过农民入股形式合作,为合作社成员提供养殖技术指导、信息交流和咨询服务。该合作社通过产业化经营,参与并推动了"大林模式",其产业辐射带动效应功不可没。

通过对具有特色优势的龙头企业进行扶持,南充市形成了各具特色的产业带,包括丘陵山地生态循环农业示范带、万亩平畴果蔬鲜产业带、畜禽养殖基地等,为现代生态农业、现代畜牧业、现代农业加工业等发展提供了支持。

3. 高效生态型现代农业

南充市在探索现代农业发展过程中逐渐向生态循环农业迈进,2013年南充市就建成了"百公里丘陵山地生态立体循环农业示范带"40万亩特色产业基地。南充市依托丘陵地区区域优势,积极发展生态农业,主要包括了生态林业、生态种养业、生态有机农产品生产加工。

生态林业方面,南充市具有特色的经济果树林是其优势所在,南充市以柑橘闻名于世,是名副其实的"果城",经济果林的多样化,使南充市林业取得了良好经济效益、社会效益和生态效益。生态种养业方面，如粮猪种养与环境治理相结合，以种定养，以养促种；技术养蚕中，蚕沙利用方式多样，可做有机肥料，可入中药，形成桑蚕种养循环；禽类养殖中，通过合理处理禽类粪便，形成综合利用链。生态农产品生产加工方面，南充市有机农产品避免使用化学合成肥、添加剂和具有化学成分的农药，远离受重金属污染的土地，且在加工中加工场所不能受到污染，以西充生产的有机农产品较为典型。

高效生态型现代农业主要依托科技支撑，南充市将建立生态种植示范基地、生态养殖基地、大学生创业园，探索"猪-沼-果（菜、粮）""种-养-加""鱼-桑-鸡"等循环农业模式，建立有机农业示范园。建设南充市国家农业科技园，创新农业生产经营模式，积极探索和发展生态循环农业，依据农业生产规律，实现种植、养殖基地内部可持续的生态循环，以提高农业质量和效率。现代农业科技示范区内，充分发挥科技创新在现代农业中的引擎作用，完善农业信息的服务，并积极开发生态休闲观光业，形成丘区独特的立体生态循环农业。

4. 观光休闲型现代农业

南充市在发展生态循环农业，打造农业产业园的同时，积极促进现代观光休闲农业的发展，乡村旅游在特色农业产业的良好基础上为现代农业再添一抹亮色。

四川康建农业博览园（锦绣田园风景区），是以展现现代农业高科技成果、普及科技知识、休闲观光和度假于一体的进行农业产业生产，开发乡村旅游的农业企业。通过"公司+农户+基地"经营模式，带动当地两千多户农民从事特色蔬菜生产，已然成为国内先进现代观光农业示范点。西充县将农业观光、花果文化与民俗文化完美结合，形成多样的"色彩农业"，该县种植特色夏季水果，形成将生产、观光、休闲娱乐融合的产业园区，逐步发展为适合本地的乡村旅游。西充县充分利用美丽新村建设、乡村旅游开发的契机，推进现代农业第三产业的发展，打造双龙桥有机生态循环第一村、青龙湖国家级湿地公园等示范性景区。2014年，该县接待游客190.5万人次，实现旅游收入17亿元。"色彩农业"为西充的经济发展做出了巨大贡献。

南充市各地、各产业园区积极探索自身发展休闲旅游业的路径，可以看出，南充市发展休闲旅游业主要依托产业发展优势，通过休闲体验方式进行综合性开发，充分利用现代农业迅速发展成果的同时，也为现代农业发展的进一步提升提供了多样化路径。

三、南充市经验对全省发展现代农业的启示

四川省大力实施"两化"互动、统筹城乡总体战略，加快转变农业发展方式，大力发展现代农业，加快构建现代农业产业体系，推进适度规模经营。近年来，全省农业产业化水平得到提升，科技对农业的支撑能力显著提高，农民收入明显增加，现代农业发展取得一定进步。但就目前四川省整体而言，发展现代农业依旧面临着各种制约因素，体制障碍仍然极大限制了农业内部活力，人地矛盾依旧突出，生态环境亟待改善，科技推广应用有待进一步提升，农业发展的基础设施仍然较脆弱，农业组织化程度较低，专业化、产业化整体水平不高，农业综合生产能力需要进一步提高。

四川省丘陵地区广袤，其现代农业发展情况会直接影响到全省现代农业发展。南充

市作为国家现代农业示范区之一，发展现代农业过程中的科学规划、科学技术创新、产业园区建设等方面有许多值得总结的经验以供全省现代农业发展做参考。

(一)科学规划引领现代农业发展

现代农业发展需要科学合理的规划为指导，深入贯彻落实《全国现代农业发展规划(2011—2015年)》《全国农业可持续发展规划(2015—2030年)》；落实《四川省人民政府关于加快发展现代农业的意见》《关于深入推进农村改革加快发展现代农业的意见》等推进现代农业发展的各项指示性文件，在全省各市(州)现代农业发展的实践基础上，科学制定现代农业发展相关规划。

制定合理的现代农业发展目标。要综合全省情况，科学确定农业基础设施、农业产业化经营、农业科技进步、农村社会事业发展等各项指标，推进各项指标的重点任务建设。针对全省经济发展存在不均衡的情况，应当根据不同经济条件制定相应的发展目标。

科学布局，逐步缩小区域差距。发挥成都平原区引领作用，该区域农业产业发展有良好的物质基础，产业集中、农产品加工、物流运输及科技创新等方面具有优势，应当带动平原周边产业发展。促进丘陵区综合发展，该区域可借鉴南充市发展经验，通过发展优势产业形成综合发展，即发展优质粮食作物、经济作物，建设畜牧业优势产业，发展生态休闲观光现代农业。开发山区优势产业，充分利用林业资源，盆地周围山区及川西南山区，应注重生态农业、特色水果产业，花卉业，畜牧产业，发展生态旅游业，同时发挥林业产业效益，进行林业开发。充分发挥川西高原区潜力，发展高原地区特色畜牧业，该区域种植业优势在高原作物、特色水果、药材等，同时具有原始林业资源，高原湿地等生态景观。

做好保障措施。增加对现代农业发展的投入，增加包括对农业科技、示范区建设、产业园区建设等财政支持，加大强农惠农政策力度，特别是对现代农业发展各类新型经营主体的政策扶持力度，创新和完善金融服务，积极引导社会资金发展现代农业。推进体制机制的创新，包括稳定基本经营制度，创新土地经营机制，进一步推进农村综合改革。加强对生态环境的保护，树立科学发展理念。

(二)产业园区提升现代农业发展

建设现代农业产业基地。打造省内各地区特色产业，建立特色产业基地，形成优势产业带。引了农业龙头企业、培育农民合作社，带动农户进入产业园区参与产业发展。充分发挥农业龙头企业在建立生产基地，加工包装体系，物流设施，销售网络体系建设等现代农业开发的完整产业链的主要作用。为农业生产提供技术、农机和物资配送服务构建农业社会化服务体系。

提高产业园区农业物质条件。增强建设高标准农田的能力，增强农村防洪、抗旱、排涝能力，科学进行土地整合，避免田地埂"硬化"，改善耕地的质量状况。应用先进种养设备，提升农业产业智能化水平。进一步完善农村地区基础设施建设，改善农村居民生活环境。

加强农产品质量标准化管理。紧扣生产和销售两个关键环节，严格检测各项指标，实行农产品质量可追溯制度，实施农产品检测动态化管理。加快各区域内极具地方特色产品的品牌认证，突出"三品一标"创建和县域特色品牌创建。

（三）科技创新支撑现代农业发展

充分发挥产业园区中科技创新的带动作用，四川省各地应建立与产业发展配套的科技研发与孵化中心，促进农业科技成果的试验与转化，加快农业技术的推广，为农业产业发展提供创新产品、现代技术。激励龙头企业在科技创新中先行先试，成为农业科技成果试验与转化的示范者。企业经营模式，推广"企业＋基地＋合作社"模式，促进农业技术成果的转化与推广。

加大科技合作力度。全省各地应积极主动与农业高校、科研院所进行合作，建立农业经营主体与科研单位合作的长效机制，促进科研成果及时转化与科技成果及时应用和推广。积极主动与国内外企业合作，引进新品种、新技术、新模式，提高农业科技综合能力。

完善基层农业科技推广服务体系，培养具有现代农业科技知识和实践能力的人才。探索基层农业科技推广新模式，采用"专家大院、科技特派员"等"实名制"农业科技推广新模式，实行农技人员定点联系种植大户、种养专业大户。加大对基层农技人员的培训，进一步对专业农技人员的理论和实践进行指导，培养农民专业技术人才，加大培育新型职业农民的力度，完善职业农民信息交流平台，健全职业农民准入制度，采取多元化培育形式。与此同时，鼓励和激励大学生投入到为现代农业的科技服务中。

致　谢

本次调研工作得到南充市农牧局有关领导和专家的大力支持，以及相关现代农业示范区企业和经营主体的大力配合，在此一并致谢！

调研四　资阳市粮食产销调研报告

粮食问题关系着国计民生，是人类生存、维系社会发展的第一要务。资阳市属于粮食消区和产区的重叠地区，下辖的简阳市和安岳县是全国粮食生产 200 强先进市县，在四川省乃至全国都具有代表性。作为中国粮食安全问题的一个极具代表性的缩影，研究资阳市粮食产销问题具有较强的现实意义，也为四川省其他地区解决粮食安全问题提供了可选路径。为全面了解资阳市粮食产销状况，2014 年 8 月至 2015 年 9 月，项目专题调研组多次现场考察了资阳市粮食产销状况，并与资阳市农业局、资阳市粮食局、简阳市农业局、安岳县农业局等领导、技术人员以及种粮大户进行了座谈，并收集了相关资料。现将调研情况报告如下。

一、资阳市概况

资阳市位于四川盆地中部，辖雁江区、安岳县、乐至县，代管简阳市，均是国家商品粮基地县，辖区面积 7962km²，耕地总面积约 26.81 万 hm²。资阳市地势西高东低，按地貌形态可分为低山、丘陵、河流冲积坝三种地貌类型；属亚热带季风气候，具有南北、东西气候过渡带的特点，年平均降雨约 1100mm，年平均气温 17℃，年日照时数 1300h，年平均无霜期长达 300 天。2014 年，资阳市 GDP 达到 1195.60 亿元，同比增长 10%，增速位居全省第五位，GDP 占全省总量的 4%；第一、二、三产业占比 20.20∶56∶23.80，第一产业比重下降了 1.30%，第二产业和第三产业比重分别上升 0.40% 和 0.90%；继续保持了"二三一"的产业结构。近年来，资阳粮食播种面积常年保持在 51.30 万 hm² 左右，总产量常年保持在 220 万 t 左右，粮食产量稳步增加。

二、资阳市粮食产销体系基本情况

(一)粮食生产环节

1. 粮食播种面积

2014 年资阳市粮食播种面积约 51.27 万 hm²，占四川省全年粮食播种面积的 7.90%，其中：雁江区粮食播种面积约 12.67 万 hm²，占全市播种面积的 24.70%；简阳市粮食播种面积约 16 万 hm²，占全市播种面积的 31.20%；安岳县粮食播种面积约 14.13 万 hm²，占全市播种面积的 27.60%；乐至县粮食播种面积约 8.40 万 hm²，占全市播种面积的 16.40%。

2. 粮食产量

2014 年资阳市粮食产量约 223.50 万 t，占四川省全年粮食产量的 6.62%（详见表 3-17），其中：雁江区粮食总产量约 51 万 t，占全市总产量的 22.80%；简阳市粮食总产量约 65 万 t，占全市总产量的 29%，安岳县粮食总产量约 70 万 t，占全市总产量的 32%；乐至县粮食总产量约 36 万 t，占全市总产量的 16%。资阳市粮食产量中：小麦约 32 万 t，占全市粮食总产量的 14%；稻谷约 74.78 万 t，占全市粮食总产量的 34%；玉米约 66.75 万 t，占全市粮食总产量的 30%；大豆 14.40 万 t，占全市粮食总产量的 6%；其他（杂粮）35.50 万 t，占全市粮食总产量的 16%。

表 3-17　2014 年资阳市各县（市、区）粮食产量分类统计表　　　　　单位：万 t

种类 ＼ 区域	雁江区	简阳市	安岳县	乐至县	合计
小麦	6.96	12.05	8.22	4.84	32.07
稻谷	13.80	18.52	30.00	12.46	74.78
玉米	17.79	22.94	14.27	11.75	66.75
大豆	3.26	2.73	5.56	2.85	14.40
其他	9.45	9.48	12.69	3.88	35.50
合计	51.26	65.72	70.74	35.78	223.50

数据来源：2014 年资阳市粮油统计年报

(二)粮食储备环节

1. 储备粮规模

资阳市严格执行中央、省、市、县四级粮食储备制度，全市库存粮食 46.95 万 t，其中：中央储备粮占 13%，省级储备粮占 15%，市级储备粮占 6%，县级储备粮占 7%，临时储备粮占 59%。截至 2014 年 12 月 30 日，资阳市共有各级储备粮 44.76 万 t。包括：中央储备粮 5.62 万 t，临时储备粮 26.83 万 t，省级储备粮 6.52 万 t，市级储备粮 2.60 万 t，县级储备粮 3.19 万 t。

2. 粮食仓储能力

(1)仓储设施情况。截至 2014 年，资阳市共有粮食仓储企业 31 家，共有粮食仓容 103.55 万 t(详见表 3-18)，其中：符合储粮条件的粮食仓容 74.20 万 t，简易仓容 9.10 万 t，储粮罩棚 1.25 万 t，需要维修仓容 3.96 万 t，需要报废重建的仓容 2.64 万 t；油罐 12.40 万 t。国有及国有控股粮食仓容占 62%，民营粮食仓容占 38%，国有企业占了主导地位。2014 年资阳市已入装粮食仓容 45.30 万 t，空置仓容 13.20 万 t(详见表 3-19)。国有粮食企业较民营粮食企业粮食仓容占绝对优势。

表 3-18　2014 年资阳市粮食存储企业仓容统计表　　　　　　　　单位：万 t

仓容类型\企业性质	符合存储要求仓容			危仓老库仓容		简易仓容	储粮罩棚	油罐
	平房仓	立筒仓	楼房仓	需维修	需重建			
国有企业(共 13 家)	54.10	0	0	3.20	2.64	0.72	0.80	2.70
民营企业(共 18 家)	17.80	1.45	0.85	0.76	—	8.38	0.45	9.70
合计	71.90	1.45	0.85	3.96	2.64	9.10	1.25	12.40

数据来源：2014 年资阳市粮油经济运行分析报告

表 3-19　2014 年资阳市符合储粮条件仓容统计表　　　　　　　　单位：万 t

分类\区域	已入装	空置	合计
雁江	7.30	0.70	11.60
简阳	9.60	6.90	17.20
安岳	9.10	4.10	13.30
乐至	6.30	0.80	7.20
市本级	4.60	0.70	2.50
中储粮	8.40	0	6.60
合计	45.30	13.20	58.50

数据来源：2014 年资阳市仓容调查报告

(2)仓储技术应用情况。资阳市粮食储备企业基本实现粮情巡测、机械通风、环流熏蒸和谷物冷却四项储粮新技术全覆盖(详见表 3-20)，实现"一符四无"(一符是粮食数量和账本相符，四无是无虫、无鼠雀、无霉变、无事故)粮达 100%，粮食保管新技术应用达 90% 以上。

表 3-20　2014 年资阳市仓储技术装容统计表　　　　　　　　单位：万 t

类型\企业性质	环流熏蒸	粮情监控	机械通风	低温低氧
国有企业(共 13 家)	14.10	13.40	18.70	0
民营企业(共 18 家)	6.16	6.12	8.07	0
合计	20.26	19.52	26.77	0

数据来源：2014 年资阳市粮油经济运行分析报告

(3)仓储技术人员情况。资阳市取得从业资格证书的仓储技术人员 120 人，其中粮食质量检验员 19 人，粮食保管员 101 人(详见表 3-21)。从业人员较好的业务素质为资阳市粮食储备企业发展奠定了良好的人力资源基础。

表 3-21　2014 年资阳市仓储技术人员统计表　　　　　　单位：人

岗位类型　企业性质	质量检验员	保管员
国有企业（共 13 家）	13	65
民营企业（共 18 家）	6	36
合计	19	101

数据来源：2014 年资阳市粮油经济运行分析报告

3. 粮食应急储备

截至 2014 年 12 月，资阳市储备小包装应急成品大米 0.28 万 t，其中：省级 0.05 万 t，市级 0.13 万 t，县级 0.10 万 t；储备小包装应急成品菜籽油 0.06 万 t，其中：省级 0.03 万 t，市级 0.02 万 t，县级 0.01 万 t（详见表 3-22）。

表 3-22　2014 年资阳市粮食应急储备规模统计表　　　　　　单位：万 t

行政区域	小包装大米			小包装菜籽油		
	省级	市级	县级	省级	市级	县级
雁江区	0.05	0.09	—	0.03	0.01	—
安岳县	—	0.02	—	—	—	—
乐至县	—	0.02	—	—	—	—
简阳市	—	—	0.10	—	4×10^{-3}	0.01
合计	0.05	0.13	0.10	0.03	0.02	0.01

数据来源：2014 年资阳市粮油统计年报

截至 2014 年 12 月，资阳市共建设粮食应急供应点 194 个，涵盖辖区内 4 个县（市、区）175 个乡镇；应急加工能力为日加工粮食 0.15 万 t，日加工油料 0.14 万 t；市本级应急日配送能力为 0.02 万 t（详见表 3-23）。

表 3-23　2014 年资阳市粮食应急供应能力一览表

地区	乡镇（街道）/个	应急供应网点/个	日配送能力/万 t	日加工能力/万 t				
				小麦	稻谷	油料处理	油脂精炼	其他
市本级	—	1	0.02	—	0.02	—	—	0.02
雁江区	26	34	6×10^{-4}	—	0.02	0.03	0.01	—
简阳市	55	59	0.01	0.02	0.03	0.04	0.01	—
安岳县	69	72	0.03	—	0.04	0.01	—	0.01
乐至县	25	28	0.03	0.01	0.01	0.01	0.01	—
合计	175	194	0.09	0.03	0.12	0.11	0.03	0.03

数据来源：2014 年资阳市粮油统计年报

（三）粮食加工转化环节

1. 粮食加工

2014 年底，资阳市规模化粮食加工企业共有 41 家（除去 4 家停产企业），实际年加工能力 199.70 万 t；其中：国有企业 2 家，96％的加工企业为非国有企业；日加工能力 0.04 万 t 以上的企业 2 家，0.02 万～0.04 万 t 的企业 21 家，0.02 万 t 以下的企业 18 家，总体上属于中小规模。

（1）大米加工企业。资阳市 41 家粮食加工企业中，大米加工企业 18 家，占企业总数的 44％，年生产能力共计 71.63 万 t，单厂加工规模多集中在日处理原料 0.01 万～0.04 万 t 之间，加工规模总体偏小。2014 年加工处理稻谷约 62 万 t，大米约 41.50 万 t。

（2）小麦粉加工企业。小麦粉加工企业 3 家，年生产能力共计 21.25 万 t，日生产规模集中在 0.02 万～0.04 万 t 之间。2014 年资阳市小麦粉产量为 14.10 万 t。

（3）粮食食品加工企业。粮食食品加工企业 4 家，主要为挂面生产企业，粮食食品年生产能力 14.28 万 t。2014 年，资阳市粮食食品产量 19 万 t，其中挂面产量 18.50 万 t、其他食品产量 0.50 万 t，处于全年满产状态。

2. 粮食转化

资阳市生猪、山羊、水产、蚕桑产量位居四川省前列，生猪屠宰和加工能力位居全国前五，下辖的简阳市、安岳县、乐至县均为全国肉类产量百强县。2014 年资阳市万吨级饲料加工企业 8 家，日生产能力共计 0.12 万 t，饲料总产量 36.80 万 t（详见表 3-24）。除资阳双胞胎有限责任公司外，其余饲料厂规模小，尚不能满足本市养殖业的饲料需求。

表 3-24　2014 年资阳市主要饲料企业生产情况一览表　　　　　　　单位：万 t

企业名称	辖区	日生产能力	饲料产量	玉米用量	小麦用量
资阳嘉好饲料科技有限公司	雁江区	0.02	6.05	2.51	1.08
资阳市金旺达农牧有限公司	雁江区	0.02	1.10	6.68	0
资阳双胞胎有限责任公司	雁江区	0.02	6.34	3.49	0.12
四川集能农牧开发有限公司	简阳市	0.02	2.20	0.87	0
四川省五友农牧有限公司	简阳市	0.02	3.21	1.11	0.14
四川正东农牧集团有限责任公司	简阳市	0.01	2.58	2.10	0
四川省盛旺农牧业有限公司	安岳县	0.01	3.46	2.03	0.27
四川省顶呱呱饲料	乐至县	4×10^{-3}	0.90	0.53	0.04
合计		0.12	36.80	19.32	1.65

数据来源：2014 年资阳市粮油供需平衡调查报告

3. 酒类用粮

资阳市现有规模化酒类企业 5 家，其中 4 家为本地民营白酒企业，啤酒企业 1 家；年生产能力 27.41 万 t，年消耗粮食总量 16.69 万 t，主要以高粱、玉米、小麦、稻谷、大米、淀粉为主；其中：百威英博（资阳）有限公司，为中外合资企业，年生产能力 26.75 万 t，年消耗粮食 14.80 万 t（详见表 3-25）。

表 3-25　2014 年资阳市酒类用粮企业情况一览表

企业名称	年生产能力/万 t	年消耗粮食量/万 t	消耗品种	来源地
四川宝莲酒业有限公司	0.35	0.88	高粱、玉米、小麦、稻谷	市内县外
四川简阳尽春意酒业有限公司	0.03	0.13	高粱、小麦、玉米、稻谷	本地、外省
四川省乐至县外交家酒业有限公司	0.13	0.35	大米、高粱	外省
百威英博啤酒(资阳)有限公司	26.75	14.80	大米、玉米、麦芽、淀粉	外省
重庆粮食集团四川酒业	0.15	0.53	高粱、大米、小麦、玉米	重粮集团内部
合计	27.41	16.69	高粱、玉米、小麦、稻谷、大米、淀粉	

数据来源：2014 年资阳市粮油供需平衡调查报告

（四）粮食购销环节

1. 粮食收购

2012～2014 年，资阳市粮食收购量逐年上升，三年累计收购粮食约 202.50 万 t（详见表 3-26）。其中：2013～2014 年连续两年启动稻谷托市收购，2013 年执行的稻谷最低收购价为 2.70 元/kg，2014 年执行的稻谷最低收购价位为 2.76 元/kg，执行标准均为国家三级；2013 年托市收购稻谷 11.40 万 t，居全省第三位，占资阳市粮食产量的 5.10%，直接助农增收 7800 万元；2014 年托市收购稻谷 9.30 万 t，居全省第四位，占资阳市粮食产量的 4.20%，直接助农增收 7000 万元。

表 3-26　2012～2014 年资阳市粮食收购情况　　　　　　　　　　　单位：万 t

年度 项目	2012	2013	2014
常规收购量	43.40	53.20	85.20
托市收购量	—	11.40	9.30
合　计	43.40	64.60	94.50

数据来源：2012～2014 年资阳市粮油供需平衡调查报告

2012～2014 年资阳市粮食收购逐年增长，2014 年同比增长 22.40%。其中：2013 ～2014 年托市收购稻谷量占三年稻谷总收购量的 11%，正常途径收购量占三年稻谷总收购量的 89%；2013～2014 年临储油菜籽收购量占三年油菜籽总收购量的 61%，正常途径收购油菜籽量占三年油菜籽总收购量的 39%。

2. 粮食购销

2014 年资阳市购入粮食 32.40 万 t，其中：省外购入粮食 21.70 万 t，省内购入粮食 10.60 万 t，购入品种主要为小麦、稻谷、玉米、大豆；销售粮食 5.60 万 t，其中：省外销售 0.07 万 t，省内销售 5.60 万 t，销出品种主要为小麦、稻谷。资阳市从区域外购入粮食呈逐年上升态势，2010 年为 12 万 t，2011 年为 21 万 t，2012 年为 32.40 万 t，2013 年为 45.70 万 t，2014 年为 38 万 t；2010 年从区域外调入油料为 0.40 万 t，2011 年为 0.60 万 t，2012 年为 0.70 万 t，2013 年为 0.90 万 t，2014 年为 0.50 万 t，区域外购入油料占 11%。

(1)粮食轮换。资阳市粮食轮换量逐年增加，2012 年轮换储备粮 0.86 万 t；2013 年轮换储备粮 5.12 万 t；2014 年轮换储备粮 2.79 万 t(详见表 3-27)。

表 3-27　2012～2014 年资阳市储备粮轮换数量统计表　　　　　　单位：万 t

项目	2012 年		2013 年		2014 年	
	省级	市级	省级	市级	省级	市级
小麦	—	—	1.95	1.25	0.29	0.25
稻谷	0.04	0.50	1.50	0.20	1.67	0.20
合计	0.04	0.50	3.45	1.45	1.96	0.57

数据来源：资阳市粮食局 2012～2014 年轮换计划

(2)粮食专业交易市场。目前，资阳市的专业粮食贸易市场仅有简阳石桥粮食批发市场，位于资阳市下辖的简阳市石桥镇石桥街，2014 年粮食累计交易量 5.60 万 t，其中：稻谷 0.60 万 t，主要是本地交易；玉米 1.20 万 t、小麦 0.60 万 t、麦麸 2 万 t，主要从山西、河南、陕西、甘肃等地调入；杂粮 1.20 万 t，主要从新疆调入。市内大型粮食加工企业用粮主要依靠本地粮食以及粮食仓储企业的轮换粮，其余所需的粮食有部分通过成都市新都粮食市场批发购入，该批发市场距离资阳市区约 80km。

(3)放心粮油工程。资阳市 2012 年开展大力推进"放心粮油工程"建设，截至 2014 年年底已建成放心粮油配送中心 4 个，示范店 28 个，标准化店 11 个，供应点 36 个(详见表 3-28)。9 家企业获得全国放心粮油示范企业称号，4 家获得省级放心粮油示范企业称号(详见表 3-29)。

表 3-28　2014 年放心粮油统计表　　　　　　单位：个

区域	配送中心	示范店	标准化店	供应网点	
				社区店	新村店
雁江区	1	3	2	3	—
简阳市	1	6	3	—	—
安岳县	1	15	4	20	10
乐至县	1	4	2	3	—
合计	4	28	11	26	10

数据来源：2014 年资阳市粮油统计年报

表 3-29　2014 年资阳市放心粮油示范企业统计表

区域	全国放心粮油示范企业	全省放心粮油示范企业
雁江区	资阳市粮食储备库	资阳市粮食储备库 资阳市东旭粮油配送中心
简阳市	四川省若男食品有限公司 四川简阳新华植物油厂 四川简阳国发植物油有限公司	——
安岳县	安岳县鑫粮仓粮食专业合作社联合社 四川资阳荣华粮油贸易有限公司 安岳县政鑫粮油贸易有限公司	安岳县鑫粮仓粮食专业合作社联合社 安岳县姚市精米加工厂
乐至县	四川乐至县双乐挂面有限公司 四川运达粮油食品有限公司	——

数据来源：2014 年资阳市粮油统计年报

3. 粮食运输

资阳市粮食运输方式主要分为铁路运输和公路运输两类。目前，铁路运输主要以包粮运输为主，公路运输为散粮和包粮两种运输方式。

（1）铁路运输。目前，资阳市从省外流入的粮食主要以铁路运输方式为主，2014 年以铁路运输方式流入资阳的粮食约 39 万 t，占总流入量的 85%；铁路运输主要依靠资阳境内连接重庆和连通东部沿海地区的成渝铁路和成都市内的沪汉蓉铁路。

（2）公路运输。重庆等四川省周边省市流入的粮食主要为公路运输，2014 年运输量约 6.70 万 t。省外公路运输主要通过 G76（成渝高速公路）、G318（上海至拉萨）、G319（厦门至成都）、G321（广州至成都）四条国道与重庆、贵州、云南、新疆等地进行粮食流通。省内各市辐射主要也是依赖公路运输，2014 年运输量约 17 万 t。

4. 销售辐射范围

资阳市的交通发展增加了成都和重庆粮食流入的通道，使成渝向西南地区辐射的成本更低。

（1）辐射周边城市。随着一批交通大项目的逐步建成，大力推进了资阳市与绵阳市、遂宁市、内江市、宜宾市、德阳市、乐山市、眉山市、雅安市等周边市的优势产业合作，辐射半径约 200km。资阳市辐射周边城市成本比较见表 3-30。

表 3-30　资阳市辐射周边城市成本比较

地区	项目	雅安	眉山	遂宁
资阳	运距/km	196	97	122.90
	运费/（万元/万 t）	65	48	52
	路线	遂资眉高速	遂资眉高速	遂资眉高速

数据来源：2014 年四川省统计年鉴

（2）成渝经济区。资阳处于成渝经济区的中心地带，成都天府新区和重庆两江新区的发展，都将开启新的区域产业重新布局，为资阳市提供前所未有的机遇，因此势必要以大区域角度考虑资阳产业辐射范围。

（3）西南地区。资阳的区位优势日渐突出，加之运输成本低的优势，可辐射西南地区，特别是云南和贵州需要紧急支援粮食时，从资阳调运粮食，路途近、时间短。

5. 粮食质量检测体系

目前，资阳市共有 3 个粮食检验机构，即：简阳市粮食质量监督检验站、安岳县粮食质量监测站、乐至县粮食质量检验站。人员编制总数为 24 人，办公用房面积约 1368m^2，检验设备共价值 200.60 万元，2014 年食品样品检验批次量约 357 次，食品检测经费收入约 11.60 万元。

三、资阳市粮食产销体系存在的主要问题

（一）粮食生产环节存在的主要问题

1. 粮食种植面积不断减少

2014 年较 2010 年资阳市粮食播种面积减少了 3.22 万 hm^2，年均减少约 0.69%；城镇化率 2014 年较 2010 年上升了 14.50%；资阳市各县（市、区）城市规划区和工业集中区不断扩大，仅简阳市成资工业区占地面积就达到了 100km^2。农业产业升级，不断扩大特色水果种植面积，其中柠檬种植面积达到 3.33 万 hm^2。随着资阳市城市化进程加速和承接产业转移战略的实施，农业产业转型升级和退耕还林工程的深入实施，对耕地的非农化需求会进一步扩张，其后备耕地资源将严重不足，通过扩大耕地面积增加粮食产量的困难较大。

2. 粮食增产难度较大

一方面，资阳市农业产业调整升级不断深入。2014 年，粮食总产量达到 223.60 万 t，同比增长 0.30 %，已连续 9 年实现增产；蔬菜产量约 18.40 万 t，同比增长 4%；水果产量约 73.40 万 t，同比增长 9.30%，其中柠檬产量达到 50 万 t。畜牧业产值占农林牧渔业总产值的比重达到 53.30%，同比增长 0.30 %。比较来看粮食产量增长与畜牧业产值占比增长最低，仅 0.30%，但畜牧业产值占农林牧渔业总产值的比重达到 53.30%，2014 年稻谷产值占总产值的 33.45%，小麦占总产值的 14.36%。可见，资阳市粮食生产在农业产业发展中的地位岌岌可危。另一方面，耕地过度开发、水土流失、施肥不当以及耕地挂钩项目"占优补劣"等原因，导致耕地质量总体趋于下降，将制约粮食产量的提高。资阳粮食生产将处于持续稳定，单产处于波动增长的状态，粮食增产难度较大。

3. 农民种粮积极性不高

一方面，粮食生产成本不断上升。2005～2015 年，资阳区域的种子、化肥、农药、

农膜、柴油等生产资料的市场价格平均涨幅达到 20％以上，部分品种涨幅达到 50％以上。另一方面，农民外出务工与种粮效益的"剪刀差"逐步扩大。资阳地区外出务工每人每年平均收益约 7 万元，而粮食收益约 1.50 万元，两者间差距为 4.70 倍，农民打工收益明显高于种粮收入。外出务工和农产品收益之间"剪刀差"不断扩大，导致资阳市地区农村劳动力逐年减少，劳动力结构化矛盾突出。工业产品和农产品的"剪刀差"不断扩大，资阳地区种粮不赚钱已是不争的事实，农民种粮积极性大大降低，农民只种自己的"口粮田"已成普遍现象，以资阳市安岳县龙台镇为例，大部分农户不再种植粮食，直接购买商品粮。

(二)粮食储备环节存在的主要问题

1. 储备企业生存困难

目前，资阳市仅有中央储备粮资阳直属库仓容规模在 5 万 t 以上，其余粮食仓储企业仓容规模均在 2 万~4 万 t 之间。民营企业的粮食仓房仓容规模参差不齐，从 0.20 万~1 万 t 不等，主要为企业加工配套原粮仓容。规模较小的国有企业长期处于亏损状态，仅靠政府的补贴勉强生存。

2. 国有粮食仓容占比较高

资阳市具有各级储备粮承代储能力的国有粮食企业 13 家，有效仓容约 57.50 万 t；具有承储能力的企业 13 家，有效仓容约 28.50 万 t。国有企业仓容占比约 66.80％，民营企业仓容占比约 33.20％。国有企业粮食仓容占比较高，优势在于能发挥粮食储备主渠道作用，缺点在于若粮食价格波动较大，容易出现国有企业大规模亏损情况。目前，储粮于民营企业的制度还不够完善，存在较大的违约风险。

3. 仓型单一，技术落后

资阳市粮食储备的主导仓型为平房仓，高新技术应用程度较低，截至 2014 年年底，全市平房仓仓容 71.90 万 t，占符合储粮要求仓容的 97％；立筒仓仓容仅 1.45 万 t；楼房仓仓容 0.85 万 t；无"双低"仓容、浅圆仓容和地下仓容。仓储企业发展空间受限，亟须退城进郊，统筹发展。

(三)粮食加工转化环节存在的主要问题

1. 以中小型民营企业为主，产业发展基础差

资阳市粮食加工企业以民营企业为主，95％的企业生产能力在 0.04 万 t/天以下。同大型企业和外资企业相比，本地民营粮食加工企业，在市场原料供应、技术装备、品牌营销和运营管理等方面均处于劣势。资阳粮食加工转化产业缺乏统筹的、科学的规划，较为分散，企业间市场化的协作发展意识不强，各自为营，尚未形成产业集群，未能实现粮食仓储、加工和物流企业协同发展的局面。

2. 产品特色化不强，市场辐射范围小

目前，经营情况较佳的粮食加工企业基本都是立足本地市场，并取得一定经济效益；但对于全国市场而言，其产品的适应性和营销网络的建设等还明显处于劣势，缺少竞争优势。随着国内外粮食加工业向规模化、专业化、集团化发展，落后产能的淘汰和实力企业的崛起，将带来更为激烈的市场竞争。本地粮食加工业唯有居安思危，满足市场多样化需求，主动抢占市场，创新技术，提升企业整体实力，方能长足发展。

3. 产能落后，发展用地受限

目前，资阳市粮食加工设施，建设年代久远、总体规模小、工艺简单、设备老化严重、加工能耗大、生产规模较为分散，特别是饲料生产企业的生产原料，主要通过公路、铁路联运的方式，从山西、河南以及东北地区购入，主要卸车点是中央储备粮资阳直属库、成都新都粮食批发市场以及内江、遂宁、重庆等地货运站，然后汽运至厂区。另一主要原料豆粕，主要依托于向广汉益海、四川中纺、阳光油脂以及重庆和广西等地的大型油脂企业采购，豆粕以汽运为主。随着资阳市城市化进程的不断推进，大部分加工企业已地处繁华闹市区，厂内用地狭窄，经多年改造，原料仓储设施和加工厂房等布局拥挤，物流不顺，而厂区周边或商铺林立或民居环绕，已无新征发展用地的可能性。

（四）粮食购销环节存在的主要问题

1. 粮食物流体系有待进一步加强

资阳粮食流入流出主要还是依靠各粮食企业独自运营，缺乏现代的第三方粮食物流企业，粮食物流的各环节衔接较差，物流资源利用不足，尚未实现粮食物流的系统化，尚未形成明晰、合理、科学的粮食物流通道，尚未形成明确的粮食物流节点。目前资阳市仅有一家粮食专业贸易市场，且定位不清晰，基础设施不完善，未能充分利用区位和交通优势，发挥对周边的辐射作用，使资阳市粮食保障安全在粮食物流方面面临日益严峻的考验。

2. 粮食收储体系落后，信息平台建设滞后

资阳市粮食企业用于收购的仓储设施很少，一般与储备设施兼用，没有轮换仓容，收购设施短缺，收储网点不明晰，收购设施布局不合理，收购体系落后。粮食收储体系组织化程度较低，还是收储秩序分散、批量小、效率低等传统收储体系，尚未装配粮食物流信息管理系统和公共信息平台，不能产生粮食收储的规模化效益，不能有效地实现粮食收储的智能化、信息化、规范化管理，粮食生产和供求信息不能及时传递和共享。

3. 质量监测体系不完善

一是机构设置不健全。资阳市仅有简阳市、安岳县、乐至县建有粮食质量检测机构，作为四川省粮食主要生产区、重要消费区、集散地的资阳市市级和雁江区尚未建立粮食质量检测机构，导致粮食质量安全监管处于真空和"裸防"状态。二是设备陈旧短缺。

因资金短缺等原因，各县(市、区)的粮食质监机构监测设备基本上都是 20 世纪 90 年代购买的设备，亟须升级换代，导致有机氯、有机磷等项目的检测仅能做出一些定性分析，重金属、转基因粮食检测，粮食产品的营养结构分析则无法完成。

致　谢

本次调研得到了资阳市农业局、资阳市粮食局、简阳市农业局、安岳县农业局等有关领导和专家的大力支持，以及种粮大户的无私帮助，在此一并致谢！

调研五　宜宾市农产品质量安全保障体系建设调研报告

民以食为天，食以安为先，安以质为本。食品安全已成为影响人民正常生活和健康的重要因素。近年来，由于农药兽药残留和重金属等有毒有害物质超标，造成的食品安全事件接连发生。目前农产品质量安全监测体系的制度性缺陷，严重影响了我国农产品质量安全。

宜宾市农业资源丰富，农产品在四川省具有一定代表性，在现有农产品质量安全检测体系下，农产品质量安全管理成效与问题并存。因此，针对宜宾农产品质量安全检测体系开展研究，对构建和完善四川省农产品质量安全管理体系具有较好的借鉴意义。为了全面了解当前该市的农产品安全监测体系的建设情况，2015 年 3 月 10～13 日，四川省农业产业转型升级战略研究项目调研组成员分别考察了宜宾县牛羊规模化养殖基地、生猪养殖基地，参观了兴文县粮油规模化示范基地等，听取了养殖大户与公司的情况介绍，并与宜宾市农工委、农业局、畜牧水产局、林业局等相关部门进行了座谈，搜集了《四川省人民政府办公厅关于开展农产品质量安全监管规范化建设工作的通知》(川办函 [2012] 289 号)《宜宾市现代农业产业发展实施方案(2013—2015 年)》《宜宾市农业生态文明建设三年实施方案(2013—2015 年)》《宜宾市农产品质量安全体系建设三年实施方案(2013—2015 年)》《宜宾市千斤粮万元钱粮经复合现代农业产业基地建设实施方案(2013—2015 年)》《宜宾市牛羊产业发展规划(2014—2020 年)》等相关资料。现将调研情况报告如下。

一、宜宾市概况

(一)区域概况

宜宾市位于四川省南部，处于川、滇、黔三省交界，金沙江、岷江、长江汇流地带，是"万里长江第一城"，川南、滇东北一带重要的物资集散地和交通要冲。宜宾市现辖两区八县，辖区面积 13 283km²。地势西南高东北低，以中低山地和丘陵地貌为主，属亚热带季风气候区，气候温和，雨量充沛，光照适宜，无霜期长。年均气温 18℃左右，年平均降水量 1050～1618mm，降水集中，农业生产自然条件优越。

宜宾市是四川南部综合交通枢纽，地处成渝经济区、川南经济区、攀西经济区的融合点，有着完善的空、铁、路、港立体交通体系，是成渝经济区南部中心城市，长江上游重要的港口城市，战略位置重要。常住人口达 447.2 万，总人口 542.9 万，第一产业就业人口达 150 多万。2013 年，宜宾市地区生产总值为 1342.89 亿元，比上年增长 8.1%，居四川省第四位，川南四市第一位。

(二)农业发展概况

宜宾市是四川重要的农产品产地，耕地面积达 24.31 万 hm^2，农作物种植品种达 800 多种，农业产值达 153.4 亿元。2013 年，粮油作物、茶叶、蔬菜、水果种植面积分别达到 45.81 万 hm^2、4.82 万 hm^2、6.53 万 hm^2、4.77 万 hm^2；2014 年，水产养殖面积累计达到 0.87 万 hm^2，另有稻田种植面积 5.60 万 hm^2，森林面积 52.74 万 hm^2，森林蓄积量达 2251 万 m^3，森林覆盖率达 43.5%。粮食总产量达 215.3 万 t，自主创新选育通过国家、省级审定的粮油新品种 60 多个，水稻宜香系列品种、油菜宜油系列品种研究培育居全国先进水平。茶叶产量为全省第二，达 4.29 万 t，出口量稳居全省第一，"宜宾早茶" "川红工夫"等品牌茶叶畅销全国，并远销海外。蔬菜产量 231.44 万 t，"叙府芽菜" "长宁竹荪"等蜚声中外。水果产量 47.96 万 t，品种多样，江安夏橙、江安大白李、屏山椪柑、大塔荔枝、宜宾茵红李等行销川渝。畜禽养殖品种达 180 多种，生猪、牛、羊、家禽出栏量位居全省前列，形成了竹海藏香猪、"娥天歌"精品鹅肉干、"桫椤"乌鸡等十大特色畜产品品牌，"兴文山地乌骨鸡"获得国家质监总局"地理标志保护产品"。水产品产量 8.16 万 t，达氏鲟、胭脂鱼、圆口铜鱼等珍稀特有鱼类和大口鲶、黄颡鱼等名优鱼类资源丰富。以竹笋、竹荪、竹燕窝等森林食品和天麻、猕猴桃、魔芋等林下种植产品为特色，林果经济发展优势明显。

二、宜宾市农产品质量安全保障体系建设基本情况

近年来，宜宾市委、市政府紧紧围绕加快建设现代农业、转变农业发展方式的总体要求，以提升农产品核心竞争力、发展健康农业、促进农民增收为契机，狠抓农产品质量安全工作，深入开展"无公害食品行动计划"，全市未发生一起重大农产品质量安全事故，农产品质量安全检测体系建设工作取得了明显成效。

(一)农产品质量安全监管体系建设

按照"政府统一领导、农业部门监管、多方联合行动"的农产品质量安全监管工作机制，强化农产品质量安全监管体系建设。宜宾市在市、区(县)、乡(镇)、村四级组建了区域化管理工作领导小组。各级人民政府对本地区农产品质量安全负总责，实行行政首长统筹、分管领导主抓，把农产品质量安全监管纳入国民经济和社会发展规划。市、县、乡各司其职，开展农产品质量安全监管。2012 年，宜宾市 181 个涉农乡镇 100% 挂牌设立了农产品质量安全监管服务站，并配备了专(兼)职服务人员 200 余人，全面完成了乡镇农产品质量安全服务站建设任务。为加大监测监管力度，2013 年宜宾市聘请 50 位农产品质量安全义务监督员，举报监督农业生产经营工作。2014 年上半年，宜宾市农业局完成农业投入品的监督抽检、农产品质量安全和农产品产地环境监测、农作物种子质量监督检验，各类样品 774 个，检测数据 15 647 个，与去年同期相比分别增加了 11.4% 和 16.7%。与此同时，在充实强化市级农产品质量安全监管机构职能、人员和条

件的基础上，也在不断地加强区县监管机构、乡镇农产品质量安全服务站以及村级农产品质量安全协管员制度的建设。2014年，宜宾市翠屏区组建了农产品质量安全执法监管和质量安全检测服务两支队伍，分别承担全区农牧业投入品、农产品质量安全的监督管理、日常检测、宣传培训、"三品"发展、生产巡查等工作，全区全面落实农产品质量安全监管"1+1+1+1"管理模式，即：建立1个农产品质量安全服务站，设置1名专职农产品质量监管员，服务站和重点专合社配备1套农产品采样及快速检测设备，在重点村设立1名农产品质量安全协管员。建立了区级业务指导、乡镇巡查督促、村社日常监管的三级监管网络体系，切实提高了农产品质量安全监管水平。

（二）农业标准化与品牌建设

目前，宜宾市11个区县在政府的支持引导下，完成了粮油、茶叶、水果等特色产业的产业布局规划。结合高标准农田、现代农业产业基地和园艺作物标准园建设，建设了一批农业标准化生产基地或示范园区。加快农业标准的推广普及，指导和督促现代农业产业基地、农民专业合作社、农产品生产企业执行农产品质量安全相关标准，落实生产记录制度，严格执行农药安全使用间隔期规定。大力推广绿色防控、测土配方等技术，2014年完成高粱、水稻、玉米、宜宾早茶等无公害标准生产技术规程。

在县级以上超市、农贸市场设立优质农产品销售专柜，每年举行优质农产品展销，集中展示宜宾茶、宜宾菜为代表的安全食品形象，发挥在食品安全行业的引领导向作用，带动上下游产业链发展；通过举办"红高粱节""菜花节"等方式，积极宣传和打造"宜宾竹篱笆""宜宾红高粱""筠连黑五类""南溪豆腐干""红桥磕粉""宜宾碎米芽菜"等品牌。宜宾市还致力于推动生态农产品与国内、国际大型营销渠道对接，打造"宜宾论坛"，举办中国食品安全博览会等，系统解决宜宾生态农产品问题。

（三）监督检验检测体系建设

2011年，宜宾市第一个农产品质量安全监督检验检测站在南溪区动工建设；2013年底，宜宾县农产品质量安全监督检验检测站通过"双认证"工作，成为四川省第一个通过省级"双认证"评审的畜牧局建立的检测站，也是宜宾市第一个通过省级"双认证"评审的县级农产品质量安全检测机构。截至2014年年底，翠屏区已建立覆盖全区的农产品质量安全快速监测体系，并初步建成以区级监督抽检为龙头、乡镇（街道）日常速测为支撑、农民专合社自律性检测为基础、监测覆盖全区主导产业生产基地的农产品农残快速检测体系。翠屏区农牧局土肥站化验室成为四川省唯一一个国家级测土配方施肥标准化实验室。目前，兴文县、长宁县、高县等农产品质量安全监督检验检测站也在有条不紊地建设中。2014年，在全省第一次农产品质量安全监测中，宜宾市被抽检的80个农产品全部检验合格，合格率为100%。

（四）农业综合执法体系建设

2014年，宜宾市农业局出台了《宜宾市农业行政综合执法巡查暂行规定》和《宜宾市农业行政综合执法案件协查制度（试行）》的通知，不断完善了农业行政执法人员的职责和规范农业执法检查行为。执法巡查应当按照属地管辖的原则，实行执法巡查区域责任制。县(区)农业行政综合执法大队负责实施本辖区内的执法巡查工作，市农业行政综合执法支队负责辖区内执法巡查工作的指导、协调、督查。县(区)农业行政综合执法大队应当接受市农业行政综合执法支队的业务指导。执法巡查采取日常检查、专项检查、基础检查和交叉检查的方式进行，并对执法巡查的内容进行了规定。

(五)网络监管体系建设

目前，宜宾市已建立了以翠屏区、宜宾县、南溪区、江安县、长宁县五个区县为试点的农产品质量安全追溯系统，将"三品一标"企业和具备一定规模的茶叶生产加工企业列入追溯系统，给宜宾市的名优农产品贴上"身份"标签，确保购买的农产品质量安全。政府监管部门对农产品从产地环境、生产加工、监督检测、包装标识、仓储运输、销售全过程实施监管，依托预警报警、统计分析和市场检查等手段，保障农产品质量安全。企业通过选择信息完成录入，进入系统的企业产品获得唯一二维码，如图 3-5、3-6 所示。

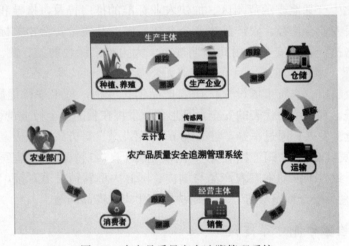

图 3-5　农产品质量安全追溯管理系统

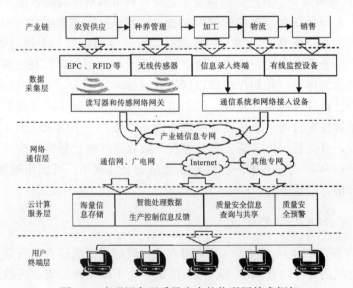

图 3-6　宏观视角下质量安全的物联网技术框架

(六)农产品质量安全事故应急处置

2012年宜宾市制定了《宜宾市食品安全事故应急预案(试行)》(宜府办发〔2012〕14号),2013年宜宾市农业局对《宜宾市农业局农产品质量安全事故应急预案》进行了修订,按照事故性质、危害程度和涉及范围,由农业行政部门依法对农产品质量安全事故进行分级。Ⅰ级、Ⅱ级、Ⅲ级农产品质量安全事故由市农业局向市政府提出启动应急响应建议,经宜宾市政府批准后,成立市农业局农产品质量安全事故应急指挥部,在市政府统一领导下开展事故应急处置工作。Ⅰ级、Ⅱ级农产品质量安全事故,服从国家、省级重大农产品质量安全应急指挥部的统一领导;Ⅲ级农产品质量安全事故,在市政府食品安全事故应急指挥部统一领导下,组织指挥全市农业部门开展应急处置工作。参加应急指挥领导小组成员的单位主要有:质监科、局办公室、计财科、监察室、植保站、土肥站、检测中心、农技站、经作站、茶叶站、农场站和事故发生地的区县农业行政主管部门。不断地完善农产品质量监测、预警、报告、应急响应及后期处置体系。

三、存在的问题

解决农产品质量问题比解决数量问题难度大得多,也复杂得多。宜宾市在现代农业发展过程中,存在一些必须高度重视并着力解决的矛盾和问题。

(一)农业生产经营机制存在的问题

受地形地貌限制,宜宾市土地自然零碎度较高。近年来全市涉农项目虽然较多,但项目整合不到位,项目"小、散、单、低"现状没有改变,现行农业项目资金整合机制与农业产业发展结合不够紧密,整合项目资金集中打造优势特色产业基地的合力没有形成。农业生产经营小而分散,农业生产组织化程度低,生产经营方式落后,农业主导产业的龙头企业分散弱小、市场开拓能力弱。部分主导产业生产标准和技术规范还不完善,不利于推行标准化技术和统一产品质量,农产品质量标准无法"入地",农资零散,投入有限。分散经营直接致使农产品全程监管难度较大,农产品质量安全一旦出现问题不易追溯。

(二)农产品安全保障体系不健全

首先,宜宾市现有的农产品质量安全监管针对性和可操作性不强,尚未形成完善的农产品质量安全风险评估机制、农产品产地准出机制和产品追溯机制等。其次,农产品安全保障体系在经费、人才、设备方面的缺口很大。农业部门长期受计划经济体制影响,重数量轻质量,重面积轻品牌,重规模轻标准,越是基层对农产品质量安全监督管理工作越是薄弱,近一半区县没有专门的农产品质量安全工作机构,镇(乡)一级尽管都增挂了"农产品质量安全服务站"的牌子,但在人员、设备、经费保障等方面仍然存在问题。一方面技术支持不足,监管和检测人员队伍数量不足,监管能力不强,没有形成专门、定期的技术培训制度;另一方面虽然目前我国涉及农产品质量安全的法律法规基本覆盖了农产品质量安全的各方面,但农产品质量安全管理中有法不依、执法不严的情况还存在，执法手段需要进一步完善。

（三）农产品质量检测体系不够健全

宜宾市农产品质量监督检测中心虽已开展药物残留等相关监测，但受人员、经费等条件的限制，检测频次较低，覆盖面也不广。县级农产品检测仅限于农药残留速测，检测水平不高，体系还不健全，尚未能实现覆盖全市各区县和满足农产品产地环境、农业投入品质量安全监管需要的三级农产品质量安全监督检验检测体系。

（四）违法违规行为未得到有效处罚

宜宾市对于农产品质量安全的专项治理效果仍不明显，尤其对非法使用农药，非法处置病死畜禽等违法违规行为惩处力度不够，对蔬菜生产过程中滥用农药等违法行为打击不力。未深入落实监管人员片区责任制和定期巡查制，对于群众反映和举报的农产品质量安全问题，执法部门处理后并没有进一步宣传，扩大影响力。

（五）全链条监管机制有待加强

农产品质量安全全链条监管机制要求农产品从源头、生产加工、收购、贮藏保鲜、流通、销售和消费每一个环节都实现安全、可控、可追溯，并利用现代管理手段使之形成长效机制。目前宜宾市虽然在产地准出机制、质量追溯系统等方面做了大量尝试和努力，实现了部分农产品可追溯，但收效甚微。在农产品源头环节，农业投入品的监管工作复杂，难度大；在农产品生产加工环节，对滥用添加剂和使用非食品原料生产加工制作食品的违法行为监管打击不够，大部分农产品存在产地信息不完全，未实现数字化动态管理，消费者难以查询；在农产品收购环节，标准不统一，检验检测技术参差不齐；在农产品流通环节，冷链物流尚未建立，市场多且大小分布不均，未能充分利用投诉举报专线，发挥消费者和安全协管员、信息员的作用。

（六）市场参与者对农产品质量安全的责任意识有待加强

宜宾市处在云贵高原和四川盆地过渡的大斜面上，自然地貌以中低山地和丘陵为主，农产品生产单位规模小、数量大、信息化程度低特点尤为明显，农业劳动力结构不合理、素质偏低，监管难度很大。由于农民对农产品市场的预测能力较弱，农产品质量安全意识不强，农业标准化程度不高，往往导致农产品数量不稳定，农产品质量难控制，种植、养殖中料、药、剂"三高"现象严重影响农产品的质量安全。

四、农产品质量安全保障体系重点建设项目

结合农产品质量检测的特性以及宜宾市农产品质量安全监测体系的现状及存在的问题，提出以下重点建设项目。

（一）农产品产地环境保护和源头治理项目

按照土壤与作物同步监测，试验和示范同步实施的方式，选择不同的防控技术模式，

开展污染来源监测和土壤综合防控试验、示范，对项目进行总结评估，并完成县域农产品产地分级管理初步方案和实施对策。

进一步扩大治理示范区域，按照无污染、轻微、轻度、中度、重度污染程度划分，选择五个代表性区域作为项目示范区，每个示范区面积 100 亩以上。每个示范区针对性选择一种防控措施进行示范，同时在区域内均匀设置 5～10 个验证试验点，进行效果对比，采集土壤和植株样品检测，开展应用效果评价等内容，完成综合防控技术示范区建设。

(二)绿色防控体系建设项目

农产品质量监测体系建设对农产品绿色防控体系的建设与实施起着指引性的作用。为全面有效开展绿色防控措施，各乡镇应根据不同农作物生产区域及规模建立多个蔬菜、果树、稻麦的病虫观测点，及时向县(区)中心测报点汇报病虫情况，及时采取病虫的绿色综合防控措施。各级测报站(点)应建立月历、日历，严格落实监测种类、监测内容、监测范围，定期向有关部门报告相关情况。

(三)农产品物流体系建设项目

加快建设农产品批发市场、农业物流配送中心和综合交通运输、农产品公共物流信息、电子商务交易平台以及储藏保鲜、冷链运输等基础配套设施，着力培育现代农业物流品牌和物流企业集团，形成配置合理，功能协调，综合批发与专业市场相结合的现代农业物流体系。

(四)质量安全追溯体系建设项目

以农业生产环节为切入点，首先在粮油、茶叶、蔬菜、水果、畜禽、水产、林竹等农产品生产领域，通过试点示范，总结经验，形成全市主要(重点)农产品质量安全可追溯的雏形。初步建立起比较完善和规范的农产品质量安全追溯系统，系统集"管、防、控"于一体，面向生产企业、加工企业、流通企业、销售终端和消费者，可实时、在线追溯农产品信息和安全，为"政府监管、市场管理、消费者追溯"提供全方位服务。

(五)全覆盖速测体系建设项目

企业、专合社、基地、家庭农场建设检测室可配备速测仪器，完善检测记录，定期上报检测结果；建立农产品质量安全流动检测站，按各县(区)地理位置分布流动检测站，主要功能是农药残留或有毒物质的监督检测和快速检测，并对乡镇检测人员进行相关考核及培训。

建立 10 个县(区)质检站，配备相关农产品质量安全检测设备；县(区)检测站面积约为 300 平方米；建设 200 个面积约为 30 平方米的基层检测室；全市配备 11 辆流动检测车。

致　谢

　　在调研过程中，项目组成员得到了宜宾市农工委、宜宾市农业局、宜宾市畜牧水产局、宜宾市林业局、宜宾县农业局、兴文县农业局，以及宜宾县牛羊规模化养殖基地、宜宾县生猪养殖基地、兴文县粮油规模化示范基地等相关领导及工作人员的大力支持与配合，让项目组的调研活动能够顺利开展。在调研报告完成过程中，宜宾市农工委纪检监察特派员雷安平、宜宾市农业局局长林世全、副局长肖平，宜宾市畜牧水产局副局长冯应胜，四川农业大学余冰教授、汪志辉教授、叶萌教授、伍钧教授等提出了宝贵的意见和建议。在此，对关心、帮助和支持本次调查研究的所有人员表示衷心感谢！

调研六 安县农牧结合模式调研报告

2015 年中央一号文件明确提出要深入推进农业结构调整,加快发展草牧业,支持青贮玉米和苜蓿等饲草料种植,开展粮改饲和农牧结合模式试点,促进粮食、经济作物、饲草料三元种植结构协调发展。发展农牧结合模式对于促进农业产业结构的调整,合理利用土地资源,实现农业产业的转型升级与社会、生态、资源利用协调永续发展具有重要意义。绵阳市安县在农牧结合的循环发展模式上探索较早,经验丰富。为了进一步了解安县农牧结合模式的发展状况、成功经验及存在的问题,课题调研组成员于 2015 年 5 月 19~24 日对安县种养业发展进行了实地调研。课题组先后对四川圣康蛋鸡养殖专业合作社、金泉牧业、绵阳永丰乳业、有机肥厂及特色农业种植基地进行走访调研,并与安县农业、畜牧相关工作单位及相关企业、养殖大户展开广泛、深入的专题座谈。现将调研情况报告如下。

一、安县概况

安县位于四川盆地西北边缘,龙门山脉中段,与成都平原接壤,地处东经 105°5′~04°38′,北纬 31°22′~31°47′。全县辖 18 个镇(乡),234 个村,2330 个社,总户数 15.88 万户,总人口 43.17 万人,农业户数 14.32 万户,农业人口 38.41 万人,农村劳动力人口 24.20 万人。安县县城离绵阳市区 20 km,距成都市 110 km,交通条件较好,县境内公路总里程为 1321 km,形成了乡、村全通公路的交通体系,县内交通四通八达,人流、物流进出快捷方便,安县城区半小时车程可达 3/4 的乡镇,一小时可达所有乡镇。

安县辖区面积 1189 km²,地形山、丘、坝兼有,平坝区占全县面积的 18.1%,丘陵区占 37.8%,中低山地占 43.1%。全县耕地面积 3.79 万 hm²,其中水田面积 2.70 万 hm²,旱地面积 1.09 万 hm²。土壤类型主要有紫色土、冲积土、黄壤、山地黄壤、石灰土、山地森林土和水稻土等 7 个土壤类型;耕地土壤以河流冲积土、老冲积黄壤和紫色土为主。安县属亚热带湿润季风气候,四季分明,年均降雨量 1261 mm,雨量充沛。年均气温 16.3℃,稳定通过 12℃的积温 4728.3℃,年均日照时数 1058.7 h,日照比较充足,全年气候温和,冬暖、春早、夏凉;无霜期长,年均 300 天;气候条件对农业生产较为有利。

2014 年,安县生产总值突破百亿元,达到 102.47 亿元,同比增长 9.2%;规模工业增加值同比增长 13%;全社会固定资产投资 93.1 亿元,同比增长 6.1%,社会消费品零售总额 48.03 亿元,同比增长 13.3%;地方公共财政预算收入 4.81 亿元,同比增长 8.21%;城镇居民可支配收入 2.31 万元,同比增长 9.7%。2014 年安县农业总产值 42.4

亿元，同比增长 4.3%；农民人均纯收入 1.09 万元，同比增长 13.3%。全县围绕培育产业，提质增效，促进了转型升级。积极应对经济增长下行压力，加大结构调整力度，努力实现经济转型发展，第一、二、三产业结构调整为 25.1∶52.0∶22.9。

二、种养业基本情况

（一）种植业

1. 粮油作物创丰收

安县是国家商品粮油生产基地县，以粮、油生产为主；大春主产水稻，其次是玉米、红苕；小春主产小麦、油菜，其次是大麦、豌豆、胡豆和花生。2014 年，安县共引进粮油新品种 80 个，其中：油菜新品种 31 个，小麦新品种 4 个，水稻新品种 36 个，玉米新品种 9 个，共创建粮油高产示范区 6600 hm²。

2014 年，安县粮食播种面积 4.05 万 hm²，粮食总产量 24.68 万 t，单产 405.92kg，粮食总产量比上一年增加 0.24 万 t。油菜播种面积 1.53 万 hm²，总产 3.62 万 t，比去年增加 1200t。建成规模种植基地 15 个，"三品一标"新增认证 23 个，并被评为四川省农产品质量安全监管示范县。种植类新型经营主体成长迅速，积极鼓励家庭农场进行工商登记注册，成为市场经济法人型经营主体，为生产经营活动提供法律保障。2014 年，新增市级龙头企业 3 个，经工商部门颁发营业执照的家庭农场已达 39 家，农民专业合作社60 个。

2. 特色种植全面推进

安县积极建设现代农业重点县，围绕优势特色种植产业的推进具体在以下几方面展开工作（详见表 3-31）。

一是中药材产业。根据县域中药材产业发展现状，因地制宜选择黄连、重楼、牛蒡子、鱼腥草、无花果、川芎 6 个特色鲜明、市场价值高的品种作为主要发展品种。2014年，全县共建成中药材示范区 753.33 hm²，建成中药材技术集成示范区 526.67 hm²。全县规模种植中药材品种已达 20 余种，建成了丘坝区和高山区 2 个道地中药材展示园，共40 hm²；共发展了 6 个中药材技术集成示范区，共 1193.33hm²，以点带面，辐射带动全县中药材产业快速发展。标准化中药材种植面积达 9467hm²，其中核心示范区面积 2800hm²。

二是蔬菜产业。全县蔬菜种植面积高达 8334hm²，建成蔬菜标准化栽培技术集成与示范基地 11 个，共计 1866.67 hm²；同时大力发展大棚蔬菜种植，全县设施农业面积已达 266.67 hm²，其中金花蔬菜合作社被评为国家示范社。

三是魔芋产业。2014 年，全县魔芋种植面积达 3000 hm²。沸水镇、千佛镇、桑枣镇共建成魔芋种植示范区 726.67 hm²，建成魔芋良种繁育基地 67 hm²；魔芋技术集成示范区 67 hm²。其中魔芋标准化种植基地面积达到 1733 hm²，安县"魔芋加工之乡"地位得到提升。

四是杂交水稻制种产业。安县是国家级杂交水稻种子生产基地，2014年，围绕水稻制种优势产业，在全县90个村共发展杂交水稻制种面积2600 hm²，其中打造标准化制种基地共274 hm²。

五是水果产业。建立猕猴桃、葡萄、无花果、柑橘、西瓜等水果种植基地，水果产业呈现品种多、质量优的特点。2014年，打造"川西北猕猴桃走廊"，在塔水镇、乐兴镇共建成猕猴桃示范区600 hm²，进一步带动了当地产业发展，促进了百姓增收致富。

表 3-31　安县特色种植业发展概况　　　　　　　　　单位：hm²

类别	中药材产业	蔬菜产业	魔芋产业	杂交水稻制种产业	水果产业
种植规模	—	8334	3000	2600	—
标准化规模	9467	1866.67	1733	274	—

数据来源：安县农业局

（二）养殖业发展概况

安县现代畜牧养殖业发展较好，以优质生猪、蛋鸡、肉鸡、肉鸭、肉兔和肉（奶）牛为主导的畜牧产业已成为全县农业经济发展和农民增收的支柱。

1. 发展势头良好，养殖规模不断增大

2014年，全县出栏生猪40.02万头，同比增加1.33万头；肉牛5840头，同比增加102头；肉羊1.35万只，同比增加1000只；肉鸡628万只，同比增加13万只；肉兔38.45万只，同比增加3.39万只；存栏蛋鸡164万只，同比增加2.87万只；奶牛1930头（详见表3-23）。肉类总产量3.62万t，同比增加1831t、增长幅度为5.33%，其中猪肉2.17万t，同比增加717t、增长幅度为3.41%，禽蛋产量2.11万t，同比增加566t、增长幅度为2.75%，牛奶产量6513t，同比增加310t、增长幅度为4.99%。安县大力推广畜禽标准化适度规模养殖，全县畜禽养殖、加工龙头企业带动农户面66%，规模养殖户入会率66%，生猪、奶牛、肉牛、肉羊、肉鸡、蛋鸡、肉兔、肉鸭、肉鹅规模养殖比重分别为70.12%、100%、48.52%、46.78%、68.38%、91.04%、66.85%、75.12%、58.43%。

2. 产业优势明显

2014年，安县实现畜牧业产值16.52亿元，同比增加1.41亿元，占农业总产值的41.21%，农民人均牧业现金收入2509元，同比增加132元，超过全省农民人均牧业现金收入。全县获得无公害养殖基地7个、无公害产品3个、绿色食品"天樱牌"10个、有机认证3个，其产量占全县生产总量的52%以上。"好农"鸡蛋成为省内知名品牌，市场占有率、竞争力和产品附加值大幅提升，助农增收效果明显。

3. 良种建设成效明显

全县进一步强化以生猪改良为重点的畜禽良繁体系，畜禽品种良种化得到提升，现已建成种畜禽场 16 个，其中种猪场 10 个、种羊场 1 个、种禽场 4 个、种兔场 1 个；省一级种猪场 1 个、二级种猪场 3 个，市级种猪场 7 个，公猪种站 1 个，人工授精网点 15 个，形成了从祖代到商品代的生猪"三级"良繁体系。2013 年，生猪、牛、羊、禽良种面分别达到 95.25%、85.1%、98.91%、92.32%，同比分别上升 0.25、0.15、0.13、0.55 个百分点，兔良种面水平连续两年为 100%（详见表 3-32）。截至 2014 年 6 月，安县生猪、牛、羊、禽良种面分别达到 95.54%、85.2%、98.2%、93.1%、100%，同比分别上升 0.35、0.2、0.18、1.18 个百分点，兔良种面水平连续两年内 100%。

安县目前有县级动物疫病预防控制中心 1 个、18 个乡级畜牧兽医站、18 个动物防疫监督检查站、18 个乡级动物疫病测报点、234 个村级防疫点、基层兽医防疫人员 113 人、村防疫员 234 人。实行春秋普防、月月补免，重大疫病免疫密度达 100%，免疫抗体监测均达标，全县无重大疫病发生。

4. 新型经营主体建设成效显著

安县现有省、市、县级畜禽养殖、加工龙头企业 7 个，畜禽适度规模养殖场（小区、重点户）6829 个，畜禽养殖专业合作社 98 个，其中国家示范社 1 个（圣康蛋鸡）、省级示范社 3 个、市级示范社 2 个（详见表 3-33）。发展蛋鸡产业集群，常年养殖蛋鸡 280 万只；助推牛羊产业发展，形成了养殖 1600 头的永丰乳业和二十多个大中型肉牛羊场；建成了 145 个标准化规模养殖小区（场）、2 个产业园。兴仁现代畜禽养殖园以年出栏 400 万只山地土鸡及生猪、蛋鸡、蛋鸭和肉兔为主导的"大园区、小业主"模式，成为全县发展的典范。

表 3-32　安县养殖业发展概况

类别	出栏头数	规模养殖比重	良种面比重
生猪	40.02（万头）	70.12%	88.85%
肉牛	5840（头）	48.52%	牛 85.1%
奶牛	1930（头）	100%	
肉羊	13500（头）	46.78%	98.91%
肉兔	38.45（万只）	66.85%	100%
蛋鸡	164（万只）	91.04%	
肉鸡	—	68.38%	禽类 92.32%
肉鸭	—	75.12%	
肉鹅	—	58.43%	

表 3-33　安县养殖业新型主体建设概况　　　　　　　　　　单位：个

新型主体	龙头企业	规模养殖场	养殖专业合作社	标准化规模养殖小区（场）	产业园	大中型肉牛羊场
数量	7	6829	98	145	2	23

数据来源：安县农业局

三、农牧结合模式典型调研

农牧结合模式，既能够降低生产成本，也能通过现有技术实现畜禽粪尿的资源化利用减少畜禽养殖污染和农田化肥用量，促进农业生态系统的健康稳定发展。安县在农牧循环方面的探索已久，现已形成以下几种成效显著的模式。

1. 有机复合循环模式

目前安县养殖业已基本实现规模经营，畜禽适度规模养殖场（小区、重点户）达 7000 个，畜禽养殖产生的养殖废弃物处理深受关注。

四川圣康蛋鸡养殖专业合作社位于花荄镇柏杨村，成立于 2006 年，现产值上亿元；其采用"农户建合作社，合作社建公司，农民做股东"的模式，合作社下建立圣康禽业（蛋鸡）、种鸡场与鸡粪处理厂，统一管理，单独核算，将禽粪进行专门处理为有机肥作为种植原料，实现无公害循环利用，带动周边农户种养业发展。合作社内部采用"五统一分"的运营机制，即"统一购鸡苗、统一防疫、统一购饲料、统一包装、统一销售和分户饲养"，为社员节约成本 5% 左右。合作社注册的"圣吉康"蛋品商标，取得了国家无公害基地和无公害产品认证，其品牌"圣吉康"深受广大消费者的欢迎与厚爱。

圣康禽业现有蛋鸡 20 万只，每日约产生粪便共 70 余 t，为了实现专业化经营，同时节约成本并及时有效地清理粪便，合作社于 2007 年成立鸡粪处理厂，圣康禽业以 0.1 元/（年·只）鸡的价格将鸡粪全部承包给鸡粪处理厂，每日清理。近年来，鸡粪处理厂对厂内设施设备进行了改进，日处理鸡粪可达 120 余 t，将鸡粪处理为有机果蔬、鱼饵肥料；其生产的有机肥小部分为周边种养业提供肥料，大部分销往外地。周边种植业辐射花荄镇、界牌镇、黄土镇等村镇，主要种植大棚蔬菜及猕猴桃、无花果、柑橘等水果，蔬菜种植使用有机肥作为底肥每亩可达 2 t 多。此外，畜禽粪便进入蓄粪池，经发酵处理，可产生大量沼气供农户生活使用，而其副产物沼液和沼渣，是无污染的生物有机肥料和农药，作为水果种植饲料，具有显著的肥田杀虫功效（如图 3-7 所示）。

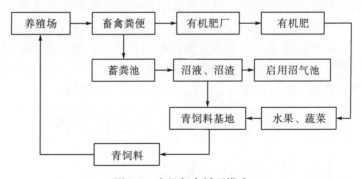

图 3-7 有机复合循环模式

圣康蛋鸡养殖专业合作社通过统一制作章程，规范管理，创新了经营管理模式，提高了社员组织化程度，形成了农业产业化经营，圣康禽业 2014 年总产值达千万元，净利润达到 350 万元，农户每股分红达 3 万元。而鸡粪处理厂生产的有机肥每吨价格可达 400

～500 元，年产值可达 2500 万元，促进了社员增加收入，实现经济利益最大化。

2. 种养自循环模式

安县另一种典型农牧结合的循环农业模式是建设循环生态园，实现种养自循环，以清泉镇现代农业生态园为典型。清泉镇地处安县东南边缘，全镇辖区面积 34km²，共有耕地面积 2000 多 hm²，水资源丰富，土壤肥沃，地形地貌特点丰富，气候属中亚热带湿润季风气候，平均气温 16.4℃，年降水 840mm，属于典型的农业之乡。目前，清泉镇已建成现代农业示范园约 2.5 km²，园区内由种养循环生态模式、粮经复合种植模式、产村相融田园模式构成。园区内建成年出栏肉牛 2000 头、年生产生物有机肥 1.5 万 t 的农业龙头企业 1 个；年出栏 1.5 万头育肥猪、4000 头优质仔母猪的农业示范场 1 个；中药材种植示范基地 200 多 hm²；种植珍稀林木 33.33 hm²，建成专业合作组织 4 个。园区内部采用四方联动的模式，即"党组织＋公司＋专业合作社＋农户"，对全镇农业产业发展发挥着示范带动作用。

金泉牧业是清泉镇现代农业示范园内集种猪场、中药种植、林木种植、蔬菜及水稻种植于一体的种养循环企业，其种养循环实现了零污染、零排放的长期循环。金泉公司原种猪场占地面积达 7hm²，绿化面积达到 2 hm²，绿化率 30％，建设有圈舍 8000 m²，办公用房 1000 m²，交通便利、环境优美。场地远离农户，对于生猪养殖过程中防疫问题的防控具有重要作用。金泉牧业从成立初期就开始探索种养循环的生态循环模式（如图 3-8 所示）。结合种植和养殖的特点，重点开展种养循环的畜禽废弃物处理、水肥一体、配套农业设施等核心关键技术研究，形成生猪养殖和粮食作物、经济作物的循环经济模式，建立"畜－沼－粮－经(中药、林木等)－鱼塘"种养循环的生态有机生产模式。

金泉牧业所处低处浅丘，流转坡地、荒地 67hm²，一部分种植水稻和蔬菜，用于自销和销往周边村镇；另一部分种植园林林木，如兰花、槐树等，林下套种金银花等中草药材。企业采用水泡粪工艺，共建 7 个大型沼气池，将粪便排入沼气池，以水粪 23：13 的比例进行密封发酵，沼气能作为公司日常生活和种猪场运行的使用；此外，通过铺设管道，借助地势高低差异，将有机粪便直接排入田间地头，作为种植肥料；另将水泡粪中多余污水排放至鱼塘，鱼塘内水养植被与鱼结合，通过鱼塘净化水源，实现水资源再利用。采取"人工种植－养猪－猪粪发酵－扩大养殖规模"流程，发展珍贵高效经济林，建立林木、中药立体种植模式，扩大农业生产面积，消纳畜禽粪便。研究"畜－沼－粮－经(中药、林木等)－鱼塘"种养循环的生态有机生产的关键技术，确定合理种养规模和比例，实现种养平衡、相互补充和支撑生态种养殖业协调发展。

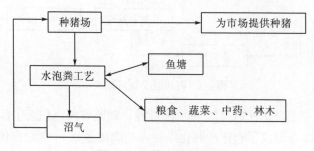

图 3-8 种养自循环模式

金泉牧业通过农牧结合，平衡发展，改良土壤效果明显，土壤更加肥沃，亦节省了生产成本。2014 年金泉牧业销售收入达千余万元，利润 550 余万元，资产负债率 55.7%，银行信誉良好；带动分散养殖区农户年增加收入近千万元，实现利润近 400 万元，人均纯收入达 1.5 万元。由此可见，金泉牧业在辐射周边农户方面有着显著的经济效益和社会效益，促进了安县养殖由传统养殖向现代养殖的转变。

3. 种草养畜生态循环模式

目前安县草食畜类以肉兔、肉羊、肉牛为主，其存栏量为肉兔 38.45 万只，肉羊 1.35 万只，肉牛 5840 头；肉兔、肉羊、肉牛规模化养殖分别达 66.85%、46.78%、48.52%；奶牛存栏量 1930 余头，达 100% 规模养殖(详见表 3-32)。种草养畜的生态模式既可以改变种养殖结构，缓解人畜争粮矛盾，又可以降低成本增加收入，改变农业产业结构。

绵阳永丰乳业有限责任公司是以种奶牛养殖和牧草种植为主的农工贸多元化经营公司，地处安县界牌镇。公司目前固定资产近亿元，销售收入近 2000 万元。拥有占地 6 hm² 的标准化、生态型奶牛养殖园区，存栏高产优质荷斯坦种奶牛 1600 余头，建有牧草基地 200 hm²，蚯蚓养殖基地 13.33 hm²，绿色反季节蔬菜示范基地 10 hm²，开办有星级乡村生态休闲园，并从事规模化特色土鸡和鱼类养殖；是市级"农业产业化重点龙头企业"，并被评为"四川省奶牛标准化示范牧场"。公司采取集约化方式发展种奶牛养殖业务，机械化操作，一体化智能管理，实现了生产自动化，与科研院所和大专院校联合设立高产奶牛品种改良繁育研究所和高产奶牛全混日粮营养研究所，进口高品质纯种母牛，培育优质高产牛群，成母牛年平均单产达到 7.6 t/头，单产高于 9 t 以上的核心牛群已占 38%；实行种植与养殖相结合，初步构成"奶牛－粪便－牧草－奶牛"的资源综合利用循环体系。林草牧间作种养，选择种植优质品种的经济果木，林下种植优质牧草和散养畜禽的立体种养模式，达到粪污及废弃物循环再利用一体化的目的。公司还通过资金扶持、技术指导、收购产品、开拓市场渠道等多种形式帮助农户发展高价值种养业，带动农民致富，推动社会主义新农村建设。永丰乳业创办"川西北高产优质种奶牛改良繁育基地"，用了 3~5 年时间，建成产值过亿元，存栏 2500 头年单产 9 t 以上的优良品种种奶牛基地，带动周边形成 5000 头奶牛饲养规模，扩建大型沼气发生和收集贮存装置，解决生产能源，向周边上百农户供给生活用气，利用沼气渣和沼气液开发绿色反季节蔬菜种植，进一步围绕奶牛养殖不断创新资源深层次综合利用，发展绿色农业、生态农业、高效农业、观光农业、品牌农业。

四、存在的主要问题

1. 现代农业问题多，水平不高

目前，安县的现代农业发展虽形成初步格局，但规模不足、层次不高、品牌不多的问题依然突出，第一、三产业黏合度还不紧密，还远不能达到规模化种植、集约化经营、标准化生产、产业化发展、信息化管理的现代农业水平。

2. 县级财政困难，资金不足

由于我国东西部经济存在巨大的不平衡，西部地区的县级财政十分困难，建议配套资金比例区别对待，适当降低财政困难地区的县级配套资金比例，加大政策性资金补贴向西部地区的倾斜力度。在现阶段，政府对生猪产业的支持政策依然占据主要地位，这显得草食畜牧业的相关扶持政策较为薄弱。在农业保险、疾控等方面的补贴专项缺失，农业保险费用高、保险范围有限。而在饲料作物种植、饲料加工等方面补贴则明显不足。

3. 农产品价格波动大，风险高

随着自然环境的改变、生产成本的居高不下和市场竞争的加剧，农业风险仍然较高，农产品价格随着市场行情波动较大，尤其是养殖业，农户利益容易受损。近两年，由于市场价格的波动，蛋鸡、种猪等行情都出现不同程度的低迷，造成一些养殖大户、龙头企业收入不佳。

4. 农业成本高、贷款难、垫资难

安县目前虽然在圈舍建设方面的补贴标准比较明确，但对于农机具、饲料等生产要素的补贴缺失。尤其是养殖业的专业化和集约化对农业机械化水平要求较高，龙头企业正处于一个半自动化向全自动化推进的过程，大型专业设备价格高，农机具贷款难、利息高、政策支持力度小，基本靠企业自筹资金购进，增加了企业负担。而饲料成本高也造成企业生产成本高，同时市场上购买设备设施、饲料多采用现金当场结算，垫资困难。

5. 农牧结合项目分散，动力不足

从安县目前的专项资金扶持项目可以看出，种植业与养殖业项目处于分离的状态，几乎没有农牧结合打捆项目，资金分散。这使得安县农牧结合模式大部分仍处于农民自发探索、自我组织的阶段，形成可复制可推广的成熟经验和新型模式步伐缓慢，农牧结合助推力不足。

致　谢

本次调研工作得到了安县人民政府、县农业局相关工作人员以及文中涉及的种养合作社、企业、农户的大力支持，在此一并致谢！

调研七 苍溪县土地整理对猕猴桃产业发展影响调研报告

随着城市化进程的不断加快，土地整理在解决"三农"问题上的优势愈发突出，伴随农业现代化、产业化进程的不断加快，农业发展的趋势之一则是将土地整理与农业产业发展有机结合。探索苍溪县土地整理对猕猴桃产业发展的影响，不仅有利于发挥猕猴桃产业的辐射带动作用，促进当地经济水平的发展，更有利于探究土地整理对农业产业发展的积极作用，为农业产业转型升级提供发展思路。为了全面了解当前苍溪县的猕猴桃产业发展情况，项目调研组成员于 2014 年 12 月现场考察了四川省广元市苍溪县猕猴桃产业办、园区、专业合作社、国土局，听取了产业办负责人与合作社的情况介绍，与苍溪县国土局、猕猴桃产业办领导，合作社技术人员、村委书记进行了座谈，并先后搜集了苍溪园区、土地整理项目等相关资料。现将调研情况报告如下。

一、苍溪县概况

（一）自然地理条件

1. 地理区位

苍溪县是广元市的南大门，位于秦岭－大巴山以南，四川盆地北部，长江上游嘉陵江中段。东南西北分别与巴中、阆中、剑阁、旺苍相邻，县境地跨东经 105°43′～106°28′、北纬 31°37′～32°10′，南北宽 61.6km、东西长 70.5km。

2. 地形地貌

苍溪县地形复杂多样，主要以山地为主，山地面积占 92%；地貌由低山和深丘及河谷平坝构成；地势东北高，西南低，以回水－石门－平歧为界，海拔在 380～1300m 之间。

3. 气候条件

苍溪县属亚热带湿润季风气候区，气候宜人，年平均气温 16.6℃，极端最高气温 39.3℃，极端最低气温－4.6℃。日照充足、无霜期较长，年平均日照时数 1395h，年平均无霜期 288 天。受大巴山影响，县境内雨水丰沛，年平均降雨量达 1100mm，降水多集中在夏季，并呈现由北向南递减的趋势。

4. 水文条件

苍溪县境内水文资源丰富，绝大部分属嘉陵江水系，嘉陵江、东河（宋江）自北向南贯穿全县，并与 12 条支流溪沟包括插江、深沟河等密布县境。县境内嘉陵江水系流域面积约 619km²，江河过境水流总量达 228.96km³，水利资源潜力巨大，水能蕴藏量 29.86 万 kW。

5. 土壤条件

苍溪县土壤种类丰富，主要包括水稻土、紫色土和少量冲击土、潮土、黄壤，其中水稻土约 43 万亩，紫色土约 21 万亩。土壤含量中，有机质含量为 0.18～3.66%，全氮含量为 0.028～0.154%，碱解氮含量为 18～170PPM，全磷含量为 0.0288～0.231%，速效磷含量为 0.7～54PPM，速效钾含量为 21～222PPM，pH 值以微酸性为主。

（二）社会经济条件

苍溪县下辖 39 个乡（镇），718 个村民委员会，4940 个村民小组，总户数 26.11 万户，户籍总人口 79.09 万人，其中农业人口 66.92 万人。2014 年，苍溪县实现地区生产总值（GDP）104.7 亿元，比 2013 年增长了 11.2%。其中：第一产业增加值 26.8 亿元，第二产业增加值 45.1 亿元，第三产业增加值 32.8 亿元，比 2013 年分别增长了 4%、16.7%、10.3%，各产业对经济增长的贡献率分别为 10%、61.6%、28.9%。人均生产总值 17977 元，比 2013 年增加了 1823 元。三大产业结构由 2013 年的 27.6：40.9：31.5 调整为 25.6：43：31.4，由此看出，第一产业比重逐步下降，第二产业比重不断提高，经济结构得到进一步优化。

（三）土地资源条件

2008～2013 年苍溪县土地利用现状变更情况如表 3-34 所示。苍溪县土地总面积约 350.04 万亩，其中耕地面积 129.21 万亩，占土地总面积的 36.91%，水田面积 82.29 万亩，主要集中在嘉陵江、东河流域两岸的平地区域。

表 3-34   2008～2013 年苍溪县土地利用现状变更表   单位：万亩

年份	总面积	耕地	园地	林地	草地	城镇村及工矿用地	交通运输用地	水域及水利设施用地	其他土地
2008	349.53	123.84	16.67	122.33	2.96	19.92	3.28	19.40	41.12
2009	350.04	128.38	5.75	142.02	0.47	20.35	6.76	16.89	29.42
2010	350.04	128.21	5.74	141.97	0.47	20.50	6.82	16.93	29.40
2011	350.04	129.13	5.73	141.84	0.47	20.56	7.21	16.91	28.19
2012	350.04	129.04	5.72	141.80	0.47	20.70	7.23	16.91	28.18
2013	350.04	129.21	5.71	141.79	0.47	20.79	7.24	16.83	27.99

二、苍溪县猕猴桃产业土地整理基本情况

(一)苍溪县猕猴桃产业发展概况

1. 猕猴桃产业发展现状

2012~2014 年苍溪县猕猴桃产业发展情况如表 3-35 所示。截至 2014 年年底，苍溪县累计种植猕猴桃面积 33.09 万亩，新建专合组织 17 个，新引进业主大户 50 个，新建特色产业园 50 个，鲜果年产量 7.6 万 t，年产值 11.6 亿元。全县目前共有 1 个猕猴桃协会，2 个猕猴桃科研基地，10 个以红心猕猴桃为主导产业的万亩现代农业园，30 个以猕猴桃产业为发展基地的乡镇，55 个猕猴桃专业合作经济组织，60 个专业种植猕猴桃的村庄，80 个 500 亩以上的标准化生产示范园。培育引进 5 家猕猴桃产业龙头企业，包括香港日升、四川华朴、四川毅力等，研发出 6 大系列二十多种猕猴桃产品，包含猕猴桃果酱、果汁、酒水、果脯等销往北京、上海等地区。苍溪县作为全国主要猕猴桃出口基地之一，完成了出口基地认证，开辟了国际市场，产品远销日本、韩国、泰国和欧盟地区，出口猕猴桃达到总产量的 10% 以上。与此同时，苍溪县还注重加强品牌建设，通过注册"苍溪红心猕猴桃"商标并举办一系列活动，提升红心猕猴桃的声誉和市场占有率。2015 年初，国家质检总局批准苍溪红心猕猴桃为首个国家生态原产地保护产品，这标志着国家对苍溪县猕猴桃的认可，极大地提高了产品的知名度和附加值，为进一步开拓国际市场奠定了坚实的基础。

表 3-35 2012~2014 年苍溪县猕猴桃产业发展情况

年份	累计种植面积/万亩	新建专合组织/个	新引进业主大户/个	新建特色产业园/个	鲜果产量/万 t	年产值/亿元
2012	20.16	6	22	60	5.75	8.10
2013	26.41	9	10	60	6.80	9.50
2014	33.09	17	50	50	7.60	11.60

2. 猕猴桃产业发展优势

(1)无法复制的自然条件。苍溪县地属亚热带湿润季风气候区，气候温和，日照充足，雨量充沛，河流密布，拥有种植猕猴桃得天独厚的自然优势。紫色土作为最适宜红心猕猴桃生长的土壤，在全国范围内主要分布在四川盆地，而苍溪县拥有紫色土面积约 21 万亩，是全省富含紫色土面积最大的县份，这也正是陕西、河南、湖北或省内其他县、市、区生产的猕猴桃品质不高的重要原因之一。

(2)群众发展的良好氛围。苍溪县农民种植猕猴桃的历史悠久，参与猕猴桃产业发展的热情和积极性很高。红心猕猴桃在盛产期每亩平均产果高达 2t，同时具有抗病虫能力强、寿命较长等特点。当地的农民和科研人员在长期的生产实践中，探索出了一套适宜苍溪本地的猕猴桃栽培技术和工作方法，形成了一套独特的产业体系。

（3）独一无二的品种选育。1980年，苍溪县成为全国第一批猕猴桃驯化栽培试点县，1995年，红阳猕猴桃成功育种，并在2004年获得国家质监总局原产地域产品保护。2005年国家植物新品种保护办公室宣布对红华、红美实施新品种保护，至此，红阳、红华、红美成为代表世界的第三代猕猴桃品种，苍溪红心猕猴桃被认定为世界红心猕猴桃的原产地。

（4）院县合作的科研体系。苍溪县积极与中科院、省自然资源研究院、四川农业大学、四川大学、西北农林科技大学等单位开展合作项目，共同编制了《苍溪红心猕猴桃产业中长期发展规划》《红阳猕猴桃绿色食品生产技术规程》，大力开展品种选育、病害防治、精深加工等科研项目的联合攻关。组建猕猴桃科研基地2个，基层农技推广中心165个，配备专职技术人员，加强技术研发和实际应用。建立种子资源圃、杂交育种圃、高产优质示范园，长期开展新品种选育和高产栽培技术研究。同时，苍溪县在西南地区建立了唯一一个集科研开发、种子资源、休闲旅游为一体的中国·苍溪红心猕猴桃植物园，形成了特色水果产业产学研的强大磁场。

（5）带动周边其他产业迅速发展。调查距离苍溪县200km范围内的周边县区显示，种植梨约72.8万亩，年产量44.3万t；种植苹果110万亩，年产量50万t；种植柑橘151万亩，年产量90.6万t；种植猕猴桃22万亩，年产量10.2万t；种植其他水果共计418万亩，年产量合计约229万t。

（6）自上而下的政策支持。苍溪县积极开展统筹城乡配套改革、林权制度改革、劳动保障、社会管理创新、党代会常任制等多项国家、省、市的改革试点工作，成为全国林改百强县、省委出台重大政策征求意见县、全省土地整理示范县、全省现代农业产业基地强县、现代畜牧业重点县、"扩权强县"试点县；改革创新先行先试，普惠制和特惠制政策叠加，在土地、资金、公共服务、组织保障等方面为特色产业发展提供了强有力的政策支持。同时，苍溪县成立了猕猴桃产业推进办公室和县乡社会化服务体系，把特色水果产业纳入县乡党政"一把手"工程，有效确保了政策支持的落实。

3. 猕猴桃产业发展规划

苍溪县将建设低碳经济强县定位成发展目标，积极优化产业结构布局，利用先进的科研技术打造优质高端的猕猴桃品牌，着力将苍溪县打造成为川北农产品加工基地，并通过抢占国内外市场，提高苍溪猕猴桃品牌的知名度和影响力，将苍溪县建设成为成渝经济区重要农产品供应基地。到2017年之前，计划完成50万亩红心猕猴桃产业基地、年产量50万t、产值100亿元、带动周边县市其他产业共同发展100万亩的发展目标，计划建成全球最大的红心猕猴桃生产基地、全国最大的猕猴桃良种繁育及产品加工基地和西南地区最大的猕猴桃物流中心，将苍溪猕猴桃及其加工产品推广到全国乃至全球的各大市场。

（二）苍溪县猕猴桃产业土地整理概况

1. 苍溪县土地整理总体情况

作为四川省第一批"金土地工程"示范县的苍溪县，以"土地整理为载体，加快整合土地资源,积极建设现代农业园区"为建设方案,以"每个园区核心区 1 万亩以上、盛产期每亩年收入 1 万元以上、农户年人均收入 1 万元以上、总产值 1 亿元以上"为建设目标,以"渠道不变、用途不乱、各记其功、规模发展"为建设方针,利用土地整理项目,辐射带动周边其他项目共同发展,统筹协调形成发展合力。2014 年苍溪县国家、省投资土地整理项目如表 3-36 所示,实施国家、省投资土地整理项目共 8 个,对近 9 万亩土地进行整理,新增耕地面积将近 1 万亩,估算投资合计 11 675.35 万元。通过大力开展土地整理项目,积极建设现代农业园区,不仅有效改善了农业生产基础设施,同时提高了当地经济发展水平。

表 3-36　2014 年苍溪县国家、省投资土地整理项目

项目名称	村名	整治面积/亩	新增耕地面积/亩	估算投资/万元
永宁镇整理项目	桃花、笔山、大桥	10 249.20	1276.48	1575.93
文昌镇整理项目	德胜、刘家、民建、金魁、桥河、石昌	13 186.20	1424.90	1948.10
运山镇整理项目	双龙、二龙、双牌、文庙、老君	13 289.40	1491.30	1918.31
石门乡整理项目	华山、三林、龙水、七星、中梁	14 390.55	1492.59	1945.01
歧坪镇盐井坝整理项目	盐井、三江、彭家梁、杨家桥	5272.80	794.70	500.00
龙山镇整理项目	分水、五郎、新场、印池、龙角、南阳	14 110.70	1418.09	1620.00
东溪镇岳东镇整理项目	东溪镇的马蹄、井子、康寨岳东镇的青茨、红碑、解元	13673.60	1425.92	1480.00
白驿镇整理项目	铁炉、立山、方山	5781.45	573.60	688.00

2. 猕猴桃产业土地整理状况

苍溪县在"金土地"项目区内,新建红心猕猴桃产业基地 3.35 万亩,利用"群园发展模式"带动形成万亩猕猴桃产业带 4 个,与 12 家农产品加工企业和 31 家专业合作组织开展合作,共同打造出一条"特色产业基地+公司+专合组织+农户"的特色产业链,带动当地农户比率高达 85%。截至 2014 年年底,苍溪县完成泥结石路面 117.3km,硬化道路 482.2km;完成各类水利工程 9202 处,总有效水量 14840 万 m^3,总有效灌溉面积 32.01 万亩;完成各类水利工程干渠总长 4542.7km,支渠总长 985.2km。

三、苍溪县猕猴桃产业土地整理存在的主要问题

(一)耕地质量有待提高

稳定发展农业生产,不仅要确保耕地面积不下降,而且要着力解决耕地质量的问题,通过增加猕猴桃单产促进总产量的提高。据第二次全国土地调查数据显示,苍溪县耕地按坡度划分,2 度以下的耕地 6093.75 亩,占 0.47%;2~6 度耕地 47 833.20 亩,占 3.73%;6~15 度耕地 592 869.15 亩,占 46.18%;15~25 度耕地 511 335.30 亩,占 39.83%;25 度以上的耕地 125 710.20 亩,占 9.79 %。耕地质量总体不高,要求必须通

过实施农业综合开发、土地整理等项目，着力提高耕地质量水平。

(二)配套设施不够完善

近年来，苍溪县农业基础设施虽然得到一定程度的改善，集中成片的猕猴桃园区基础配套建设较好，但大多数散户自建的猕猴桃种植片区标准化程度低，部分种植户未能落实标准化生产技术措施，造成产果量少、果品质量差。同时存在机耕道路不完善，水利设施老化，工程年久失修，灌溉系统淤塞、渗漏等问题。因此，产业配套设施落后的状况从根本上制约了苍溪县猕猴桃基地的建设和产业的发展。

(三)基地标准化程度不高

苍溪县猕猴桃产业经过多年努力，在种植规模、经营主体、基地建设、良种繁育、品牌包装、行业标准等方面取得了较大成就，但苍溪县猕猴桃产业整体标准化水平依然不高。突出表现在标准化基地建设比重较低，以农户分散种植为主，由于经营分散，农户在园地建设、田间管理、基础设施等方面缺少有效指导和资金投入，使得基地标准化的比例不高，导致产品品质、产量参差不齐。

四、启示

土地整理和农业产业发展是两个不尽相同的系统工程，既存在着完全不同的内容，又存在着显著的相关性，如果能将二者结合起来，将极大地促进当地农村经济的快速发展，有效解决现代化发展过程中的"三农"问题。

1. 系统制定农村土地整理规划

农村土地整理规划应坚持科学性和系统性相结合的原则，根据不同地区的自然资源条件、经济发展水平、土地利用现状，制定合理全面的综合整治规划。规划应明确整理目标、重点和顺序，有计划、有步骤的安排综合整治的内容和进度。在制定规划的过程中，还应充分尊重农民意愿，切实维护农民利益，让农民自觉自愿地加入到土地整理项目中来。

2. 大幅提高农村土地整理投入

投入不足是我国农业综合生产能力落后的一个重要原因，改善农业生产条件关键是要加强土地整理的资金投入力度。在财政投入方面，财政支出应把重点放在"三农"问题上，确保投入总量、增量均有明显增加；在预算投入方面，固定资产投资应重点向农业项目倾斜，积极推动农业基础设施建设。

3. 努力形成农村土地整理合力

农村土地整理投资巨大，需要在坚持以政府为主导的基础上，通过体制机制创新，充分调动社会资本和农民群众的积极参与，形成政府、社会、农民三方共同投入的合力。对于社会资本，关键是要深化产权制度改革，明确所有权和使用权，鼓励和吸引社会资本参与到农村土地整理项目中来。

致　谢

调研得到广元市苍溪县国土局、猕猴桃产业办、园区相关领导及技术负责人、专业合作社技术人员、村委书记的大力支持和无私帮助，在此一并致谢！

主要参考文献

安琼.2013.农业机械新技术的运用与发展[J].农业与技术,(3):27.

巴泽尔.1997.产权的经济分析[M].费方域,段毅才译.上海:上海人民出版社.

包丹丹.2013.农业机械化发展中存在的主要问题及对策[J].农业科技与装备,(5):76-77.

卞琦娟.2011.农户土地承包经营权流转问题研究[D].南京:南京农业大学.

卜庆国.2013.农超对接中农业合作社面临的问题与对策[J].现代经济信息,(9):4-5.

藏波,吕萍,杨庆媛,等.2015.基于现代农业发展的丘陵山区农用地整治分区与发展策略——以重庆市云阳县为例[J].资源科学,(2):272-279.

曹金臣.2013.荷兰现代农业产业化经营及对中国的启示[J].世界农业,(5):115-117.

柴彭颐,周洁红.1999.发达国家农业产业化经营的经验及对我国的启示[J].浙江学刊,(1):48-52.

常敏.2013.农村集体建设用地隐性流转的现状和归因分析[J].中国农村经济,(11):34-45.

陈忱.2013.南京台创园树立全国"智慧农业"标杆[J].江苏通信,(6):25-29.

陈刚,白廷斌.2012.川滇泸沽湖地区民族文化旅游商品市场调查——以工商人类学为视角[J].黑龙江民族丛刊,(3):55-60.

陈键.2015."互联网+"与中国经济的未来紧密相连[EB/OL].http://it.people.com.cn/n/2015/1105/c1009-27778982.html,5-11.

陈进,袁志英,郭鹏,等.2014.关于推进四川省丘区农业机械化发展的思考[J].四川农业与农机,(1):20-21.

陈锴.2011.欧洲现代农业发展现状及启示[J].世界农业,(6):38-41.

陈霖,曾玉华.2007.四川地区农业机械的推广应用[J].中国农机化,(3):44-45.

陈茂顺.2014.浅谈农业新技术示范[J].基层农技推广,(6):35-36.

陈明鹤.2013.论新型农业生产经营主体:家庭农场[J].农村经济,(12):42-45.

陈佩忠.2009.全国政协副主席陈宗兴:土地流转关键是建立新型农业生产经营体制[J].中国经济周刊,(9):24-25.

陈士军.2007.基于复杂系统理论的区域农业可持续发展研究[D].天津:天津大学.

陈威,郭书普.2013.中国农业信息化技术发展现状及存在的问题[J].农业工程学报,(22):196-205.

陈晓乐.2015.日本现代农业发展启示及借鉴[J].合作经济与科技,(1):42-43.

陈玉光.2010.荷、日、以发展高效农业的主要经验及对我国的启示[J].中共济南市委党校学报,(01):52-56.

陈雨林.2010.攀枝花市现代烟草农业现状分析及发展对策研究[D].北京:中国农业科学院.

晨曦.2014.农业部全面启动"十三五"农业农村经济发展规划[J].农业工程,(04):35.

成德宁.2012.我国农业产业链整合模式的比较与选择[J].经济学家,(8):53-54.

程勒业.1996.关于荷兰农业发展战略的几点思考[J].全球科技经济瞭望,(11):55-58.

程广燕.2002.奶业促进农民增收和农业结构优化的研究[D].北京:中国农业科学院.

程国强.2009.发达国家农业补贴政策的启示与借鉴[J].红旗文稿,(15):22-24.

程炯.2001.闽东南区域特色农业的生态学研究——以漳州为例[D].福州:福建师范大学.

程瑶.2010.四川省农产品国际竞争力研究[D].雅安:四川农业大学.

程宇航.2010.我国产业升级的绿色低碳路径选择[J].江西社会科学,(09):77-82.

仇相玮,胡继连.2014.我国粮食安全视角下的农业用水保障战略研究[J].水利经济,(6):50-53.

褚伶利.2007.白城市农业产业结构合理性研究[D].长春:东北师范大学.

崔星梅.2007.发达国家农业标准化发展对我国的启示[J].大众标准化,(05):60-62.

代云云,徐翔,向晶.2015.经营规模对农产品质量安全影响研究——基于省级动态面板数据的实证分析[J].求索,(1):58-62.

戴文益.1992.产业结构调整机制及其作用条件探讨[J].上海经济研究,(03):55-59.

戴雄武.1999.我国农业生产水平与发达国家比较[J].经济理论与经济管理,(1):66-69.

杜银时.2014.时风集团:发挥产业集群优势力促产业转型升级[J].农业机械,(12):58-60.

邓琨.2011.农业产业结构调整对农业经济增长影响的实证分析——以四川省为例[J].广东农业科学,38(9):193-196.

邓良基,张世熔,李登煜,等.1999.四川土地资源的现状及问题分析(续前)[J].四川农业大学学报,(3):313-316.

丁声俊.2001.德国近期农业科研的重点与发展概况[J].世界农业,(08):10-12.

董杭杰,余水军,贾明,等.2014.智慧农业在萧山区发展的思考[J].浙江农业科学,(9):1476-1478.

董洁芳,韩瑞贞.2015.全国农业机械化工作会在南宁召开[J].农机质量与监督,(1):8.

董银果,郝丽.2009.SPS措施对四川省农产品贸易影响的实证调研[J].世界农业,(6):61-64.

董运来,王大超,余建斌.2012.国外农业支持政策及其启示——以美国为例[J].地方财政研究,(12):74-80.

董子铭,刘天军.2014.休闲农业产业集群动力机制分析[J].中国农学通报,(02):314-320.

豆丹丹.2012.美国农业补贴政策转变对我国直接补贴政策的启示[J].时代经贸,(14):1-2.

杜梅萍,何益.2014.法美等国农业发展路径[J].群众,(3):79-80.

段向敏,代荣.2013.精确农业背景下我国农业机械发展趋势[J].农机化研究,(12):229-232.

范福娟,崔瑞锋,苗玉凤.2010.主要发达国家政府在产学研合作中的职能特点分析与借鉴[J].中国高校科技与产业化,(Z1):36-38.

范小君.2009.凉山州苦荞麦产业发展研究[D].雅安:四川农业大学.

梵小鹏,李旭丰.2013.台湾现代农业发展的几个特点[J].海峡科技与产业,(8):14-19.

范芝,周国胜.2002.德东农业改革及启示——德国农业管理体制及运行机制考察报告[J].中国农垦经济,(03):41-46.

房本岭,王桂松,刘晨.2014.浅议我国农业机械化发展的现状和对策[J].中国机械,(6):101.

冯瑞林.2011.以人为本开拓创新奋力开创金沙林场科学发展新局面[J].宁夏林业通讯,(01):22-23,30.

费威.2015.合作社与龙头企业的最优决策及协调策略——基于农产品质量安全市场需求效应的视角[J].北京工商大学学报(社会科学版),(1):29-37.

姜松.2014.西部农业现代化演进过程及机理研究[D].重庆:西南大学.

甘露,潘亚东,孙士明.2011.我国农业机械化发展态势分析[J].农机化研究,(2):202-208.

甘书龙.1986.四川省农业资源与区划[M].成都:四川省社会科学院出版社.

高峰,俞立,卢尚琼,等.2009.国外设施农业的现状及发展趋势[J].浙江农林大学学报,26(2):279-285.

高立鹏.2002.荷兰花卉业的成功之道[J].中国林业,(03):4-6.

高强,孔祥智.2014.中国农业结构调整的总体估价与趋势判断[J].改革,(11):80-91.

高山平.2011.农产品价格飞涨的深层次原因探究[J].新疆农垦经济,(1):51-52.

庚晋,白杉.2002.提高农机质量促进安全生产[J].南方农机,(03):10-11.

耿端阳,张铁中,罗辉,等.2004.我国农业机械发展趋势分析[J].农业机械学报,(04):208-210.

龚松柏.2015.农业的多功能性与中国新型农业经营体系的构建[J].中共浙江省委党校学报,(2):82-87.

郭健,王栋.2014.国外农业科技投入体系比较研究及对我国的经验借鉴[J].农业科技管理,(5):24-26.

郭洁,姜艳,胡毅,等.2008.四川省旅游气候资源分析及区划[J].长江流域资源与环境,17(3):390-395.

郭界秀.2014.比较优势理论的沿承、发展与创新[J].兰州商学院学报,(4):56-62.

郭上彬.2011.关于农业经营管理人才队伍建设问题的探讨[J].北京农业,(30):185-186.

郭思娇.2013.大庆市农业生态安全问题研究[D].哈尔滨:东北农业大学.

郭小粉,李磊,李敏,等.2015.智能手机在智慧农业中的应用研究[J].电脑知识与技术,(12):24-26.

郭晓鸣.2007.四川农业发展的战略选择[J].天府新论,(4):65-68.

郭晓鸣.2010.关于"用工荒"的形势判断及应对策略[J].农村经济,(5):3-6.

顾益康,袁海平.2010.中国农业安全问题思考[J].农业经济问题,31(4):53-57.

哈斯满,刘尚剑.2015.加强草原生态保护促进畜牧业转型升级——专访州农业畜牧局总兽医师范怀粪[EB/OL].www.abagri.gov.cn/html/news/readnews_1142.html,6-8.

韩伟.2011.美国现代农业的主要特点[J].当代世界,(04):56-57.

杭东.2011.加拿大现代农业的主要特点[J].北京农业,(16):44-45.

郝海广,李秀彬,辛良杰.2010.农户兼业行为及其原因探析[J].农业技术经济,(3):14-21.

郝丽霞.2015.国外发展绿色农业对陕西的启示[J].山西农业科学,(2):225-228.

何俊峰.2015.浅析西部地区农机推广模式[J].四川农业与农机,(1):24.

何明珠.2012.麦洼牦牛、九龙牦牛种质资源特性及保护措施[J].草业与畜牧,(8):42-46.

何泉,吴田.2015.科技创新领军人才培育机制与模式研究[J].科学管理研究,(3):92-95.

何玉蓉.1993.荷兰科学研究组织[J].国际科技交流,(02):37-38.

贺斌.2011.我国农产品营销渠道建设问题研究[D].长沙:湖南农业大学.

贺盛瑜,胡云涛,李强.2008.区域农业产业链物流体系总体构想[J].农村经济,(7):14-15.

贺书霞.2011.土地保障功能及其转移路径[J].农村经济,(4):36-39.

侯方安.2008.农业机械化推进机制的影响因素分析及政策启示——兼论耕地细碎化经营方式对农业机械化的影响[J].中国农村观察,(5):42-48.

侯丽薇.2005.中国农业结构调整的效应研究[D].北京:中国农业大学.

侯天宝,解佰一,宋立波.2013.中国农业机械化发展中存在的问题及对策[J].北京农业,(9):182-183.

胡豹,顾益康.2011.新时期加快我国东部地区农业转型升级的战略对策研究——以浙江省为例[J].浙江农业学报,23(3):617-622.

胡博峰.2011.法国:探寻农业可持续发展新路径[J].中国畜牧业,(17):56-59.

胡定寰.1997.微观农业产业化的理论及其应用——我国现代农业产业组织理论的初探[J].中国农村观察,(6):23-28.

胡健.2003.关于加强四川农业科技创新的分析与思考[J].农业技术经济,(4):30-32.

胡俊生,李期.2014.空心村·空壳校·城镇化潮——农村教育的困境与出路[J].甘肃社会科学,(5):6-9.

胡晓军.2008.我国体育产业结构的演进及其优化研究[D].长沙:湖南师范大学.

黄超琼,王天宝,陈超,等.2015.基于安卓的智慧农业APP设计与实现[J].软件导刊,(1):1-3.

黄季焜,杨军,仇焕广.2012.新时期国家粮食安全战略和政策的思考[J].农业经济问题,(3):4-8.

黄鹏进.2014.农村土地产权认知的三重维度及其内在冲突——理解当前农村地权冲突的一个中层视角[J].中国农村观察,(6):14-24.

黄清明,谢灵恩,黄慧敏.2013.发达国家农业科技推广体系的发展分析及对中国的启示[J].科技致富向导,(24):156.

黄鑫鼎.2009.制度变迁理论的回顾与展望[J].科学决策,(9):86-94.

吉红.2007.自动控制在国外设施农业中的应用[J].农业环境与发展,(05):52-54.

纪永茂,陈永贵.2007.专业大户应该成为建设现代农业的主力军[J].中国农村经济,(S1):73-77.

纪韬.2009.辽宁农业技术推广体系发展对策研究[D].北京:中国农业科学院.

贾利平.2015.金融支持新型农业经营主体发展路径探析[J].当代金融家,(1):32-34.

金攀.2010.发达国家农机合作社带来的启示[J].中国合作经济,(06):58.

江明锋,韩晋,黎万斌,等.2007.四川省牦牛产品加工行业的现状及分析[J].四川畜牧兽医,(5):37.

姜松,曹峥林,王钊.2013.中国财政金融支农协同效率及其演化规律[J].软科学,27(2):6-11.

姜松,黄庆华,曹峥林.2015.中国西部农业现代化演进过程收敛性的实证分析[J].软科学,(4):33-37.

姜松,王钊,周宁.2015.西部地区农业现代化演进、个案解析与现实选择[J].农业经济问题,(1):30-37.

蒋和平,苏基才.1996.市场经济发达国家的四种农业宏观调控模式[J].南方经济,(9):12-13.

九三学社中央.关于进一步推进川西北高原地区生态建设的提案.

柯炳生.2000.对推进我国基本实现农业现代化的几点认识[J].中国农村经济,(9):4-8.

孔祥智,刘同山.2013.论我国农村基本经营制度:历史、挑战与选择[J].政治经济学评论,(4):78-133.

蒯强.2009.关于法国重视社会发展和民生科技的成功经验[J].全球科技经济瞭望,(06):57-63.

郎维伟,庄万禄.2005.构建社会主义和谐社会的理论与实践——以四川民族地区为例[J].西南民族大学学报(人文社会科学版),26(8):23-25.

雷玲,成艳梅,杨凌.2015.现代农业示范园综合效益评价[J].西北农林科技大学学报(社会科学版),(2):76-82.

李昌平.2015.在四川省民族地区农业扶贫工作现场会上的讲话[EB/OL].www.abagri.gov.cn/html/news/readnews_1720.html,8-5.

李传健.2008.论农业多功能性的实现[J].经济问题,(6):87-116.

李丹,孙学安.2013.我国社区支持农业(CSA)发展的优势与瓶颈分析[J].农村经济与科技,(10):83-84.

李道亮.2012.物联网与智慧农业[J].农业工程,(1):1-6.

李灯华,梁丹辉.2015.国外农业信息化的先进经验及对中国的启示[J].农业展望,(5):57-60.

李斐斐.2011.湖北省农业技术创新能力评价研究[D].武汉:华中农业大学.

李钢.2008.德国农村改革发展的五大战略[J].老区建设,(23):62-63.

李谷成,范丽霞,冯中朝.2014.资本积累、制度变迁与农业增长——对1978~2011年中国农业增长与资本存量的实证估计[J].管理世界,(5):67-79.

李光跃,彭华,高超华,等.2014.农地流转促进适度规模经营的基本思考——基于四川省的调查分析[J].农村经济,(7):52-55.

李果仁.2009.欧美日等发达国家财政支农的成功经验及启示[J].南方农村,(5):28-32.

李华德.2006.四川牦牛业产业化发展战略初探[J].四川畜牧兽医,33(6):15-17.

李杰.2014.加快四川农业机械化发展的对策研究[J].四川农业与农机,(6):14-16.

李俊.2006.赴日本农业机械化及农协考察报告[J].现代化农业,(02):1-3.

李俊霞,舒长斌,李映福,等.2015.四川农业科技服务体系发展现状与对策[J].四川农业与农机,(4):23-28.

李佩华,蔡光泽,普晋,等.2012.四川省马铃薯脱毒种薯生产现状及发展对策浅析[J].西昌学院学报(自然科学版),26(3):16-19.

李俏,付雅雯,蔡永民.2015.多功能农业视角下的家庭农场发展研判[J].贵州社会科学,(10):160-164.

李然.2007.都市农业发展的国际经验借鉴与启示[J].小城镇建设,(1):102-104.

李素琴.2015.河南新型农业经营主体培育与发展对策[J].河南农业,(3):7-8.

李晓俐.2009.全球粮食危机与强化中国粮食安全问题[J].中国粮食经济,(01):32-33.

李文科.2005.辽宁省农业结构优化与布局的研究[D].沈阳:沈阳农业大学.

李筱琳,李闯.2014.日本现代农业环境政策实施路径研究[J].世界农业,(4):83-86.

李兴国.2006.关键在于制度——瑞典丹麦等国家实现土地节约集约利用的启示[J].国土资源通讯,(01):45-46.

李响,周鹰,李丽华,等.2012.江苏与发达国家农业现代化水平的差距[J].江苏农业科学,(12):385-387.

李岩.2014.中国农业机械化发展存在问题分析与对策研究[J].山东工业技术,(6):143.

李杨,杨锦秀,傅新红.2009.我国区域农业技术创新能力评价[J].中国软科学,(1):84-88.

李莹,滕有正.2000.对一些发达国家环境保护政策的对比研究[J].内蒙古大学学报(人文社会科学版),(1):88-92.

凉山州农业局.2014.凉山州人民政府关于抓好2014年马铃薯产业发展的意见[EB/OL].http://nyj.lsz.gov.cn/Detail/xxgk-xxgk/14784/af229ca4-7265-43c9-a5ea-d663d42b4639,03-26.

梁菁,彭晓春,贺涛.2009.湖库型饮用水水源地污染防治对策研究[J].广东农业科学,(7):181-185.

梁齐伟.2011.德国推进现代农业的基本经验及对我国的启示[J].科技致富向导,(6):27-30.

梁伟军.2010.农业与相关产业融合发展研究[D].武汉:华中农业大学.

梁彦君,辛立秋.2009.国外商业性金融支持农业对黑龙江省的启示[J].交通科技与经济,(03):111-113.

林冬生.2014.现代农业发展中的农业结构优化问题研究——以成都市温江区为例[J].农村经济,(10):42-44.

林建永,汤进华,吴永兴.2010.农业战略性结构转型重在城市——对十七届三中全会《决定》中农业部分的解读[J].经济问题探索,(3):29-34.

凌耀初.2003.再论上海发展都市农业的思路和政策[J].社会科学,(10):5-12.

林毅夫.2012.新结构经济学[M].北京:北京大学出版社.

林毅夫.2011.新结构经济学——重构发展经济学的框架[J].经济学(季刊),(1):15-21.

林正雨,李晓,何鹏.2014.四川省现代农业发展水平综合评价[J].农业现代化研究,35(1):15-19.

凌莎.2014.农户规模经营意愿及其影响因素——基于全国26个省区的抽样问卷调查的思考[J].农村经济,(4):96-100.

刘果承.2013.浅论发达国家农业机械化的发展模式及对我国农机化发展的启示[J].农业开发与装备,(1):20.

刘慧兰.2012.怒江州高原特色农业发展研究[J].现代农业科技,(14):323-326.

刘基华.2007.四川农业机械化发展的对策思考[J].四川农机,(4):9-12.

刘林森.2011.美国:打造智慧农业[J].信息化建设,(12):44-46.

刘琳.2015.我省已培育国家级农民合作社示范社462家[N].四川经济日报,(第二版),3-11.

刘黎. 2007. 荷兰的农业知识普及网络和农业合作组织[J]. 政策,(10):57-58.

刘濛. 2013. 国外绿色农业发展及对中国的启示[J]. 世界农业,(1):95-98.

刘明国,邵建成,王宾,等. 2015. 休闲农业发展之问——基于四川省的典型调查[N]. 农民日报(休闲农业版),5-16.

刘胜彩. 2008. 基于比较优势理论的河北省农业生产优化对策研究[D]. 保定:华北电力大学.

刘晓斌. 2006. 取消农业税的效应及对策研究[J]. 经济论坛,(07):126-128.

刘永红. 2014. 成都农业联盟:一个崭新模式[J]. 新商务周刊,(6):74-75.

刘玉来. 2004. 培育特色产品开发主体的五大策略[J]. 乡镇经济,(2):22-23.

刘玉静. 2006. 国外合作学习的研究动向及其启示[J]. 湖南师范大学教育科学学报,(04):77-80.

刘自强,李静. 2015. 宁夏农业多元功能的区域差异与现代农业发展的路径选择[J]. 生态经济,(3):93-97.

刘霞. 2007. 论我国电子商务物流的发展对策[J]. 河南工业大学学报(社会科学版),(04):30-31,55.

柳平增. 2015. 农业大数据平台在智慧农业中的应用——以渤海粮仓科技示范工程大数据平台为例[J]. 高科技与产业化,(5):68-71.

龙清明. 2014. 对农业机械化发展前景的思考[J]. 数位时尚,(3):108.

龙熹,于慧梅. 2003. 加拿大现代农业信息技术的应用与管理[J]. 世界农业,(3):29-32.

楼栋,孔祥智. 2013. 新型农业经营主体的多维发展形式和现实观照[J]. 区域经济,13(2):65-77.

陆建中. 2011. 农业科研机构自主创新能力研究[D]. 北京:中国农业科学院.

陆咏梅. 2007. 探索我国农民专业合作经济组织的发展[D]. 上海:华东政法学院.

吕晓,黄贤金,钟太洋,等. 2011. 中国农地细碎化问题研究进展[J]. 自然资源学报,(3):531-534.

罗必良. 2014. 农业经营制度的理论轨迹及其方向创新:川省个案[J]. 改革,(2):92-112.

罗东,矫健. 2014. 国家财政支农资金对农民收入影响实证研究[J]. 农业经济问题,(12):48-53.

罗桂仙. 2014. 攀枝花市发展现代烟草业的思考[J]. 攀枝花科技与信息,(4):54-60.

罗兰,刘光德,雷兴华,等. 2015. 重庆荞麦发展现状及产业化策略[J]. 南方农业,(01):53-54.

罗明. 2014. 关于镇江市发展"智慧农业"的思考和建议[J]. 农业装备技术,(2):37-38.

罗燕梅. 2014. 成都市休闲农业发展研究[D]. 重庆:西南大学.

骆永民,樊丽明. 2012. 中国农村基础设施增收:效应的空间特征——基于空间相关性和空间异质性的实证研究[J]. 管理世界,(5):84-85.

马彪. 2008. 青藏高原牧区农业优势产业发展研究[D]. 兰州:西北民族大学.

马春光. 2011. 美国订单农业的发展对中国的启示[J]. 农业经济,(4):16-17.

马广奇. 2005. 制度变迁理论:评述与启示[J]. 生产力研究,(7):225-227.

马洪亮. 2010. 新形势下农机服务新农村建设的探讨[J]. 中国农机化,(01):38-40.

马黎明. 2010. 国内外都市农业发展的经验与启示[J]. 山东财政学院学报,(06):49-52.

马荣才. 2015. 我国发展智慧农业的战略思考[J]. 高科技与产业化,(5):32-35.

毛海霞. 2006. 安康市农业产业结构调整的战略研究[D]. 咸阳:西北农林科技大学.

孟丽,钟永玲,李楠. 2015. 我国新型农业经营主体功能定位以及结构演变研究[J]. 农业现代化研究,(1):42-45.

蒙柳,许承光,许颖慧. 2010. 发达国家农业合作社的实践及经验[J]. 武汉工程大学学报,(10):19-21,50.

孟宪文. 2012. 现代农业产业布局规划研究[D]. 太原:山西大学.

牟锦毅. 2015. 抓住战略机遇期——推进我省农机化发展再上新台阶[EB/OL]. www.scagri.gov.cn/zwgk/ldjh/201504/t20150421_337855.html,4-21.

南泽仁. 2014. 甘孜州打造农产品区域品牌[EB/OL]. www.sc3n.com/NewsChannel/Detail/59351.html,8-26.

聂英. 2015. 中国粮食安全的耕地贡献分析[J]. 经济学家,(1):83-93.

牛丽贤,张寿庭. 2010. 产业组织理论研究综述[J]. 技术经济与管理研究,(06):136-139.

农业部农业信息化专题研究班课题组. 2013. 借鉴发达国家经验构建农业信息化高地的思考与建议[J]. 世界农业,(9):3-5.

欧玉芳. 2007. 比较优势理论发展的文献综述[J]. 特区经济,(09):268-270.

庞春辉. 2015. 智慧农业运用物联网技术的发展对策分析[J]. 网络安全技术与应用,(6):111-113.

裴东鑫,张冬平,张颖. 2014. 论河南农业产业化的集群发展[J]. 宏观经济管理,(12):71-73.

裴检.2005.西宁市"四位一体"生态农业模式应用推广研究[D].南宁:广西大学.

彭安玉.2003.发达国家农业产业化的基本经验[J].唯实,(10):25-27.

彭国照.2012.川西高原农业气象研究综述[J].高原山地气象研究,32(1):88.

彭真明,常健.2003.关于农地租赁制度的法律思考——兼谈我国农地租赁权的构建与完善[J].华中师范大学学报(人文社会科学版),42(2):40-46.

皮国梅.2011.黄淮四市发展农村合作经济组织研究——基于沈丘槐山药、鹿邑中药种植合作社的考察[J].河南科技学院学报,(07):5-8.

乔桂银.2009.生态农业发展的制约因素与对策建议[J].中央社会主义学院学报,(6):95-99.

乔永信.2004.安康市农业生产结构调整研究[D].雅安:四川农业大学.

秦立建,苏春江.2014.健康与农村劳动力外出务工[J].农业技术经济,(12):94-102.

曲福田,田光明.2011.城乡统筹与农村集体土地产权制度改革[J].管理世界,(6):34-46.

权振国.2015.从农业机械化看农业的可持续发展[J].农技服务,(1):134.

饶永辉.2011.农村集体建设用地流转问题研究——以宁波市鄞州区姜山镇为例[D].杭州:浙江大学.

任继庆.2010.农村村级集体经济薄弱问题分析[J].山东省农业管理干部学院报,(4):50-51.

任丽娟,张要杰.2014.宁波智慧农业发展对策研究[J].科技致富向导,(30):117-216.

任艳波.2010.产业结构调整动因研究——基于吉林省的实证分析[D].长春:东北师范大学.

阮怀军,封文杰,唐研,等.2014.农业信息化建设的实证研究——以山东省为例[J].中国农业科学,(20):4117-4127.

阮俊.2004.凉山州马铃薯产业现状及发展对策浅析[J].西昌学院学报(自然科学版),(3):16-20.

阮青,邓文钱.2013.发展智慧农业问题研究——以广西为例[J].桂海论丛,(2):49-52.

邵彦敏,冯蕾.2014.我国农村集体经营方式创新与机制构建[J].经济纵横,(4):66-69.

申茂向,徐顺来.2010.用自主创新实现我国畜牧业又好又快发展[J].中国牧业通讯,(14):8-10.

申芸萍,刘永靖.2014.台湾现代农业考察报告[J].青海农林科技,(4):39-42.

孙亚范,余海鹏.2012.农民专业合作社成员合作意愿及影响因素分析[J].中国农村经济,(06):48-58,71.

沈国军.2014.财政支农对农业经济增长的实证分析——以河南省为例[J].湖南社会科学,(1):127-129.

沈玉萍.2013.培育新型农业经营主体存在的问题及对策[J].现代农业科技,5(23):324-326.

沈志清.2010.产学研合作:国外经验与中国实践[J].苏州大学学报(哲学社会科学版),(6):56-58.

石承苍,刘定辉.2013.四川自然地理环境与农业分区[M].成都:四川科学技术出版社.

史书强,袁立新,张鹏,等.2011.我国农业产业化发展现状与科技支撑体系的构建探讨[J].农业科技管理,30(6):65-68.

四川省农业厅.2014.调研组到甘孜州调研农业产业化经营和休闲农业与乡村旅游发展情况[EB/OL]. www. moa. gov. cn/fwllm/qgxxlb/sc/201406/t20140617_3940801. htm,6-17.

四川省农业统计年鉴.四川省农业厅编.

宋德军.2013.中国农业产业结构优化与科技创新耦合性评价[J].科学学研究,(02):191-200.

宋学平.2014.我国农业机械发展趋势研究[J].北京农业,(24):222.

粟新林.2014.半年时间成都新建48个乡村旅游点[N].成都日报(时政版),7-13.

孙蓉,朱梁.2004.世界各国农业保险发展模式的比较及启示[J].财经科学,(5):108-111.

孙晓梅.2015.智慧农业传感器的应用现状及展望[J].农业网络信息,(2):39-41.

孙新华.2013.农业经营主体:类型比较与路径选择——以全员生产效率为中心[J].经济与管理研究,(12):59-66.

孙忠富,杜克明,郑飞翔,等.2013.大数据在智慧农业中搞研究与应用展望[J].中国农业科技导报,(6):63-71.

索惠梅,薛剑波,钱宇.2012.凉山州烟区烟草"三农"问题现状及对策[J].现代农业科技,(15):299-300.

谭峻,涂宁静.2013.农村宅基地取得制度改革探讨[J].中国土地科学,27(3):43-46.

谭黎明.2014.西部地区农业产业结构调整的问题及对策研究——以重庆市垫江县为例[J].经济学研究,16(1):115-116.

谭绮球.2011.农业科技支撑广东农业转型升级的思考[J].广东农业科学,6(4):203-224.

谭鑫.2012.拓展高原特色农业和休闲功能[J].致富天地,(6):66-67.

唐波.2015.关于振兴四川农机产业的建议[J].四川农业与农机,(1):50-51.

唐敏,胡联.2003.社会主义市场经济条件下合作社的价值[J].中国棉花加工,(06):43-44.

唐小凤. 2011. 我国发展新型农村微型金融的可持续性路径研究[J]. 宁夏农林科技, 52(8): 83-84.

唐晓良, 李万超. 2010. 发达国家农民合作经济组织与合作金融发展经验及启示[J]. 辽宁经济, (6): 50-52.

陶然, 汪晖. 2010. 中国尚未完成之转型中的土地制度改革: 挑战与出路[J]. 国际经济评论, (2): 93-123.

滕奎秀, 杨兴龙. 2007. 欧美国家农业科研机构财务管理的主要做法及其启示[J]. 世界农业, (11): 14-16.

田殿章. 2005. 烟台市农技推广体系建设对策研究[D]. 北京: 中国农业大学.

万兵. 1995. 四川中药资源的开发利用与发展方向[J]. 四川环境, 03: 21-25.

汪绪光. 2015. 论农业机械化发展方向及面临的问题[J]. 湖北农机化, (01): 16-17.

王安虎, 熊梅, 耿选珍, 等. 2003. 中国荞麦的开发利用现状与展望[J]. 作物杂志, (3): 7-8.

王博. 2006. 日本农协的研究与借鉴[D]. 吉林: 吉林大学.

王丙毅, 徐鹏杰. 2008. 农业产业结构趋同的负效应与政策建议——基于山东省农业产值数据的分析[J]. 农村经济, (2): 35-37.

王秉义, 陈龙乾, 程从坤. 2014. 基于产业承接的土地保障监管系统集成设计与应用研究[J]. 中国土地科学, 28(10): 55-60.

王丹丹, 李国杰, 薛金锋, 等. 2014. 荷兰现代农业与高等农业教育的发展[J]. 世界农业, (6): 197-199.

王定祥, 琚丽娟, 李伶俐. 2013. 我国金融支农效率的测度与改进策略[J]. 当代经济研究, (11): 62-69.

王敦清. 2011. 国外生态农业发展的经验及启示[J]. 江西师范大学学报(哲学社会科学版), (1): 68-73.

王海龙. 2004. 以强化农民职业教育促进农村劳动力转移[J]. 中国乡镇企业, (4): 7-10.

王会彬, 纪晓丽. 2014. 影响农业新技术推广进程的因素[J]. 中国农业信息, (21): 116.

王建明. 2010. 发达国家农业科研与推广模式及启示[J]. 农业科技管理, (01): 48-51.

王建文, 傅昌秀. 2010. 四川牦牛改良现状浅析[A] // 2010中国牛业进展论文集[C].

王金水. 2012. 创新农产品流通体系促进生产与消费有效对接[J]. 中国井冈山干部学院学报, 5(3): 122-127.

王凌燕. 2013. 农业产业学研合作创新的法治路径——基于发达国家产学研合作实践的分析[J]. 西南农业大学学报(社会科学版), (7): 35-38.

王罗方. 2015. 加速丘陵山区农业机械化的途径与措施——以湖南省为例[J]. 湖湘论坛, (1): 56-60.

王瑞红. 2013. 西安市长安区休闲农业可持续发展对策研究[D]. 咸阳: 西北农林科技大学.

王术. 2015. 财政投入对我国农业机械化发展影响的实证分析[J]. 农业经济, (1): 36-38.

王维, 江源, 张林波, 等. 2010. 基于生态承载力的成都产业空间布局研究[J]. 环境科学研究, 23(3): 333-339.

王新友, 吴逢根, 王宗全, 等. 2014. 成都市农机专业合作组织发展研究[J]. 四川农业与农机, (2): 46-47.

王艳红. 2014. 智能农机是未来发展趋势[J]. 农业工程, (5): 9.

王征兵. 2000. 发达国家的农业经营方式及转变趋势[J]. 世界农业, (6): 3-4.

王志文. 2007. 发达国家环境保护的经济政策手段借鉴[J]. 商场现代化, (30): 206-207.

王志远. 2014. 德国生态农业发展快而好[N]. 经济日报, 4-2.

韦森. 2009. 再评诺斯的制度变迁理论[J]. 经济学(季刊), (2): 744-759.

韦文珊. 2003. 我国特色农业评价方法研究[D]. 北京: 中国农业科学院.

卫志民. 2003. 近70年来产业组织理论的演进[J]. 经济评论, (01): 86-90.

魏福全, 袁立璜, 纪梦晨, 等. 2010. 国内外订单农业的比较及国外经验启示[J]. 世界农业, (7): 12-14.

温泉, 冯志明, 王铁宝. 2015. 新型农业现代化背景下提升农民职业素质的对策研究[J]. 理论与现代化, (2): 64-67.

温锐. 2013. 农地产权制度改革的历史纠结、共识与创新节点[J]. 经济学动态, (4): 24-30.

温涛, 董文杰. 2011. 财政金融支农政策的总体效应与时空差异——基于中国省际面板数据的研究[J]. 农业技术经济, (10): 24-33.

文艳林. 2010. 川西北高原特色农业发展思路[J]. 农村经济, (5): 74-76.

乌东峰, 谷中原. 2008. 论现代多功能农业[J]. 求索, (2): 1-6.

吴凤娇, 周宇驰. 2014. 现代农业发展视野下漳台精致农业合作研究[J]. 农业经济, (04): 20-22.

武辉, 张传龙. 2011. 国内拖拉机转向驱动桥现状和发展趋势[J]. 拖拉机与农用运输车, (06): 18-19, 23.

吴建炯. 2013. 浙江省余姚市农民专业合作社发展对策研究[D]. 临安: 浙江农林大学.

吴建强. 2012. 台湾休闲农业发展对四川的启示[J]. 调研世界, (11): 38-41.

吴晚霞,曹正勇.2013.四川省农业产业结构调整成效分析[J].新疆农垦经济,(6):53-57.

吴晓.2014.农业新技术推广现状及对策分析[J].农业与技术,(12):223.

吴雪燕.2010.美国农业补贴政策及其对我国的启示[J].西南民族大学学报(人文社科版),31(8):130-134.

武建设.2015.论我国农业机械化的可持续发展[J].农业装备技术,(1):9-12.

夏金梅.2014.发达国家农业经营模式实践经验研究[J].世界农业,(9):17-20.

夏伟.2007.四川旅游产业竞争力与旅游发展研究[D].成都:西南财经大学.

晓鲍.2004.不断变革的日本农协[J].中国老区建设,(01):62.

肖大伟,胡胜德.2010.中国农业综合直补政策的评价分析[J].农业经济与管理,(4):24-30.

肖立.2009.国外农民合作组织发展经验对江苏的启示[J].农业经济,(2):75-77.

肖诗明.2006.凉山州苦荞麦产业的形成、现状与发展[J].西昌学院学报(自然科学版),20(1):14-18.

肖旭明.2010.彰显民族文化特色壮大旅游文化产业[J].政策,(7):50-52.

萧野.2015.功能农业[J].环境与生活,(07):32.

熊德平,冉光和.2002.论我国农业产业结构调整的制度创新[J].农业现代化研究,23(6):442-446.

邢广智,李建军.2006.农业科技创新体系低效运行的深层次原因[J].农业科技管理,(05):34-36.

徐保金,陈兴鹏,王莉娜.2011.基于SSM和区位商分析法的定西市产业结构演进与经济增长研究[J].安徽农业科学,39(2):1226-1228.

徐红玳,柯福艳,张社梅,等.2009.安吉"中国美丽乡村"建设模式研究[C].89-115.

徐红玳,张社梅,毛小报,等.2009.浙江省现代农业支撑体系研究[C].

徐忠,张磊,庄龙玉.2012.农村经济集体经营模式对中国现代农业发展的启示——基于吕家庄村的调查[J].经济研究导刊,(19):23-25.

许庆,尹荣梁.2010.中国农地适度规模经营问题研究综述[J].中国土地科学,(4):78-79.

宣朴,阎文昭.2002.因地制宜发展四川现代化设计农业[J].四川农业科技,(3):34-35.

亚当·斯密.1972.国民财富的性质和原因的研究(下卷)[M].北京:商务印书馆.

闫湘.2006.农业科技成果管理中几个问题的思考[J].科技管理研究,(05):10-12.

严少华,李德新.2010.推进江苏农业转型升级的战略思考[J].专家在线,14(5):33-35.

颜蔚兰.2002.产业整合与区际协作[D].桂林:广西师范大学.

杨传喜,张俊飚.2012.美国、日本农业科技资源配置的经验分析及借鉴[J].农业经济与管理,(04):24-28.

杨东平.农村教育需要"底部攻坚"[J].教育发展研究,2014(24):I0001-I0001.

杨戈.2013.农业机械的分类及发展趋势[J].农业科技与装备,(06):101-102.

杨国良.2014.川东北欠发达地区湖泊型景区旅游开发研究——以南部县升钟湖为例[D].成都:四川师范大学.

杨焕玲.2009.发达国家农业税收政策及其对我国的启示[J].科技和产业,(7):63-65.

杨继瑞,汪锐,马永坤.2011.统筹城乡实践的重庆"地票"交易创新探索[J].中国农村经济,(11):4-9.

杨晶照,方子节,赵茂辉.2004.浅析瑞丽市发展特色农业的优劣势及对策[J].云南农业大学学报,(4):492-497.

杨俊杰,李全新.1996.大力发展"特色农业"[J].科技成果纵横,(5):31.

杨克宁.2015.2015年阿坝州政府工作报告(全文)[EB/OL].www.gkstk.com/article/1429366712852.html,2-13.

杨莉.2014.日本现代农业的发展历程及其对我国农业现代化建设的启示[J].郑州轻工业学院学报(社会科学版),(6):100-103.

杨丽.2007.国外农业装备现状及发展趋势[J].农业机械,(23):81-82.

杨敏丽.2015.新常态下中国农业机械化发展问题探讨[J].南方农机,(1):7-11.

杨霞.2013.旅游经济发展的SWOT分析及对策研究——以四川省阿坝藏族羌族自治州为例[J].科技和产业,(1):45.

杨阳.2014.美国农业补贴政策体系及对我国的启示[J].青年科学(教师版),35(7):397.

杨瑛,崔运鹏.2015.我国智慧农业关键技术与未来发展[J].信息技术与标准化,(06):34-37.

杨勇,李雪竹.2013.省区财政支农投入对农业生产率及其构成的影响[J].西北农林科技大学学报(社会科学版),(5):98-108.

姚建新.2013.建设现代农业"五大产业区"[J].江苏农村经济,(4):35-36.

姚亮,马俊贵.2015.设施农业智能化控制研究现状及展望[J].农业工程,(1):20-22.

姚於康.2003.发达国家农民合作经济组织的发展经验及启示[J].世界农业,(12):11-14.

姚於康.2010.发达国家设施农业智能化发展现状、趋向和启示[J].世界农业,(10):68-71.

姚於康.2011.国外设施农业智能化发展现状、基本经验及其借鉴[J].江苏农业科学,(1):3-5.

叶剑平.2010.2008年中国农村土地使用权调查研究——17省份调查结果及政策建议[J].管理世界,(1):64-73.

叶宁.2003.发达国家农业补贴政策调整的启示与借鉴[J].浙江财税与会计,(11):46-48.

易巧君.2014.扎实开展人民族工作——访省人大民族华侨外事委员会主任委员石光明[J].民族论坛,(8):40.

尹飞虎,李铭,罗小玲等.2005.日本园艺产业概况——兵团园林产业化管理项目赴日考察报告之一[J].新疆农垦科技,(05):58-61.

余丽霞,张志英.2010.四川省优势特色农业产业发展研究[J].农村经济,(11):41-44.

于强.2002.发达国家农业产业化的成功经验及对我国农业产业化发展的启示[J].长春师范学院学报,(04):12-15.

喻林,张明林.2013.我国农产品质量安全追溯体系发展路径及建议[J].求实,(5):41-44.

袁小平,徐江,侯攀峰.2015.基于物联网的智慧农业监控系统[J].江苏农业科学,(3):376-378.

袁益明.2009.荷兰—上海农业设施装备发展的比较与借鉴[D].上海:上海交通大学.

曾书琴.2011.发达国家都市农业的成功经验对我国的借鉴与启示[J].广东农业科学,(10):191-193.

曾献印.2005.农业可持续发展评估:理论与应用[D].开封:河南大学.

曾昭海,朱立博,张海林,等.2008.发达国家休闲农业发展现状及启示[C].中国农作制度研究进展,沈阳.

詹吉英,顾孟迪,李干琼.2005.发达国家农业科技发展比较研究及对我国的启示[J].安徽农业科学,(11):2178-2180.

詹玲,蒋和平,冯献.2009.国外休闲农业的发展概况和经验启示[J].世界农业,(10):47-51.

张碧,张素兰.2004.四川省土地资源优化配置及可持续利用[J].成都信息工程学报,(4):579-58.

张东兰.2007.江西省农业知识化问题研究[D].南昌:南昌大学.

张长利.2014.葡萄牙农业保险制度研究[J].西南金融,(1):69-72.

张国.2012.比较优势理论演进及启示研究[D].长春:吉林大学.

张红宇,褚燕庆,王斯烈.2014.如何发挥工商资本引领现代农业的示范作用——关于联想佳沃带动猕猴桃产业化经营的调研与思考[J].农业经济问题,(11):4-9.

张辉,孙素芬,谭翠萍.2014.2004~2011年我国农业信息化发展及趋势研究[J].安徽农业科学,(35):12582-12584.

张惠良,胡玎.2003.他山之石:营造个性化的滨水空间[J].园林,(6):13-15.

张建强,刘颖,程新.2007.四川水资源形势与可持续发展[J].四川省情,(8):17-18.

张金明,陈利根.2012.论农民土地财产权的体系重构[J].中国土地科学,(3):41-48.

张蕾.2010.发达国家农业产业化金融支持的经验研究[D].长春:吉林大学.

张莲.2007.社会主义新农村建设中村级主导产业的选择与培育研究[D].重庆:西南大学.

张钦彬.2008.法国食品标签制度[J].太平洋学报,(07):25-29.

张沁涛.2009.河南省能源产业结构优化问题研究[D].郑州:郑州大学.

张蕊,张术环.2011.美国绿色农业政策及其对中国发展低碳农业的启示[J].世界农业,(7):36-39.

张芮.2012.发达国家金融支持农业产业化发展的做法及其对福建的启示[J].台湾农业探索,(4):30-32.

张森,徐志刚,仇焕广.2012.市场信息不对称条件下的农户种子新品种选择行为研究[J].世界经济文汇,(4):74-89.

张社梅,陈文宽,邓玉林.2014.土地流转背景下构建新型农业生产经营体系的调查研究[J].经济纵横,(2):43-48.

张士云,江激宇,栾敬东,等.2014.美国和日本农业规模化经营进程分析及启示[J].农业经济问题,(1):101-109.

张世熔,廖尔华,邓良基,等.2001.四川农业水资源开发利用研究[J].山地学报,(44):320-326.

张树俊.2011.发展特色农业经济的战略思考与实现途径——江苏省姜堰市河横村发展特色农业经济的研究报告[J].管理学刊,(5):51-57.

张桃林.2012.以农业机械化支撑和引领农业现代化[J].求是,(14):41-43.

张天柱,白春明,王柟,等.2010.特色农业产业化过程对风险投资的利用对策[J].中国农学通报,(20):429-433.

张新光.2009.当代法国农业资本主义发展的主要途径和特征[J].中国发展,(01):49-53.

张伟,江莹旭,阮艳凤,等.2015.面向智慧农业的物联网系统与实训平台开发[J].实验技术与管理,(5):161-164.

张鑫,刘媛.2014.智慧农业和溯源管理信息系统研究[A]//天津市电视技术研究会2014年年会论文集[C].

张叶.2015.智慧农业:"互联网+"下的新农业模式[J].浙江经济,(10):56-57.

张云. 2014. 大力推进休闲农业与文化产业融合发展[N]. 石家庄日报,11-26

张云华. 2010. 关于制定《农村集体经济组织法》的思考——以四川省都江堰市的探索为例[J]. 农业经济问题,(5): 71-76.

朱慧琴. 2014. 美国和加拿大农机适用性评价技术的经验及启示[J]. 世界农业,(10):151-153.

庄岁林,谢琼. 2006. 美国治理农业问题的经验及启示[J]. 农业经济问题,(08):76-78.

赵光南. 2011. 中国农地制度改革研究[D]. 武汉:武汉大学.

赵海涛. 2013. 发达国家农业环境保护政策的特征及启示[J]. 北京农业,(30):251.

赵静,王玉平. 2007. 国内外农业信息化研究述评[J]. 图书情报知识,(06):80-85.

赵瑞芬,王俊岭,降艳琴. 2007. 浅议我国农业投融资机制的构建[J]. 商场现代化,(8):195 -196.

赵顺法. 2004. 发挥两个功能搞好两个服务全力做好新形势下的供销社工作[J]. 合作经济与科技,(11):6 -7.

赵世亮,郭建军. 2002. 日本农业发展面临的矛盾及对中国的启示[J]. 经济研究参考,(75):47-48.

赵亚莉,吴群. 2010. 农村集体建设用地流转:政府失灵与制度障碍[J]. 经济体制改革,(2)89-92.

赵永平. 2013. 从制度变迁看中国农业现代化组织创新[D]. 长春:吉林大学.

赵云龙,钟辉,范东旭. 2013. 城市滨水空间交通规划研究——以沈阳市浑河两岸滩地为例[J]. 城市建设理论研究,(21).

郑德祥. 2008. 绍兴市实施农业品牌战略的初步研究[D]. 杭州:浙江大学.

郑伟. 2014. 生态农业发展模式及其对策研究[D]. 泰安:山东农业大学.

郑文堂,邓蓉,华玉武,等. 2015. 美丽乡村建设背景下乡村传统文化保护与传承[J]. 现代化农业,(2):45-48.

郑秀芸. 2000. 荷兰现代农业的发展经验及对我国农业的启示[J]. 福建农业,(03):25.

郑有贵. 2006. 农业功能拓展:历史变迁与未来趋势[J]. 古今农业,(4):1-10.

周晶,陈玉萍,阮冬燕. 2013. 地形条件对农业机械化发展区域不平衡的影响——基于湖北省县级面板数据的实证分析[J]. 中国农村经济,(9):63-77.

周玲强,林巧. 2003. 湖泊旅游开发模式与21世纪发展趋势研究[J]. 经济地理,(1):139-143.

周顺增. 2009. 日本发展现代农业的启示与思考[J]. 中国农垦,(8):44-46.

周扬. 2009. 旅游圈资源整合与市场协同开发研究[J]. 经济管理,(10):106-114.

周玉新. 2011. 发达国家农业环境保护政策的特征及启示[J]. 生产力研究,(9):133-134.

朱晓峰. 2013. 新阶段我国农业发展的特征问题与对策[J]. 学术界,(6):52-73.

朱一中,曹裕. 2012. 农地非农化过程中的土地增值收益分配研究——基于土地发展权的视角[J]. 经济地理,(10):133-138.

朱再清,陈方源. 2006. 发达国家农业发展财税支持政策的措施及评价[J]. 理论月刊,(4):164-166.

祝宏辉. 2005. 中国订单农业同发达国家订单农业的区别和启示[J]. 世界农业,(7):4-6.

邹冬生. 2001. 特色农业理论初探[J]. 作物研究,(1):7.

邹秀清. 2010. 现阶段农地产权制度创新的战略思路与政策选择[J]. 农村经济,(11):21-24.

Ciutacu C, Chivu L, Andrei J V. 2015. Similarities and dissimilarities between the EU agricultural and rural development model and Romanian agriculture. Challenges and perspectives[J]. Land Use Policy,44:169-176.

Wallace A,Wallace G A. 1990. The meaning of multiple fraction yield plot(MFYP)in conventional and high technological agriculture and also in environmentally safe agriculture[J]. Journal of plant nutrition,13:309-312.

Moon W. 2015. Conceptualizing multifunctional agriculture from a global perspective:Implications for governing agricultural trade in the post-Doha Round era[J]. Land Use Policy,49:252-263.

Boutrif E. 2014. Institutions Involved in Food Safety:Food and Agriculture Organization of the United Nations(FAO)[J]. Encyclopedia of Food Safety,4:354-358.

Menon S. 2005. Meeting enhanced food safety and food quality requirements of leading supermarkets:EUREP GAP © and the need for national protocols on Good Agricultural Practice[R]. Environmental and Health-related Requirements and Market Access:National Training Workshop,Hanoi,Vietnam.

Hughes A L,Knox A,Jones C K. 2011. Customary leaders and conflicts of interest over land in Ghana. Focus on Land in Africa[W]. Brief. Available at

Mireku K O,Kuusaana E D,Kidido J K. 2015. Legal implications of allocation papers in land transactions in Ghana—A case study of the Kumasi traditional area[J]. Land Use Policy,50:148-155.

Wilson G A. 2009. The spatiality of multifunctional agriculture: a human geography perspective [J]. Geoforum, 40:269-280.

Moon W. 2011. Is agriculture compatible with free trade? [J]. Ecological. Economics,71:13-24.